GENDER

PRZEWODNIK KRYTYKI POLITYCZNEJ

D1696254

SPIS RZECZY

WSTĘP

Sławomir Sierakowski

GENDER KOŚCIOŁA POLSKIEGO

Słowem roku 2013 w Polsce wybrane zostało „gender". Selekcji dokonali naukowcy z Uniwersytetu Warszawskiego oraz Fundacji Języka Polskiego, kierując się tym, o czym najczęściej dyskutowano w debacie publicznej. Gender wyprzedziło między innymi „podsłuch" i „Euromajdan". Zwycięskie pojęcie weszło do użycia w Polsce po upadku komunizmu wraz z integracją z Zachodem i rozwojem ruchu feministycznego oraz LGTBQ. Na wielu uniwersytetach istnieją *gender studies*, wyszło sporo książek na ten temat. Polska jako kraj Unii Europejskiej zobowiązana jest do prowadzenia polityki *gender mainstreamingu*. Z pewnością gender nie jest żadną nowinką, dlaczego więc dopiero teraz stało się największą sensacją debaty publicznej?

Pierwsze informacje w polskich mediach, że coś dziwnego się dzieje, pojawiły się w okresie wakacyjnym podczas festiwalu Karuzela Cooltury. Tak się składa, że dotyczyły akurat debaty, w której brałem udział razem z jednym z najbardziej znanych biskupów Tadeuszem Pieronkiem[1]. Ni stąd, ni zowąd biskup Pieronek wypalił nagle: „Chciałbym jeszcze dodać, że ideologia gender to zagrożenie gorsze od nazizmu i komunizmu razem wziętych". Zabrzmiało to jak wyuczona formułka, której znaczenia biskup dokładnie nie rozumiał, a w każdym razie nie bardzo potrafił o niej rozmawiać. Nazwisk ofiar lub liczby zabi-

---

[1] *Kościół zabrania kochać? Kłótnia z biskupem Pieronkiem*, http://bit.ly/1liw4sN.

tych i okaleczonych przez gender również nie potrafił podać. Potrafił za to formułkę powyższą powtórzyć. I dodać, że gender stoi w sprzeczności z naturą.

Nie wiedzieć czemu, zawsze w sporach światopoglądowych księża głoszą, że zgadzając się na *in vitro*, aborcję, antykoncepcję, związki partnerskie albo ucząc wychowania seksualnego, postępujemy niezgodnie z naturą. Tak jakby objawienie albo sami księża razem z obowiązującym ich celibatem byli podręcznikowymi przykładami ewolucji.

Ponieważ w Polsce politycy boją się Kościoła, to prawie wszystkie z wymienionych zachowań są w prawie zakazane albo nie istnieją, choć istnieją w życiu w skali mniej więcej tej samej co w każdym zachodnim społeczeństwie. W ten sposób w Polsce wolność sprywatyzowano i dostęp do niej zależy od klasy społecznej.

Od czasu wystąpienia Pieronka ruszyła seria coraz bardziej zadziwiających wypowiedzi polskich hierarchów i coraz dziwniejsze rzeczy zaczęły się w Polsce dziać.

W szkołach zaczęły pojawiać się plakaty: „Chroń dziecko przed gender", dzieci zaczęły pytać rodziców o szczepionkę. Niemal codziennie pojawiają się wypowiedzi księży lub polityków przestrzegające przed gender, który: „prowadzi do dewastacji rodziny, wiąże się z radykalnym feminizmem, który opowiada się za aborcją, zatrudnianiem kobiet i przetrzymywaniem dzieci w przedszkolach". W związku z aż takim zagrożeniem politycy powołali zespół parlamentarny „Stop ideologii gender" (w składzie jedna kobieta i piętnastu mężczyzn).

W końcu Kościół katolicki oficjalnie zabrał głos w liście pasterskim pod tytułem *Zagrożenia rodziny płynące z ideologii gender*: „Celem edukacji genderowej jest w gruncie rzeczy seksualizacja dzieci i młodzieży". Według polskiego Kościoła Konwencja Rady Europy przeciwko przemocy wobec kobiet naprawdę promuje „niestereotypowe role seksualne" i rozbija system wychowawczy, nakładając obowiązek edukacji homoseksualnej i transseksualnej. Zdaniem biskupów Światowa Organizacja Zdrowia „promuje między innymi masturbację dzieci w wieku przedszkolnym oraz odkrywanie przez nie radości i przyjemności z dotykania zarówno własnego ciała, jak i ciała rówieśników". Biskupi alarmują, że „w następstwie wychowania realizowanego przez młodzieżowych edukatorów seksualnych młody człowiek staje się stałym klientem koncernów farmaceutycznych, erotycznych, pornograficznych, pedofilskich i aborcyjnych". Dodać należy, że po dwóch godzinach Kościół wymienił to oświadczenie na łagodniejsze, co nie znaczy niestety, że się z niego wycofał. Kardynał Kazimierz Nycz wyjaśnił, że starsza wersja jest dla księży, a nowsza dla wiernych.

Dlaczego akurat teraz Kościół ostrzega przed „ideologią gender"? Przecież gdyby była aż tak apokaliptycznym zagrożeniem, to powinna wybić już znaczącą część populacji do czasu, gdy nasz niefrasobliwy Kościół się wreszcie obudził.

Obudził, ale chyba niezupełnie. Oryginalnie „kościół" jest przecież rodzaju żeńskiego (w grece *ecclesia* [ἐκκλησία]). I tradycyjnie w sztuce sakralnej uosabiany jest przez wizerunek kobiety. Tymczasem w polskiej kulturze to samo słowo jest rodzaju męskiego, więc nawet Kościół katolicki ma gender – płeć kulturową!

Sama kampania Kościoła wygląda na zaplanowaną. Wcześniej nie wykazywał niemal żadnego zainteresowania „ideologią gender", aż nagle pewnego dnia zaczął mówić prawie wyłącznie o tym. Powodów tak zorkiestrowanych działań szukać należy w ostatnich problemach Kościoła. Polaków w ostatnich latach zbulwersowały wychodzące na światło dzienne ogromne malwersacje finansowe komisji reprywatyzującej odebrany przez komunistów majątek Kościoła. Społeczeństwu nie mogły spodobać się także coraz częściej ujawniane przypadki pedofilii. Czym jest polityka, akurat Kościoła polskiego uczyć nie trzeba. A w obecnej polityce, gdy partia wpada w tarapaty, próbuje natychmiast czymś je medialnie przykryć.

Potrzeba matką wynalazku i tak powstał najnowszy wymysł: „ideologia gender". Na razie działa fantastycznie, skoro w 2013 roku słowo gender stało się najpopularniejsze i znacząco wyprzedziło wyrazy „pedofilia" i „komisja majątkowa".

GENDER: CO TO JEST?

Michael Kimmel

CZŁOWIEK JAKO GATUNEK ZAGROŻONY PRZEZ PŁEĆ[1]

> „Ameryka jest krajem, gdzie starano się konsekwentnie wyznaczyć obu płciom wyraźnie odrębne dziedziny działania i gdzie postanowiono, że kobieta i mężczyzna mają iść równym krokiem, ale inną drogą".
> Alexis de Tocqueville *O demokracji w Ameryce* (1835)[2]

Na co dzień słyszy się dużo o różnicach między kobietami i mężczyznami. Mówi się, że pochodzimy z różnych planet. Że różne są procesy chemiczne zachodzące w naszych mózgach, że różnią się one budową, że różnią nas hormony. Mówi się, że z różnicami w anatomii wiąże się różnica ról i celów. Mówi się, że mamy różne metody poznawania i rozumienia, że słuchamy różnych głosów moralnych, że w odmienny sposób mówimy i słuchamy.

Można by pomyśleć, że należymy do odrębnych gatunków, zupełnie jak homary i żyrafy czy Wenusjanie i Marsjanie. Pop-psycholog John Gray w swoim bestsellerze pisze, że kobiety i mężczyźni nie tylko stosują różne sposoby komunikacji, ale też różnie myślą, czują, postrzegają, reagują, odpowiadają, kochają,

---

[1] Artykuł stanowi wstęp do książki Michaela Kimmela *The Gendered Society*, której polski przekład ukaże się nakładem Wydawnictwa Uniwersytetu Gdańskiego.
[2] Przełożył Marcin Król.

potrzebują i okazują aprobatę. To cud, że proporcje w kosmosie ułożyły się tak, abyśmy mogli się wzajemnie rozumieć!

Pomimo tych domniemanych międzyplanetarnych różnic pracujemy razem i mierzy się nas tą samą miarą, gdy chodzi o kwestie związane z podwyżką, awansem, premią czy piastowanym stanowiskiem. Siedzimy razem w klasach, jemy w tych samych stołówkach, czytamy te same książki i podlegamy tym samym kryteriom, gdy w grę wchodzi stawianie stopni. Mieszkamy w takich samych domach, jemy takie same posiłki, czytamy takie same gazety i oglądamy takie same programy w telewizji.

To, co nazwałem „międzyplanetarną" teorią całkowitej i uniwersalnej o d m i e n n o ś c i g e n d e r o w e j, odnosi się również do innego powszechnego zjawiska zwanego n i e r ó w n o ś c i ą g e n d e r o w ą. Gender to nie tylko system klasyfikacji, według którego biologiczni mężczyźni i biologiczne kobiety są sortowani, izolowani i socjalizowane tak, by wpasować się w przewidziane dla siebie odpowiednio role płciowe. Pojęcie gender odnosi się również do uniwersalnej nierówności kobiet i mężczyzn. Kiedy mówimy o gender, mówimy o hierarchizacji, władzy i nierówności, a nie jedynie o odmienności.

Wszelkie rozważania nad istotą pojęcia gender powinny dążyć do wyjaśnienia, czym jest odmienność i nierówność, a właściwie, by zachować dokładność, o d m i e n n o ś ć i p r z e w a g a. Każde ogólne wytłumaczenie terminu „gender" powinno też zawierać odpowiedź na dwa kluczowe pytania i ich pochodne.

Po pierwsze: „Dlaczego właściwie każda społeczność klasyfikuje swoich członków na podstawie gender?" Czemu kobiety i mężczyźni są różnie postrzegani w każdej ze znanych światu społeczności? Jakie różnice są dostrzegane? Czemu płeć jest jednym (jeśli nie najważniejszym) z kryteriów branych pod uwagę przy podziale pracy?

Po drugie: „Dlaczego w każdej społeczności mężczyźni mają przewagę?" Czemu społeczeństwa rozdzielają zasoby związane ze sferą polityczną, socjalną i gospodarczą nierówno? I czemu zawsze mężczyźni dostają więcej? Czemu pracę rozdziela się nierówno zależnie od gender? Czemu zadania wykonywane przez kobiety ocenia się inaczej niż te wykonywane przez mężczyzn?

Społeczeństwa bardzo się różnią, jeśli chodzi o rozpowszechniony typ odmienności płci, poziom nierówności i poziom przemocy (symbolicznej i fizycznej) niezbędny do utrzymania systemu opartego na odmienności i przewadze. Podstawowy fakt brzmi następująco: K a ż d e   z e   z n a n y c h   n a m   s p o - ł e c z e ń s t w   z b u d o w a n e   j e s t   n a   z a ł o ż e n i u   o   o d - m i e n n o ś c i   i   f u n k c j o n u j e   w   r a m a c h   p o l i t y k i n i e r ó w n o ś c i.

Odpowiedzi na te dotyczące aksjomatów pytania można udzielić, odwołując się do jednego z dwóch pojęć: determinizmu biologicznego lub socjalizacji rodzajowej. Kojarzymy je z „naturą" i „kulturą", a próby ustalenia, która z nich odgrywa ważniejszą rolę, podejmowane są od wieków podczas szkolnych dyskusji, kolacji na salonach, debat polityków i rozmów w kręgu rodziny i znajomych. Czy kobiety i mężczyźni różnią się ponieważ zostali różnie „wyposażeni", czy może nauczyli się od siebie różnić? Czy to kwestia biologicznego przeznaczenia, czy ludzie są na tyle plastyczni, by ulegać przemianom?

Większość argumentów dotyczących odmienności genderowej odwołuje się do biologii. Kobiety i mężczyźni faktycznie różnią się pod względem biologii. Nasze układy rozrodcze różnią się budową i gramy odmienne role w procesie rozmnażania. Różnią się struktury naszych mózgów i reakcje chemiczne w nich zachodzące. Różnice widoczne są też w umięśnieniu. Różne poziomy różnych hormonów krążą w naszych różniących się ciałach.

Te różnice wraz z różnicami fundamentalnymi i uniwersalnymi są podłożem przewagi mężczyzn, czyż nie?

Odpowiedź brzmi: może. A raczej: i tak, i nie. Mało kto byłby skłonny postawić tezę, że kobiety i mężczyźni nie różnią się między sobą. A przynajmniej ja tak nie twierdzę. Pojęcie r ó ż n i c p ł c i o w y c h odnosi się do katalogu cech związanych z anatomią, gospodarką hormonalną, fizjologią i psychiką, pod względem których różnią się kobiety i mężczyźni. Zakresy kobiecości i męskości są jednak bardzo szerokie. Mimo różnic w muskulaturze, wiele kobiet dysponuje większą siłą fizyczną od wielu mężczyzn. Choć przeciętnie chemia naszych organizmów różni się, nie jest to warunek spełniony w stu procentach przypadków – poziomy androgenów u kobiet są kwestią indywidualną, podobnie jak poziomy estrogenów u mężczyzn. I mimo że mózgi kobiet są zlateralizowane inaczej niż mózgi mężczyzn, zarówno kobiety, jak i mężczyźni używają obu półkul. Te biologiczne różnice wcale nie prowadzą w oczywisty sposób do wytworzenia sytuacji dominacji mężczyzn nad kobietami. Czy nie można by sobie wyobrazić, jak uczynili już niektórzy pisarze, kultury, w której biologiczna zdolność kobiet do wydawania na świat potomstwa byłaby postrzegana jako ogromna siła wywołująca w silnych mężczyznach bezsilną zawiść?

W oparciu o wspomnianą nieoczywistość specjaliści od nauk społecznych ukuli termin g e n d e r używany inaczej od słowa p ł e ć. Pojęcie płci odnosi się do aparatu biologicznego – różnic na poziomie organizacji chromosomów, procesów chemicznych i anatomii. Gender natomiast odwołuje się do znaczeń nadawanych tym różnicom w kontekście kultury. Płeć to mężczyzna i kobieta, gender to męskość i kobiecość – czyli to, co oznacza bycie mężczyzną lub kobietą. Nawet Sąd Najwyższy uznaje to rozróżnienie. W sprawie z 1994 roku sędzia Antonin

Scalla napisał, że słowo „gender" zyskało nowe użyteczne znaczenie i określa kulturowe oraz indywidualne (inne od fizycznych) cechy odróżniające płcie. Innymi słowy, gender ma się do płci tak jak kobiecość do kobiety i męskość do mężczyzny.

Podczas gdy w obrębie płci biologicznej nie ma zbyt wielu różnic, w gender owszem. Posiadanie anatomicznej konfiguracji mężczyzny czy kobiety może mieć różne znaczenia zależnie od jednostki i jej osadzenia w konkretnym miejscu i czasie.

Do antropologów należało wyszczególnienie przynajmniej niektórych różnic na poziomie męskości i kobiecości. Ustalili oni, że gender jest różnie rozumiany wśród przedstawicieli odmiennych kultur. W niektórych kulturach, jak choćby w naszej, mężczyznom wpaja się, że nie powinni nadmiernie okazywać emocji, by dowieść swojej męskości. Mężczyźni należący do innych kultur koncentrują się na demonstrowaniu swoich seksualnych podbojów w większym stopniu niż Amerykanie. W jeszcze innych kręgach kulturowych panuje luźniejsza definicja męskości, oparta na partycypacji obywatelskiej, zdolności do okazywania uczuć i umiejętności odpowiadania na potrzeby wspólnoty. Niektóre kultury oczekują od kobiet decyzyjności i chęci rywalizacji, podczas gdy inne jako najbardziej pożądany wskazują wzór kobiety uległej, bezradnej i zależnej. Być kobietą lub mężczyzną w siedemnastowiecznej Francji oznaczało zupełnie co innego niż odgrywać którąś z tych ról wśród aborygeńskich plemion w Australii na początku XXI wieku. Brakuje płaszczyzny porównania. Różnice kulturowe są niejednokrotnie większe niż różnice genderowe. Jako że rozumienie gender zależy od kultury, a w obrębie jednej kultury od umiejscowienia w czasie historycznym, do stworzenia pełnej definicji pojęcia należy zastosować narzędzia z zakresu nauk społecznych, behawioryzmu i historii.

Według innej szkoły zarówno odmienność genderowa, jak i zjawisko dominacji związane są z s o c j a l i z a c j ą r o d z a j ow ą , czyli z kulturą. Mężczyźni różnią się od kobiet, bo zostało im to wpojone. Od momentu narodzin kobiety i mężczyzn traktuje się w odmienny sposób. Stopniowo wykształcają się w nas cechy, zachowania i postawy określane przez kulturę jako typowo „męskie" lub „kobiece". Nie rodzimy się różni, ale stajemy się różni w procesie socjalizacji.

Nie rodzimy się też biologicznie skazani na doświadczanie nierówności. Dominacja nie jest zjawiskiem przenoszonym wraz z chromosomem Y, ale wynikiem odmiennego wartościowania doświadczenia kobiecego i męskiego w obrębie kultury. Przyjęcie męskości i kobiecości wiąże się więc z przyjęciem idei „politycznych", zgodnie z którymi kobiety nie są tak samo ważne w kulturze jak mężczyźni.

Psychologowie rozwoju człowieka zbadali, jak znaczenie męskości i kobiecości zmienia się na przestrzeni życia jednostki. Kwestie związane z poczuciem samorealizacji i spełnienia u mężczyzn ulegają zmianom, podobnie jak instytucje społeczne, w obrębie których doświadczenia te są rozgrywane. Znaczenie kobiecości również fluktuuje – od okresu dzieciństwa, przez okres płodności, po czas menopauzy. Jest różne też dla kobiet, które wchodzą na rynek pracy i tych, które przechodzą na emeryturę.

Choć zwykle debata zawiązuje się wokół biologicznego determinizmu lub socjalizacji rodzajowej – natura vs. kultura – warto przez chwilę przyjrzeć się temu, co łączy oba pojęcia. Obie szkoły odwołują się do dwóch fundamentalnych założeń. Po pierwsze, zarówno „zwolennicy natury", jak i „entuzjaści kultury" postrzegają kobiety i mężczyzn jako głęboko, prawdziwie i nieodwracalnie odmienne byty. (Pogląd ten dopuszcza zaistnienie pewnych stanów pośrednich, ale zasadniczo zakłada, że proces socjalizacji to proces, w wyniku którego kobiety i mężczyźni stają się różni, a różnice między nimi są normatywne, potrzebne i „naturalne"). Obie szkoły zakładają, że różnice pomiędzy kobietami i mężczyznami są znacznie większe i ważniejsze (warte przeprowadzenia analizy) niż różnice występujące wśród kobiet i wśród mężczyzn oddzielnie. Zarówno „zwolennicy natury", jak i „entuzjaści kultury" podpisują się więc pod którąś z wersji międzyplanetarnej teorii gender.

Po drugie, obie szkoły zakładają, że dominacja jest skutkiem odmienności genderowej, czyli że odmienność musi prowadzić do nierównego rozkładu sił. Biologowie podają na przykład argument, że ciąża i laktacja czynią kobiety bardziej wrażliwymi i bezbronnymi, że umięśnieni mężczyźni są lepszymi myśliwymi lub że testosteron odpowiada u nich za wyższy poziom agresji względem innych mężczyzn i kobiet. Albo że mężczyźni musieli zdominować kobiety, by zmaksymalizować szanse przekazania genów. Psychologowie zajmujący się rolami genderowymi twierdzą, iż kobietom i mężczyznom wpaja się tendencję do deprecjonowania kobiecego doświadczenia, postrzegania i zdolności oraz przeceniania męskiego.

W mojej książce bronię stanowiska, że obie powyższe tezy są błędne. Po pierwsze, mam nadzieję wykazać, że różnice między kobietami a mężczyznami nie przyjmują tak dużych rozmiarów, jak te występujące w obrębie jednej płci. Wiele różnic ma swoje źródło nie na poziomie gender, ale w hierarchii społecznej. Po drugie, moim zdaniem, odmienność genderowa jest produktem nierówności genderowej, a nie odwrotnie. Odmienność genderowa to skutek nierówności genderowej, ponieważ nierówność jest legitymizowana poprzez ideę odmienności. Jak stwierdził ostatnio pewien socjolog: „Samo zaistnienie odmienności stanowi źródło nierówności"[3].

---

[3] B.J. Risman, *Gender Vertigo. American Families in Transition*, Yale University Press, New Heaven 1998, s. 25.

Odwołując się do tego, co specjaliści od nauk społecznych nazywają konstrukcjonizmem społecznym, stawiam tezę, że ani odmienność, ani nierówność genderowa nie są nieuniknione z natury rzeczy. Odmienności i dominacji nie da się wyjaśnić, odnosząc się jedynie do socjalizacji rodzajowej chłopców i dziewcząt, do typowych ról kobiecych i męskich.

Zwolennicy wyżej wspomnianych tez (kultura vs. natura) twierdzą, że nierówność genderowa jest nieuniknionym skutkiem odmienności, przyjmując tym samym polityczne założenie, zgodnie z którym nierówności można zmniejszyć lub przynajmniej złagodzić ich negatywne skutki, ale nie da się ich zlikwidować całkowicie, ponieważ wynikają one z zasadniczych różnic. Z drugiej strony przyjęcie założenia, że dostrzegane przez nas różnice nie są tak wielkie, jak się wydają, oraz że wynikają z nierówności pozwala na większą polityczną swobodę. Eliminując nierówności, usuniemy fundament, na którym stoi zjawisko odmienności.

To, co zostanie, nie będzie, jak sądzę, bezgenderowym androgynicznym tworem, w którym połączą się różnice płci. Przeciwnie. Wierzę, że wraz ze złagodzeniem nierówności, różnice między ludźmi na poziomie rasy, klasy, pochodzenia, wieku, seksualności czy właśnie gender znajdą się w nowym kontekście, dając każdemu możliwość bycia docenionym za swoją wyjątkowość i za swoje podobieństwo do reszty.

ŚWIADOMOŚĆ GENDER WŚRÓD KOBIET I MĘŻCZYZN

Na początek odniosę się do dramatycznej zmiany w myśleniu o gender, jaka zaszła w ostatnich trzydziestu latach. Trzy dekady pionierskiej pracy badaczek i badaczy o poglądach feministycznych na polu tradycyjnych dyscyplin oraz studiów feministycznych uświadomiły nam, że gender odgrywa kluczową rolę w kształtowaniu funkcjonowania społeczeństwa. Gender to jedna z kwestii, wokół których kręci się życie społeczne. Do lat 70. specjaliści w dziedzinie nauk społecznych zwykli wymieniać jedynie klasę i rasę jako główne czynniki decydujące o funkcjonowaniu w społeczeństwie. Gdyby chcieć w latach 60. zgłębiać kwestię gender w ramach nauk o społeczeństwie, okazałoby się, że jest tylko jeden kurs zajęć dotyczący tematu – „Małżeństwo i rodzina", czyli coś w rodzaju uniwersyteckiego Koła Gospodyń. Nie było żadnych kursów o gender. Ale dziś gender stawia się na równi z rasą i klasą, jeśli chodzi o nasze rozumienie fundamentów ludzkiej tożsamości. Gender, jak wiadomo, to jedna z osi, wokół których organizowane jest życie społeczne i filtr, przez który patrzymy na nasze doświadczenia.

W ostatnich trzydziestu latach badacze i badaczki pracujący w nurcie feministycznym skoncentrowali się głównie na kobietach, a przede wszystkim na tym, co Catherine Stimpson określiła jako lekceważenie, wypaczanie i trywializowanie kobiecego doświadczenia oraz na sferach, do których kobiety zostały przyporządkowane w biegu historii – rodzinie i ognisku domowemu[4]. Historycy przyglądali się funkcjonowaniu kobiet wykonujących niedocenianą pracę, której wartość umniejszało tradycyjne, androcentryczne otoczenie i badali życie codzienne praczek, sprzątaczek, pracownic fabryk i gospodarstw wiejskich czy gospodyń domowych oraz wypatrywali sposobów, jakie stosowały, by nadać swojemu istnieniu sens i trwać w nim z godnością w świecie zdominowanym przez mężczyzn. Niezależnie od tego, czy obiektem badań była kobieta wyjątkowa na tle innych, czy całkowicie przeciętna, wnioski były takie same: gender to oś, wokół której organizowane jest życie kobiet.

---

[4] C.R. Stimpson, *Where the Meanings are*, Methuen, New York 1970.

A kiedy myślimy o g e n d e r, to co przychodzi nam do głowy? Zwykle na kursach i zajęciach z historii gender, psychologii gender czy socjologii gender salę zapełniają prawie same kobiety. Zupełnie jak gdyby tylko kobiety miały gender i były tym zainteresowane. Oczywiście czasami jakiś dzielny młody mężczyzna zapisze się na zajęcia w ramach nauk feministycznych. Prawdopodobnie znajdziesz go w kącie płaczącego i oczekującego, że spadną na niego oskarżenia o całe zło wyrządzone przez tysiąclecia patriarchalnej opresji.

W tej książce będę opierał się na feministycznym poglądzie na kwestię gender, rzucając również światło na kwestię męskości w tym kontekście. Musimy poświęcić mężczyznom więcej uwagi. Bo to mężczyźni, a właściwie męskość, jest problemem zaniedbywanym.

Już sobie wyobrażam jak pytacie: „Co?". „Czy on właśnie napisał «poświęcić mężczyznom więcej uwagi»? Mężczyźni są zaniedbywani? O co chodzi? Mężczyźni nie są zaniedbywani ani niezauważani. Są wszędzie".

I oczywiście to prawda. Mężczyźni są wszechobecni na uczelniach i w szkołach wyższych oraz w sferze publicznej w ogóle. Prawdą jest również, że jeśli spojrzy się na program nauczania, każde zajęcia bez słowa k o b i e t y w nazwie dotyczą mężczyzn. Każdy kurs, który nie należy do nauk feministycznych, to nauka o mężczyznach pod różnymi nazwami: historia, nauki polityczne, literatura, chemia.

Ucząc się o mężczyznach, widzimy ich jako liderów politycznych, bohaterów wojennych, naukowców, pisarzy, artystów. Mężczyźni jako m ę ż c z y ź n i są niewidzialni. Rzadko, jeśli w ogóle, da się trafić na kurs traktujący o życiu mężczyzn jako takim. Jaki jest wpływ gender na życie wspomnianych sławnych mężczyzn? Jaką rolę odgrywa męskość dla wielkich artystów, pisarzy czy polityków, a jaką dla „zwykłych" mężczyzn pracujących na farmach, w fabrykach, w korporacjach czy urzędach? Na to pytanie na uczelniach nie udziela się odpowiedzi. Gdziekolwiek nie spojrzeć, wszędzie roi się od kursów traktujących o mężczyznach, ale kwestia męskości jest konsekwentnie zaniedbywana.

Kilka lat temu ten dojmujący brak zainspirował mnie do zajęcia się historią idei męskości w Ameryce w celu prześledzenia rozwoju i zmian w znaczeniu tego pojęcia na przestrzeni lat[5]. Odkryłem, że Amerykanie wyjątkowo dużo i chętnie mówią, co to znaczy być mężczyzną i równie chętnie odwołują się do tego, co robią, by swoją męskość realizować, ale mało kto umie ich słuchać.

Wkomponowanie nauk o gender w program uczelni to droga do spełnienia postulatu stawianego przez nauki feministyczne: przedstawienia mężczyzn jako istot, których gender dotyczy w takiej samej mierze jak kobiet. Na moim uniwersytecie na przykład kurs o dziewiętnastowiecznej literaturze brytyjskiej zawiera silnie „zgenderyzowane" czytanie sióstr Brontë traktujące o kobiecości, małżeństwie i relacjach pomiędzy płciami. Nie wspomina się natomiast słowem o Dickensie i męskości, a szczególnie o jego stosunku do ojcostwa i rodziny. Dickensa postrzega się jako dyżurnego od problemów społecznych, a jego działką są relacje klasowe – jest tak, mimo że wielu bohaterów Dickensa to młodzi chłopcy wychowywani bez ojców i pragnący założyć szczęśliwe rodziny. Nie mówi się też o Thomasie Hardym i jego ambiwalentnym stosunku do męskości i małżeństwa, który wyłania się na przykład z powieści *Juda nieznany*. Za to dyskutuje się o jego polemice z premodernistyczną koncepcją apatyczności kosmosu. Moja żona twierdzi, że podczas zajęć z literatury dzie-

---

[5] M. Kimmel, *Manhood in America: A Cultural History*, The Free Press, New York 1996.

więtnastowiecznej na Uniwersytecie Princeton, temat gender poruszany był przy okazji omawiania Edith Wharton, ale słowo to nigdy nie padło podczas dyskusji o Henrym Jamesie, w którego tekstach wynikający z gender niepokój wybucha w aktach pogardy, mizoginistycznego gniewu i seksualnej obojętności. U nas przy Jamesie wspominało się głównie o formie powieści, technikach narracyjnych i cechach stylistycznych opisów. Na pewno nie o gender.

Dalej wydaje się nam więc, że gender dotyczy tylko kobiet. Pora na mężczyzn. Jak mówi chińskie przysłowie: ryby to ostatnie, co odkryto w oceanie.

Wyjaśniono mi to na seminarium o feminizmie, na które chodziłem w 1980 roku. Wtedy właśnie, gdy przysłuchiwałem się dyskusji dwóch kobiet, po raz pierwszy zetknąłem się z ową niewidzialnością mężczyzn. Podczas jednego ze spotkań biała i ciemnoskóra kobieta rozprawiały nad tym, czy kobiety są z definicji „siostrami" z racji faktu, że mają te same doświadczenia związane z opresją powodowaną przez dominację mężczyzn. Biała kobieta twierdziła, iż kobiecość łączy je pomimo różnic rasowych. Czarnoskóra nie zgadzała się z nią.

– Co widzisz, kiedy wstajesz rano i patrzysz w lustro? – spytała.

– Widzę kobietę – odpowiedziała biała kobieta.

– I tu jest problem – odparła ciemnoskóra. – Ja widzę *czarną* kobietę. Widzę swoją rasę każdego dnia dlatego, że inna rasa jest uprzywilejowana. Dlatego nasze doświadczenia zawsze będą się różnić.

Wówczas wydałem z siebie głośne westchnienie. Pewnie z racji tego, że byłem jedynym mężczyzną na sali, ktoś spytał, co miała oznaczać moja reakcja.

– Cóż – powiedziałem – gdy patrzę w lustro, widzę człowieka. Uniwersalnego. Jako biały przedstawiciel klasy średniej nie dostrzegam swojej rasy, przynależności klasowej ani gender. Jestem człowiekiem, po prostu.

Czasami myślę, że właśnie tamtego dnia s t a ł e m s i ę białym przedstawicielem klasy średniej. Wcześniej z pewnością też nim byłem, ale nie miało to dla mnie takiego znaczenia. Do tamtej pory myślałem o sobie jak o uniwersalnym człowieku. Dopiero wówczas zacząłem rozumieć, na czym polega fenomen przywilejów rasowych, klasowych i genderowych. Te pojęcia dotyczyły też mnie samego. Cieszyłem się przywilejem niewidoczności. Już same procesy nadawania przywilejów konkretnym grupom są niezauważalne dla członków tych grup. Tym, co stwarza poczucie bycia zepchniętym poza margines i bezsilnym, jest właśnie świadomość zachodzących procesów. Niewidoczność to przywilej rozumiany jako luksus. W naszym społeczeństwie tylko biali ludzie mogą sobie pozwolić na luksus zapomnienia o swojej rasie. I tylko mężczyźni mogą pozwolić sobie na luksus udawania, że gender nie ma znaczenia.

Rozważmy inny przykład na to, że władza często pozostaje niezauważona dla tych, którzy nią dysponują. Wiele z nas posługuje się pocztą elektroniczną i wysyła maile do ludzi z całego świata. Być może zauważyliście, że między adresami mailowymi ludzi z USA a adresami ludzi z innych krajów jest wielka różnica: adresy tych drugich kończą się kodem identyfikującym kraj. Adres mieszkańca RPA kończy się literami „za", w przypadku Japonii – „jp", Wielkiej Brytanii – „uk", Niemiec – „de". Adresy Amerykanów kończą się literami „edu" (instytucje edukacyjne), „org" (organizacje), „gov" (instytucje rządowe) i „com" lub „net" (komercyjni dostawcy internetu). Dlaczego USA nie mają swojego kodu?

Ponieważ w obliczu ich dominacji wszystko inne potrzebuje nazwy. Mając władzę, ma się też poczucie uniwersalności, zanika zdolność do dostrzegania swojej specyficzności. Z punktu widzenia USA wszystkie kraje są „inne", więc trzeba je nazwać, wyszczególnić. Przywileje są niewidzialne. W świecie opanowanym przez internet, jak śpiewał Michael Jackson: *we are the world* („świat to my").

Wspomniana niewidzialność niesie ze sobą pewne konsekwencje. Przywileje, podobnie jak gender, pozostają niewidoczne. A trudno jest prowadzić politykę inkluzji, mając za punkt wyjścia niewidzialność. Niewidzialność przywilejów sprawia, że wielu mężczyzn, podobnie jak wiele białych ludzi, przyjmuje postawę defensywną i reaguje złością w konfrontacji z obrazem wyłaniającym się ze statystyk opisujących konsekwencje rasizmu czy seksizmu. Nie dostrzegamy naszych przywilejów, więc przyjmujemy defensywną postawę. Mało tego czasami czujemy się jak ofiary. Niewidzialność prowadzi do stanu neurotycznej oscylacji pomiędzy poczuciem uprawnienia do swojej pozycji a poczuciem niezasłużonego uprzywilejowania, jak stwierdził Edward Ball po odkryciu, że jego rodzina słynęła w Południowej Karolinie z korzystania z niewolniczej pracy na dużą skalę[6].

Niewidzialność męskości sprawia, że genderowe standardy uznawane za normę wydają nam się neutralne. Iluzja neutralności gender niesie ze sobą poważne konsekwencje zarówno dla kobiet, jak i dla mężczyzn. Mężczyźni tkwią w fikcyjnym przekonaniu, że są postrzegani przez pryzmat „obiektywnych" standardów, kobiety natomiast żyją w poczuciu, że ich obraz przechodzi przez nieadekwatne filtry. Na przełomie wieków wielki socjolog Georg Simmel zwrócił uwagę na ten problem. Według niego osiągnięcia i zobowiązania mężczyzn i kobiet są mierzone zgodnie z konkretnymi normami i wartościami, którym daleko

---

[6] T. Minton, *Search for What It Means to Be White*, „San Francisco Chronicle", 8 maja 1998.

do neutralności i które nie stoją ponad podziałami ze względu na płeć, są zaś w swojej naturze typowo męskie. Standardy wyznaczane przez sztukę i wymagania wyłaniające się z założeń patriotyzmu, ogólne prawa i konkretne idee społeczne, słuszność sądów i obiektywność wiedzy teoretycznej – wszystkie te kategorie zasadniczo są uniwersalne, jednak w rzeczywistości mają charakter typowo męski, co wynika już z historycznego kontekstu ich sformułowania. Za wiążące uznajemy idee odwołujące się do absolutnej obiektywności, a przecież w historii naszego gatunku równanie: obiektywny = męski jest zawsze prawdziwe[7].

Teoria Simmela znajduje odzwierciedlenie w naszych codziennych interakcjach. Niedawno poproszono mnie o wygłoszenie wykładu w ramach kursu socjologii gender prowadzonego przez jedną z moich koleżanek. Kiedy wszedłem do auli, jedna ze studentek podniosła głowę znad notatek i powiedziała: „Wreszcie jakaś obiektywna opinia". Nie jestem ani bardziej, ani mniej „obiektywny" niż inni, ale w oczach tej studentki byłem symbolem obiektywności – pozbawionym rasy, gender i cielesności uczonym głosem rozsądku. Czyli tak wygląda obiektywność! (Jak na ironię, poruszałem wówczas raczej bardziej nietypowe problemy niż moje koleżanki. Gdyby kobieta lub Afroamerykanin wypowiedział zdanie: „biali ludzie są uprzywilejowani w amerykańskim społeczeństwie", studenci odpowiedzieliby: „nic dziwnego, że tak mówisz, masz uprzedzenia". Uznaliby takie normatywne stwierdzenie za dowód na żywotność uprzedzeń rasowych i ze względu na gender. To samo zdanie w moich ustach byłoby potraktowane jako fakt przekazywany przez obiektywnego profesora. Może nawet niektórzy słuchacze zanotowaliby je).

---

[7] G. Simmel, [w:] L.A. Coser, *Georg Simmel's Neglected Contributions to the Sociology of Women*, „Signs" 1977, t. 2, nr 4. s. 872.

Równanie „obiektywny = męski" niesie ze sobą poważne konsekwencje praktyczne przejawiające się na wielu polach, od okresu szkolnego, przez akademicki, po czas funkcjonowania w życiu zawodowym. Jak pisze Simmel, pozycja władzy, z której wychodzą mężczyźni, zapewnia im nie tylko przewagę nad kobietami, ale również gwarantuje, że męskie standardy będą uznawane za standardy uniwersalne, dotyczące w takim samym stopniu zachowań kobiet, jak i mężczyzn[8].

OBECNY STAN RZECZY

Wierzę, że obecnie jesteśmy w trakcie debaty o męskości w USA. Tyle że jeszcze o tym nie wiemy. Jaki gender przychodzi na myśl, gdy przywoła się problemy takie jak przemoc wśród młodzieży, przemoc stosowana przez gangi, przemoc związana z narkobiznesem, przemoc w szkołach? A jaki, gdy słyszy się o zamachowcach-samobójcach czy terrorystach-porywaczach?

Oczywiście pierwsza myśl to: mężczyźni. I to konkretni – młodzi, w okolicach dwudziestki, raczej biedni, z niższych warstw społecznych.

Jak odnoszą się do tego specjaliści w dziedzinie nauk o społeczeństwie? Czy zauważają, że problemy stosowania przemocy przez młodzież to problem stosowania przemocy przez młodych m ę ż c z y z n ? Czy zauważają, że ilekroć etniczni nacjonaliści zakładają sklep, za ladą staje młody mężczyzna? Czy w ogóle kiedykolwiek mówią o męskości?

Nie. Za przykład podam wypowiedź jednego z ekspertów na temat brutalnego morderstwa Matthew Sheparda, 21-letniego geja, studenta Uniwersytetu Wyoming. Reporter po przypomnieniu, że młodzi mężczyźni stanowią 80 do 90 procent osób zatrzy-

---

[8] Tamże.

mywanych za przestępstwa przeciwko gejom, zacytował słowa socjologa, według którego zmienna wieku sprawców świadczy o tym, iż są oni na etapie wypracowywania swojej tożsamości, przejścia w dorosłość. Zmienna wieku? To, co było zmienną gender i wieku zostało sprowadzone do samego wieku. Gender zniknął. Tak brzmi dźwięk ciszy, tak wygląda niewidzialność.

Wyobraźmy sobie kobiety w miejscu tych mężczyzn – nacjonalistki etniczne, bojówkarki, przeciwniczki gejów. Czy to nie brzmiałoby jak anegdota? Czy analiza gender nie byłaby kluczową częścią jej interpretacji? Czy nie padłyby argumenty związane z socjalizacją kobiet, frustracją, gniewem, PMS i jeszcze setką innych czynników? Fakt, że chodzi o mężczyzn, zmienia postać rzeczy.

Rozważmy kolejny przykład. Co by było, gdyby to młode dziewczyny zaczęły strzelać do swoich kolegów i koleżanek z zachodniego Paducah w Kentucky, z Pearl w Missisipi, z Jonesboro w Arkansas czy ze Springfield w Oregonie? I co, gdyby większość ofiar stanowili chłopcy? Czy w konsekwencji pojawiłby się postulat zbadania przemocy zakorzenionej w kulturze Południa lub zareagowano by krytyką zbyt dużej dostępności broni dla młodzieży? Wątpię. Nikt nie wspomniał o tym, że młodzi mężczyźni, którzy dokonali wspomnianych przestępstw, zastosowali po prostu wpajany amerykańskim mężczyznom od wieków sposób na rozładowanie złości i frustracji. Tyle że zrobili to w wyjątkowo młodym wieku. Mężczyźni nie wściekają się, oni wyrównują rachunki.

Wierzę, że dopóki nie uświadomi się kobietom i mężczyznom, czym jest gender, wspomniane problemy nie będą miały szans zostać przepracowane. Nie chodzi o badanie wyłącznie kwestii męskości. Problemy te są złożone i wymagają analizy globalnej integracji gospodarczej, transformacji klas społecznych, biedy w miastach i rasizmu. Jeśli jednak zignoruje się męskość, pozwalając jej pozostać niewidzialną, powyższe problemy nigdy nie zostaną w pełni zrozumiane ani przepracowane.

MNOGOŚĆ I WŁADZA

Kiedy używam pojęcia g e n d e r, robię to z zamiarem odniesienia się do kobiecości i męskości. Jednak nawet te terminy są niedokładne, ponieważ sugerują istnienie konkretnej definicji jednej i drugiej. Jednym z ważnych aspektów teorii społecznego konstrukcjonizmu, szczególnie w kontekście negowania poglądu, że różnice genderowe są kluczowe, jest odkrywanie różnic występujących wśród mężczyzn i wśród kobiet oddzielnie, gdyż, jak się okazuje, bywają one często większe niż różnice między kobietami a mężczyznami.

W każdym społeczeństwie współistnieją różne znaczenia męskości i kobiecości. Innymi słowy nie wszystkie amerykańskie kobiety i nie wszyscy mężczyźni są tacy sami. Na kształtowanie doświadczeń wpływa też klasa, rasa, pochodzenie etniczne, wiek, orientacja. Każdy z tych czynników oddziałuje na pozostałe. Uwypuklenie kwestii gender nie zatuszuje istnienia pozostałych kryteriów strukturyzujących życie społeczne. Wyobraźmy sobie na przykład młodego, białego, heteroseksualnego chłopca pracującego na farmie w Iowa i starszego, ciemnoskórego geja w Chicago. Czyż ich definicje męskości nie byłyby różne? Albo wyobraźmy sobie 22-letnią zamożną, heteroseksualną Amerykankę o azjatyckich korzeniach mieszkającą w San Francisco i biedną białą irlandzką katoliczkę o orientacji homoseksualnej żyjącą w Bostonie. Czyż ich pojmowanie tego, co oznacza bycie kobietą, nie byłoby różne?

Jeśli gender różni się zależnie od kultury, to czy biorąc pod uwagę przedstawicieli i przedstawicielki wszelkich kultur i odnosząc się do czasu historycznego oraz do czasu trwania życia człowieka można w ogóle mówić o męskości i kobiecości jak o niezmiennych, uniwersalnych pojęciach wspólnych dla wszystkich kobiet i mężczyzn? Jeśli nie, gender należy uznać za zmienny strumień znaczeń i zachowań. Innymi słowy, trzeba stwierdzić istnienie k o b i e c o ś c i i m ę s k o ś c i, uznając tym samym mnogość definicji męskości i kobiecości. Wobec tego kobiecość i męskość przyjmuje różne znaczenia dla różnych grup ludzi osadzonych w różnym czasie.

Jednocześnie nie można zapominać o tym, że męskości i kobiecości nie są jednakowe. Amerykańscy mężczyźni i kobiety muszą mierzyć się również z definicją stworzoną na potrzeby modelu, do którego, zgodnie z oczekiwaniami, powinni się dopasowywać. Bycie mężczyzną lub kobietą w danej kulturze określane jest przez definicje tworzone w opozycji do „innych" – na przykład mniejszości rasowych czy seksualnych. Dla mężczyzn podstawowym „innym" są kobiety. Wielu mężczyznom konieczne wydaje się wieczne akcentowanie swojej odmienności od kobiet.

Dla większości mężczyzn to „hegemoniczna" definicja uznawana za modelową dla wszystkich. Virginia Woolf w 1938 roku nazwała kwintesencją męskości przekonanie o perfekcyjności, w obliczu której wszystko inne jest niedoskonałym szkicem siebie[9]. Hegemoniczna definicja męskości jest „konstruowana na podstawie różnych podrzędnych definicji oraz odmienności od kobiet"[10], jak stwierdził socjolog Raewyn Connell. Erving Gofman z kolei opisuje hegemoniczną definicję męskości jako przekona-

---

[9] V. Woolf, *Trzy gwinee*, przeł. Ewa Krasińska, Sic!, Warszawa 2002.
[10] R.W. Connell, *Gender and Power*, Stanford University Press, Stanford 1987, s. 183.

nie, że „jest tak naprawdę tylko jeden typ mężczyzny, który niczego nie musi się wstydzić: młody, żonaty, biały, mieszkający w mieście, pochodzący z północy, heteroseksualny protestancki rodzic, mający wyższe wykształcenie, pełne zatrudnienie, odpowiedni wygląd, wagę i wzrost, i mogący się poszczycić niedawnymi osiągnięciami sportowymi (...) Każdy mężczyzna, który nie spełnia jakiegoś z tych oczekiwań, może postrzegać siebie – przynajmniej w jakiś momentach – jako niegodnego, niekompletnego i gorszego"[11].

Kobiety konfrontują się z podobnie przesadzonym ideałem kobiecości, który Connell nazywa „przesadną kobiecością". Przesadna kobiecość opiera się na podporządkowaniu się konsekwencjom nierówności genderowej i jest zorientowana na spełnianie oczekiwań mężczyzn. Jawi się ona jako tendencja do koncentrowania się na kontaktach towarzyskich przy jednoczesnym zaniedbywaniu kompetencji technicznych, uległości w relacjach o charakterze seksualnym, bierności wobec tendencji mężczyzn do uzurpowania sobie przewagi w kontaktach zawodowych czy przyjmowania roli żony i matki z powodu dyskryminacji na rynku pracy[12]. Przesadna kobiecość nadmiernie uwypukla różnice genderowe w ramach strategii mających na celu przyzwyczajenie kobiet do męskiej dominacji, odwołując się do empatii i obyczajowości. „Prawdziwa" kobiecość opisywana jest jako „fascynująca", a kobietom wmawia się, że mogą owinąć sobie mężczyzn wokół palca, znając „zasady". Podczas jednego z badań 8-letni chłopiec ujął istotę przesadnej kobiecości w wierszu:

---

[11] E. Goffman, *Piętno. Rozważania o zranionej tożsamości*, przeł. Aleksandra Dzierżyńska i Joanna Tokarska-Bakir, Gdańskie Wydawnictwo Psychologiczne, Gdańsk 2005, s. 171.

[12] R.W. Connell, *Gender and Power*, dz. cyt., s. 183, 187, 188.

Gdybym był dziewczynką, musiałbym podrywać chłopców
i malować się, czasem.
Nosić modne ubrania i podobać się innym.
Pewnie nie grałbym w piłkę ani w nic innego.
Pewnie nie czułbym się dobrze przy mężczyznach,
bojąc się odrzucenia
i czując przymus podobania się im[13].

ZŁUDNE RÓŻNICE GENDEROWE

Uznanie istnienia wielu kobiecości i męskości stoi w opozycji do
przekonania, że różnice genderowe dotyczą wyłącznie sytuacji,
gdy jednostki o różnym gender znajdują się na genderowo neutralnych pozycjach. Co więcej stwierdzenie, iż owe kobiecości
i męskości układają się w hierarchie i mogą być porównywane,
wspiera teorię o wyłanianiu się odmienności ze stanu dominacji.

Międzyplanetarna teoria gender zakłada, odwołując się
do biologii lub socjalizacji, że kobiety zachowują się jak kobiety,
niezależnie od tego, w jakim środowisku są osadzone, a mężczyźni zachowują się jak mężczyźni, bez względu na czynniki
zewnętrzne. Według psycholożki Carol Tavris takie binarne myślenie skutkuje tym, co filozofowie nazywają prawem wyłączo-
nego środka, które dotyczy większości kobiet i mężczyzn pod
względem ich cech psychologicznych, przekonań, zdolności i wyznawanych wartości[14]. W rzeczywistości wiele widocznych na
poziomie codzienności różnic między kobietami i mężczyznami
nie należy do kategorii różnic warunkowanych przez gender, ale
wynika z odmienności zajmowanych pozycji lub innych czynni-

---

[13] Cytowane za B. J. Risman, *Gender Vertigo*…, dz. cyt., s. 141.
[14] C. Tavris, *The Mismeasure* of Woman, „Feminism and Psychology" 1993,
t. 3, nr 2, s. 153.

ków. Nie chodzi o to, że jednostki o określonym gender znajdują się na pozycjach, których gender nie dotyczy, ale o to, że pozycje same w sobie wymuszają zachowania postrzegane jako zależne od gender. Socjolożka Cynthia Fuchs-Epstein nazywa to zjawisko złudnością różnic, odwołując się do częstego błędu myślenia o gender jako źródle pewnych różnic mających w rzeczywistości podłoże gdzie indziej[15].

Rozważmy przykład różnic w sposobach komunikacji podany przez Deborah Tannen w jej bestsellerze *Ty nic nie rozumiesz!*. Według Tannen kobiety i mężczyźni mówią językami pochodzącymi z dwóch różnych planet – mężczyźni stosują konfrontacyjną retorykę odwołującą się do hierarchii i dominacji, by zyskać przewagę; kobiety natomiast tkają sieci złożone z nieśmiałych wtrąceń używając subtelniejszego, mniej dosadnego języka, który nikogo nie niepokoi. W domu mężczyźni są twardzi i mówią mało, mrucząc jednosylabowe komunikaty do swoich żon, które poprzez rozmowę starają się budować bliskość[16].

Jednak ci sami stroniący od konwersacji mężczyźni są bardzo wygadani w pracy, gdzie znajdują się na podrzędnych pozycjach, wobec czego korzystają z rozmowy jako narzędzia do podtrzymywania relacji z przełożonymi, a ich żony potrafią wykorzystywać język do wzmacniania swoich pozycji w korporacyjnych hierarchiach. Antropolog William O'Barr po przeanalizowaniu transkrypcji zeznań kobiet i mężczyzn w sądach doszedł do wniosku, że wzięcie pod uwagę właśnie pozycji zawodowej, a nie gender przesłuchiwanej osoby pozwalało skuteczniej przewidzieć, jakie strategie językowe zastosuje. Tak zwany kobiecy

---

[15] C. Fuchs-Epstein, *Deceptive Distinctions: Sex, Gender, and the Social Order*, Routledge, New Heaven 1998.

[16] D. Tannen, *Ty nic nie rozumiesz!*, przeł. A. Sylwanowicz, Zysk i S-ka, Poznań 1999.

język nie jest typowy dla wszystkich kobiet ani nie jest używany wyłącznie przez kobiety. Stosowanie przez kobiety retoryki niższości wynika z faktu, że kobiety częściej zajmują stosunkowo niższe pozycje społeczne[17]. Odmienność sposobów komunikacji okazuje się być złudną różnicą. Po prostu rzadko spotyka się sytuacje komunikacyjne, w których mężczyzna jest stroną podporządkowaną, a kobieta dominującą.

Kolejny przykład pochodzi ze środowiska szkolnego. Powtarzalność różnic w wynikach osiąganych przez chłopców i dziewczynki na standardowych testach matematycznych wywołało przekonanie, że mężczyźni są z natury wyposażeni w zmysł matematyczny, podczas gdy kobiety przejawiają rodzaj lęku przed liczbami. Zestawienie tego z domniemanym lękiem kobiet przed odniesieniem sukcesu zawodowego skutkuje wnioskami sugerującymi niskie kompetencje kobiet w zarządzaniu pieniędzmi – gorszą umiejętność przewidywania, liczenia i ogólną beztroskę. Znana pisarka Colette Dowling, autorka bestselleru z 1981 roku *Kompleks Kopciuszka* (książki przedstawiającej obraz kobiety za zasłoną ambicji, zaradności i żądzy sukcesu skrywającej chęć napotkania księcia, który na białym koniu pogalopuje z nią w stronę zachodzącego słońca, ku przyszłości gwarantującej obojgu upragnioną bierność i bezsilność), przeprowadziła niedawno rozmowy z 65 kobietami po pięćdziesiątce, pytając je o kwestie finansowe. Tylko dwie z nich miały jakiekolwiek plany inwestycji zapewniających godne życie po przejściu na emeryturę. Sama Dowling mimo wydania kilku bestsellerów została w końcu bez grosza przy duszy, winiąc za ten stan relacje zależności. W jed-

---

[17] W.M. O'Barr, J.F. O'Barr, *Linguistic evidence: Language, power, and strategy in the courtroom*, San Diego Academic Press, New York 1995. Patrz też: A. Kohn, *Girl Talk, Guy Talk*, „Psychology Today" 1988, s. 66.

nym z wywiadów powiedziała, że oszczędność to cecha postrzegana w kulturze jako typowo męska, co wywołuje w kobietach przekonanie, że jeśli chcą być zaradne i samodzielne, nigdy nie uda im się stworzyć udanego związku. Rozumienie kobiecości w ten sposób to strzał w stopę[18].

Wobec dostępności licznych badań mnożą się różnego rodzaju tezy, twierdzi ekspertka w dziedzinie finansów, Jane Bryant Quinn, autorka bestselleru o kobietach i ich podejściu do pieniędzy. W społeczeństwie kobietom częściej uchodzi płazem nieumiejętność zarządzania pieniędzmi. Jednak chromosom Y nie odpowiada za tę umiejętność. Z wszelkich badań wynika, że w wieku około 23 lat, w momencie wejścia na rynek pracy, obowiązujący system emerytur wydaje się tak samo niepokojąco niezrozumiały zarówno kobietom, jak i mężczyznom. Jednak jeśli kobieta porzuci szybko pracę, jej wiedza o finansach nie będzie się poszerzać, podczas gdy u zatrudnionych mężczyzn kompetencje w tej dziedzinie będą rosły[19]. To doświadczenie, a nie gender, wpływa na decyzje o inwestowaniu w przyszłość.

Co z różnicami obserwowanymi w środowisku zawodowym? Mówi się, że mężczyźni aspirują do wspinania się po drabinie kariery, korzystając przy tym z każdej możliwości, podczas gdy kobiety wolą przynależeć do grup, unikając rywalizacji i przejawiają rodzaj lęku przed sukcesem.

Jednak pionierskie badanie przeprowadzone przez Rosabeth Moss Kanter, którego wyniki opublikowała w książce *Men and Women of the Corporation*, wykazało, że gender to czynnik znacznie mniej ważny niż występowanie okazji. Kobiety postawione przed takimi samymi możliwościami i okolicznościami

---

[18] A. Witchel, *Our Finances, Ourselves*, „The New York Times", 4 lipca 1998, s. 13.
[19] Tamże.

awansu, przejawiały takie same jak mężczyźni zachowania. Osiągnięcia kobiet były stosunkowo mniejsze ze względu na mniejsze możliwości otwierane przed nimi, a nie z powodu strachu przed sukcesem. Mężczyźni postawieni w sytuacji braku możliwości zachowywali się w typowo „kobiecy" sposób[20].

Rozważmy też doświadczenia w rodzinie. W tym przypadku również zakłada się, że kobiety są uczone opiekuńczości i przygotowywane do roli matek, a mężczyznom wpaja się twardą, milczącą postawę zdystansowanego arbitra sprawiedliwości – kobiety szkoli się więc pod kątem pracy macierzyńskiej. Badania socjologów dowodzą, że role w rodzinie mają mniej wspólnego z socjalizacją genderową niż z samą sytuacją panującą w danej rodzinie.

Badania socjolożki Kathleen Gerson dowiodły, iż patrząc przez pryzmat socjalizacji genderowej, trudno przewidzieć doświadczenia kobiet w rodzinie. Tylko nieco ponad połowa badanych kobiet, które pierwotnie wyrażały chęć wejścia w rolę matki na pełen etat, faktycznie tę rolę odgrywało. Podobnie w przypadku tych, które pragnęły pracować na pełen etat – tylko połowa to robiła. Stabilność zapewniana przez małżeństwo, dochody mężów, doświadczenia związane z pracą i przynależność do wspierających grup to czynniki w o wiele większym od socjalizacji genderowej stopniu warunkujące decyzję o zajęciu się wyłącznie macierzyństwem[21].

Z drugiej strony badania przeprowadzone przez socjolożkę Barbarę Risman dowiodły, że pomimo wynikającej z socjalizacji genderowej skłonności do deprecjonowania otwartości w okazy-

[20] R.B. Kanter, *Men and women of the corporation*, Bacis Books, New York 1977.

[21] K. Gerson, *Hard Choices, How Women Decide About Work, Career, and Motherhood*, University of California Press, Berkeley 1985.

waniu uczuć, większość samotnych ojców doskonale radzi sobie z „matkowaniem". Samotni ojcowie nie zatrudniają kobiet do wykonywania prac domowych, ale wykonują je sami. Według Risman jest niewiele różnic między samotnymi matkami a samotnymi ojcami na poziomie realizacji obowiązków domowych, postępowania z dziećmi, a nawet na poziomie rozwoju emocjonalnego i intelektualnego ich dzieci. Męski styl wychowywania jest praktycznie nieodróżnialny od kobiecego, na czym Risman oparła tezę, że mężczyźni potrafią pełnić funkcje matek, a kobiety nie są od nich lepsze w obchodzeniu się z dziećmi[22].

Te odkrycia zainspirowały przeprowadzenie kolejnych badań. Ostatnio naukowcy zajęli się kwestią różnic w poziomach stresu doświadczanego przez kobiety i mężczyzn w życiu codziennym. Okazało się, że poziom stresu u kobiet jest wyższy, liczba dni wskazywanych przez nie jako „bezstresowe" niższa niż u mężczyzn. David Almeida i Ronald Kessler słusznie wywnioskowali, iż rezultaty te nie wynikają z różnic biologicznych i nie są symptomem występowania u kobiet mniejszej zdolności radzenia sobie ze stresem, ale raczej wskazują na wyższy poziom stresu w życiu kobiet związany z obowiązkami wobec rodziny i domu[23].

Tezy Almeidy i Kesslera opublikowano w prasie wraz z komentarzami zawierającymi odniesienia do różnic genderowych. Jednak istotą ich odkrycia był fakt, że kobiety zajmują się domem, własną pracą, pracą mężów, opiekują się dziećmi, a kiedy trzeba, potrafią wcielić się nawet w rolę hydraulika. Mężczyźni natomiast poza pracą zwykle nie mają obowiązków[24]. Dowie-

---

[22] B.J. Risman, *Gender Vertigo...*, dz. cyt., s. 70.

[23] D.M. Almeida, R. C. Kessler, *Everyday stressors and gender differences in daily distress*, „Journal of Personality and Social Psychology" 1998, nr 3(75).

[24] Zob. N. Stedman, *In a Bad Mood – for a Good Reason*, „The New York Times", 24 października 1998.

dziono tego na podstawie rozmów z parami małżeńskimi dotyczących ich reakcji na czynniki wywołujące stres. Jakich rezultatów można by się spodziewać, gdyby zadać te same pytania samotnym matkom i ojcom? Czy ujawniłyby się jakiekolwiek znaczące różnice genderowe? Raczej okazałoby się, że wymagania związane z rolą rodzica generują ogromny stres zarówno u kobiet, jak i u mężczyzn. To nie gender odpowiada za statystyczne różnice.

Można by dojść do wniosku, podobnie jak zrobił to Risman, że gdyby kobiety i mężczyźni mieli doświadczać z założenia identycznych warunków i dążyć do spełnienia takich samych oczekiwań związanych ze swoimi rolami, zauważalne obecnie różnice genderowe uległyby rozproszeniu[25]. Nie wydaje mi się. W końcu między mężczyznami a kobietami s ą pewne różnice. Być może, jak dowodzą wspomniane badania, nie przyjmują one aż tak wielkich rozmiarów i nie są niezmienne. Ale istnieją. W swojej książce analizuję zarówno obszary, na których owe różnice występują tylko pozornie, jak i te, na których stanowią kwestie kluczowe.

ZNACZENIE RÓŻNIC

Niewielka część cech odróżniających kobiety od mężczyzn jest wspólna dla wszystkich mężczyzn i niespotykana u żadnych kobiet i odwrotnie. Choć różnice te mają odzwierciedlenie w poziomie agresji, siły fizycznej, zdolnościach matematycznych czy retorycznych, umiejętności wychowywania i otwartości emocjonalnej, nie jest prawdą, że wszyscy mężczyźni przejawiają większą niż kobiety agresję, siłę, zdolności matematyczne ani że wszystkie kobiety są dobrymi matkami o bardziej niż u męż-

---

[25] B.J. Risman, *Gender Vertigo...*, dz. cyt., s. 21.

czyzn rozwiniętych kompetencjach werbalnych i emocjonalnych. Mówiąc o różnicach genderowych, w rzeczywistości mówimy o uśrednionych różnicach.

W rezultacie dostrzegamy fakt odmienności jednej grupy od drugiej, ale nie dowiadujemy się niczego o rozkładzie różnic ani o odmienności jednostek w obrębie każdej z grup. Czasami rozkład cech może zaskoczyć: istnieje w końcu mnóstwo troskliwych i emocjonalnych mężczyzn, podobnie jak nie brakuje agresywnych i silnych fizycznie kobiet. Właściwie wszystkie badania nad atrybutami męskości i kobiecości dowodzą, że w obrębie każdej z grup występują większe różnice niż te pomiędzy jedną a drugą. Mamy tendencję do skupiania się na tych drugich, choć są one mniej znaczące, niż się wydają.

A wydają się dowodzić, że kobiety i mężczyźni są organicznie różni, że pochodzą z różnych planet. Na tym właśnie polega międzyplanetarna teoria odmienności genderowej – na przekonaniu, że różnice między kobietami a mężczyznami są kluczowe oraz wynikają z uwarunkowań biologicznych.

Przekonanie o istnieniu niezmiennych, głębokich różnic ma wymiar polityczny. Nazywanie innej płci „przeciwną" odwraca uwagę od podobieństw. Według antropolożki Gayle Rubin kobiety faktycznie różnią się od mężczyzn, jednak nie są ich przeciwieństwami tak jak dzień i noc, niebo i ziemia, yin i yang czy życie i śmierć. W swojej naturze mężczyzn i kobiety są sobie bardzo bliscy. Ekskluzywne rozumienie tożsamości genderowej wiąże się z negacją naturalnych podobieństw[26].

Międzyplanetarna teoria odmienności genderowej jest ważna nie ze względu na swoją słuszność – w końcu częściej

---

[26] G. Rubin, *The Traffic in Women*, [w:] R. Reiter (red.), *Toward an Anthropology of Women*, Monthly Review Press, New York 1975, s. 179–180.

zawodzi, niż prowadzi do istoty rzeczy – ale ze względu na fakt, że w naszej kulturze panuje desperackie pragnienie jej potwierdzenia. Odpowiedzi potrzeba więc nie tyle na pytanie o socjologię odmienności genderowej (tłumaczącą fizjologiczne uwarunkowania owej odmienności), ale o to, dlaczego odmienność genderowa generuje tak poważne dyskusje oraz czemu tak kurczowo trzymamy się przekonania o istnieniu zasadniczej odmienności, że wydajemy miliony dolarów na publikacje książek naświetlających głębokie różnice między kobietami a mężczyznami, podczas gdy prawdopodobnie niewielu z nas sięgnęłoby po pozycję pod tytułem „Halo, wszyscy jesteśmy Ziemianami".

Tak brzmi przesłanie tej książki. Właściwie z wszystkich badań socjologicznych i behawioralnych wynika, że kobiety nie są z Wenus, a mężczyźni nie są z Marsa, ale że wszyscy pochodzimy z planety Ziemia. Nie należymy do przeciwnych płci, ale do pokrewnych płci. Więcej nas łączy niż dzieli. Mamy podobne zdolności i możliwości oraz podobne cele.

POLITYKA ODMIENNOŚCI I DOMINACJI

Niezależnie od tego, czy wierzymy w biologiczne czy kulturowe uwarunkowania odmienności genderowej, międzyplanetarna teoria zakłada, że gender to cecha jednostki, czyli składnik indywidualnej tożsamości. To połowa prawdy. Sądzę, że chłopcy i dziewczynki nabywają gender, ucząc się „odpowiednich" zachowań dyktowanych przez hegemoniczną męskość i przesadną kobiecość, a następnie każda jednostka odnajduję się w ich obrębie we własnym zakresie, idąc na kompromis z powszechnymi definicjami męskości i kobiecości. Dlatego też tak żywo negujemy genderowe stereotypy – wierzymy, że leżą one poza naszym doświadczeniem.

Owego kompromisu nie wypracowujemy jednak sami w oparciu o neutralne pod względem gender czynniki. Instytucje funkcjonujące na świecie – miejsca pracy, rodziny, szkoły, środowiska polityczne – są ukierunkowane przez gender. Rozpowszechnione definicje są w nich forsowane, a przypadki odbiegające od normy są dyscyplinowane. Jesteśmy istotami charakteryzowanymi przez gender w zgenderyzowanym społeczeństwie.

Używanie pojęcia społeczeństwa zgenderyzowanego to nie żaden absurd porównywalny z doszukiwaniem się symbolicznych relacji pomiędzy wyglądem rakiet kosmicznych czy drapaczy chmur z pewną częścią męskiej anatomii. Czasami realne następstwa są ważniejsze od formy symbolicznej. Nie chodzi też o metaforyczne stosowanie pojęcia gender w odniesieniu do innych dziedzin, tak jak dzieje się to w przypadku sportu, seksu i wojny, których języki się przenikają.

Pojęcie społeczeństwa zgenderyzowanego odnosi się do faktu, że organizacja społeczeństwa uległa zmianie skutkującej reprodukowaniem różnic pomiędzy kobietami a mężczyznami oraz wzmocnieniem pozycji dominacji mężczyzn. Struktura hierarchii w miejscach pracy opiera się na demonstrowaniu i reprodukowaniu założeń męskości. Czasowa i przestrzenna organizacja pracy polega na rozdzieleniu sfer (oddzieleniu środowiska pracy od środowiska domu oraz założeniu, że to przede wszystkim kobieta ma za zadanie opiekować się dziećmi).

Przekonanie, że instytucje mają do gender neutralny stosunek, tak naprawdę umacnia tylko ich genderową politykę – to kolejna realizacja niewidzialności genderowej tożsamości. Może się również wydawać, iż przyzwolenie na stosunkowo szeroki zakres zachowań, w ramach których realizuje się gender, zwiększa prawdopodobieństwo przeforsowania tej idei. Za najlepszy sposób eliminowania nierówności w środowisku akademickim czy zawodowym uznaje się więc promowanie identyczności. Wniosek brzmi: nie jesteśmy równi, bo jesteśmy różni.

Taki stan rzeczy wywołuje wśród kobiet zajmujących stanowiska w instytucjach osobiste i polityczne dylematy. Kobiety w miejscach pracy oraz na arenie wojskowej, sportowej i politycznej nie mają szans – w końcu to dziedziny stworzone w celu wspierania i reprodukowania męskości. Osiągnięcie sukcesu wymaga wejścia w rolę mężczyzny, poświęcenia kobiecości. Odmówienie takiego poświęcenia jest potwierdzeniem odmienności, co z kolei legitymizuje proces segregacji ludzi[27]. Kobiety odnoszące sukcesy ponoszą karę za porzucenie swojej kobiecości – są odrzucane jako potencjalne partnerki, nazywane „babochłopami", pomijane na listach gości. Kobiety, które jako pierwsze wstąpiły do wojska, rozpoczęły naukę na uczelniach wojskowych czy nawet w Princeton lub Yale, po tym, jak oba te uniwersytety stały się koedukacyjne pod koniec lat 60., postrzegano jako mniej „kobiece". Jak gdyby poniosły porażkę w swojej kobiecości. Kobiety realizujące swoją kobiecość „skutecznie" postrzegane są z kolei jako potencjalnie gorsze studentki czy żołnierze[28]. Nierówność zaciska podwójny węzeł na rękach kobiet, węzeł przekonania o odmienności genderowej i o neutralności instytucji wobec gender.

Ma to swoje konsekwencje na poziomie życia codziennego. Mężczyzn zadziwia fakt, że ich żony powtarzają jak mantrę „nie mam się w co ubrać", mając szafy pełne ciuchów. Patrzą na nie wówczas jak na stworzenia z innej planety. My mężczyźni po-

---

[27] C. MacKinnon, *Toward a Feminist Theory of the State*, Harvard University Press, Cambridge 1989.

[28] D. Diamond, M. Kimmel, K. Schroeder, *„What's this about a few good men?": Negotiating Sameness and Difference in Military Education from the 1970s to the Present*, [w:] *Masculinities and Education*, N. Lesko (red.), Sage Publications, Thousand Oaks 1999.

trafimy poradzić sobie co najwyżej z garderobą złożoną z koszul i garniturów w trzech czy czterech kolorach oraz pięciu czy sześciu krawatów. Co w tym trudnego?

Jednak otoczenie, w którym większość kobiet przebywa na co dzień sugeruje im, że wszystko, co na siebie zakładają ma znaczenie. Patrzą więc na biurową garsonkę i myślą: „Nie, to niemodne. Nikt nie potraktuje mnie w tym poważnie!". Wybierają więc przylegające do ciała ubrania, przyjmując założenie: „W tym wyglądam jak kobieta, a nie jak pracownica". Jednak niezależnie od stroju znajdują się na przegranej pozycji, ponieważ standardy panujące w miejscach pracy, w tym zasady *dress code*, są tworzone na potrzeby mężczyzn.

Zarówno odmienność, jak i dominacja są generowane i reprodukowane na poziomie interakcji w społeczeństwie oraz w naszym codziennym otoczeniu (w domu i w pracy). I choć różnice pomiędzy nami nie są tak duże, jak zwykle zakładamy, nabierają szczególnego znaczenia w kontekście oczekiwań i obserwacji. W swojej książce podjąłem się analizy tych najważniejszych różnic oraz zdemaskowania tych pozornych. Prześledziłem proces kształtowania się przekonania o odmienności genderowej na fundamencie nierówności. I przede wszystkim starałem się opisać wpływ gender na codzienność, ukazując etapy stawania się przez nas świadomymi swojego gender ludźmi żyjącymi w zgenderyzowanym społeczeństwie.

Przełożyła Dominika Dymińska

Karolina Krasuska

JAKI GENDER JEST, KAŻDY WIDZI: PODSTAWOWE TERMINY

Płeć społeczno-kulturowa (ang. *gender*) – zestaw znaczeń i zachowań kulturowo utożsamianych z „kobietą" i „mężczyzną" w danym miejscu i czasie.

W Stanach Zjednoczonych w powyższym znaczeniu *„gender"* – wcześniej przede wszystkim termin gramatyczny – został wprowadzony z latach 50. XX wieku przez seksuologa Johna Moneya. Zaś popularyzacja i upolitycznienie rozróżnienia na płeć społeczno-kulturową (*gender*) i płeć biologiczną (*sex*) jest zasadniczym wkładem drugiej fali feminizmu w latach 70. XX wieku. Znaczącą rolę odegrał tu artykuł antropolożki Gayle Rubin *Traffic in Women: Notes on the „Political Economy" of Sex* (1975), w którym wprowadziła ona termin „system *sex/gender"*.

W myśleniu potocznym płeć społeczno-kulturowa w prosty i nierozerwalny sposób zlewa się z płcią biologiczną (zob. płeć biologiczna), która ma być jej cielesnym „fundamentem". Taki pogląd jest podstawą stereotypów głoszących, że prawdziwa kobieta jest przeciwieństwem prawdziwego mężczyzny: ona jest (i musi być) delikatna, a za to on jest (i musi być) twardzielem, co miałoby być dyktowane przez ich role reprodukcyjne. Wynika z tego obraz niezmiennej historycznie i geograficznie „natury" kobiet i mężczyzn, która staje się obowiązującą normą zachowań („mężczyźni nie płaczą"), podstawą organizacji życia społecznego (dopiero niedawne wprowadzenia urlopów tacierzyńskich) oraz podstawą dla uprzedzeń i dyskryminacji (np. kobiet na rynku pracy). Milczącym założeniem tego myślenia jest również heteroseksualność tak postrzeganej kobiety i mężczyzny (zob. heteronormatywność).

Jednak jeśli przyjrzeć się dokładniej – i to jest główne rozpoznanie gender studies (zob. gender studies) – rozumienie tego, co jest uważane za „kobiece" i „męskie", podlega ciągłym zmianom. Pomyślmy choćby o ideale arystokratycznych francuskich strojów męskich z XVII wieku albo o obrazach traktorzystek w socrealizmie: ich znaczenia w odniesieniu do porządku płci mogą być dobrze zrozumiane tylko w konkretnym kontekście. (Prócz tego, jak wskazują badania antropologiczne, w innych społeczeństwach niż zachodnie niekiedy mamy do czynienia z tzw. trzecią płcią). Po drugie, jeśli przyjrzeć się konkretnym kobietom i mężczyznom w danym miejscu i czasie, to występują między nimi znaczne różnice. Konkretne kobiety i konkretni mężczyźni kształtowani są nie tylko poprzez obowiązujące normy płci społeczno--kulturowej, lecz także przez inne kategorie społeczne, takie jak klasa, etniczność, rasa, seksualność, wiek, (nie)pełnosprawność i tak dalej. Jeśli tylko pozostać przy przykładzie arystokracji francuskiej XVII wieku, to reprezentuje on uprzywilejowany ideał, który dotyczy tylko wycinka społeczeństwa.

Ta zmienność i wielość norm i przykładów tego, co „kobiece" oraz „męskie" kwestionuje pojęcie „wiecznej kobiecości" czy „prawdziwego mężczyzny", a także prowadzi do wniosku, że *gender* jest konstruktem społecznym. W rezultacie na sztukę, literaturę, media, kulturę popularną, ale także na teksty religijne, edukacyjne, medyczne i prawne można patrzeć jako na zapis konstruowania płci społeczno-kulturowej: tworzenia wizerunków i wzorców, nadawania znaczeń i skojarzeń, przydzielania ról i praw „kobiecie" i „mężczyźnie". W tym ujęciu wszyscy w ciągły sposób są zaangażowani w konstruowanie *gender*: jako odbiorczy-nie/cy wielorakich tekstów kultury przedstawiających „kobietę" i „mężczyznę", jako osoby kopiujące – mniej lub bardziej wiernie – ustanowione przez nie wzorce, i w końcu jako uczestniczki/cy rozmaitych praktyk społecznych często opartych na różnicy płci.

Płeć biologiczna (ang. *sex*) – pojęcie kategoryzujące (ludzkie) ciała na podstawie cech anatomicznych, czynników hormonalnych i genetycznych jako męskie, żeńskie oraz interseksualne (posiadające cechy zarówno żeńskie, jak i męskie).

W początkowych dekadach istnienia feminizmu i studiów kobiecych (zob. gender studies) płeć biologiczna była uważana za stały rdzeń przyporządkowany naturze, na który – jak na „wieszak" – mogą być nakładane znaczenia społeczno-kulturowe. W tym rozumieniu była często pomijana w badaniach. Nakłaniał do tego także znany slogan feministyczny „Biologia nie jest przeznaczeniem" sugerujący, że biologia jest nietknięta przez kulturę oraz oznaczający, że „biologia", czyli funkcje reprodukcyjne nie muszą w żaden określony sposób decydować o organizacji społeczeństwa i wyznaczać zakresu możliwości kobiety i mężczyzny w życiu indywidualnym, społecznym i kulturowym.

Pod koniec lat 8o. XX wieku pogląd ten został zakwestionowany w teorii feministycznej (np. Judith Butler) i w feministycznej krytyce nauk przyrodniczych (np. Donna Haraway, Evelyn Fox-Keller). Historyczki/cy nauk przyrodniczych zwracały/li uwagę na nienazwane genderowe założenia, które leżą u podstaw prowadzenia i opisywania badań oraz ukazały, że sposób pojmowania „płci biologicznej" również ma swoją historię. Od tego czasu można mówić o zwrocie ku cielesności: analizach norm płci biologicznej, przemocy medycznej, jakiej poddawane były osoby interseksualne, zagadnień transpłciowości/transseksualności.

Gender studies – interdyscyplinarna dziedzina badań naukowych dotycząca płci społeczno-kulturowej (*gender*). Obecnie istnieje na świecie około 900 wydziałów i centrów, gdzie podejmowane są badania genderowe, prowadzone zajęcia dla studentów, przyznawane dyplomy – licencjackie, magisterskie, a także doktorskie oraz certyfikaty ukończenia studiów w ramach programów gender studies.

Gender studies wywodzą się ze studiów kobiecych (*Women's Studies*), które to z kolei kształtowały się od lat 60. XX wieku pod wpływem drugiej fali feminizmu (pierwszy kierunek studiów został utworzony w USA w roku 1970). Studia kobiece można uznać za akademicką realizację postulatów feministycznych dotyczących równouprawnienia kobiet poprzez analizy dyskryminacji ze względu na płeć (zob. seksizm), dominacji mężczyzn (zob. patriarchat) oraz milczących założeń kulturowych i społecznych czyniących mężczyznę miarą wszystkich rzeczy (zob. androcentryzm). Studiom kobiecym, czy też tak rozumianej perspektywie feministycznej, zawdzięczamy odkrywanie i dowartościowywanie obszarów doświadczenia tradycyjnie kojarzonych z kobietami (np. macierzyństwo) czy „oddawanie głosu" kobietom wcześniej pomijanym w badaniach (np. literatura pisana przez kobiety).

Gender studies poszerzają tę feministyczną perspektywę i wychodzą z założenia, że całość ludzkiego doświadczenia kształtowana jest przez płeć społeczno-kulturową. Jeśli celem studiów kobiecych jest dowartościowanie tego, co tradycyjnie kobiece (np. poprzez pisanie nieraz oddzielnej historii kobiet), ambicją studiów genderowych jest włączenie kategorii płci do analizy wszelkich zagadnień, także tych uważanych za uniwersalne czy tradycyjnie męskie (np. stworzenie nowej historii militarnej z perspektywy genderowej). Ta zmiana akcentów w dyscyplinie wynikła również z kryzysu kategorii „kobiet" od lat 80. XX wieku w USA, teraz coraz częściej postrzeganej jako niejednorodna. Przedmiotem badań zaczęły być różnice między kobietami ze względu seksualność, klasę społeczną, etniczność, rasę, wiek, (nie)pełnosprawność (tak zwana analiza intersekcjonalna); a także „męskość", która również przestała być traktowana jako zawsze jedna i ta sama oraz automatycznie jako narzędzie patriarchatu. Od tego czasu niektóre starsze programy studiów kobiecych zostały przemianowane na programy gender studies, niekiedy również w połączeniu z badaniami nad seksualnością (zob. queer, heteronormatywność).

Queer – termin odnoszący się do projektu będącego kontynuacją polityki i teorii gejowsko-lesbijskiej, lecz ukazującego ich ograniczenia jako zasadzających się na jednoznacznych tożsamościach seksualnych i starających się w oparciu o nie podejmować działania emancypacyjne i równościowe. Przed połową lat 80. XX wieku w USA termin obraźliwy, odnoszący się do osób homoseksualnych, później odzyskany i przewartościowany przez aktywistki/ów i teoretyczki/ów. Używany dziś niekiedy jako zbiorcza kategoria osób nieheteroseksualnych oraz osób niewpisujących się w dwudzielny wzorzec płci (zob. płeć społeczno-kulturowa).

Za początek użycia „queer" w odniesieniu do akademickiej wersji tego projektu (teorii queer) uznaje się wprowadzanie Teresy de Lauretis do specjalnego numeru feministycznego pisma „differences" w roku 1991. Teoria queer nie uznaje seksualności za kwestię indywidualną, lecz w pierwszym rzędzie za kategorię kształtującą i regulującą struktury społeczne, decydującą o miejscu i przywilejach jednostki w społeczeństwie m.in. pod względem instytucjonalnym, ekonomicznym, prawnym (np. brak możliwości legalizacji związków osób tej samej płci). W tym kontekście zasadniczym pojęciem teorii queer jest heteronormatywność (zob. heteronormatywność).Teksty teorii queer krytykują również niekiedy heteronormatywne założenia feminizmu: priorytetem staje się tutaj nie podział na mężczyzn i kobiety, lecz na heteroseksualność i nieheteroseksualność.

Heteronormatywność – pojęcie wskazujące, że heteroseksualność jest milczącym założeniem organizującym porządek płci oraz, szerzej, kształtującym życie społeczne.

Termin użyty przez amerykańskiego literaturoznawcę i teoretyka queer Michaela Warnera na początku lat 90. XX wieku. Zbliżony jest do takich wcześniejszych pojęć jak „przymusowa heteroseksualność" Adrienne Rich czy „matryca heteroseksualna" Judith Butler.

Heteronormatywność opiera się na wyobrażeniu „prawdziwej kobiety" i „prawdziwego mężczyzny" przyciąganych do siebie – niczym przeciwległe bieguny – pożądaniem zorientowanym wyłącznie na „przeciwną płeć". Konsekwencją takiego obowiązującego bezrefleksyjnie założenia, opartego na logice reprodukcji, jest dyskryminacja osób, które nie wpisują się w ramy tak rozumianej heteronormatywności: homoseksualność, biseksualność, aseksualność, interseksualność, transpłciowość znajdują się poza normą i są uznawane za „wbrew naturze" czy za „chore".

Heteronormatywność wyznacza również granice tego, co jest akceptowane, czy też oznaczone jako „moralne", w ramach heteroseksualności: domniemaną normą zachodnią są trwałe związki monogamiczne czy też nieraz następujące po sobie, ale wciąż stosunkowo trwałe związki monogamiczne.

Heteronormatywność kształtuje nie tylko jednostkową seksualność, ale wpływa na wiele obszarów życia codziennego. Za jej przejaw można uznać choćby oddzielne damskie i męskie szatnie i toalety: podział taki ma kontrolować pożądanie oraz wspierać skromność i „moralność", cele, które opierają się na założeniu tradycyjnie ujętej, dwudzielnej różnicy płci i heteroseksualności.

Patriarchat – dosłownie „władza ojców", porządek społeczny zasadzający się na dominacji mężczyzn – ojców rodu. Termin używany przez amerykańskiego antropologa Lewisa Morgana jeszcze w XIX wieku, ale przede wszystkim pojęcie zasadnicze dla drugiej fali feminizmu.

U jego podstaw leży przeświadczenie o hierarchicznym „naturalnym" porządku płci opartym na funkcjach reprodukcyjnych, które są przez „ojców" kontrolowane (zob. płeć społeczno-kulturowa). Łączy się to z dewaluacją tego, co przypisywane kobietom i ich dyskryminacją (zob. seksizm) i dowartościowaniem tego, co przypisywane mężczyznom (zob. androcentryzm). Jeśli w ramach patriarchatu normą staje się heteroseksualny mężczyzna, to pociąga to za sobą wrogość i dyskryminację mężczyzn nieheteroseksualnych (nawet jeśli związki homoseksualne są w danym społeczeństwie zinstytucjonalizowane). Podstawową zasadą porządku patriarchalnego jest zatem heteronormatywność.

Androcentryzm – założenia kultury traktujące mężczyznę jako wyznacznik standardów, miarę wszystkich rzeczy, jako to, co neutralne. W tym sensie to kobieta „ma płeć", podczas gdy mężczyzna utożsamiamy jest z istotą ludzką. Androcentryzm jest zasadniczym składnikiem patriarchatu i manifestacją seksizmu.

Dobrym przykładem jest funkcjonowanie języka polskiego, gdzie rodzaj męski rzeczowników bywa uznawany za odnoszący się do kobiet i mężczyzn. Na przykład zdanie z hasła „płeć społeczno-kulturowa" w tym słowniczku w następującym zmienionym brzmieniu można uznać za androcentryczne: „W tym ujęciu k a ż d y_w ciągły sposób jest zaangażowany w konstru-owanie gender: jako o d b i o r c a wielorakich tekstów kultury przedstawiających „kobietę" i „mężczyznę", jako osoba kopiująca – mniej lub bardziej wiernie – ustanowione przez nie wzorce, i w końcu jako u c z e s t n i k rozmaitych praktyk społecznych często opartych na różnicy płci".

Seksizm – dyskryminacja ze względu na płeć dotycząca przede wszystkim kobiet. Opiera się na stereotypach przypisywanych „prawdziwej kobiecie" i „prawdziwemu mężczyźnie" (zob. płeć społeczno-kulturowa) i w ten sposób pomaga podtrzymywać nierówność płci (zob. patriarchat).

Dlaczego otwieranie i przepuszczanie kobiety w drzwiach jest seksistowskie? Bo sugeruje, że sama nie umie ich otworzyć. Interpretacja ta może wydawać się skrajna, ale właśnie na takim myśleniu opierają się popularne dowcipy o „blondynkach", czyli ideale patriarchatu – kobietach atrakcyjnych, ale głupich.

Seksizm bywa z pozoru miły i niegroźny: ile razy podczas kampanii wyborczych kobiet media rozpisują się na temat ich stroju i fryzury, a nie przekonań, nie traktując w ten sposób polityczek na równi z politykami? Z drugiej strony: dlaczego tak łatwo przychodzi nazywanie asertywnej kobiety „jędzą"? Dla-czego spotykamy pytania, czy ojciec na tacierzyńskim nie traci na męskości? Otóż seksizm wyznacza i pozwala na podwójne standardy: inną ocenę i wartościowanie takiego samego zacho-wania u kobiet i mężczyzn.

Seksizm ma charakter strukturalny – jest wpisany w insty-tucje społeczne i normy kulturowe. Brak przykładów w życiu po-jedynczych osób (częste: „Nigdy nie spotkałam się z dyskrymina-cją") nie oznacza, że seksizm nie istnieje. Stwierdzenie takie daje raczej do zrozumienia, że seksizm jest tak rozpowszechniony, tak

„normalny", że staje się niezauważalny. Dlatego tak istotnym narzędziem jest edukacja antydyskryminacyjna uwrażliwiająca na ten nieraz niezauważalny, a przemożny wpływ, jaki na życie codzienne mają stereotypy dotyczące płci.

Kinga Dunin

CZY „GENDER" NISZCZY RODZINY? NAJCZĘŚCIEJ ZADAWANE PYTANIA

Czy gender to ideologia?

Gender to termin opisowy stosowany w naukach społecznych, bezpośrednio nie wynika z niego żadna ideologia. Każdy wie, że istnieje. Kiedy ksiądz Oko mówi, że monogamiczne małżeństwo kobiety i mężczyzny jest najwyższą formą cywilizacji – mówi prozą, genderem. Oraz jest ideologiem – przedkłada jedną formę kulturową nad inne.

Nie musimy się z nim zgadzać. Uznając, podobnie jak ksiądz Oko, że gender jest formą kulturową, w której przejawia się nasza płeć i orientacja seksualna, wierzymy, że możemy na nią wpływać tak, aby zapewnić ludziom więcej równości i szczęścia. W tym sensie jest to ideologia, będziemy ją nazywać „gender", żeby nie myliła się z gender.

Czy „gender" niszczy rodziny?

Nie sprzyja rodzinom opartym na przemocy i wyzysku. Stara się oprzeć je na partnerstwie. Wartością jest dobra rodzina, a nie każda, byle do śmierci. Opowiadając się za prawem osób homoseksualnych do zakładania rodziny, chce, żeby tych rodzin było jeszcze więcej.

Czy możemy swoją tożsamość płciową dowolnie wybierać?

Tożsamość płciowa jest jednym z wymiarów płci – obok płci biologicznej, kulturowej i orientacji seksualnej. Tożsamość płciowa to nasze najgłębsze przekonanie, kim jesteśmy, kobietami czy mężczyznami. Nie da się go zmienić, podobnie jak orientacji seksualnej. Jeżeli tożsamość biologiczna nie zgadza się z tożsamością płciową, współczesna medycyna daje możliwość korekty płci biologicznej i dostosowania jej do tożsamości.

Czy nie twierdzi tak Judyta Butler?
Nie. Twierdząc, że płeć jest zawsze konstruktem, zwraca uwagę na oczywisty fakt, że człowiek nie istnieje poza kulturą. Nasze wyposażenie biologiczne zawsze wymaga kulturowej oprawy.

Czy „gender" dąży do zniesienia różnicy między kobietą i mężczyzną?
Oczywiście. Do zniesienia różnicy w dochodach, udziale we władzy i szacunku społecznym.

Czy zwolennicy perspektywy „gender" pomijają zupełnie biologiczne aspekty płci?
Biologii nie da się pominąć. Nikt nie twierdzi, że jesteśmy bezcielesnymi duchami.

Czy zaczniemy traktować relację kobieta – mężczyzna w kategoriach marksistowskiej walki klasowej?
Na pewno przestaniemy traktować ją jako relację między panem i niewolnicą.

Czy „gender" wskrzesza Engelsa?
Engelsa mógłby wskrzesić tylko Jezus Chrystus, nam nie dana jest władza wskrzeszania.

Czy „gender" nie kieruje się porządkiem chrześcijańskim?
Jak najbardziej kieruje. Wszyscy możemy być braćmi i siostrami.

Czy „gender" oznacza totalne zniszczenie tożsamości ludzkiej?
Oznacza szacunek dla każdej niepowtarzalnej tożsamości jednostkowej. Kobiety, mężczyzny, lesbijki, geja, transseksualisty.

Czy miłość zgodnie z „gender" stanie się przelotną rozrywką, towarem poddanym prawom rynku, określanym przez politykę i sterowaną odgórnie ekonomię?
Miłość stanie się tym, czym zechcemy i będziemy potrafili ją uczynić. Również dzięki temu, że będziemy potrafili poznać wpływ mechanizmów rynkowych i ekonomicznych na nasze zachowania.

Czy w perspektywie „gender" płodność jest niepotrzebnym dodatkiem i przeszkodą do realizowania hedonistycznych planów?
Prawo do przeżywania po swojemu własnej płci i orientacji seksualnej to nie hedonizm, to podstawowe prawo każdego człowieka.

Czy naprawdę heteroseksualizm i homoseksualizm są równie wartościowe? Przecież homoseksualiści nie mogą mieć dzieci.
Naprawdę. Dziecko łatwo jest spłodzić, trudniej wychować. Podobnie jak osoby heteroseksualne – jedni się do tego nadają, inni nie. Jedni są wierni i lojalni, inni nie. Wszystkich obejmują te same normy etyczne, a jakim kto będzie partnerem, rodzicem człowiekiem, tego nie da się przewidzieć na postawie orientacji seksualnej.

Czy za gender stoją miliardy Unii Europejskiej, ONZ, najwyższej finansjery?

To prawda. UE aktywnie i finansowo wspiera *gender mainstreaming*, zasadę wymagającą równego traktowania mężczyzn i kobiet we wszelkich przedsięwzięciach. Kościół chętnie z tego korzysta.

Czy ateizm i pogarda dla godności ludzkiej to korzenie „gender"?
Korzeniami „gender" jest oświeceniowa wiara w równość, wolność i braterstwo/siostrzeństwo.

Czy celem „gender" jest uznanie małżeństwa, rodziny i macierzyństwa za kategorie opresyjne i dyskryminujące?
Tak, ale tylko wtedy, kiedy są opresyjne i dyskryminujące.

Czy „gender" to nic innego jak bezkarne propagowanie środowisk homoseksualnych i robienie gruntu pod lobby pedofilskie?
Propagowanie praw osób homoseksualnych jak dotąd nie jest uznawane w Polsce za przestępstwo i karane. I niech tak zostanie, nie musimy upodabniać się do Rosji.

Dobrym gruntem pod lobby pedofilskie jest natomiast ukrywająca swoje tajemnice instytucja złożona z mężczyzn żyjących w celibacie i pozostających w licznych zależnościach.

Czy edukacja równościowa ośmiesza chłopców i drastycznie zmniejsza u nich poczucie własnej wartości?
Drastycznie zwiększa poczucie własnej wartości dziewczynek. Zatem relatywnie zmniejsza chłopców.

Czy seksualizacja dzieci jest nieodłącznym elementem edukacji seksualnej?
Dzieci nie trzeba seksualizować, rodzimy się jako istoty seksualne. Oraz możemy spotkać na swojej drodze inne seksualne istoty, nie zawsze sympatyczne. Dobrze jest, żeby edukacja pomogła

nazwać swoją seksualność i nadać jej właściwą formę oraz nauczyć bezpiecznych zachowań.

Czy chłopcy będą się musieli przebierać w sukienki?
A czy dziewczynki muszą nosić spodnie?

Czy dzieci będą zmuszane do masturbacji?
To, że przestanie się ona kojarzyć ze śmiertelnym grzechem, nie oznacza przymusu.

Czy eksperymenty na naszych dzieciach będą robić ludzie praktycznie bez żadnego przygotowania?
Z przygotowaniem, które można przynajmniej sprawdzić, w przeciwieństwie do przygotowania katechetów.

Dlaczego nikt nie broni polskich dzieci? Gdzie jest rząd? Gdzie jest Rzecznik Praw Dziecka? Gdzie jest MEN?
Adresy można znaleźć w internecie.

Czy „gender" kłóci się z Konstytucją RP, która gwarantuje nam, rodzicom, prawo do wychowania dzieci zgodnie z wyznawanymi wartościami?
A kto może być przeciwny równości i szczęściu?

Czy „gender" jest wprowadzane bocznym wejściem czy tylnymi drzwiami?
Jak wyrzuci się go drzwiami, wejdzie oknem.

LIST OTWARTY ŚRODOWISKA NAUKOWEGO PEDAGOGÓW ZAJMUJĄCYCH SIĘ PROBLEMATYKĄ GENDER

Od ponad dwudziestu lat prowadzone są w Polsce badania i analizy naukowe na temat płci społeczno-kulturowej, także w obrębie pedagogiki. Dorobek w tej dziedzinie przedstawiany w licznych publikacjach do tej pory nie wzbudzał szczególnego zainteresowania w pozaakademickich kręgach, co utrudniało wprowadzanie problematyki gender zarówno do świadomości społecznej, jak i praktyki pedagogicznej. W związku z tym, mimo iż państwo polskie zobowiązało się zarówno w Konstytucji RP, jak i w innych dokumentach krajowych i międzynarodowych nie tylko **do przestrzegania zasady równości kobiet i mężczyzn**, ale i do podejmowania działań, które by tę równość rzeczywiście gwarantowały, nadal zauważalna jest dyskryminacja ze względu na płeć w wielu obszarach życia społecznego. Osiągnięcie pełnego równouprawnienia kobiet i mężczyzn wymaga zmiany świadomości społecznej, a ta możliwa jest dzięki edukacji na każdym poziomie kształcenia i wychowania – **od przedszkoli po uniwersytety**. Wypełnianie tych zobowiązań w praktyce edukacyjnej jest złożonym procesem, opartym na współpracy środowiska naukowego, nauczycieli, rodziców, przedstawicieli władz lokalnych i oświatowych, a także organizacji pozarządowych.

Dla wszystkich tych podmiotów jest to trudne zadanie, ponieważ wiąże się ze **zmianą społeczną**, a ta wymaga przełamania dotychczasowych przyzwyczajeń i stereotypów. Dlatego ważne jest budowanie pozytywnego klimatu w przestrzeni społecznej, medialnej i politycznej dla działań podejmowanych w trosce o demokratyczny i egalitarny charakter polskiej szkoły, a w konsekwencji – polskiego społeczeństwa. **Celom tym nie służy kampania przeciw idei gender** prowadzona przez niektórych polityków i księży. Dlatego my, niżej podpisani, pedagożki i pedagodzy naukowo zajmujący się edukacją równościową i antydyskryminacyjną oraz problematyką gender, wyrażamy sprzeciw wobec rozpowszechniania nieprawdziwych i niezgodnych ze stanem wiedzy przekazów dotyczących gender.

Gender (rodzaj) w odróżnieniu od płci biologicznej (*sex*) oznacza płeć społeczno-kulturową, czyli to, jakie znaczenie w danym społeczeństwie przypisuje się pojęciom kobiecości i męskości, jakie role wyznacza się jego członkom w zależności od ich płci biologicznej oraz w jaki sposób się je wartościuje.

Płeć społeczno-kulturowa **występuje w każdym społeczeństwie**, jednak to, jaką jest wypełniona treścią zależy od kultury i zmienia się w czasie trwania i rozwoju społeczeństwa. Ideologizowanie pojęcia „gender" m.in. przez przypisywanie mu obszarów, które nie wchodzą w jego zakres, czyli edukacji i orientacji seksualnej oraz transseksualizmu, a przede wszystkim obwinianie o pornografię, rozpustę i pedofilię, jest nadużyciem nie tylko intelektualnym, ale i moralnym. Zawłaszczanie dyskursu publicznego w tej kwestii poprzez ignorowanie dorobku nauk oraz faktów społecznych prowadzi do dezinformacji i tworzenia atmosfery zagrożenia, uniemożliwiając jednocześnie rzetelną dyskusję na temat możliwości przeciwdziałania dyskryminacji. **Działania edukacyjne** ukierunkowane na przeciwdziałanie seksizmowi nie mają nic wspólnego ze zmianami w zakresie identyfikacji z płcią biologiczną, a zarzucanie nauczycielkom realizującym takie projekty braku kompetencji i poczucia odpowiedzialności jest **wyrazem nieufności wobec środowiska oświatowego**. Konsekwencją takiego nastawienia może być całkowite wycofanie się z nieśmiałych i mocno spóźnionych prób wprowadzania do edukacji prorównościowych działań, które powinny być już dawno w niej „zadomowione".

To nie badaczki i badacze płci społeczno-kulturowej, autorki programów edukacyjnych czy nauczycielki i nauczyciele prowadzący zajęcia antydyskryminacyjne krzywdzą dzieci, ale ci, którzy blokując te działania, dążą do przywrócenia XIX-wiecznego, patriarchalnego porządku społecznego.

Wychowanie utrwalające anachroniczne stereotypy płci jest sprzeczne z zasadami demokracji, podstawami aksjologicznymi polskiego systemu edukacji, a przede wszystkim szkodzi rozwojowi młodych ludzi, ponieważ nie przygotowuje ich do życia we współczesnym świecie.

Prof. dr hab. Mariola Chomczyńska-Rubacha z Uniwersytetu Mikołaja Kopernika w Toruniu

Prof. zw. dr hab. Maria Czerepaniak-Walczak, z Uniwersytetu Szczecińskiego

Prof. dr hab. Zbigniew Izdebski, prof. nadzw. z Uniwersytetu Warszawskiego i Uniwersytetu Zielonogórskiego

Prof. zw. dr hab. Zbigniew Kwieciński, członek rzeczywisty PAN, przewodniczący Komitetu Rozwoju Edukacji Narodowej PAN, z Dolnośląskiej Szkoły Wyższej we Wrocławiu i Uniwersytetu Mikołaja Kopernika w Toruniu

Dr hab. Hana Cervinkova, prof. nadzw. z Dolnośląskiej Szkoły Wyższej we Wrocławiu

Dr hab. Elżbieta Górnikowska-Zwolak, prof. nadzw. z Górnośląskiej Wyższej Szkoły pedagogicznej w Mysłowicach

Dr hab. Mirosława Nowak-Dziemianowicz, prof. nadzw. z Dolnośląskiej Szkoły Wyższej we Wrocławiu

Dr hab. Joanna Ostrouch-Kamińska, prof. nadzw. z Uniwersytetu Warmińsko-Mazurskiego w Olsztynie

Dr hab. Dorota Pankowska, prof. nadzw. z Uniwersytetu Marii Curie-Skłodowskiej w Lublinie

Dr hab. Izabela Skórzyńska z Uniwersytetu Adama Mickiewicza w Poznaniu

Dr hab. Eva Zamojska, prof. nadzw. z Uniwersytetu Adama Mickiewicza w Poznaniu

Dr Krzysztof Arcimowicz z Uniwersytetu w Białymstoku

Dr Tomasz Bajkowski z Uniwersytetu w Białymstoku

Dr Ewa Bochno z Uniwersytetu Zielonogórskiego

Dr Małgorzata Cackowska z Uniwersytetu Gdańskiego

Dr Iwona Chmura-Rutkowska z Uniwersytetu Adama Mickiewicza w Poznaniu

Dr Małgorzata Ciczkowska-Giedziun z Uniwersytetu Warmińsko-Mazurskiego w Olsztynie

Dr Izabela Desperak z Uniwersytetu Łódzkiego

Dr Maciej Duda z Uniwersytetu Adama Mickiewicza w Poznaniu

Dr Katarzyna Gawlicz z Dolnośląskiej Szkoły Wyższej we Wrocławiu

Dr Edyta Głowacka-Sobiech z Uniwersytetu Adama Mickiewicza w Poznaniu

Dr Monika Grochalska z Uniwersytetu Warmińsko-Mazurskiego w Olsztynie

Dr Violetta Kopińska z Uniwersytetu Mikołaja Kopernika w Toruniu

Dr Natalia Maksymowicz z Uniwersytetu Szczecińskiego

Dr Jolanta Muszyńska z Uniwersytetu w Białymstoku

Dr Paweł Rybszleger z Uniwersytetu Adama Mickiewicza w Poznaniu

Dr Karolina Starego z Uniwersytetu Gdańskiego

Dr Renata Szczepanik z Uniwersytetu Łódzkiego

Dr Agnieszka Walendzik-Ostrowska z Wszechnicy Świętokrzyskiej w Kielcach

Dr Krzysztof Wąż z Uniwersytetu Zielonogórskiego

Dr Marcin Welenc z Uniwersytetu Gdańskiego

Mgr Agnieszka Dziemianowicz-Bąk z Instytutu Badań Edukacyjnych w Warszawie

Mgr Patrycja Jeziorowska z Uniwersytetu Szczecińskiego

Mgr Maria Serafinowicz z Uniwersytetu Szczecińskiego

PROGRAM OPERACYJNY WIEDZA EDUKACJA ROZWÓJ 2014-2020 (FRAGMENT)[1]

RÓWNOŚĆ SZANS I ZAPOBIEGANIE DYSKRYMINACJI

Zgodnie z regulacjami wspólnotowymi dla polityki spójności, państwa członkowskie i Komisja podejmują odpowiednie kroki w celu zapobiegania wszelkiej dyskryminacji ze względu na płeć, rasę lub pochodzenie etniczne, religię lub światopogląd, niepełnosprawność, wiek lub orientację seksualną podczas przygotowania i realizacji programów. Zasada ta jest respektowana w ramach Programu Operacyjnego Wiedza Edukacja Rozwój oraz w innych dokumentach służących jego realizacji. Jest uwzględniana zarówno na etapie przygotowania programu i dokumentów implementacyjnych, jak również na etapie wdrażania programu. Realizacja opisywanej zasady na etapie przygotowania programu została zapewniona m.in. poprzez włączenie w prace nad Programem oraz w proces konsultacji społecznych przedstawicieli podmiotów zajmujących się problematyką niedyskryminacji, niepełnosprawności i równości płci. Przedstawiciele tych instytucji będą także angażowani w prace nad szczegółowymi doku-

---

[1] Dokument, który został przyjęty przez Radę Ministrów 8 stycznia 2014 roku. Jest jednym z sześciu programów krajowych, jakie będą realizowane w okresie 2014–2020. Finansowany jest z Europejskiego Funduszu Społecznego.

mentami implementacyjnymi i rozwiązaniami zapewniającymi równość szans, niedyskryminację, dostępność i pełne uczestnictwo w programie wszystkich osób bez względu na płeć, rasę lub pochodzenie etniczne, religię lub światopogląd, niepełnosprawność, wiek lub orientację seksualną. Zasada niedyskryminacji obowiązuje także przy realizacji programu, w szczególności przy ocenie i wyborze projektów w PO WER, zwłaszcza ma zastosowanie w odniesieniu do przedsięwzięć, których celem jest bezpośrednie wsparcie dla osób, a więc w osiach priorytetowych II *Szkolnictwo wyższe dla gospodarki i rozwoju* i IV *Osoby młode na rynku pracy*. W ramach projektów adresowanych do osób stosowana będzie zasada eliminowania dyskryminacji, zapewniania dostępności, zastosowania racjonalnych usprawnień i poszanowania dla różnorodności i odmienności z powodu płci, wieku, niepełnosprawności, rasy lub pochodzenia etnicznego, światopoglądu lub religii. Zasady te będą stosowane także w osiach priorytetowych, w których zakłada się wsparcie dla reform w obszarach zatrudnienia, edukacji, włączenia społecznego i zwalczania ubóstwa oraz administracji, a także w osi priorytetowej dotyczącej innowacji społecznych. Regulacje na poziomie europejskim szczególną uwagę poświęcają konieczności zapewnienia dostępności programów operacyjnych dla osób niepełnosprawnych. [...]

RÓWNOŚĆ PŁCI

Zasada równości szans płci jest jedną z naczelnych polityk horyzontalnych Unii Europejskiej, której przestrzeganie gwarantuje kobietom i mężczyznom przypisanie równych praw i obowiązków, a także równy dostęp do zasobów (środki finansowe, szanse rozwoju), z których mogliby korzystać. Takie podejście znalazło swoje odzwierciedlenie w zapisach regulacji wspólnotowych dla polityki spójności, zgodnie z którymi państwa członkowskie zobowiązane są w ramach realizowanych programów operacyjnych do podejmowania działań na rzecz wyrównywania szans płci i przeciwdziałania wszelkiej dyskryminacji w tym zakresie. Troska o przestrzeganie zasady równości szans płci oprócz obowiązku prawnego przynosi również realne i rzeczywiste korzyści ekonomiczno-społeczne, a także jest niezbędnym warunkiem realizacji celów strategicznych Europa 2020, dotyczących stworzenia trwałego i zrównoważonego wzrostu gospodarczego i rozwoju społecznego. W związku z powyższym, mając na uwadze aktualne wyzwania w obszarze równości szans płci w Polsce, a także uwzględniając systemowy charakter działań planowanych do realizacji w ramach Programu Operacyjnego Wiedza Rozwój Edukacja 2014–2020, za kluczowe dla interwencji EFS w kontekście równości szans płci uznano:

– tworzenie odpowiednich warunków pozwalających na godzenie życia zawodowego z rodzinnym, jako czynnika niezbędnego dla zwiększenia poziomu aktywizacji zawodowej – zwłaszcza wśród kobiet;

– tworzenie odpowiednich warunków i otoczenia prawnego, sprzyjających poprawie dostępności i jakości opieki nad dziećmi i osobami zależnymi;

– przeciwdziałanie stereotypom związanym z płcią społeczno-kulturową;

– wzmacnianie niezależności ekonomicznej i przedsiębiorczości zwłaszcza wśród kobiet;

– zwiększenie świadomości na temat równości szans kobiet i mężczyzn;

– budowanie i rozwijanie rozwiązań systemowych, dotyczących oceny wpływu polityk publicznych na rzecz poprawy równości szans płci.

Działania zmierzające do osiągnięcia powyższych celów będą realizowane w PO WER w oparciu o zintegrowane podejście do równości szans tzw. *dual approach*, czyli zarówno zaplanowanie konkretnych działań (*specification*) służących wyrównywaniu szans, jak wdrażanie tej zasady w sposób przekrojowy, poprzez uwzględnianie perspektywy równości szans we wszystkich interwencjach z EFS. Przykładem konkretnych działań będą interwencje oparte o dwa priorytety inwestycyjne 8.8 i 9.3, ukierunkowane na wsparcie z zakresu godzenia życia zawodowego i prywatnego, a także zwalczanie dyskryminacji ze względu na różne przesłanki – w tym m.in. płeć. Zaplanowana pomoc zostanie przeznaczona m.in. na stworzenie systemowych rozwiązań w postaci programów przeciwdziałania dyskryminacji w miejscu pracy, w tym monitorowania różnic wynagrodzeń, modeli godzenia życia zawodowego z prywatnym, czy zwiększenie świadomości na temat różnych form dyskryminacji na rynku pracy oraz promowanie równości, dostępności i pełnego uczestnictwa w rynku pracy. Horyzontalne podejście do zasady równości szans płci w Programie będzie opierać się głównie na zaplanowaniu działań w poszczególnych celach tematycznych np. zapewnienia równego dostępu do dobrej jakości edukacji elementarnej, kształcenia podstawowego i średniego czy poprawy standardów jakości usług opiekuńczych na rzecz osób niesamodzielnych w ramach obszaru tematycznego dotyczącego wykluczenia społecznego. Oprócz wspomnianego podejścia *dual approach*, zasada równości szans płci będzie wdrażana również (zgodnie z propozycją zapisów rozporządzenia ogólnego) na każdym etapie realizacji programu (*gender mainstreaming*). W przypadku wyboru projektów zostaną zastosowane specjalne kryteria oceny w postaci listy pytań sprawdzających, czy w ramach danej interwencji równość szans płci została zachowana np. na etapie diagnozy, działań, rezultatów czy też sposobu zarządzania projektem. Natomiast sposób rzeczywistej realizacji tej zasady w praktyce będzie również sprawdzany na etapie realizacji projektu w procesie monitoringu, ewaluacji oraz kontroli. Na etapie monitorowania i sprawozdawczości wszystkie wskaźniki realizacji projektu/programu dotyczące liczby osób będą zbierane w podziale na płeć. Ponadto postęp we wdrażaniu równości szans płci, a także opis problemów napotkanych w tym zakresie i podjętych działań zaradczych, będzie przedstawiany w ramach sprawozdań okresowych. W sposób szczególny opis konkretnych działań, mających na celu promowanie równouprawnienia płci oraz zapobieganie dyskryminacji, zostanie dokonany w sprawozdawczości w latach 2017 i 2019 (zgodnie z zapisami rozporządzenia ogólnego). W odniesieniu do procesu ewaluacji zaplanowane zostanie badanie śródokresowe realizacji zasady równości szans płci, które pozwoli Instytucji Zarządzającej ocenić skuteczność wdrażania tej zasady w pierwszych latach realizacji Programu. Skład Komitetu Monitorującego PO WER i wszystkich grup tematycznych działających przy KM będzie skonstruowany w oparciu o potrzebę zachowania różnorodności ze względu na płeć, jak również z udziałem przedstawicieli środowisk działających na rzecz równości szans płci.

KONIEC RÓŻNICY SEKSUALNEJ?[1]
(FRAGMENTY)

[...] W swoim eseju proponuję wziąć pod uwagę zestaw pojęć, które zaczęły ze sobą kolidować: różnicę seksualną, płeć kulturową oraz seksualność. Wybrany przeze mnie tytuł może sugerować, że obwieszczam koniec „różnicy seksualnej" w całej jej domniemanej faktyczności albo też używam jej jako użytecznego teoretycznego wprowadzenia do problemów feminizmu. Tytuł ten istotnie zamierzyłam sobie jako cytat ze sceptycznego pytania, które często zadaje się teoretyczkom i teoretykom badającym płeć kulturową czy seksualność: to wyzwanie, które pragnę zrozumieć, ale też takie, na które chcę odpowiedzieć. Moim celem nie jest wygranie debaty, a próba zrozumienia, dlaczego osoby, które używają wspomnianych terminów, przywiązują do nich taką wagę, oraz znalezienie odpowiedzi na pytanie, jak można pogodzić ów zbiór odczuwalnych niezbędników, które ścierają się ze sobą w konflikcie. Interesują mnie w równej mierze teoretyczne przyczyny stosowania jednego paradygmatu kosztem innych, jak i instytucjonalna możliwość, że pojęcia te

---

[1] Tłumaczenie na podstawie: Judith Butler, *The End of Sexual Difference?*, [w:] *Feminist Consequences: Theory for the New Century*, E. Bronfen, M. Kavka (red.), Columbia University Press, New York 2000. Tekst ukazał się pierwotnie w antologii *Teorie wywrotowe* pod redakcją Agnieszki Gajewskiej, Wydawnictwo Poznańskie, Poznań 2013.

na zmianę otwierają się i wzajemnie wykluczają w zależności od rozmaitych kontekstów. [...]

Irigaray nie pozostawia żadnych wątpliwości, że różnica seksualna nie jest żadnym faktem ani też żadnym fundamentem czy krnąbrnym „Realnym" z Lacanowskiego słownika. Jako pytanie pozostaje nierozstrzygniętą i nierozwiązaną kwestią, która nie doczekała się jeszcze lub też nie doczeka się w ogóle sformułowania w kategoriach twierdzenia. Wręcz przeciwnie, różnica seksualna to pytanie, pytanie naszych czasów. Jej obecność nie przyjmuje postaci faktów i struktur, ale trwa jako to, co wprawia nas w zdziwienie, co pozostaje nie do końca wyjaśnione i niewytłumaczalne. Jeżeli pytanie o różnicę seksualną to tak naprawdę pytanie stawiane naszym czasom, co Irigaray podkreśla w *An Ethics of Sexual Difference*[2], to nie jest to jedno z wielu pytań, a raczej szczególnie gęsty moment niezdecydowania w obrębie języka, który wyznacza współczesny horyzont języka jako czegoś, co pozostaje nasze. Podobnie jak Drucilla Cornell, Irigaray ma na myśli etykę, która nie wynika z różnicy seksualnej, a jest pytaniem stawianym przez samą kategorię: w jaki sposób pokonać ową odrębność? Jak pokonać ją bez jej pokonania, bez udomowienia jej uwarunkowań? W jaki sposób można dostrajać się do tego, co w owym pytaniu pozostaje trwale niepewne?

W związku z powyższym Irigaray nie wysuwa argumentów za różnicą seksualną lub przeciw niej, a oferuje w zamian pewien sposób myślenia o pytaniu, które stawia różnica seksualna, czy może o pytaniu, którym różnica seksualna *jest*; to pytanie, którego nierozstrzygalność tworzy dla nas pewną historyczną trajektorię: przez „nas" rozumiem wszystkich tych i wszystkie te,

---

[2] L. Irigaray, *An Ethics of Sexual Difference*, przeł. C. Burke i G.C. Gill, Cornell University Press, Ithaca 1993.

którzy/które przyłapują się na zadawaniu tego pytania, a których pytanie to dotyczy, bo to wobec nich jest stawiane. Argumenty za różnicą seksualną i przeciwko niej rysują się przez to jako niezliczone znaki wskazujące na trwanie owego pytania: to trwanie, które nie ma wieczystego statusu, a które, jak stwierdza Irigaray, przynależy do *tych czasów*.

Zaczynam od Irigaray, ponieważ uważam, że przywołanie przez nią różnicy seksualnej nie ma charakteru fundacyjnego. Różnica seksualna nie jest nam dana raz na zawsze, nie stanowi założenia ani podstawy, na której wznosi się gmach feminizmu; nie jest tym, z czym się już zetknęłyśmy i zetknęliśmy, i co już dobrze znamy, a raczej stanowi *pytanie*, którego nie da się postawić definitywnie, które stanowi kłopot dla gramatyki oznajmienia, które pozostaje przy tym mniej lub bardziej niezmiennie pytaniem do zadawania i roztrząsania.

Kiedy Irigaray odnosi się do pytania o różnicę seksualną jako do pytania naszych czasów, zdaje się odwoływać do nowoczesności. Przyznaję, że nie wiem, czym jest nowoczesność, ale wiadomo mi, iż wielu intelektualistów ekscytuje się tym pojęciem, broniąc go lub je atakując. Ci, których uważa się za przeciwników nowoczesności lub za postmodernistów, są opisywani następująco: to osoby, które „stawiają pod znakiem zapytania lub obalają pojęcia takie jak rozum, podmiot, autentyczność, uniwersalność czy progresywne podejście do historii". W uogólnieniach tego rodzaju zawsze uderza mnie to, że stawia się znak równości między „stawianiem pod znakiem zapytania" i „obalaniem" (zamiast, powiedzmy, „dodawaniem wigoru"), a status samego pytania nigdy nie staje się polem gry intelektualnej. Czy stawianie pojęć pod znakiem zapytania oznacza, że nie można ich już więcej używać? Czy może po prostu znaczy to, że pojęcia te nie funkcjonują tak samo jak wcześniej? Czy sprowadza się to do zakazu używania tych terminów przez nad-ja teoretycznego postmodernizmu, a może do tego, że jedynie ogłasza się ich wyczerpanie?

Kilka lat temu miałam okazję dyskutować na temat książki Leo Bersaniego *Homos*. Zdałam sobie sprawę z tego, że autor nie ma pewności, czy może twierdzić, iż lesbijki są kobietami, w związku z czym zapewniłam go, że nikt nie wydał zakazu użycia tego słowa. Sama nie mam problemu z posługiwaniem się pojęciami tego typu, a w dalszej części tego eseju opiszę, w jaki sposób można kwestionować uniwersalne pojęcia, a *zarazem* się nimi posługiwać.

Zdaniem innych wszystkie pojęcia podstawowe dla nowoczesności opierają się na wykluczeniu kobiet i mniejszości rasowych, tworzone są według podziałów klasowych i odzwierciedlają interesy kolonialne. Należy jednak dodać, że walka z wykluczeniem nader często kończy się przejęciem od nowoczesności właściwych jej kategorii i przyjęciem ich za własne właśnie po to, by zainicjować wejście w nowoczesność, a zarazem transformację jej kryteriów

W dokładnie ten sam sposób, w jaki pojęcia właściwe wykluczającej nowoczesności ulegają przyswojeniu i wykorzystaniu w progresywnych celach, pojęcia progresywne mogą zostać wykorzystane w celach regresywnych. Terminologia, którą posługujemy się w działalności politycznej, a którą przejmuje prawica lub mizogini, wcale nie staje się w związku z tym zakazana ze strategicznego punktu widzenia. Pojęcia nie są raz na zawsze przywiązane do pojedynczego znaczenia. Zadanie ponownego przejęcia pojęć polega na ukazaniu wrażliwości, jaką owe nader często skompromitowane terminy wykazują wobec nieoczekiwanie progresywnego potencjału: te kategorie nie należą do nikogo, a nabierają życia oraz znaczeń, które wykraczają poza dotychczasowe zastosowania, w jakich świadomie pojęcia te wykorzystywano.

Nie należy postrzegać terminologii wyłącznie jako zepsutych dóbr, które weszły w zbyt ścisły związek z historią opresji, ale też nie powinno się uważać, że posiadają jakieś czyste znaczenie, które można wyabstrahować z ich funkcjonowania w rozmaitych politycznych kontekstach. Wydaje się, że prawdziwe zadanie polega tutaj na przymuszeniu właściwych nowoczesności terminów, by objęły swoim znaczeniem to, co dotąd tradycyjnie wykluczały, a tam, gdzie owo poszerzanie znaczenia nie działa, zadanie polega na udomowieniu i neutralizacji nowo przyjętego pojęcia: określenia tego rodzaju powinny trwać jako problem dla istniejącego pojęcia wspólnoty, powinny odsłaniać granice jej roszczeń do uniwersalności i wymuszać radykalną zmianę myślenia na temat jej kryteriów. By pojęcie stało się częścią wspólnoty, która je dotąd tradycyjnie wykluczała, musi pojawić się jako zagrożenie dla jej spójności: wspólnota ta musi przy tym przeżyć owo zagrożenie bez zniszczenia samego pojęcia. Tym samym termin taki otwierałby przed wspólnotą odmienną temporalność, ustanawiając dla niej nieznaną przyszłość, wywołując niepokój w tych, którzy usiłują strzec jej konwencjonalnych granic. Jeżeli może istnieć nowoczesność bez fundacjonizmu, będzie to nowoczesność, w której terminy kluczowe nie są odgórnie zabezpieczane, a która przyjmuje przyszłościową formułę polityki: polityki tej nie można w pełni przewidzieć, a jest to polityka nadziei i niepokoju.

Stawianie pojęcia pod znakiem zapytania i kwestionowanie terminu takiego jak feminizm oznacza zadawanie pytania o sposoby jego działania, jego zobowiązania, cele, jakie sobie stawia i zmiany, jakim podlega. Zmienne funkcjonowanie tej kategorii wcale nie wyklucza jej używania. Czy sam fakt kwestionowania pojęcia musi oznaczać, że nie można go więcej wykorzystywać i że możemy posługiwać się wyłącznie takimi terminami, *które już znamy i wiemy, jak nad nimi zapanować?* Dlaczego czasem czujemy, że wyrwanie pojęcia z jego pierwotnego kontekstu powoduje, iż nie jesteśmy w stanie żyć, przetrwać, używać języka, mówić w swoim własnym imieniu? Jakiego rodzaju gwarancji dostarcza ten fundamentalny dylemat, przed jaką grozą nas chroni? Czy chodzi o to, że w takim trybie podstawowym przyjmuje się pojęcia, takie jak podmiot i uniwersalność, a sens, w jakim „trzeba" je przyjąć, jest sensem *moralnym*, przybierającym postać imperatywu i, podobnie jak niektóre zakazy moralne, stanowi obronę przed tym, co nas najbardziej przeraża? Czy nie paraliżuje nas rodzaj moralnego przymusu, który nie pozwala nam na kwestionowanie pojęć, podejmowanie ryzyka życia pojęciami, które stawiamy pod znakiem zapytania?[3]

Mianem przykładu ukazującego sposób, w jaki namiętności otaczające założenia i metody czasem wchodzą w drogę analizie współczesnej kultury politycznej, proponuję przyjrzeć się wysiłkom zabezpieczania bazy teoretycznej dla walki politycznej, które często odczytuje się dokładnie wbrew kierunkowi wyznaczanemu przez kategorie kluczowe dla współczesnej kultury politycznej. Najbardziej zagmatwany wydaje mi się status pojęcia „płeć kulturowa" w odniesieniu do feminizmu z jednej strony, a studiów lesbijsko-gejowskich z drugiej. Moje, zapewne naiwne, zdziwienie wzbudziła informacja, jaką otrzymałam od swoich znajomych zajmujących się *queer studies*, że metodologia proponowana dla studiów lesbijsko-gejowskich zakłada, iż przedmiotem badań feministycznych jest *gender*, natomiast „właściwym" przedmiotem refleksji *queer studies* są *płeć bio-*

---

[3] Pisałam o tym również w rozdziale „Domyślna cenzura i dyskursywna sprawczość", [w:] J. Butler, *Walczące słowa. Mowa nienawiści i polityka performatywu*, przeł. A. Ostolski, Wydawnictwo Krytyki Politycznej, Warszawa 2010.

logiczna i seksualność. Powiada się nam, że płci kulturowej nie należy mylić z seksualnością, co pod pewnym względem wydaje się całkiem słuszne: proszę jednak wyobrazić sobie mój szok, kiedy Watykan oznajmił, że pojęcie płci kulturowej powinno zostać wykreślone z ONZ-owskiej platformy organizacji pozarządowych poświęconej statusowi kobiet, ponieważ nie jest ono niczym innym, jak zaszyfrowanym określeniem homoseksualności![4]. Mój niepokój wzbudza również to, że niektóre z moich najbliższych współpracowniczek zajmujących się teoriami feministycznymi gardzą pojęciem płci kulturowej, twierdząc, że różnica seksualna to termin preferowany w stosunku do genderu, „różnica seksualna" wskazuje bowiem na istnienie fundamentalnej różnicy, natomiast płeć kulturowa wskazuje jedynie na jej konstruowany czy zmienny efekt.

Konferencja Organizacji Narodów Zjednoczonych na rzecz Kobiet, która odbyła się w 1995 roku w Pekinie, dostarczyła kolejnego wyzwania zaangażowanej refleksji akademickiej. Chodzi tutaj szczególnie o kwestię statusu uniwersalnych twierdzeń w dziedzinie międzynarodowych praw człowieka. Chociaż wiele feministek dochodzi do przekonania, że uniwersalność nieodmiennie stanowi przykrywkę dla swoistego imperializmu epistemologicznego, który pozostaje niewrażliwy na odrębność i różnicę kulturową, retoryczna siła postulowania prawa do seksualnej autonomii i pokrewnego prawa do orientacji seksualnej wydaje się nie podlegać dyskusji w ramach międzynarodowych praw człowieka.

Przyjrzyjmy się pierwszemu niecodziennemu wykorzystaniu pojęcia płci kulturowej w kontekście ONZ. Watykan nie tylko potępił ten termin jako utajony szyfr dla homoseksualności, ale

---

[4] *La Chiesa si prepara alle guerre dei 5 sessi*, „La Repubblica", 20 maja 1995.

też nalegał, by język stosowany podczas szczytu powrócił do pojęcia płci biologicznej, najwidoczniej podejmując tym samym próbę zabezpieczenia związku między kobiecością a macierzyństwem jako naturalnie i nadnaturalnie ugruntowaną koniecznością. Pod koniec kwietnia 1995, podczas przygotowań do spotkania organizacji pozarządowych w Pekinie prowadzonych przez tak zwany komitet przygotowawczy, kilka państw członkowskich pod egidą Kościoła katolickiego usiłowało wymazać słowo *gender* z Platformy Działania i zastąpić je określeniem „płeć biologiczna". Działania te część komitetu przygotowawczego nazwała „obraźliwą i poniżającą próbą obrócenia wniwecz korzyści, jakie udało się wypracować kobietom, chęcią zastraszenia nas i zablokowania postępu"[5]. Komitet pisał też: „Nie zostaniemy ponownie zepchnięte w terminologię, w której «biologia jest przeznaczeniem», w pojęcie, które usiłuje zdefiniować, ograniczyć i zredukować kobiety i dziewczęta do ich fizycznych, seksualnych charakterystyk"[6].

Podczas gdy pojęcie płci kulturowej nabierało w ONZ-owskiej dyskusji coraz większego znaczenia jako szyfr homoseksualności, lokalne pola teorii *queer* i feminizmu przynajmniej pozornie ciążyły w zupełnie innym kierunku. Wydaje się, że wspomniana debata jest bardzo odległa od analogii oferowanej przez metodologicznie ustosunkowanych teoretyków i teoretyczki *queer studies*, w której feminizm ma się zajmować płcią kulturową, natomiast studia lesbijsko-gejowskie płcią biologiczną i seksualnością. Pewne zdziwienie budzi jednak obserwacja, że w pierwszym przypadku płeć kulturowa zdaje się stanowić

---

[5] InterPress Third World News Agency, w w w . i p s . o r g , *IPS: Honduras Feminists and Church*, „Interpress Service", 25 maja 1995.

[6] „*Report of the Informal Contact Group on Gender*", 7 czerwca 1995.

synonim homoseksualności, natomiast w tym drugim wydaje się zachodzić sytuacja całkowicie odwrotna.

Nie chodzi mi tutaj wcale o to, że debaty akademickie wydają się przygnębiająco oderwane od współczesnego politycznego funkcjonowania podobnych terminów, ale o to, że wysiłek zdystansowania się od pojęcia płci kulturowej jest właściwy dwóm ruchom politycznym, które pod wieloma różnymi względami są przeciwstawne. W międzynarodowej debacie Watykan potępia użycie terminu „płeć kulturowa", ponieważ (1) jest on szyfrem homoseksualności lub (2) proponuje sposób rozumienia homoseksualności jako jednego z wielu rodzajów płci kulturowej, który grozi zajęciem należnego mu miejsca między rodzajem męskim, żeńskim, biseksualnym i transseksualnym lub, co bardziej prawdopodobne, grozi całkowitym wyparciem rodzaju męskiego i żeńskiego. [...]

Co ciekawe, Watykan wydaje się dzielić pewne określone założenie z akademikami, którzy pragnęliby uczynić ze studiów queerowych metodologię odrębną od feminizmu: podczas gdy Watykan obawia się, że seksualność zastąpi płeć biologiczną rozumianą jako cel reprodukcyjny i nieodzowność heteroseksualności, ci, którzy akceptują metodologiczny podział między teorią *queer* a feminizmem stoją na stanowisku, że seksualność może przekraczać i zastępować płeć kulturową. Szczególnie homoseksualność odchodzi od płci kulturowej. Jedno i drugie nie tylko staje się oddzielne, ale trwa we wzajemnie wykluczającym się napięciu, w którym queerowe seksualności aspirują do utopii życia poza genderem, jak mądrze zauważyła Biddy Martin[7]. Watykan stara się pozbyć płci kulturowej, usiłując do-

[7] B. Martin, *Extraordinary Homosexuals and the Fear of Being Ordinary*, „differences" 1994, nr 6/2–3, s. 100–125.

konać rehabilitacji płci biologicznej, natomiast zorientowana na metodę teoria *queer* stara się zniwelować płeć kulturową, by na pierwszy plan wydobyć seksualność. Watykan obawia się oddzielenia seksualności od płci biologicznej, gdyż pociąga to za sobą pojęcie praktyki seksualnej, która nie jest ograniczana rzekomo naturalnymi celami reprodukcyjnymi. W tym sensie wydaje się, że obawiając się genderu, Watykan obawia się oddzielenia seksualności od płci biologicznej, a co za tym idzie, obawia się teorii *queer*. Metodologia *queer* obstaje jednak przy seksualności, a w *The Lesbian and Gay Studies Reader* nawet przy „seksualności i płci biologicznej". Tego rodzaju rozumienie również niweluje płeć kulturową, ale tylko dlatego, że stanowi ona synonim feminizmu wraz z jego domniemaną heteroseksualnością[8].

W obu kontekstach debata miała charakter terminologiczny: dotyczyła tego, czy można dopuścić do użycia pojęcia „płci kulturowej" w języku Platformy Działania, jakim miały się posługiwać podczas konferencji organizacje pozarządowe, jak również tego, czy termin „orientacja seksualna" stanie się częścią końcowych postanowień konferencji ONZ. (Odpowiedź na to pierwsze pytanie brzmi „tak", na drugie „nie", przy czym język dotyczący autonomii seksualnej uznano za dopuszczalny). Pojęcia takie jak płeć kulturowa, orientacja seksualna czy nawet uniwersalność publicznie kontestowano, stawiając ich znaczenie pod znakiem zapytania: w czerwcu 1995 odbyło się specjalne spotkanie ONZ, podczas którego miano opracować definicję „płci kulturowej". Moim zdaniem żadna prosta definicja płci kulturowej nie okaże się wystarczająca, a ważniejsza od opracowania dokładnej i prak-

---

[8] H. Abelove, A.M. Barale, D.M. Halperin (red.), *The Lesbian and Gay Studies Reader*, Routledge, New York 1993.

tycznej terminologii jest zdolność tropienia wędrówki owego pojęcia w przestrzeni kultury publicznej. [...]

Jak gdyby mało było wewnętrznych tarć na arenie genderowej, wyzwanie stawiane angloeuropejskiej perspektywie w obrębie uniwersytetu rzuca cień wątpliwości na wartość owego nadmiernie zsocjologizowanego konstruktu. W związku z tym pojęcie płci kulturowej spotyka się ze sprzeciwem w imię różnicy seksualnej właśnie dlatego, że *gender* pociąga za sobą społecznie konstruktywistyczny pogląd na męskość i kobiecość, dokonując przemieszczenia lub dewaluacji *symbolicznego* statusu różnicy seksualnej i politycznie swoistego charakteru tego, co kobiece. W tym miejscu nawiązuję do krytyki, z jaką spotkał się ów termin ze strony Naomi Schor, Rosi Braidotti, Elizabeth Grosz i innych. W międzyczasie różnica seksualna zdecydowanie nie jest w łaskach części paradygmatów dominujących w teorii *queer*. W rzeczywistości, nawet kiedy teoria *queer* usiłuje ustanowić anachronizm feminizmu, feminizm podlega opisaniu jako projekt jednoznacznie poświęcony płci kulturowej.

Czym jednak jest różnica seksualna? Nie można jej uznać za prostą faktyczność, ale nie stanowi też jedynie efektu faktyczności. Jeżeli ma charakter psychiczny, ma również charakter społeczny, w sensie, którego dotychczas jeszcze nie zgłębiono. Wiele aktualnie prowadzonych badań usiłuje wyjaśnić sposób, w jaki struktury psychiczne wikłają się w dynamikę władzy społecznej. Jak mamy rozumieć to zejście się – lub rozejście – i co ma ono wspólnego z teoretycznym myśleniem o różnicy seksualnej?

Chcę zasugerować, że u sedna wszelkich debat dotyczących teoretycznej nadrzędności różnicy seksualnej wobec płci kulturowej, płci kulturowej wobec seksualności czy seksualności wobec płci kulturowej znajduje się zupełnie inny problem – problem, który stawia różnica seksualna. Chodzi o nieusuwalną trudność ustalenia, gdzie się zaczyna i kończy to, co biologiczne, psychiczne, dyskursywne czy społeczne. Jeśli Watykan usiłuje zastąpić język płci kulturowej językiem płci biologicznej, dzieje się tak dlatego, że Kościół pragnie rebiologizacji różnicy seksualnej, czyli ponownego ustanowienia wąskiej z biologicznego punktu widzenia koncepcji reprodukcji jako społecznego przeznaczenia kobiety. A jednak, kiedy na przykład Rosi Braidotti nalega na powrót do różnicy seksualnej, jej nawoływanie ma cokolwiek odmienny charakter od wołania Watykanu: jeżeli dla niej różnica seksualna jest różnicą, która nie daje się sprowadzić do biologii ani do kultury, ani do konstruktu społecznego, pozostaje pytać, w jaki sposób mamy rozumieć jej ontologiczny rejestr. Być może dzieje się tak właśnie dlatego, że różnica seksualna wyraża się ontologicznie w sposób, który okazuje się permanentnie trudny do dookreślenia[9]. Różnica seksualna nie jest ani w pełni nadana, ani w pełni konstruowana, a po części i taka, i taka. Znaczenie owej „części" opiera się jakiemukolwiek wyraźnemu „podziałowi": co za tym idzie, różnica seksualna funkcjonuje jako chiazm, niemniej jednak męski czy żeński charakter nakładających się na siebie i zacierających się pojęć ma o wiele mniejsze znaczenie niż problematyczny charakter samej konstrukcji: to, co podlega konstruowaniu, jest z konieczności uprzednie wobec konstruktu, nawet jeśli zdaje się, że do owego wcześniejszego momentu nie ma dostępu, wyjąwszy samą konstrukcję.

W moim rozumieniu różnica seksualna to miejsce, w którym zadawane jest wciąż od nowa pytanie dotyczące relacji tego, co biologiczne z tym, co kulturowe; to miejsce, w którym pytanie

---

[9] Sugestię tę podejmuję za sprawą opracowanego przez Debrę Keates hasła dotyczącego różnicy seksualnej, [w:] *Psychoanalysis and Feminism: A Critical Dictionary*. E. Wright {red.}, Blackwel, Oxford 1993.

to musi być stawiane wciąż od nowa, jednak nie może uzyskać odpowiedzi w ścisłym tego słowa znaczeniu. Różnica seksualna, rozumiana jako pojęcie graniczne, posiada wymiar psychiczny, somatyczny i społeczny, a żaden z nich nie pokrywa się całkowicie z innymi, co wcale jednak nie oznacza, że są one ostatecznie odrębne. Czy różnica seksualna chwieje się tutaj jako ruchoma granica, domagając się reartykulacji pojęć bez jakiegokolwiek poczucia skończoności? Czy w związku z tym nie jest to ani rzecz, ani fakt, ani założenie, a raczej żądanie reartykulacji, które nigdy nie znika, ale też nigdy całkiem się nie objawia?

Co ten sposób myślenia o różnicy seksualnej czyni z naszym pojmowaniem płci kulturowej? Czy to, co określamy mianem płci kulturowej, stanowi tę część różnicy seksualnej, która *rzeczywiście* zdaje się mieć charakter społeczny (*gender* jawi się więc jako ekstremum socjalności w obrębie różnicy seksualnej), podlegający negocjacjom i konstruowany, czyli dokładnie ten element, który Watykan pragnie na powrót włączyć w pojęcie „płci biologicznej", a także miejsce tego, co naturalne, gdzie to, co naturalne podlega obrazowaniu jako rzecz niezmienna i niepodlegająca negocjacjom? Czy projekt Watykanu jest równie niemożliwy do zrealizowania, jak projekt stworzenia płci kulturowej *ex nihilo* czy to z zasobów kultury, czy w wyniku oddziaływania jakiejś baśniowej woli? Czy wysiłki teorii *queer* zmierzające do wyeliminowania płci kulturowej lub przeniesienia jej w unieważnioną przeszłość jako przedmiot właściwy jakimś innym badaniom, na ten przykład feministycznym, ale nigdy tej właśnie dziedzinie studiów *queer*? Czy nie jest to przypadkiem wysiłek zmierzający do unieruchomienia różnicy seksualnej jako tego, co jest radykalnie oddzielne od seksualności? Regulacja płci kulturowej zawsze była częścią działania normatywności heteroseksualnej, a nacisk na radykalny podział płci kulturowej i seksualności oznacza utratę okazji do przeanalizowania tej konkretnej operacji, jaką posługuje się władza homofobiczna[10].

---

[10] Teoretyczne trudności, jakie mam z tym sposobem rozumienia rozłącznej relacji między płcią kulturową a seksualnością, wyłożyłam w innym miejscu. Postaram się jednak przytoczyć tutaj w wielkim skrócie główne punkty mojej argumentacji. „Płeć i seksualność" uznaje się za właściwy przedmiot badań lesbijsko-gejowskich, z czego wysnuto również analogię do feminizmu, którego przedmiot badań jest opisywany jako „płeć kulturowa": mimo to wydaje mi się, że większość badań feministycznych nie odpowiada takiemu opisowi. W dużej mierze feminizm podkreśla, że choć relacje płciowe i genderowe nie są w żadnym sensie połączone związkiem przyczynowo-skutkowym, są na kilka istotnych sposobów połączone strukturalnie. Charakterystyka feminizmu jako ruchu skoncentrowanego wyłącznie na płci kulturowej błędnie przedstawia współczesną historię feminizmu, i to na kilka różnych sposobów. Z właściwej charakterystyki feminizmu znika radykalna feministyczna polityka seksualna:

1) centralnym czy też właściwym ośrodkiem uwagi feminizmu przestał być konglomerat antyrasistowskich pozycji rozwiniętych w obrębie ram feministycznych, dla których płeć kulturowa stanowi zagadnienie równie ważne jak rasa, tudzież dla których płeć kulturowa jest równie ważna jak kolonialna pozycjonalność czy klasa – chodzi tutaj o każdy z ruchów feministycznych, takich jak: feminizm socjalistyczny, feminizm postkolonialny, feminizm Trzeciego Świata;

2) wypracowana przez MacKinnon definicja płci kulturowej i seksualności jest uważana za stanowisko paradygmatyczne dla feminizmu. MacKinnon pojmuje „płeć kulturową" jako kategorie „kobieta" i „mężczyzna", które odzwierciedlają i poddają instytucjonalizacji pozycje podporządkowania i dominacji w ramach społecznego porządku seksualności, która zawsze w założeniu ma być heteroseksualna; silny sprzeciw środowisk feministycznych wobec tez badaczki zostaje wyłączony z oferowanej definicji feminizmu;

3) płeć kulturową redukuje się do płci biologicznej (a niekiedy do przypisania płci nowo narodzonemu dziecku), uznawanej za niezmienną lub „daną" odgórnie, a z widoku znika stawiana pod znakiem zapytania historia podziału płeć biologiczna/płeć kulturowa;

4) przeczy się normatywnemu oddziaływaniu płci kulturowej na regulowanie seksualności;

5) seksualne kontestowanie norm genderowych przestało odgrywać rolę „obiektu" analizy w którejkolwiek z ram teoretycznych, ponieważ przecina i wprowadza

Na zupełnie odrębnych pozycjach próba powiązania genderu z nikczemnymi celami feministycznymi przebiega wzdłuż innej trajektorii. W swoim niepokojącym zapożyczeniu dyskursu antyimperialistycznego Watykan posunął się tak daleko, że zaczął sugerować, iż kategoria płci kulturowej stanowi import z dekadenckich odłamów feminizmu zachodniego, który został narzucony „krajom Trzeciego Świata" – a jest to termin, którego Kościół często używa wymiennie z określeniem „kraje rozwijające się". Chociaż nie ulega wątpliwości, że pojęcie genderu rzeczywiście stało się przyczyną wymiany zdań między feministkami organizującymi się podczas konferencji ONZ z 1995 roku, zarzewiem prawdziwego konfliktu okazało się dopiero, kiedy grupa przedstawicielek Hondurasu zaprotestowała przeciwko mianowaniu ultrakonserwatywnej delegacji chrześcijańskiej reprezentacją rządu Hondurasu podczas wrześniowej konferencji. Delegacja pod przywództwem Oscara Rodrigueza, przewodniczącego latynoamerykańskiej konferencji episkopalnej, podjęła próbę przeciwstawienia się feminizmowi, określanemu mianem „zachodniego", ale napotkała sprzeciw ze strony ruchów oddolnych w całym kraju, w tym głośnego Centrum Praw Kobiet w Hondurasie[11]. Prowadzi to jednak do wniosku, że aparat państwowy wspólnie z Kościołem przywłaszcza sobie antykulturo-

---

zamęt w te same dziedziny analizy, które jego metodologiczne roszczenia względem badań lesbijsko-gejowskich usiłują utrzymać w rozdzieleniu.
Istotne różnice między feministkami, które czynią użytek z kategorii płci kulturowej i tymi, które pozostają w obrębie ram teoretycznych różnicy seksualnej, ulegają zatarciu za sprawą owej określającej feminizm formuły, która jest nie do utrzymania z intelektualnego punktu widzenia. Jakim sposobem mogłybyśmy i moglibyśmy pojąć historię czarnego feminizmu, wszechogarniającą wielowątkowość jego projektu, gdybyśmy miały i mieli uznać za odrębną kategorię analizy ten „gender", który jest przedmiotem zainteresowania białych feministek?
[11] InterPress Third World News Agency, w w w . i p s . o r g .

wy, imperialistyczny język, by pozbawić kobiety władzy we własnym kraju. Zwolennicy owej wciąż jeszcze nienazwanej wersji feminizmu nie tylko twierdzili, że Pekin będzie reprezentować feminizm, który jest „kulturą śmierci", uznającą „macierzyństwo za niewolę", ale doszli również do wniosku, że zagadnienia poruszane podczas konferencji w Pekinie są charakterystyczne dla fałszywego feminizmu. (W wystosowanym przez siebie liście z przeprosinami za własny patriarchalizm Stolica Apostolska także starała się nakreślić różnicę między feminizmem, który pozostawał przywiązany do istoty godności kobiecej, a feminizmem, który stawiał sobie na celu zniszczenie macierzyństwa i różnicy seksualnej). Zarówno Rodriguez, jak i Watykan uderzyli przy tym w „nienaturalną tożsamość genderową", osoby homo- i transseksualne. Centrum Praw Kobiet (CDM) odpowiedziało, że nie występuje przeciwko macierzyństwu, chce natomiast walczyć z przemocą wobec kobiet, a w szczególności matek, i stwierdziło przy tym, że konferencja pekińska nie dotyczy „nienaturalnej tożsamości genderowej", a „efektów, jakie strukturalne plany przystosowania wywierają na status ekonomiczny kobiet oraz przemocy wobec nich". Co istotne, chrześcijańska grupa reprezentująca Honduras również opowiadała się przeciwko aborcji i wprowadzała wyraźne rozróżnienie między tak zwanymi nienaturalnymi rodzajami płci kulturowej, niszczeniem macierzyństwa i promowaniem prawa do aborcji.

Płci kulturowej ostatecznie pozwolono pozostać w języku Platformy Działania, ale już lesbijskość musiała zostać ukryta, wzięta „w nawias", i to dosłownie: widziałam niektóre delegatki w San Francisco, które na spotkania wkładały koszulki z napisem „lesbijka" w nawiasie. Nawiasy mają oczywiście sygnalizować, że mamy do czynienia z językiem, który podlega dyskusji, że nie ma zgody na właściwe użycie wziętego w nawias terminu. Mimo że zadanie nawiasów ma polegać na odzieraniu słowa z jego siły oddziaływania i stawia pod znakiem zapytania jego dopuszczalność, nawiasy prezentują dany termin jako diakrytycznie złożoną frazę, która zyskuje rodzaj hiperwidzialności właśnie poprzez własną kwestionowalność.

Pojęcie „lesbijka", początkowo funkcjonujące w tej ujętej w nawias formie, zostało całkowicie wyłączone z języka konferencji. Jednak sukces tej strategii wydawał się jedynie nasilać podejrzenia, że termin ten prześwituje w innych miejscach języka: w określeniu „płeć kulturowa", w dyskursie o macierzyństwie, w odniesieniach do autonomii seksualnej, a nawet w zwrocie „inny status" – rozumianym jako podstawa łamania praw człowieka – statusie, o którym nie można było mówić bezpośrednio, ale który wskazywał na lesbijki ze względu na swą ogólnikowość: status ten jest „inny", ten, który tutaj jest niewymawialny, ten, który uczyniono tutaj niewymawialnym; status, który statusem nie jest.

Posługując się dyskursywnymi ramami tego międzynarodowego spotkania, należy zadać nieodzowne pytanie o to, co powoduje stworzenie związku między uznaniem praw lesbijek, wytwarzaniem nienaturalnej tożsamości genderowej a zniszczeniem macierzyństwa i wprowadzeniem kultury śmierci (najwyraźniej chodzi o anty-życie, znane prawicowe tłumaczenie idei prawa do wyboru). Rzecz jasna ci, którzy mieliby sprzeciwiać się prawom lesbijek na tej właśnie podstawie (a na konferencji byli również inni przeciwnicy ich praw, posługujący się innymi założeniami) albo przyjmują, że lesbijki nie są matkami, a jeśli nimi bywają, mimo wszystko uczestniczą w niszczeniu macierzyństwa. Niech i tak będzie.

Moim zdaniem istotne jest to, że w przywołanej scenie pojawia się kilka różnych, nakładających się na siebie kwestii.

Założeniem nieredukowalnie homofobicznym, a zarazem mizo-ginicznym jest twierdzenie oparte na dwóch przesłankach: że płeć kulturowa stanowi ukryte odniesienie do homoseksualności oraz że wprowadzenie lesbijskości to wprowadzenie nowej płci kulturowej, która jest nienaturalna i doprowadzi do zniszczenia macierzyństwa, a przy tym wiąże się z feministyczną walką o prawa reprodukcyjne. Co więcej argumentu wysuwanego przez sojusz państwa i Kościoła, a powtarzanego także przez delegację amerykańską, zgodnie z którym seksualne prawa jednostki są wynikiem światopoglądu narzucanego przez Zachód, używano najgwałtowniej, by zdemaskować i wytłumić żądanie rdzenne-go kobiecego ruchu latynoamerykańskiego do reprezentowania kobiet na konferencji. Co za tym idzie, widzimy tutaj zwiększanie się ideologicznej władzy państwa–Kościoła nad ruchem kobiet: zachodzi ono właśnie za sprawą przejęcia od ruchów tego rodza-ju dyskursu antyimperialistycznego.

Ponad przymierzem państwa i Kościoła, które usiłowało zrehabilitować i obronić tradycyjną czystość etniczną w walce o spowolnienie roszczeń do seksualnej autonomii, powstał pod-czas ONZ-owskich spotkań wymierzony przeciw niemu sojusz feministek, które poszukiwały języka wspierającego prawa re-produkcyjne, prawo do wolności od przemocy małżeńskiej oraz prawa lesbijek.

Co istotne, komitet organizacyjny konferencji dotyczących kwestii orientacji seksualnej nie krył się za pojęciem „płci kul-turowej", jak to zakładał Watykan: mimo całej swojej prawnej i medycznej niecodzienności terminologicznej zarówno „orien-tacja seksualna", jak i pojęcie „lesbijka" trafiły do słownika, który Międzynarodowa Gejowsko-Lesbijska Komisja Praw Człowieka starała się zawrzeć wśród podstaw prawnych, określających przypadki łamania praw człowieka w przypadku kobiet.

Należy przy tym zauważyć, że konferencja ONZ rzeczywiście osiągnęła konsensus w sprawie języka. Język jest ważny z retorycznego punktu widzenia, ponieważ reprezentuje przeważające międzynarodowe stanowisko dotyczące całości zagadnienia i może być wykorzystywany w różnych krajach zarówno przez organizacje rządowe, jak i pozarządowe do wdrażania polityk, które są spójne z brzmieniem paragrafu 96 Platformy Działania ustanowionej podczas konferencji. [...]

Na koniec trzeba zapytać o status samego języka ONZ, języka, który ma być owocem międzynarodowej ugody, ale nie jednomyślności, który ma reprezentować konsensus dotyczący żądań, jakie są uniwersalnie do przyjęcia, czyli uniwersalnie zakładanych praw. To, co jest dozwolone w obrębie określenia „uniwersalne", rozumie się jako zależne od „konsensusu": wydaje się to osłabiać siłę samej uniwersalności, ale może jest inaczej. Cały ten proces zakłada, że kwestie ujmowane w języku uniwersalnego uprawnienia nie są raz na zawsze ustalone, że jego przyszłej postaci nie można w tej chwili w pełni przewidzieć. Dyskusje prowadzone podczas konferencji ONZ stały się miejscem odegrania publicznego rytuału, który artykułuje i wyraża na nowo konsensus dotyczący granic uniwersalności.

Znaczenie tego, co „uniwersalne", okazuje się kulturowo uwarunkowane, a poszczególne kulturowe przejawy „uniwersalności" działają przeciwko jej roszczeniom do statusu transkulturowego. Nie oznacza to wcale, że nie powinno się czynić odniesień do uniwersalności, czy też że uniwersalność stała się dla nas niemożliwa. Wzięcie tego, co uniwersalne, w nawias oznacza jedynie tyle, że istnieją kulturowe warunki artykulacji uniwersalności, które nie zawsze są takie same, a także, że termin ten zyskuje dla nas znaczenie właśnie za sprawą owych mniej niż uniwersalnych kulturowych warunków jego artykulacji. Jest to paradoks, jaki napotka każdy nakaz przyjęcia uniwersalnego stanowiska. Może być tak, że w jednej kulturze zbiór praw uważa się za występujący uniwersalnie, natomiast w innej te same prawa stanowią granicę uniwersalności: „jeśli damy te prawa tym ludziom, podważymy fundamenty uniwersalności w tym sensie, w jakim ją znamy". Stało się to dla mnie jasne szczególnie w dziedzinie lesbijskich i gejowskich praw człowieka, w których „uniwersalność" jest terminem kontestowanym, a przy tym różne rządy i ugrupowania głównego nurtu walczące o prawa człowieka wyrażają wątpliwości, czy prawa gejów i lesbijek rzeczywiście należy włączać do praw „człowieka", a także czy ich domniemane prawa wpasowują się w istniejące konwencje rządzące zakresem praw uznawanych za uniwersalne. Nie jest dla mnie żadną niespodzianką, że Watykan opisuje jako rzecz „anty-ludzką" możliwość uwzględnienia praw lesbijek. Być może jest to prawda. Pozwolenie lesbijce na wstąpienie do królestwa uniwersalności może oznaczać koniec człowieka, przynajmniej w dotychczasowej postaci, ale może też pozwolić na wyobrażenie sobie człowieka poza jej konwencjonalnymi granicami.

Pojęcie uniwersalności nie jest tutaj fundamentem, na którym można budować, ani założeniem wstępnym, które pozwala na sformułowanie dalszych wniosków: jest to pojęcie, które stało się skandalem grożącym włączeniem w ramy pojęcia „człowiek" tego „innego", przeciw któremu człowiek był wcześniej definiowany. W tym sensie, w tym o wiele bardziej radykalnym zastosowaniu, „uniwersalność" podkopuje i niszczy fundamenty, które konwencjonalnie przyjęło się uważać za rzeczy najbardziej podstawowe. „Uniwersalność" obraca się w antyfundacjonizm. Sąd, zgodnie z którym zbiór praw jest uniwersalny, mimo że istniejące konwencje rządzące zakresem uniwersalności wykluczają dokładnie takie twierdzenie, oznacza zarówno zniszczenie poję-

cia uniwersalności, jak i uznanie tego, co stanowiło jego „konsty-
tuujące zewnętrze": działanie tego rodzaju stanowi odwrotność
każdego aktu asymilacji do *istniejącej* normy. Chcę podkreślić, że
tego rodzaju sądy narażają się na produktywne ryzyko prowokowania i żądania radykalnej reartykulacji samego pojęcia uniwersalności, zmuszenia tego, co uniwersalne niejako do wstąpienia
w nawias, w ważny sens niewiedzy o tym, czym jest i czym może
być w przyszłości, która nie jest odgórnie założona.

Bycie wykluczoną z tego, co uniwersalne, przy jednoczesnym wysuwaniu żądań w obrębie uniwersalności, oznacza wy-
powiadanie pewnej performatywnej sprzeczności. Wypowia-
dający je mogą wydać się skazanymi na porażkę głupcami, jak
gdyby ich żądania mogły spotkać się wyłącznie z drwiną, ale takie
przypuszczenie może zadziałać też w drugą stronę i doprowadzić
do zrewidowania i opisania historycznych standardów uniwersalności, właściwych dla przyszłego rozwoju samej demokracji.
Twierdzenie, że to, co uniwersalne nie zostało jeszcze wyartyku-
łowane, jest równoznaczne z podkreślaniem, że owo „jeszcze nie"
jest niezbędne dla rozumienia samego pojęcia uniwersalności:
to, co pozostaje „nieurzeczywistnione" przez uniwersalność, zasadniczo rzecz biorąc konstytuuje samo jej pojęcie. Uniwersalne
zaczyna być wyrażane właśnie poprzez wyzwania rzucane mu
w jego *istniejącej* postaci, a wyzwanie takie pojawia się ze strony
tych, którzy nie są objęci owym pojęciem, którzy nie mają prawa, by zajmować miejsce „tych, którzy", a mimo to żądają, by
to, co uniwersalne ich objęło. W tym sensie wykluczeni tworzą
warunkową granicę uniwersalizacji. Tym razem nawiasy opadły
z pojęcia „lesbijka", a przydano je „innemu statusowi", statusowi
tego, co pozostaje inne dla języka, którym się posługujemy. To
taka inność, dzięki której ustanawiane jest to, co wypowiadal-
ne; inność, która nawiedza jego granice i grozi wypowiadalnemu

wejściem w jego obręb za sprawą pojęć zastępczych, które nie zawsze można zauważyć. Chociaż płeć kulturowa nie była środkiem, dzięki któremu homoseksualność weszła do oficjalnego języka ONZ, wolność seksualna stała się takim właśnie terminem, rubryką, która tymczasowo zgromadziła lesbijki i kobiety heteroseksualne, przydała wartość autonomii i uniemożliwiła powrót do jakiegokolwiek pojęcia biologicznego przeznaczenia. To, że swoboda seksualna kobiecego podmiotu postawiła pod znakiem zapytania humanizm, na którym opiera się pojęcie uniwersalności, sugeruje, że możemy zacząć przyglądać się takim formom społecznym jak patriarchalna rodzina heteroseksualna, które wciąż fundują nasze „formalne" koncepcje uniwersalności. Wydaje się, że człowiek musi stać się sobie obcy, a nawet potworny, by sięgnąć po człowieczeństwo na zupełnie innym poziomie. Nowy człowiek nie będzie „tym, jedynym", i tak naprawdę nie będzie posiadać formy ostatecznej, a będzie raczej tym, kto ustawicznie negocjuje różnicę seksualną w sposób, który nie pociąga za sobą żadnych naturalnych ani koniecznych konsekwencji dla społecznej organizacji seksualności. Obstając przy tym, że różnica seksualna będzie ustawicznie zadawanym pytaniem otwartym, chciałabym zasugerować, że nie decydujemy o tym, czym ona jest, a raczej pozostawiamy tę kwestię otwartą, kłopotliwą, nierozwiązaną, ale wiele obiecującą.

Przełożyła Anna Kowalcze-Pawlik

Maciej Gdula

ODPOWIEDŹ NA PYTANIE, CZY *GENDER STUDIES* TO NAUKA

Mam pewien dyskomfort, „broniąc" *gender studies*. W końcu kwestia tak zwanej „ideologii gender" pojawiła się, aby przykryć afery pedofilskie w polskim Kościele i jest tematem umożliwiającym mu ucieczkę do przodu. Zgodnie z panującymi regułami należałoby szukać tematu, który „ideologię" przelicytuje i w efekcie doprowadzi do osłabienia Kościoła tak, aby wreszcie rozliczył się ze swoich win. Jeśli mimo wszystko warto jednak podejmować dyskusję, to dlatego, że poświęcenie rzetelności, argumentów i odniesienia do rzeczywistości w toczących się konfliktach, niebezpiecznie przybliża nas do sprowadzania wszelkich problemów do kwestii „kto kogo?". Dlatego, że sposób walki o zmianę świata jest już częścią tej zmiany, nie warto przekreślać rzetelności, nawet jeśli w rewanżu prawdopodobnie dostanie się tylko pomówienia i propagandę.

NAUKA?
W atakach na *gender studies* argument o nienaukowości pojawia się z rozbrajającą naiwnością. Atakujący rozliczają teorie i badania inspirowane w znacznej mierze myślą feministyczną, tak jakby istniała jasność, czym jest nauka i jak ją uprawiać. Zwracając się do szerokiej publiczności, odwołują się przede wszystkim do stereotypowych wyobrażeń o nauce. Milcząco zakłada się, że

jest ona obiektywna, neutralna i spójna. Dzięki temu możemy poznawać rzeczywistość i poddawać ją kontroli. Jeśli zboczy się z tej ścieżki, pozostaje tylko ideologia i pomieszanie wszystkiego ze wszystkim.

Z tym że takie wyobrażenia o nauce nie są akceptowane w jej ramach przynajmniej od 50 lat. Co ważne ich krytyka przyszła z wielu kierunków i nie była dziełem jakiejś międzynarodówki gejowsko-feministycznej.

Wizję nauki jako gmachu wiedzy opartego na spójnych zasadach i zdającego sprawę z kształtu rzeczywistości zakwestionowali sami logicy. Gödel udowodnił, że w ramach określonego systemu formalnego nie można dowieść jego niesprzeczności, jeśli nie odwoła się do innego systemu, którego niesprzeczności także nie można dowieść na jego własnych zasadach. Wittgenstein pokazał, że język nie redukuje się do funkcji referencyjnych, a jego analiza wymaga wzięcia pod uwagę praktyk używania języka w świecie społecznym, czegoś co nazwał „grami językowymi". Kripke podważył rozpowszechniony pogląd, że nazwy odnoszą się do wiązki cech decydującej o tożsamości osób i rzeczy i pokazał, że związek między nazwą a na przykład osobą ustanowiony jest w praktyce „chrztu językowego".

Wiarę w neutralność i obiektywność nauki nadwyrężyła też socjologia wiedzy i badania nad nauką. Kolejni autorzy wykazywali, że dobre samopoczucie nauki bierze się z małej refleksyjności nad związkami, jakie łączą ją z uwarunkowaniami społecznymi. Autorzy tacy jak Fleck, Foucault, Bloor i Barnes na różne sposoby pokazywali związek pozornie neutralnych metod i ustaleń ze społecznym kontekstem, w jakim nauka funkcjonuje, w tym z władzą i dominacją. Późniejsze badania nad nauką ukazały z kolei wielość nauk, podważając obraz Nauki jako jednolitego gmachu opartego na wspólnych podstawach. Nawet w ramach nauk przyrodniczych mamy do czynienia z osobnymi sposobami produkcji wiedzy – innymi na przykład w fizyce i biologii – a nie po prostu zastosowaniem powszechnej metodologii naukowej.

Wielkie znaczenie w zmianie postrzegania nauki miało także dowartościowanie stanowiska, wedle którego badanie człowieka jako istoty społecznej i kulturowej wymaga specyficznych narzędzi dostosowanych do wyjątkowego przedmiotu nauk społecznych i humanistycznych. Ta myśl obecna była w refleksji nad człowiekiem od dawna, ale długo przegrywała z obietnicą zbudowania twardej wiedzy opartej na żelaznej analizie i drobiazgowym empirycznym badaniu. Dopiero od lat 60. po drugim przełomie antypozytywistycznym spojrzenie na ludzi jako podmioty zostało na dobre zaakceptowane. Oznaczało to odejście od obiektywizującej nauki, poszukującej praw kierujących zachowaniem ludzi, w stronę uwzględnienia człowieka jako aktora współuczestniczącego w tworzeniu wiedzy. Rozwijały się perspektywy kładące nacisk na interpretację działań, jakie ludzie podejmują w procesie budowania sensownego świata. Nauka staje się wtedy, jak mawiają fenomenolodzy, jedną z „prowincji znaczeń", a nie źródłem ostatecznej prawdy.

Szersze uznanie podmiotowości człowieka dało też nowy impuls teoriom krytycznym uwypuklającym rozziew między możliwością osiągnięcia autonomii a realnie istniejącymi stosunkami społecznymi, które tę autonomię ograniczają. Perspektywy krytyczne analizują asymetrie miedzy różnymi kategoriami ludzi i mechanizmy pozwalające je podtrzymywać. Odkrywają ukryte, znaturalizowane lub usprawiedliwiane nierówności w celu ich usunięcia lub zminimalizowania. Wiedza naukowa nie jest tu neutralnym obrazem świata, ale narzędziem przyczyniającym się do jego przekształcenia.

Przyglądając się, na jak wiele sposobów tradycyjny sposób rozumienia nauki był podważany, łatwo można pomyśleć, że z nauki niewiele pozostało i bezpowrotnie zniknęło coś bardzo cennego. Do tych odczuć często odwołują się zresztą konserwatyści – jak choćby Allan Bloom – przedstawiając się jako ostatni obrońcy rozumu i prawdy. Pożegnanie niedających się utrzymać przeświadczeń na temat nauki nie oznacza jednak jej końca. Po pierwsze zostają procedury badawcze pozwalające tworzyć wiedzę o świecie. Stosując je, świadomi jesteśmy, że są tylko narzędziami. Nie dają wiedzy pewnej i niepodważalnej, ale bez nich nasze poznanie byłoby żałośnie ograniczone. Po drugie zostają teorie dające pojęcia i twierdzenia, które pozwalają ukierunkować badania i uporządkować zdobywaną wiedzę. Zapewniają też konieczny dystans wobec zdrowego rozsądku i myślenia potocznego. Dziś w naukach społecznych teorie albo wprost samoograniczają się w zakresie stawianych tez, albo uwzględniają w swojej konstrukcji niemożliwość zbudowania kompletnego systemu wiedzy o świecie. Po trzecie zostaje krytyka jako sposób kształtowania wiedzy. Teorie, książki i badania nie są traktowane jak święte teksty. Można je podważać, rewidować i odrzucać, jeśli dysponuje się argumentami i dowodami.

ZNALEŹĆ ORIENTACJĘ W ŚWIECIE

Gender studies w znacznym stopniu zajmują się tworzeniem wiedzy przy wykorzystaniu naukowych procedur badawczych, starając się znaleźć odpowiedź na pytanie, „jak jest"? Gdybyśmy tylko odwoływali się do własnych obserwacji, moglibyśmy sądzić na przykład, że kobiety zarabiają tyle samo co mężczyźni lub że mają tyle samo dzieci co kiedyś. Jeśli jednak zgromadzimy odpowiednie dane i zastosujemy obliczenia statystyczne, zobaczymy, że kobiety zarabiają mniej i mają mniej dzieci niż działo się to na przykład trzydzieści lat temu.

Zastosowanie płciowego filtra do analizy wielu problemów pozwala nam też często odkryć zjawiska, których sobie nie uświadamiamy. Wiemy na przykład, że wypadki drogowe są problemem podobnie jak napady i rabunki. Gdy spojrzymy na statystyki z perspektywy płci, zauważymy, że nie stoją za nimi abstrakcyjni ludzie, ale w znacznym stopniu młodzi mężczyźni.

Na samym gromadzeniu danych i wykonaniu obliczeń nauka oczywiście się nie kończy. Gdy wiemy, że kobiety mniej zarabiają, mniej napadają albo dłużej żyją, stajemy przed pytaniem, dlaczego tak się dzieje. Przyjrzyjmy się kwestii długości życia. W tym wypadku przydatne są dodatkowe dane. Jeśli wiemy, że kobiety mniej palą, mniej piją, przywiązują większą wagę do diety i chętniej odwiedzają lekarzy, zidentyfikujemy kilka czynników mających wpływ na długość życia kobiet. Wciąż będziemy jednak chcieli zapytać, skąd bierze się taki wzór postępowania. I tu dochodzimy do kwestii relacji między płciami. *Gender studies* pokazują, odwołując się często do badań historycznych lub porównawczych, że stosunki między płciami są zmienne i kształtowane przez społeczeństwo.

Tematem dla *gender studies* nie są wbrew temu, co często da się usłyszeć, wyłącznie kobiety i ich opresja, ale kształt relacji między płciami w różnych układach społecznych. Ich zrozumienie wymaga wzięcia pod uwagę w tym samym stopniu mężczyzn jak i kobiet. Ale na tym nie koniec. Należy wziąć pod uwagę, jak w konstrukcję płci uwikłane są różne wymiary zróżnicowania, takie jak klasa, etniczność czy rasa. Trzeba także uwzględnić mężczyzn i kobiety o innej niż heteroseksualna orientacji. Zrozumienie tych złożonych stosunków możliwe jest dzięki użyciu innych niż ilościowe procedur badawczych: obserwacji uczestniczącej, wywiadów, analizy dyskursu czy interpretacji obrazu.

Wykonując genderową analizę kwestii zdrowia, być może dowiemy się, że w analizowanym społeczeństwie częścią męskiej tożsamości jest niepobłażanie sobie, skłonność do ryzykownych zachowań i budowanie relacji z innymi mężczyznami przez wspólną konsumpcję alkoholu. Ten wzór przeciwstawia się kobiecej tożsamości, na którą składają się skromność, powściągliwość i gotowość do troski o innych, ale także tożsamości homoseksualnej definiowanej jako „zniewieściała", narcystyczna i zachowawcza. Taka konstrukcja męskości przekłada się na działania mężczyzn skutkujące większym obciążeniem organizmu, spóźnioną diagnostyką chorób (bo mężczyzna idzie do lekarza, kiedy naprawdę nie może już wytrzymać) i podwyższonym ryzykiem wypadków. Znajduje to odzwierciedlenie w statystykach długości życia. Pogłębiając badania, być może dowiemy się też, że zdrowotność mężczyzn jest zróżnicowana ze względu na klasę społeczną, z której pochodzą. Mężczyźni z klasy wyższej lepiej się odżywiają, częściej chodzą do lekarza i uprawiają więcej sportu niż mężczyźni z klasy niższej, których obciążenie zdrowotne oprócz specyficznego stylu życia zwiększa dodatkowo ciężka praca fizyczna.

Te ustalenia mogą stać się przedmiotem krytyki, gdy pojawią się inne dane albo nowe badania zmienią sposób postrzegania męskiej tożsamości. Krytyka może jednak także wynikać z odwołania do teorii oferujących odmienne interpretacje i proponujących nowe obszary badań.

CZYM JEST PATRIARCHAT?
Chociaż śmierć teorii głoszona jest w zasadzie nieprzerwanie od kilku dekad, nie przeszkadza to ani w rozwoju starych, ani w powstawaniu nowych teorii. Dzieje się tak dlatego, że potrzebujemy bardziej ogólnych interpretacji rzeczywistości. Ramy teoretycz-

ne ukierunkowują też badania, pozwalając uniknąć błądzenia po omacku i formułowania banalnych wniosków. Teorie nie są sztucznymi systemami wywodzonymi z arbitralnie przyjętych założeń. Są raczej próbą systematycznej odpowiedzi na jakieś podstawowe pytanie. Pozostają w napięciu i konfrontują się ze sobą, co sprawia, że nie ograniczają się do recytacji.

Weźmy dwie klasyczne teorie feministyczne mieszczące się w perspektywie *gender studies*: teorię Simone de Beauvoir i koncepcję Lucy Irigaray. Obie teorie reprezentują nurt krytyczny, to znaczy analizują asymetrię między płciami i panowanie mężczyzn nad kobietami. Skonstatowanie asymetrii nie stanowi jednak punktu dojścia. Teorie starają się znaleźć odpowiedź na pytanie, czym jest patriarchat jako system dominacji i udzielają odmiennych odpowiedzi.

Według de Beauvoir fundamentem patriarchatu jest uznanie mężczyzny za człowieka, a kobiety za istotę płciową. Mężczyzna reprezentuje w kulturze to, co uniwersalne i ogólne. Gdy tworzy dzieło sztuki, realizuje potencjał ludzkiego ducha. Gdy dokonuje naukowych odkryć, posługuje się rozumem i dokłada cegiełkę do ogólnego gmachu wiedzy. Gdy uprawia politykę, wpływa na dzieje powszechne. Kobieta zabiera głos i słuchana jest wyłącznie jako kobieta. Ktoś partykularny i określony przez swoją cielesność, wrażliwość, cechy charakteru i społeczne przeznaczenie.

Na tym podziale zbudowane jest nowoczesne społeczeństwo z wyraźnym rozróżnieniem na sferę publiczną i prywatną. Pierwsza jest obszarem tworzenia tego, co ogólne, a więc domeną zarezerwowaną dla mężczyzn. Druga obsługuje pierwszą, jeśli chodzi o wymogi reprodukcji, czyli wiąże się z prowadzeniem domu, zapewnianiem pożywienia, wychowaniem dzieci i podtrzymywaniem relacji towarzyskich. W niej przede wszystkim realizują się kobiety. Chłopcy i dziewczęta od początku kształtowani są tak, aby swoje oczekiwania, odruchy i aspiracje wiązać z tą sferą, do której są społecznie przeznaczeni. W chłopcach pielęgnuje się zatem przekonanie, że powinni mieć ambicje, nastawić się na osiągnięcia i rywalizować. Dziewczynkom wpaja się, że bez męża, dzieci i domu nie mogą stać się w pełni kobietą. Na chłopców czeka wybór kariery, a na dziewczynki los kobiety związanej przez swoje ciało z narodzinami, opieką i reprodukcją.

De Beauvoir, analizując patriarchat, podejmuje także refleksję nad dynamiką, która może doprowadzić do jego zmiany. Ujmując relację między mężczyznami i kobietami z perspektywy uznania, stwierdza, że pełne uznanie dla kobiet i mężczyzn może pojawić się dopiero wtedy, gdy obie strony wyzwolą się z asymetrycznej relacji i osiągną status autonomicznych podmiotów. Jest to także w interesie mężczyzn, bo trudno uznać ich za prawdziwie podmiotowych, jeśli swoje uznanie czerpią od kobiet pozostających w stosunku dominacji.

Odmienną wizję patriarchatu przedstawia w swojej teorii Lucy Irigaray. Nawiązuje ona do koncepcji Lévi-Straussa i Marksa. Dla Lévi-Straussa wymiana jest warunkiem możliwości istnienia relacji społecznej. Nawet jeśli wymieniający się otrzymują tę samą ilość dóbr, to znaczy nie zyskują w wąsko utylitarystycznym sensie, to jednak wytwarzają solidarność i poczucie uczestnictwa w tym samym społecznym uniwersum. Wymiana kobiet obok wymiany rzeczy i znaków jest podstawowym typem obiegu tworzącego więź społeczną. Neutralną w zamierzeniu Lévi--Straussa ideę wymiany kobiet Irigaray uznaje za trafne ujęcie sposobu funkcjonowania patriarchatu. Nasza kultura jest według niej kulturą mężczyzn ustanawiających między sobą relacje za pośrednictwem kobiet.

Zrozumienie tego układu wymaga zaangażowania markssowskiej kategorii fetyszyzmu towarowego. Irigaray stwierdza, że kobieta funkcjonuje w patriarchacie dokładnie tak, jak towar w gospodarce kapitalistycznej. Posiada więc wartość wymienną i użytkową. Obie wciągnięte są w ekonomię męskiej dominacji. Wartość wymienna ma charakter abstrakcyjny i wiąże się z możliwością porównywania towarów. Kobiety, a przede wszystkim ich ciała, dzielone są na elementy pozwalające oszacować wartość. Twarze, biusty, pośladki, nogi mogą być ze sobą porównywane. Ciała przepuszczone przez mechanizm abstrakcji i zhierarchizowane stają się przedmiotem rywalizacji między mężczyznami o to, kto może zawładnąć najbardziej atrakcyjnym dobrem. Zdobycie kobiety jest potwierdzeniem miejsca, jakie mężczyzna zajmuje między mężczyznami. Wartość użytkowa kobiety łączy się z kolei z wymiarem reprodukcyjnym. Kobieta rodzi dzieci, które będą nosić imię ojca. Wykorzystywana jest także jako nieopłacona siła robocza w sferze niezdefiniowanej jako praca, czyli w opiece i prowadzeniu domu.

U Irigaray kobiety nie są stroną relacji. To mężczyźni ustanawiają między sobą miary wartości, tworzą abstrakcyjną kobiecość i rywalizują ze sobą, a kobiety pozostają wykluczone. Inaczej niż u de Beauvoir patriarchat nie stwarza też dynamiki pozwalającej na zmianę asymetrycznych relacji. Stąd bierze się radykalizm Irigaray i nawoływanie do pełnego odrzucenia męskocentrycznego porządku. Obie klasyczne teorie, oferujące alternatywne spojrzenie na patriarchat, stały się z czasem obiektem krytyki ze strony nowych koncepcji rozwijanych w ramach *gender studies* poddających w wątpliwość uwypuklanie różnic między kobietami i mężczyznami kosztem marginalizacji różnic między kobietami i niedoceniania powiązań między dominacją płciową, klasową i rasową.

OBIETNICA NAUKI

Biorąc pod uwagę, że współczesną naukę definiują procedury badawcze, budowanie teorii i spory, to *gender studies* są po prostu jej częścią. W ich ramach tworzy się badania i poddaje je osądowi. Rozwija się różnorodne teorie i poddaje je krytyce. Gender studies daleko do zdyscyplinowanych szwadronów kierujących się powszechnie wyznawaną ideologią, których celem jest destrukcja zachodnich społeczeństw, jak utrzymują ich przeciwnicy.

Część nurtów w ramach *gender studies* – jak na przykład Irigaray – rzeczywiście proponuje odrzucenie całej „fallogocentrycznej" męskiej kultury w tym obiektywizującej nauki. Z jednej strony można uznać, że te nurty feminizmu, podobnie jak niegdyś marksizm czy psychoanaliza, lokują się poza nauką, którą identyfikują jako siłę powstrzymującą zmianę społeczną. Z drugiej strony nie sposób nie zauważyć, że atak na naukę przeprowadzany jest w języku teorii naukowych podatnych na krytykę i odrzucenie. W ten sposób nawet radykalne teorie mieszczą się w definicji nauki jako sporu o to, czym jest nauka i jak należy ją uprawiać.

Bez *gender studies* bylibyśmy skazani na wiedzę potoczną o płci, która nie tylko jest aspektowa, ale także silnie wiąże się z mechanizmami reprodukcji określonych relacji płciowych. Musielibyśmy polegać na swoich odruchach, które trenowane były między innymi po to, aby utrzymywać asymetrię między kobietami i mężczyznami. Mając *gender studies*, wiemy lepiej, w jakim świecie żyjemy i zdajemy sobie sprawę, że nie jest to jedyny możliwy świat. Jeśli to nie jest spełnienie naukowej obietnicy, to nie wiem, co może nią być.

Agnieszka Kościańska

GENDER A SEKSUALNOŚĆ

HOMOSEKSUALISTA, CZYLI ZNIEWIEŚCIAŁY MĘŻCZYZNA

We współczesnej kulturze Zachodu płeć kulturowa (*gender*) ściśle łączy się z seksualnością. W popularnych wyobrażeniach wszelkie odstępstwa od heteronormy tłumaczy się zaburzeniami w obrębie płci, a przekroczenie tradycyjnych ról płciowych kojarzy z problemami seksualnymi. Często na przykład postrzega się gejów jako zniewieściałych mężczyzn, lesbijki jako „babochłopy", a o feministkach mówi się, że są „niewyżyte". Na nazwanie tego zjawiska antropolożka i feministka Gayle Rubin zaproponowała termin *sex/gender system*. Badaczka stwierdziła, że ów system to „zestaw elementów, za pośrednictwem którego społeczeństwo przekształca biologiczną seksualność w wytwory działań ludzkich i w obrębie którego zaspakaja się owe przetworzone potrzeby seksualne"[1]. W tym ujęciu płeć kulturowa i seksualność wzajemnie się kształtują. Widać to i w wiedzy potocznej, i w dyskursie eksperckim. Jak pokazali naukoznawcy, tacy jak lwowski lekarz Ludwik Fleck[2] czy

---

[1] Gayle Rubin, *The Traffic in Women. Notes on the „Political Economy" of Sex*, [w:] *Toward an Anthropology of Women*, red. Rayna Reiter, Monthly Review Press, New York 1975, s. 159.

[2] Zob. Ludwik Fleck, *Powstanie i rozwój faktu naukowego: wprowadzenie do nauki o stylu myślowym i kolektywie myślowym* (wyd. I 1935), [w:] *Psychosocjologia poznania naukowego*, Ludwik Fleck, Wydawnictwo Uniwersytetu Marii Curie-Skłodowskiej, Lublin 2006.

gwiazda współczesnej francuskiej socjologii Bruno Latour[3], obie te sfery wzajemnie na siebie oddziałują, czyli na przykład seksuologia kształtuje się na bazie wiedzy potocznej i wyobrażeń dominujących w danej kulturze, a potem prace uczonych współtworzą świadomość społeczną.

Już w XIX wieku, kiedy powstała nowoczesna naukowa refleksja nad seksualnością, silnie podkreślano związek między płcią a seksualnością. Dobrze oddaje to dziewiętnastowieczny termin „inwersja". Inwertyta to osoba, która odczuwa tak jak osoba płci przeciwnej, czyli na przykład mężczyzna czujący jak kobieta lub kobieta czująca jak mężczyzna. Tę „dewiację" – jak wtedy się pisało – określał nie wybór obiektu pożądania (tak jak w przypadku dzisiejszego rozumienia orientacji seksualnej), lecz odczuwanie jak płeć przeciwna. Co więcej ówcześni lekarze łączyli coraz częstsze występowanie „inwersji" z odrzucaniem przez emancypantki tradycyjnych ról płciowych, przenosząc relację między płcią kulturową a seksualnością na inny poziom. Na przykład William Lee Howard w rozprawie z 1900 roku zatytułowanej *Effeminate Men and Masculine Women* pisał, że „potomstwo kobiet, które wolą «pracować niż się opiekować» to moralni i psychiczni zboczeńcy». Te «wyemancypowane» kobiety, porzucając odpowiednie role płciowe, produkują zniewieściałych synów i męskie córki"[4]. Również ojciec założyciel nowoczesnej seksuologii Richard von Krafft-Ebing, autor dzieła zatytułowanego *Psychopathia sexualis* ilustrował zjawisko „opatrznego" popędu płciowego (czyli homoseksualizmu)

---

[3] Bruno Latour, *Science in Action*, Harvard University Press, Cambridge 1987.

[4] Cyt. za George Chauncey, *From Sexual Inversion To Homosexuality: Medicine And The Changing Conceptualization of Female Deviance*, „Salmagundi", 1982/1983, nr 58/59, s. 141.

historiami kobiet przejawiających cechy męskie i kobiecych mężczyzn. Także pacjenci seksuologów postrzegali się w ten sposób. Krafft-Ebing cytuje trzydziestoletniego lekarza, który mówi o sobie: „Męskie zajęcia nie pociągają mnie. Wolę powieści i teatr. Jestem zniewieściały, wrażliwy, nerwowy, łatwo się wzruszam, łatwo mnie zranić"[5].

Wątek cech płci przeciwnej u osób homoseksualnych pojawia się też w nowszych pracach z zakresu seksuologii, również tych krajowych. Na przykład Zbigniew Lew-Starowicz tak pisał w 1987 roku na łamach „Zwierciadła": „Przyczyny rozwoju homoseksualizmu u kobiet wiążą się z wpływem hormonów męskich na ośrodki sterujące życiem seksualnym już w okresie rozwoju płodowego, następnie z zaburzeniami więzi rodzinnej (brak matki [...]), z trudnościami w samookreśleniu się w roli kobiecej"[6]. Rok później Michalina Wisłocka stwierdziła, że orientacja homoseksualna może być efektem feminizmu: „Walka o prawa kobiet zaczęła się bardzo interesująco i stanowiła postęp po epoce «niewolnicy domowej». Służyła szczęściu kobiety i rodziny. Dalej, nabierając z czasem rozpędu, zaczyna służyć samej sobie i kończy się zboczeniem lesbijskim"[7].

---

[5] Richard von Krafft-Ebing, *Psychopathia Sexualis*, I wyd. niemieckie 1886; wyd. pol. *Zboczenia umysłowe na tle zaburzeń płciowych (psychopathia sexualis): opaczne czucie płciowe : studum sądowo-lekarskie dla użytku prawników i lekarzy*, przeł. Aleksander Fabian, „Medycyna", Kraków 1988; cytuję za http://bit.ly/1fKleY7 wersja cyfrowa wydania angielskiego z 1892 r., na podstawie 7 wyd. niemieckiego, autoryzowany przekład Charlesa Gilbeta Chaddocka, Philadelphia, Londyn: The F. A. Davies Co. Publishers.

[6] Zbigniew Lew-Starowicz, *Homoseksualizm (lesbijstwo)*, „Zwierciadło", 1987, nr 29, s. 12.

[7] Michalina Wisłocka, *Sztuka kochania dwadzieścia lat później*, Iskry, Warszawa 1988, s. 30.

PŁEĆ KULTUROWA A „ZINSTYTUCJONALIZOWANY HOMOSEKSUALIZM"

Ukształtowane pod wpływem wczesnej seksuologii myślenie o homoseksualności jako o przekraczaniu granic męskości i kobiecości wpłynęło również na obraz innych kultur w pracach antropologicznych. Dobrze pokazuje to literatura na temat osób nienormatywnych w indiańskiej Ameryce Północnej. U Nawaho, Irokezów, Czejenów i wielu innych plemion antropolodzy opisywali mężczyzn, którzy nosili kobiece stroje, oraz – rzadziej – kobiety, które żyły jak mężczyźni. Działało to zwykle tak: jeżeli chłopiec wykazywał skłonności do kobiecych zajęć lub miał „kobiecą" wizję w czasie snu, wychowywano go jak dziewczynkę; i odwrotnie – dziewczynka zainteresowana strzelaniem z łuku mogła zostać społecznie chłopcem. Na przykład jeden z czołowych specjalistów od Indian Alfred Kroeber pisał o plemieniu Yukok z Kalifornii: „Pierwszymi symptomami skłonności *wergen*[8] było plecenie koszyków. Niedługo potem przyodziewał kobiecy strój"[9]. Zdarzało się, że przejście do płci przeciwnej było wynikiem snu. Do dziecka przychodził księżyc i dawał mu do wyboru przedmioty charakterystyczne dla obu płci: kojarzone z męskością łuk i strzały lub rodzaj nosidełka używanego przez kobiety do zbierania chrustu, a także przytwierdzania różnych żeńskich przyborów. Jeśli śniący/a wybrał/a atrybut płci przeciwnej, stopniowo społecznie przechodził/a do niej[10].

---

[8] Nienormatywny mężczyzna.

[9] Cyt. za Harriet Whitehead, *Łuk i nosidełko: nowe spojrzenie na zinstytucjonalizowany homoseksualizm wśród Indian Ameryki Północnej*, przeł. Agnieszka Kościańska, Michał Petryk, [w:] *Gender. Perspektywa antropologiczna*, t. 2, *Kobiecość, męskość, seksualność*, (red.) Renata Hryciuk, Agnieszka Kościańska, Wydawnictwa Uniwersytetu Warszawskiego, Warszawa 2007, s. 204.

[10] Tamże.

Wychowani w kulturze Zachodu badacze często określali takie osoby mianem homoseksualistów. Na przykład w latach 30. XX wieku Cyril Daryll Forde pisał w odniesieniu do Indian Yuman: „Homoseksualistki (*kwe'rhame*) spotka się rzadko, ale również one zdają sobie sprawę ze swojego usposobienia dzięki snowi pojawiającemu się w okresie dojrzewania. Charakterystyczny jest sen o broni typowej dla mężczyzn. Jako małe dziecko *kwe'rhame* bawi się chłopięcymi zabawkami. Takie kobiety nigdy nie miesiączkują. Ich drugorzędne cechy płciowe są nierozwinięte, choć w niektórych przypadkach są męskie"[11]. Cała grupa badaczy nazwała zjawisko nienormatywnej płciowości mianem „instytucjonalizowanego homoseksualizmu"[12]. Uznano, że kobiety z łukami i mężczyźni zajmujący się plecieniem koszy to po prostu lesbijki i geje, którzy w społeczeństwach indiańskich mieli dla siebie zarezerwowaną przestrzeń. Misjonarze praktykę tę potępiali. Z kolei działacze na rzecz praw gejów i lesbijek, tacy jak Jonathan Katz[13], wykorzystywali przykłady indiańskie, by dowieść, że homoseksualność jest uniwersalna. Jednak nowsze badania, wywodzące się refleksji nad wpływem przekonań badaczy na tworzone przez nich opisy innych kultur, pokazały, że indiańskie nienormatywne tożsamości niewiele mają wspólnego z homoseksualnością. W wielu kulturach indiańskich potępiano akty między osobami tej samej płci. Nienormatywne tożsamości były płciowe, wcale nie seksualne, dawały możliwość kobietom, by funkcjonować w świecie mężczyzny, a mężczyznom, by wejść w świat kobiet. Jedynie

---

[11] Cyt. za Whitehead dz. cyt., s. 210.

[12] Tamże, s. 213–214.

[13] Zob. np. Jonathan Katz, *Gay American History*, New York, Thomas Y. Crowell, 1976; Jonathan Katz, *Gay/Lesbian Almanac*, Harper & Row, New York 1983.

silne w zachodniej nauce i myśleniu potocznym skojarzenie płci kulturowej i seksualności spowodowało, że w ten właśnie sposób je zaklasyfikowano[14].

UDANY SEKS A ODPOWIEDNIA ROLA PŁCIOWA W POLSKIEJ SEKSUOLOGII

Nieco innym przykładem na współzależność między płcią a seksualnością w naszej kulturze są popularne publikacje seksuologiczne. W Polsce począwszy od lat 70. cieszyły się one wielką popularnością i stanowiły główne źródło naukowej wiedzy o seksie dla kilku pokoleń Polaków. Na przykład wydana po raz pierwszy w 1978 roku *Sztuka kochania* Michaliny Wisłockiej sprzedała się ponoć w 7 milionach egzemplarzy[15], a *Seks partnerski* Zbigniewa Lwa-Starowicza miał w latach 80. cztery stutysięczne nakłady. W rezultacie kolejne pokolenia Polaków właśnie z tych poradników dowiadywały się, jak powinno wyglądać udane życie intymne. Autorzy ci silnie podkreślali znaczenie odpowiedniej (tak zwanej tradycyjnej) roli płciowej dla seksualności. Wisłocka pisała w *Sztuce kochania* wprost: „Kobiety współczesne, podniecone otwierającą się szansą równouprawnienia w pracy i nauce, w zapale zdobywania pozycji dotąd niepodzielnie męskich wylewają dziecko wraz z kąpielą, robiąc sobie wielką krzywdę. Można się kształcić, można pracować naukowo, zawodowo czy społecznie, ale w domu i w miłości kobieta musi być kobietą, a mężczyzna mężczyzną, jeżeli chcą żyć

---

[14] Zob. Whitehead dz. cyt.; Evan B. Towle i Lynn M. Morgan, *Fantazje o transpłciowym tubylcu. Rewizje pojęcia „trzecia płeć"*, przeł. Michał Petryk, [w:] *Antropologia seksualności. Teoria, etnografia, zastosowanie*, red. Agnieszka Kościańska, Wydawnictwa Uniwersytetu Warszawskiego, Warszawa 2012.

[15] Tak twierdziła autorka w wywiadzie udzielonym niedługo przed śmiercią Darkowi Zaborkowi, *Seksualistka. Rozmowa z dr Michaliną Wisłocką*, „Gazeta Wyborcza", 20 września 2004.

życiem pełnym i uniknąć rozczarowań i kompleksów"[16]. Zdaniem Wisłockiej udany seks wymaga ze strony kobiet typowo kobiecego zachowania. Radzi, by dawać się zdobywać i hamować zapędy seksualne partnera: „Nasze babcie twierdziły, że «mężczyzna to myśliwy, a kobieta – ptaszka, na którą poluje». Im trudniejsza do upolowania czy złowienia, tym cenniejsza. Nie odbierajcie, dziewczęta, waszym chłopcom przyjemności polowania na cenną zdobycz"[17]. Proponuje, by nie komunikować potrzeb wprost: „W żadnym razie nie należy razić ambicji chłopca, trzeba «po kobiecemu», okrężną drogą trafić do celu"[18]. Z kolei mężczyzna jej zdaniem: „pragnie być władczy, mocny, opiekuńczy, koniecznie potrzebny swojej wybrance i zawsze godny podziwu"[19]. Taka para ma szansę na satysfakcjonujący seks i harmonijny związek.

Lew-Starowicz w *Seksie partnerskim* ukazał role płciowe w kontekście warunków koniecznych, by małżeństwo było udane: „Zdecydowane cechy męskie i kobiece, dające poczucie uzupełniania się różnych światów psychicznych. U kobiet: inteligencja, praktyczność, zdolność do samokontroli, kierowanie sprawami gospodarstwa domowego, dbanie o siebie (wygląd, ubiór), kokieteria, wdzięk, macierzyńskość. U mężczyzn: refleksyjność, stałość, partnerstwo, umiejętność bycia niezależnym, ciepło uczuciowe, posiadanie jakiejś stale rozwijanej pasji, siła woli i przekonań"[20]. W nieudanym małżeństwie z kolei: „U kobiet: cechy silnej dominacji, zachowania rywalizacyjne, oziębłość i oschłość uczuciowa. U mężczyzn: brak wytrwałości, pobudli-

---

[16] Michalina Wisłocka, *Sztuka kochania*, Iskry, Warszawa 1978, s. 91.

[17] Tamże, s. 151–152.

[18] Tamże, s. 110.

[19] Tamże, s. 90.

[20] Zbigniew Lew-Starowicz, *Seks partnerski*, Państwowy Zakład Wydawnictw Lekarskich, Warszawa 1983, s. 109.

wość, podejrzliwość, nieumiejętności zachowania się, nudna osobowość, postrzeganie u kobiet jedynie wartości seksualnych i walorów gospodyni domowej"[21].

Ponadto seksuolog przestrzega: „Zdecydowanie wzrastają wymagania i oczekiwania seksualne kobiet, które pośrednio wynikają z emancypacji i z edukacji seksualnej. Wspomniane zjawisko jest obecnie jedną z najczęstszych przyczyn zaburzeń seksualnych mężczyzn"[22]. Już dziesięć lat wcześniej na łamach magazynu studenckiego „itd" wskazywał na ten problem. Twierdził, że zmiany obyczajowe powodują nerwice, konflikty i zatarcie się granic między płciami, a w konsekwencji rywalizację: „Wiele współczesnych kobiet nie wie praktycznie, na czym polega kobiecość, nie wie, że można ją świadomie kształtować i w rezultacie przejmuje cechy zachowania męskiego, co rodzi niejednokrotnie opór i niechęć mężczyzn"[23]. Zachwianie tradycyjnych ról płciowych, wynikające między innymi z masowego wejścia kobiet na rynek pracy w okresie PRL, było interpretowane przez uchodzących za postępowych lekarzy jako dla seksu szkodliwe.

Nowsze publikacje seksuologiczne pokazują relację między rolą płciową a udanym seksem w nieco bardziej złożony sposób. Z jednej strony Lew-Starowicz pisze na przykład: „Wykształcenie, kariera – te cechy bywają uzupełnieniem w postrzeganiu kobiety, partnerki. Ale fakt, że ona jest wysokiej klasy menadżerem czy wybitną intelektualistką, nie jest afrodyzjakiem. Mężczyźni chcą w zasadzie kobiety atrakcyjnej, wiernej, gospodarnej, żeby stworzyła im dom, w którym wszystko będzie dobrze"[24], a jedna

---

[21] Tamże, s. 110.
[22] Tamże, s. 334.
[23] Zbigniew Lew-Starowicz, *Kobiecość*, „itd", 1973, nr 18, s. 20.
[24] Zbigniew Lew-Starowicz, *O kobiecie. Rozmawia Barbara Kasprzycka*, Wydawnictwo Czerwone i Czarne, Kraków 2011, s. 75.

z nowych książek Lwa-Starowicza pełna jest historii związków rozpadających się (też zaprzestających współżycia) w wyniku nagłego odwrócenia ról: żona zaczyna zarabiać więcej od męża, co powoduje rozpad więzi[25]. Z drugiej jednak strony lekarz podkreśla, że nie zawsze tak musi być: „Zapewne wielu czytelników zna udane związki, w których jedno z partnerów osiągnęło sukces lub przeżyło porażkę. Dominacja systemu więzi partnerskiej opartej na miłości i przyjaźni umożliwia przetrwanie kryzysu i utrzymanie równowagi"[26]. Popularna seksuologia ma też swoją feministyczną twarz. Alicja Długołęcka mówi na przykład, że dla prawidłowego rozwoju (też seksualnego) dziewczęta potrzebują wzorców silnych kobiet[27]. Tak czy inaczej, płeć kulturowa pozostaje jednak zasadnicza dla udanego seksu[28].

***

Bez względu na to, czy chodzi o homo- czy heteroseksualność, płeć kulturowa zawsze pełni ważną funkcję. Kiedy w XIX wieku uczeni zaczęli pisać o homoseksualności (terminu tego jako pierwszy użył węgierski dziennikarz i aktywista Karl Maria Kertbeny w 1868 roku, a spopularyzował go Kraff-Ebing), łączyli ją z posiadaniem cech płci przeciwnej. To rozumienie kształtowało postrzeganie wszelkich form nienormatywności w innych kultu-

---

[25] Lew-Starowicz Zbigniew, *Ona i on o seksie*, Świat Książki – Bertelsmann Media, Warszawa 2007.

[26] Tamże, s. 62.

[27] Alicja Długołęcka, Paulina Reiter, *Seks na wysokich obcasach*, Agora, Warszawa 2011, s. 261.

[28] Szczegółowo o polskiej seksuologii piszę [w:] *Płeć, przyjemność i przemoc. Kształtowanie wiedzy eksperckiej o seksualności w Polsce* (Wydawnictwa Uniwersytetu Warszawskiego, w druku).

rach. Indian wykonujących prace typowe dla płci przeciwnej nazywano homoseksualistami. Czynili to i antropolodzy, i aktywiści działający na rzecz praw gejów i lesbijek. Z kolei w popularnych polskich pracach seksuologicznych odpowiednie role płciowe jawią się jako warunek konieczny do osiągnięcia satysfakcji w seksie i w związku kobiety i mężczyzny. I choć w ostatnich dekadach nieco się to zmieniło – orientację seksualną zdefiniowano jako wybór obiektu pożądania, Indianki z łukiem przestano nazywać lesbijkami, a seksuolożki feministyczne uznały, że emancypacja kobiet nie wiedzie do zaburzeń seksualnych – w świadomości społecznej płeć kulturowa i seksualność stale zależą od siebie, wzajemnie definiują się i utrwalają.

Kaja Malanowska

ZGODNIE Z NATURĄ

Człowiek to istota znacznie bardziej skomplikowana niż pozostałe zwierzęta. Tym, co wyróżnia ludzką zbiorowość spośród milionów innych stworzeń na naszej planecie, jest złożona kultura, która zmienia się i podlega określonym prawom ewolucji. Człowiek nie tylko ją tworzy, również ulega jej wpływom. Po prawie dwustu tysiącach lat rozwoju *homo sapiens*, z którym równolegle przebiegały postępujące zmiany cywilizacyjne, granica pomiędzy kulturą a naturą rozmyła się tak bardzo, że trudno wyznaczyć ją w sposób ostry i zdecydowany. Relacje między poszczególnymi osobnikami i role, jakie odgrywają w populacji, przestają być uznawane wyłącznie za cechy biologiczne, podlegające naturalnym prawom.

W 1979 roku Rhoda Unger zaproponowała termin „gender", pragnąc podkreślić, że kobiecość i męskość to we współczesnym świecie idee znacznie szersze niż samo pojęcie płci biologicznej. Poza genetyką, fizjologią i anatomią ciała istnieje również ogół założeń i praktyk określanych mianem płci społecznej i kulturowej, które kierują ludzkimi czynami, wpływają na podejmowane decyzje i determinują nasze sądy.

Tymczasem termin „natura" w odniesieniu do ról i zachowań charakterystycznych dla określonych płci jest obecnie notorycznie nadużywany w publicznym dyskursie, zwłaszcza przez prawicowych polityków, dla których to bliżej niesprecyzowane pojęcie stanowi ostateczny argument w sporach dotyczących legalizacji związków partnerskich czy szeroko pojętych praw kobiet. Podstawę światopoglądu przeciwników feministek i obrońców praw mniejszości seksualnych stanowi przekonanie, iż sama natura wyznaczyła ostry i nieprzekraczalny podział pomiędzy mężczyznami i kobietami, a jakiekolwiek próby zniesienia owego podziału godzą w biologiczne fundamenty człowieczeństwa. Tym bardziej warto przyjrzeć się bliżej temu, co myślą na temat naturalnego podziału płci naukowcy.

Biologicznie płcią męską lub żeńską określa się sposób funkcjonowania części organizmu odpowiedzialnych za prokreację. Owe anatomiczne i fizjologiczne cechy, takie jak występowanie jajników czy jąder albo produkowanie odpowiednich hormonów, są determinowane przez zespół genów występujących na chromosomach płciowych. Kobiety posiadają dwa homologiczne (podobne) chromosomy płciowe nazywane chromosomami X. U mężczyzn występują dwa różne chromosomy: X i Y. W najbardziej ogólnym sensie – osobniki posiadające dwa chromosomy X, jajniki, jajowody i macicę, których organizm wytwarza hormony z grupy estrogenów, nazywamy kobietami; zaś osobniki posiadające chromosom X i Y, a co za tym idzie – jądra, nasieniowody, mosznę i produkujące testosteron, określamy mianem mężczyzn.

Do tej pory opisano jednak kilka rodzajów zaburzeń segregacji chromosomów płciowych. Obok poważnych schorzeń genetycznych, prowadzących do ułomności fizycznej i niedorozwoju psychicznego pacjentów, całkiem często zdarzają się ludzie, którzy posiadają w komórkach niekonwencjonalny zestaw chromosomów i pozostają tego nieświadomi przez większość, albo i nawet całe życie. Jednym z przykładów jest zespół trisomii chromosomu X, zwany też zespołem nadkobiety albo metakobiety, który występuje raz na tysiąc urodzeń. Dziewczynki posiadające trzy chromosomy X rozwijają się najzupełniej prawidłowo i nie mają żadnych problemów z płodnością. Wyrastają na kobiety o wyjątkowo mocno zaznaczonych trzeciorzędowych cechach płciowych: mają szerokie biodra i obfite piersi.

Znany jest również zespół Klinefeltera, polegający na tym, że osoba, która wygląda jak mężczyzna, posiada dwa chromosomy X i jeden Y. Taka zmiana występuje średnio raz na tysiąc przypadków. Badani charakteryzują się nieco wyższym wzrostem, kobiecą sylwetką, skromnym zarostem i potężnymi zębami trzonowymi. Dojrzewanie płciowe przebiega u nich zazwyczaj w sposób nieprawidłowy, chociaż prącie rozwija się normalnie. O tym, że mają dodatkowy chromosom X, dowiadują się często jako dorośli ludzie, bo większość z nich cierpi na bezpłodność.

Wyliczając dalej: zespół YYX dotyka 0,1 procent populacji. W tym przypadku mamy do czynienia z wysokim wzrostem badanych, ich IQ jest obniżone o 10–15 procent względem rodzeństwa, a poziom agresji nie przekracza przeciętnej. Tacy panowie są zazwyczaj płodni i mają zdrowe, normalne potomstwo. Natomiast raz na trzy tysiące urodzeń na świat przychodzą dzieci posiadające tylko jeden chromosom X. Taka aberracja, nazwana zespołem Turnera, pociąga za sobą niski wzrost, słabo zaznaczone cechy żeńskie i niedorozwój gonad, powodujący w większości przypadków bezpłodność.

Jeśli dodamy do siebie częstość występowania wszystkich wyżej wyliczonych zmian, wyjdzie nam, że w sposób jednoznaczny nie można określić płci 0,04 procent populacji. A to oznacza, że cztery na każdy tysiąc osób, które mijamy codziennie na ulicy, z którymi jedziemy autobusem albo pijemy piwo w pubie, pod względem genetycznym nie zalicza się ani do grupy kobiet, ani do grupy mężczyzn. Poza tak poważnymi zmianami, jak segregacja całych chromosomów, u co setnej osoby zdarzają się mutacje pojedynczych genów odpowiedzialnych za determinację cech płciowych. Jeśli więc zweryfikujemy nasze wcześniejsze obliczenia, okaże się, że aż czternaście na każde sto spotykanych codziennie osób posiada przynajmniej jedną biologiczną cechę płci przeciwnej.

Co więcej, zdarzają się ludzie, u których nie wykrywa się żadnych zmian segregacji chromosomów, natomiast na skutek nieco innego działania systemu hormonalnego występują u nich cechy obu płci. Zjawisko to nazywamy obojnactwem albo hermafrodytyzmem. W takich przypadkach płci noworodka nie można określić na podstawie wyglądu zewnętrznego. O tym czy urodził się chłopiec, czy dziewczynka często arbitralnie decyduje lekarz, chociaż sprawę może rozstrzygnąć jedynie sam zainteresowany, mimo że z przyczyn oczywistych zajmuje mu to przynajmniej kilka lat. Szacuje się, że takie przypadki zdarzają się raz na 1500 urodzeń.

Innym przykładem są genetyczni mężczyźni z syndromem niewrażliwości na androgeny (AIS), którzy rodzą się, wyglądając jak dziewczynki, mimo że mają parę chromosomów XY i ukryte w podbrzuszu jądra. W skrajnych przypadkach badani dojrzewają w sposób typowy dla kobiet, w lżejszych, mogą mieć mocno powiększone łechtaczki, bądź prawie w pełni rozwinięte męskie organy płciowe. Zdarza się, że dziecko, które wcześniej wyglądało na dziewczynkę, w okresie pokwitania okazuje się chłopcem. Osoby z AIS, w zależności od subiektywnego poczucia, mogą identyfikować się zarówno z kobietami, jak i mężczyznami.

W niektórych częściach świata hermafrodytyzm występuje częściej niż gdzie indziej, na przykład na Dominikanie takich ludzi zalicza się do tak zwanej płci trzeciej. Pojęcie trzeciej płci jest głęboko zakorzenione również w innych kręgach kulturowych. Przykładem mogą tu być Hidźra w Indiach, Kathoey w Tajlandii,

Winkte wśród północnoamerykańskich Indian czy słynne dziewice Kanunu, które, przysięgając dochowanie czystości, mocą zwyczajowego prawa albańskiego otrzymują przywileje należne jedynie mężczyznom.

Warto by tutaj dodać, że różnorodność płci jest w naturze zjawiskiem typowym. W kwiatach roślin okrytonasiennych rozwijają się oba rodzaje komórek rozrodczych – zarówno męskie, jak i żeńskie; u ryb, płazów i niektórych gadów sporadycznie zdarza się hermafrodytyzm, istnieją również gatunki, których samice potrafią zmienić się w samców, a samce w samice. Płeć owadów dzielimy na męską, żeńską, obojnaczą i obojętną, a należący do *Protista* śluzowiec ma jej co najmniej trzynaście rodzajów.

Rozumując w kategoriach ściśle biologicznych, na nic zdadzą się również argumenty, według których zdecydowany podział na płcie gwarantuje przeżywalność gatunków. U owadów, roztoczy czy skorupiaków popularnie występuje partenogeneza, czyli dziewodna odmiana rozmnażania, przy której samce są absolutnie zbędne. Co więcej, dziewodnie mogą też rozmnażać się niektóre gatunki ryb, płazów i gadów.

Jak widać, kwestia reprodukcji i rodzajów płci występujących w naturze jest skomplikowana i niełatwo poddaje się klasyfikacjom. W przypadku człowieka jednoznaczny podział na mężczyzn i kobiety wydaje się oczywisty. Istnieje wiele fizycznych różnic, które go determinują. Jeżeli jednak przyjrzeć się im dokładniej, okazuje się, że bywają pozorne. Warto sobie w końcu uświadomić, że nawet w kategoriach czysto biologicznych płeć nie opiera się na prymitywnym systemie zero-jedynkowym, ale jest swoistym *continuum*, w którym każda osoba stanowi wyjątkowy splot cech kobiecych i męskich. Zazwyczaj jedna ze stron przeważa, nie jest to jednak żadną regułą.

Maria M. Pawłowska

KOBIECE I MĘSKIE MÓZGI – CZYLI NEUROSEKSIZM W AKCJI I JEGO SPOŁECZNE KONSEKWENCJE[1]

1. NEUROSEKSIZM – FAKTY I MITY O KOBIECYCH I MĘSKICH MOŻLIWOŚCIACH I MÓZGACH

Przeświadczenie, że istnieją zasadnicze różnice – w tym intelektualne – między kobietami i mężczyznami, nie jest niczym nowym. Podłoże większości tych różnic leży zazwyczaj w odmiennych rolach rozrodczych i w praktyce przekłada się na różne role społeczne. Według powszechnej opinii role te różnią się dlatego, że kobiety i mężczyźni mają nie tylko różne organy i funkcje rozrodcze, ale również – niejako w konsekwencji odmiennych ról rozrodczych – występują między nimi bardzo znaczące różnice w kwestii upodobań, talentów, sposobu myślenia, analizowania, pracowania. W popularnej świadomości koncept ten funkcjonuje w formie hasła „kobiety są z Wenus, a mężczyźni z Marsa"[2].

Zainteresowanie tym, co różni płcie, nie ogranicza się oczywiście do laików i czytelników i czytelniczek popularnych książek psychologicznych. Psychologiczne i intelektualne różnice między płciami są również od co najmniej 40 lat tematem wielu badań

---

[1] Raport został przygotowany na zlecenie Instytutu Spraw Publicznych (http://www.isp.org.pl/).

[2] Zapożyczone z tytułu popularnej książki J. Greya, *Mężczyźni są z Marsa, kobiety z Wenus*, Rebis, Warszawa 2010.

naukowych. Co ciekawe, to właściwie wyłącznie różnice, a nie zbieżności (których *de facto* jest znacznie więcej) przyciągają uwagę naukowców, naukowczyń i mediów; media właśnie są praktycznie jedynym sposobem na szersze spopularyzowanie wyników badań naukowych. Niestety, nauka – łącznie z naukami ścisłymi – nie jest, bynajmniej, tylko i wyłącznie poszukiwaniem jedynej prawdy za pomocą obiektywnych i bezbłędnych metod.

Ogromne znaczenie ma również czynnik ludzki – naukowcy i naukowczynie są urodzeni, wychowani i pracują w kulturze przesiąkniętej seksizmem i, niestety, ma to również wpływ na ich badania. Jest to o tyle szczególnie widoczne w dziedzinie badań neurologicznych i psychologicznych, że seksizm charakteryzujący te dziedziny nauki doczekał się własnej nazwy – neuroseksizm.

Neuroseksizm jest słowem stworzonym przez Cordelię Fine, neurobiolożkę i autorkę przełomowej książki *Delusions of Gender*[3] (w wolnym tłumaczeniu *Omamy płci*), która opisuje zjawisko wykorzystywania i zawłaszczania badań neurobiologicznych na rzecz poparcia seksistowskich stereotypów o możliwościach i talentach intelektualnych kobiet i mężczyzn. Niestety, neuroseksizm nie jest ograniczony do seksistowskich interpretacji badań naukowych przez laików i dziennikarzy, ale obejmuje również dyskryminacyjne (i często również bezzasadne i nienaukowe) założenia i metodologie stworzone przez samych badaczy i badaczki.

Niestety, neuroseksizm nie owocuje tylko publikacją kiepskiej jakości badań naukowych, czytanych wyłącznie przez innych naukowców i naukowczynie. Co bardziej spektakularne (i często zupełnie błędne) wyniki badań są nagłaśniane przez media i „ekspertów", po czym przekładają się na to, co myślimy

---

[3] C. Fine, *Delusions of Gender*, W.W. Norton & Company, New York 2010.

o sobie, swoich dzieciach, jak wychowujemy młodzież, jak pisane są podręczniki – i na wiele innych dziedzin życia.

W tym raporcie zostanie omówione zjawisko neuroseksizmu i jego przejawy w społeczeństwie, ze szczególnym naciskiem na edukację. Po zarysowaniu sytuacji i jej rzekomych podstaw zostaną przedstawione naukowe ustalenia dotyczące mózgów kobiet i mężczyzn, zostanie też wykazane, że nie ma dowodów na potwierdzenie powszechnie panującego stereotypowego myślenia o jakoby odmiennych predyspozycjach kobiet i mężczyzn. Niestety, nasze społeczeństwo i system edukacyjny jest głęboko przesiąknięty neuroseksistowskimi postawami, które mają bardzo realne i negatywne skutki dla polskiego społeczeństwa obywatelskiego, systemu edukacji, nauki, zrównoważonego rozwoju i wzrostu ekonomicznego. Te konsekwencje, z wyszczególnieniem skutków ogólnospołecznych i wychowawczo-edukacyjnych, zostaną omówione wraz z propozycją konkretnych zmian.

2. NEUROSEKSIZM W AKCJI
2.1. Neuroseksistowskie stereotypy w systemie edukacji

Formalny system edukacji ma za zadanie przekazanie uczniom i uczennicom nie tylko wiedzy, ale również pewnych postaw życiowych i społecznych. Niestety, przekaz ten jest pełen dyskryminacyjnych treści[4], które nieprawdziwie różnicują i wartościują umiejętności dziewczynek i chłopców już począwszy od szkoły podstawowej. Przedmiotem, w którym ogniskuje się ten problem, jest wychowanie do życia w rodzinie. Najpopularniejsze

---

[4] *Wielka nieobecna – o edukacji antydyskryminacyjnej w systemie edukacji formalnej w Polsce*, red. M. Abramowicz, Towarzystwo Edukacji Antydyskryminacyjnej, Warszawa 2011.

podręczniki do tego przedmiotu (*Wędrując ku dorosłości, Wychowanie do życia w rodzinie*) mogą posłużyć za dzieła poglądowe na temat neuroseksistowskich stereotypów. Poniżej wybór obrazujących problem fragmentów:

[odrębność psychiczna] ujawnia się już w dzieciństwie, najbardziej podczas zabaw. Kilkuletni chłopcy lubią się bawić np. w wojnę. W tej sytuacji rodzice, choćby wzbraniali się przed kupowaniem zabawek militarnych (pistolety, karabiny), to i tak najczęściej ulegają dziecku i nabywają wymarzony czołg, rakietę czy najzwyklejszy korkowiec. Chłopcy wolą zabawy, w których wykazują się ruchem, siłą i sprawnością. Dlatego gra w piłkę nożną najbardziej im odpowiada. Dziewczynki wolą badmintona lub skakankę. Najchętniej wybierają te zabawy, w których ujawniają się ich cechy macierzyńskie. Zabawa w dom czy szkołę to najbardziej ulubione zajęcia. Niewiele trzeba młodym gospodyniom, zwykłe listki, jarzębina czy kasztany stają się w ich kuchni smakołykami. Potrafią też całymi godzinami czesać, przebierać i kąpać lalki. Robią to z dużą wprawą i zaangażowaniem. Zwykle chętnie pomagają mamom w drobnych pracach domowych, a chłopcy towarzyszą ojcu np. przy naprawianiu roweru[5].

[chłopcy] są bardzo chłonni i szybciej się uczą[6].

Kobiety inaczej niż mężczyźni postrzegają i przeżywają świat. Wiadomo, że mężczyźni są bardziej nastawieni na zdobywanie i współzawodnictwo. Kobiety zaś są bardziej skłonne do

    [5] T. Król i in., *Wędrując ku dorosłości. Wychowanie do życia w rodzinie dla uczniów klas V–VI szkoły podstawowej*, Rubikon, Kraków 1999, s. 34.
    [6] Tamże, s. 38.

współpracy i dawania. Mężczyźni w większym stopniu postrzegają świat zmysłem wzroku, kobiety zaś zmysłem słuchu[7].

[...] cech określających męskość – najczęściej: niezależność, pewność siebie, przedsiębiorczość, dominacja, agresywność, odwaga – i kobiecość [...]: zdolność do poświęcania się, empatia [...], uprzejmość, delikatność, łagodność. Wymienione cechy męskie i kobiece wyznaczają typowe role rodzinne i zawodowe. Wskazują, jakie funkcje w rodzinie powinna pełnić kobieta, a jakie mężczyzna, jakie zawody może wykonywać kobieta, a jakie mężczyzna[8].

Autorzy i autorki tych podręczników nie przytaczają żadnych badań naukowych na potwierdzenie swoich tez. Powołując się jedynie na to, co „wszyscy wiedzą", jasno wskazują młodym ludziom, jakie są ich intelektualne możliwości i ograniczenia i dowodzą, że zawód i role społeczne, jakie będą pełnić, są przede wszystkim uwarunkowane ich płcią, a nie osobniczymi talentami bądź zainteresowaniami. Od najmłodszych lat narzucają dzieciom stereotypy płciowe, według których mężczyźni są zdolnymi przywódcami, a kobiety bezinteresownymi opiekunkami, których ambicje powinny się kończyć na życiu rodzinnym. W kontekście tego raportu szczególnie warto zwrócić uwagę na stwierdzenia o zmysłach: nawet dzieci mogą mieć pewną świadomość, że cechy charakteru i zainteresowania nie muszą być determinowane jedynie płcią, jednak fragmenty mówiące o tym, które zmysły są inaczej rozwinięte u różnych płci pobrzmiewają obiektywną, nieomylną wiedzą biologiczno-neurologiczną. Ta-

---

[7] Tamże, s. 92.
[8] M. Urban, *Wychowanie do życia w rodzinie, Zeszyt ćwiczeń dla gimnazjum, cz. 1,* ŻAK Wydawnictwo Edukacyjne Zofii Dąbkowskiej, Warszawa 2010, s. 28.

kie właśnie powoływanie się na autorytet nauk ścisłych i ich obiektywizm powoduje, że neuroseksizm jest wyjątkowo niebezpieczny – pseudonaukowa otoczka przydaje tym stereotypizującym treściom cech prawdy objawionej. W rezultacie seksizm przekazów medialnych[9], reklamowych[10] i popkulturowych[11] jest wzmacniany przez szkolne nauczanie. Nieprawdziwe stereotypy są wpajane dzieciom i młodzieży jako obiektywna wiedza, bez podania żadnych konkretów bądź choćby niuansów.

2.2. Neuroseksistowskie stereotypy w wychowaniu

Obecnie badanie ultrasonograficzne pozwala poznać płeć dziecka na wiele miesięcy przed narodzinami. Daje to często sporo czasu na zakup „odpowiednich dla płci" ubranek i zabawek. Badania jasno pokazują, że rodzice różnicują to, jak traktują i wychowują nawet kilkumiesięczne dzieci, często są to nieświadome zachowania spowodowane zinternalizowanymi poglądami na temat tego, co jest „naturalne" dla poszczególnej płci. W związku z tym na przykład, zgodnie ze stereotypami o mniejszej sprawności fizycznej dziewczynek i mniejszej uczuciowości chłopców, matki postrzegają swoje kilkumiesięczne córeczki jako mniej fizycznie rozwinięte niż są w rzeczywistości[12], a z kolei chłopcom okazuje się od niemowlęctwa mniej uczuć[13].

---

[9] *Brak misji na wizji i wizji w edukacji. Media publiczne i polityka edukacyjna na rzecz równości płci* [raport], Fundacja Feminoteka, Warszawa 2009.

[10] Między innymi dane Związku Stowarzyszeń Rada Reklamy pokazujące, że wizerunek płci w reklamie jest najczęstszym powodem składania skarg. W 2011 r. na 1054 złożone skargi aż 847 dotyczyło tej kwestii.

[11] A. Levy, *Female Chauvinist Pig,* Free Press, New York 2005.

[12] E.R. Mondschein i in., *Gender bias in mother's expectations about infant crawling,* „Journal of Experimental Child Psychology" 2010, nr 77, s. 304–316.

[13] NIHCD Early Care Research Network 2005, s.125.

Poza bezpośrednimi interakcjami opiekunowie i opiekunki dzieci (rodzice, dziadkowie, przedszkolanki, przedszkolankowie itd.) również wpływają na rozwój dzieci, na przykład przez dobór zabawek. Mimo iż zainteresowanie zabawkami najmłodszych dzieci nie jest w żaden sposób zależnie od płci[14], ich rodzicom często wydaje się inaczej[15] i kupują zabawki przeznaczone dla „odpowiedniej płci". W efekcie dziewczynki często dostają lalki, garnki, skakanki i pluszowe misie, a chłopcy dostają piłki, żołnierzyki i zestawy małego inżyniera. Może się wydawać, iż jest to stosunkowo niegroźny objaw mitów kulturowych, ale niestety ma on daleko idące konsekwencje.

Już dzieci w wieku przedszkolnym rozumieją, które zabawki są „chłopięce", a które „dziewczęce", i że zabawa „nieodpowiednimi" zabawkami może się wiązać z nieprzyjemnymi następstwami. Badania pokazują, że rodzice nie tylko kupują dzieciom stereotypowe zabawki, ale również mniej lub bardziej otwarcie potępiają korzystanie z zabawek „nieodpowiednich płciowo"[16]. Same dzieci, szczególnie chłopcy[17], zaczynają szybko unikać „złych" zabawek, ale robią to dopiero wtedy, kiedy dowiadują się, że są przypisane do innej płci. Przed pójściem do przedszkola chłopcy, na przykład ci, którzy mają siostry, często z upodobaniem bawią się zestawami kuchennymi i lalkami. Co więcej, badania wskazują, że chodząc do przedszkola, często nadal bawią

---

[14] L. Furby, M. Wilke, *Some characteristics of infants' preferred toys*. „Journal of Genetic Psychology" 1982, nr 140, s. 207–219.

[15] G.M.T. Alexander i in., *Sex difference in infants' visual interest in toys*. „Archives of Sexual Behavior" 2008, nr 38, s. 427–433.

[16] H. Lytton, D.M. Romney, *Parents' differential socialization of boys and girls – a meta-analysis*, „Psychological Bulletin" 2010, nr 109, s. 267–296.

[17] T. Ragg, C.L. Rackliff, *Preschoolers' awareness of social expectations of gender: relationships to toy choice*, „Sex Roles" 1998, nr 38, s. 685–700.

się „dziewczyńskimi" zabawkami, kiedy myślą, że nikt o tym nie wie – co zdaje się jasno wskazywać, że dobór zabawek to kwestia nacisków społecznych, a nie „naturalnych" zainteresowań i upodobań[18]. Ponieważ dzieci uczą się głównie przez zabawę, dobór zabawek czy jego ograniczenie może mieć wpływ na rozwój aparatu poznawczego i pewnych możliwości intelektualno- -społecznych.

2.3. Neuroseksistowskie stereotypy w społeczeństwie

„Kobiety są naturalnie bardziej empatyczne", „mężczyźni z natury są lepszymi przywódcami" – to tylko dwa przykłady stereotypów społecznych o neuroseksistowskim podłożu, które wpierane są nam od dziecka, również przez formalny system edukacji. U podstaw tych i niezliczonych innych dyskryminacyjnych stwierdzeń leżą dwa niewypowiedziane założenia. Po pierwsze – że mózgi mężczyzn i kobiet różnią się od siebie w budowie. Po drugie – ta różnica sprawia, że mózgi kobiet i mężczyzn mają odmienne potencjały i możliwości. Z biologicznego punktu widzenia, jak zostanie wykazane w dalszej części tego raportu, oba te założenia są błędne i nie posiadają żadnego oparcia w faktach, ale mają za to konkretne następstwa społeczne i ekonomiczne. Wydaje się, że przeświadczenia o kobiecych talentach i możliwościach ograniczają je zazwyczaj do gorzej płatnych stanowisk, natomiast „męskie" talenty predestynują ich posiadaczy do bardziej prestiżowych zawodów i wyższych płac. Obecnie najbardziej sfeminizowane zawody w Polsce są relatywnie nisko płatne i mało prestiżowe, należą do nich na przykład położne, pracownice domowej opieki

---

[18] L.A. Serbin i in. (1979), *Effects of peer-presence on sex-typing children's play behavior*. „Journal of Experimental Child Psychology" 1979, nr 27, s. 303–309.

osobistej, dietetyczki i żywieniowcy, nauczycielki przedszkoli, pielęgniarki, techniczki analityki medycznej, sekretarki, opiekunki dziecięce, szwaczki, hafciarki i pokrewne, techniczki farmaceutyczne[19]. Według danych GUS-u udział kobiet w tych zawodach wynosi od 94,9 procent do 99,8 procent i żaden z nich nie wiąże się z wysoką płacą bądź prestiżem społecznym.

Z kolei 31 procent pracodawców przyznało, że wolałoby zatrudnić na stanowisko dyrektora mężczyznę, a tylko 6 procent kobietę[20]. Zdaje się, że w rzeczywistości mężczyźni są jeszcze bardziej faworyzowani na wysokich stanowiskach, bo choć kobiety stanowią niemal 52 procent społeczeństwa i są średnio lepiej wykształcone niż mężczyźni, to w zarządach spółek jest ich tylko 30 procent[21]. Niestety, nawet zdobycie wysokiej pozycji w hierarchii zdominowanej przez mężczyzn nie jest równoznaczne z „męskim" poziomem zarobków – według badań, przeciętna dyrektorka zarabia nawet tylko 83 procent tego co mężczyźni na tym samym stanowisku[22].

Przeświadczenia o tym, że kobiety są bardziej empatyczne i emocjonalne, mają mniej ścisłe umysły, są gorsze z matematyki i tak dalej, oznaczają, że są one predestynowane do prac opiekuńczych, związanych z dziećmi, niewymagających ścisłego myślenia, podejmowania trudnych decyzji i zarządzania zespołem. W skrócie, zarobkowa aktywność zawodowa nie powinna się zanadto różnić od tradycyjnych „kobiecych" obowiązków. W konsekwencji kobiety często tkwią w tak zwanych różowych

---

[19] Struktura wynagrodzeń według zawodów, raport GUS-u, Warszawa 2009, s. 74–81.

[20] „Biuletyn Obserwatorium Regionalnych Rynków Pracy KPP" 2009, nr 10, s. 8.

[21] Mercer, *Women in Business – an analysis of gender representation in executive/ management roles across Europe*. Informacja prasowa podana 21/02/2012.

[22] Ogólnopolskie Badania Wynagrodzeń, Sedlak & Sedlak 2011, (streszczenie).

gettach (ang. *pink ghetto*), w których gorzej zarabiają i nie mają możliwości awansu ani rozwoju zawodowego. Mężczyźni natomiast, jako „naturalnie" bardziej zainteresowani i zdolniejsi zarządcy, mechanicy, inżynierowie i tym podobni, nadal zarabiają więcej niż przeciętna kobieta, i to na całym świecie.

Różnice w płacach i trajektoriach zawodowych to tylko jeden z bardzo praktycznych efektów neuroseksizmu, który jest wszechobecny, niestety, również na bardzo wczesnym etapie edukacji dzieci i skutkuje między innymi znacznymi różnicami w wyborze kariery.

3. MÓZG – PŁEĆ A FUNKCJONOWANIE

3.1. Problemy metodologiczne

Badanie różnic między budową i funkcjonowaniem mózgów kobiet i mężczyzn obarczone jest znaczącymi problemami metodologicznymi. Nie jest celem tego raportu ich dogłębne omówienie, ale warto zaznaczyć kilka kwestii, które sprawiają, że wyniki mogą dawać mylące bądź wręcz błędne rezultaty.

1) Brak możliwości dokonywania prawdziwych eksperymentów – ze względów etycznych, na szczęście nie możemy manipulować mózgami ani poziomem hormonów ludzi, w związku z czym nie ma możliwości przeprowadzenia w pełni kontrolowanych eksperymentów, a wszystkie wyniki są, oczywiście, mniej miarodajne.

2) Problemy z doborem próbki badawczej – w związku z brakiem możliwości eksperymentowania, badania na mózgach często są dokonywane na przykład na ludziach ze schorzeniami, które rzadko występują w populacji, lub na mózgach zmarłych. Niestety, nawet wtedy próby eksperymentalne są najczęściej bardzo małe, liczące nie więcej niż kilkanaście mózgów, co w badaniach nad jakimkolwiek innym ssakiem byłoby nie do

zaakceptowania – tak mała próba łączy się bowiem z wysokim ryzykiem wypaczenia wyników.

3) Dodatkowo w związku z tym, że nie ma możliwości przeprowadzenia w pełni kontrolowanych eksperymentów (czyli kontrolowania wszystkich ważnych czynników, jak to się robi w przypadku eksperymentów przeprowadzanych w warunkach laboratoryjnych), często istnieje wiele czynników związanych z trybem życia, genami, środowiskiem i tak dalej, które mogą wpłynąć na wyniki badań, a uwzględnienie ich wpływu w analizie danych jest bardzo trudne, a czasem wręcz niemożliwe.

4) Rozdzielenie tak zwanej natury od wychowania, to jest cech wrodzonych od nabytych, jest niezwykle trudne. Nawet badania na noworodkach i małych dzieciach nie eliminują zupełnie tego problemu, albowiem środowisko prenatalne też ma wpływ na rozwój i zachowanie dzieci.

5) Brak analizy założeń leżących u podstaw wielu badań i wskaźników – jest bardzo niewiele rodzajów zachowań (które stanowią jeden z częstszych tematów badań nad mózgami), które mają jasne i jednoznaczne definicje. Na przykład często badane są „zmaskulinizowane" i „sfeminizowane" zachowania i to, jaki wpływ na nie miały hormony. Jednakże dla jednych naukowców zmaskulinizowane zachowania u ludzi to zabawa samochodzikami, a dla innych agresja fizyczna. *De facto* nie ma twardych dowodów na to, że którekolwiek z tych zachowań jest *stricte* „męskie". W tym kontekście wpływ kultury na samo postrzeganie tematyki badań przez naukowców jest bardzo ważny.

6) Wreszcie skomplikowana natura badanego obiektu – nadal mamy stosunkowo małe pojęcie o tym, jak mózg działa i jakie funkcje sprawują poszczególne jego części. To oczywiście nie

znaczy, że nie powinniśmy go badać, wręcz przeciwnie. Ale powinniśmy być ostrożniejsi z wyciąganiem kategorycznych wniosków, na które możemy nie mieć wystarczających dowodów.

Metodologia badań może się wydawać bardzo nieekscytującym tematem i na pewno nie jest nigdy szczegółowo omawiana w prasowych wzmiankach o kolejnych „przełomowych badaniach" nad ludzkim mózgiem. Jednakże rzetelność wyników badań leży właśnie w metodologii. Warto więc mieć świadomość tego, że wyniki badań zależą od przyjętej metodologii, a ta może być niedoskonała.

3.2. Różnice pomiędzy mózgami kobiet i mężczyzn
3.2.1. Różnice anatomiczne
Istnieje wiele popularnych mitów na temat różnic między mózgami kobiet i mężczyzn, na przykład, że mózgi mężczyzn są bardziej „zlateralizowane", a kobiety mają „lepiej połączone" półkule mózgu, mężczyźni posiadają większy ośrodek odpowiadający za zdolności matematyczne, a kobiety za językowe i tak dalej Co ważne, z tych „faktów" wyciąga się wnioski, które wpływają na codzienne życie kobiet i mężczyzn. W rzeczywistości nie ma żadnych jednoznacznych dowodów naukowych na żadne znaczące funkcjonalne bądź anatomiczne różnice między mózgami kobiet i mężczyzn[23]. Jedyną „znaczącą" różnicę, którą udało się potwierdzić, jest rozbieżność w masie mózgów. Jednakże jest ona proporcjonalna do różnicy masy reszty ciała i nie wydaje

---

[23] R.M. Jordan-Young, *Brainstom. The flaw in the science of sex differences*, Harvard University Press, Cambridge 2010, s. 50–53.

się, żeby miała jakiekolwiek dodatkowe znaczenie[24]. Co więcej nawet najbardziej doświadczony neurolog czy neurolożka nie byłby w stanie odróżnić męskiego mózgu od żeńskiego tylko na podstawie analizy anatomicznej. Po prostu nie ma żadnych cech anatomicznych, które konsekwentnie różnicują mózgi, a masa różni się bardziej między osobnikami niż płciami (większe kobiety mają proporcjonalnie większe mózgi, a mniejsi mężczyźni – mniejsze)[25]. Jedyną, po dziś dzień potwierdzoną, anatomiczną różnicą między mózgami kobiet i mężczyzn jest obszar INAH3, który jest niewielkim zbiorem komórek (ok. 3 mm) (Fig. 1), większym u mężczyzn, a mniejszym u kobiet[26]. Jego dokładna funkcja nie jest znana, ponadto jest on zdecydowanie za mały, żeby być pomocnym przy identyfikacji płci właściciela czy właścicielki mózgu. Wydaje się również absolutnie nieprawdopodobne, żeby mógł być odpowiedzialny za wszystkie różnice, które podobno istnieją między kobiecymi a męskimi mózgami.

Mity na temat różnic między kobiecymi a męskimi mózgami zazwyczaj wywodzą się z pojedynczych badań, których wyników nie udało się zreplikować. Wiele z nich było przeprowadzonych 20–30 lat temu i dotąd nie zostały jednoznacznie potwierdzone, a wielokrotnie je obalano[27], ale te przekazy nie

---

[24] Tamże.

[25] Tamże, s. 49.

[26] W. S. Byne i in., *The intersitial nuclei of the human interior hypothalamus: an investigation of variation with sex, sexual orientation, and HIV status.* „Hormones and Behavior" 2001, nr 40, s.86–92.

[27] I.E. Sommer i in., *Sex differences in handedness, asymmetry of planum temporale and functional language lateralization,* „Brain Research" 2008, nr 1206, s. 76–88; A. Fausto-Sterling, *Myths of Gender: Biological theories about women and men,* Basic Books, New York 1985; A. Fausto-Sterling, *Sexing the body,* Basic Books, New York 2000.

dostawały się ani do opinii publicznej[28], która już wyrobiła sobie zdanie, ani czasem nawet do samych naukowców[29].

Wykres 1. Trójwymiarowa rekonstrukcja jedynej znanej anatomicznej różnicy między mózgami kobiet i mężczyzn

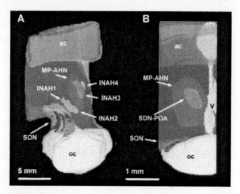

Źródło: W.S. Byne i in., The Interstitial Nuclei of the Human Anterior Hypothalamus: An Investigation of Variation with Sex, Sexual Orientation, and HIV Status, „Hormones and Behavior" 2001, nr 40, s. 86-92.

3.2.1.1. Case study: *Wpływ hormonów płciowych na mózg*
Różnice w relatywnym stężeniu hormonów płciowych (androgenów u mężczyzn i estrogenów u kobiet) są często uważane za jedną z najważniejszych endokrynologicznych i, mówiąc szerzej, biochemicznych różnic między płciami. Naukowcy i naukowczynie dość wcześnie podchwycili pomysł, że zapewne hormony płciowe mają również swój udział w odmiennym kształtowaniu

---

[28] L. Brizendine, *The Female Brian*, Morgan Road Books, New York 2006.
[29] R.A. Lippa, *Gender-related traits of heterosexual and homosexual men and women*. „Archives of Sexual Behavior" 2002, nr 31 (1), s. 83–98.

mózgów kobiet i mężczyzn[30]. Sam termin „hormony płciowe" jest błędny i prowadzi do zafałszowania postrzegania funkcji i znaczenia tych hormonów, również przez naukowczynie i naukowców[31]. Zarówno androgeny (np. testosteron), jak i estrogeny występują u obu płci, a ich funkcje bynajmniej nie kończą się na kwestiach związanych z płciowością, ale również dotyczą tak „uniseksowych" spraw jak kościec[32] czy układ krwionośny[33]. Niemniej testosteron i estrogen funkcjonują w powszechnej świadomości jako hormony płciowe z niemal magicznymi możliwościami kształtowania esencjalistycznych, silnie biologicznie zróżnicowanych cech kobiet i mężczyzn.

Pomimo wielu lat badań po dziś dzień nie udało się znaleźć żadnych jednoznacznych, replikowalnych dowodów na maskulinizujące działania testosteronu (w tym rzekome powiązania tego hormonu z agresywnym zachowaniem) czy feminizujący wpływ estrogenu na budowę czy funkcję mózgu[34]. Co więcej, są badania, trudne do zaakceptowania nawet dla samych naukowców i naukowczyń, które wręcz – zdaje się – pokazują maskulinizujący wpływ estrogenów na mózg[35].

---

[30] C.H. Phoenix i in., *Organizing action of prenatally administered testosterone propionate on the tissues mediating mating behavior in female guinea pigs. „Endocrinology" 1959*, nr 65 (3), s. 93–111.

[31] N. Oudshoorn, *Beyond the Natural Body: An Archeology of Sex Hormones,* Routledge, London 1994.

[32] C. Ohlosson i in., *Endocrine regulation of longitudinal bone growth*, „Acta Paediatrica" 1993, nr 82 (S392), s. 33–40.

[33] E. Carwile, Estrogen and Stroke: A Review of the Current Literature, „Journal of Neuroscience Nursing" 2009, 41 (1): 18–25.

[34] R.M. Jordan-Young, *Brainstorm...*, dz. cyt., s. 65–87.

[35] W. van den Wijngaard, R*einventing the Sexes: The Biomedical Construction of Feminity and Masculinity,* Indiana University Press, Bloomington 1997.

Badanie na osobach interseksualnych, z zaburzoną gospodarką hormonalną, bądź osobach, których matki przyjmowały w ciąży dodatkowe hormony, nie wykazują żadnych jednoznacznych dowodów na jasne powiązania umiejętności i organizacji mózgu (np. męskiego zlateralizowania) z hormonami płciowymi[36]. Z naukowego punktu widzenia, twierdzenia, że testosteron wpływa na rozwój umiejętności matematycznych bądź że estrogen czyni z kobiet lepsze komunikatorki, są absolutnie nieuzasadnione. Nie ma na to po prostu żadnych dowodów, mimo że naukowczynie i naukowcy intensywnie od dziesięcioleci ich szukają, z czego można, być może, wnioskować, że nawet jeśli jakieś istnieją, to nie są znaczące.

3.2.2. Różnice funkcjonalne

Pomimo braku jakichkolwiek znaczących różnic anatomicznych w strukturze mózgu badania nad noworodkami – które w związku z bardzo młodym wiekiem w największym stopniu pozwalają zniwelować skutki późniejszej socjalizacji – pokazują, że są pewne drobne różnice w tempie rozwoju dziewczynek i chłopców[37]. Jednakże są to różnice, które byłyby zupełnie nieznaczące w życiu dzieci, a potem dorosłych, gdyby nie socjalizacja pogłębiająca te różnice. Na przykład powszechnie uważa się, iż w związku z tym, że dziewczynki są „naturalnie" bardziej nastawione na komunikację, to mówią wcześniej, więcej i szybciej rozwijają talenty lingwistyczne. I rzeczywiście badania pokazują, że dziewczynki średnio zaczynają mówić kilka tygodni wcześniej od chłopców[38].

---

[36] R.M. Jordan-Young, *Brainstorm…*, dz. cyt., s. 65–87.

[37] L. Elliot, *Pink Brain, Blue Brain. How small differences grow into troublesome gaps – and what we can do about it,* OneWorld, Oxford 2009.

[38] D.F. Halpern, *Sex Differences in Cognitive Abilities,* Lawrence Erlbaum, Mahwah 2000, s. 93-98.

To znaczy tyle, że na setki czy nawet tysiące przebadanych dzieci występowała ledwie statystycznie znacząca różnica kilkunastu dni między pierwszymi słowami chłopców i dziewczynek (co ciekawe, w takich badaniach „mama" i „dada" zazwyczaj się nie liczą). Jednakże to nie znaczy, że każda dziewczynka zacznie mówić szybciej od każdego chłopca. W praktyce takie mity często mają negatywne skutki dla dzieci nie tylko z powodu zmniejszenia ilości bodźców (rodzice mniej rozmawiają z chłopcami)[39], ale również dlatego, że opóźnienia rozwojowe dzieci nie są dostrzegane i traktowane poważnie, ponieważ na przykład „chłopcy wolniej się rozwijają".

Badania na kilkuletnich dzieciach pokazują, że dziewczynki rzeczywiście mają lepiej rozwinięte umiejętności językowe[40], jednak może to być bardziej powiązane z faktem, iż rodzice, opiekunowie i opiekunki częściej i więcej mówią do dziewczynek aniżeli do chłopców, gdyż postrzegają je jako bardziej „werbalne" i „zainteresowane interakcją"[41].

Analogiczne sytuacje dotyczą niemal wszystkich innych różnic między płciami, począwszy od talentów matematycznych (pomimo stereotypów, aż do poziomu uniwersyteckiego dziewczynki osiągają lepsze wyniki w matematyce niż chłopcy, co znowu prawdopodobnie nie jest efektem ich większych talentów, ale tego, że mówi się im, że są w tym gorsze, więc muszą ciężej pracować, co przynosi takie efekty[42], przez talent do sportu, empatię, kontakty społeczne aż po zainteresowanie seksem. Nauka

---

[39] C. Leaper i in., *Moderators of gender effects on parents' talk to their children: A meta-analysis*, „Developmental Psychology" 1998, nr 34, s. 3–27.

[40] R.M. Jordan-Young (2010), *Brainstorm...*, dz. cyt., s. 65–87.

[41] J.Z. Rubin i in., *The eye of the beholder: parents' view on sex of newborns*, „American Journal of Orthopsychiatry" 1974, nr 44, s. 512–519.

[42] L. Elliot, dz. cyt.

nie była w stanie znaleźć żadnych jednoznacznych dowodów na znaczące wrodzone różnice, które mogłyby odpowiadać za to, że na przykład jest znacznie mniej kobiet na kierunkach inżynierskich, znacznie mniej mężczyzn na kierunkach lingwistycznych, kobiety lepiej się domyślają, co inni ludzie myślą, a mężczyźni lepiej tymi ludźmi zarządzają. Co więcej nie ma pewności, ile tych różnic jest prawdziwych, a ile jest na przykład artefaktami badań, to znaczy wynikiem założeń początkowych i obranych wskaźników danego studium. Jest za to bardzo wiele dowodów na to, że socjalizacja – czyli trwający całe życie proces nabywania systemu wartości, norm oraz wzorów zachowań, który w największym nasileniu występuje, gdy dziecko rozpoczyna życie w społeczeństwie – jest za nie wszystkie do największego stopnia odpowiedzialna[43] Od pierwszych dni życia dziecka rodzice, często nieświadomie, inaczej się obchodzą z chłopcami, a inaczej z dziewczynkami i inaczej je oceniają[44]. Te różnice w wychowaniu i kontaktach z dzieckiem wzmacniają się wraz jego lub jej wiekiem i nie są ograniczone do rodziców, co jest najbardziej znaczącym źródłem różnic między kobietami i mężczyznami.

3.2.2.1 Case study: autyzm jako wynik „skrajnie męskiego ukształtowania mózgu"

Bardzo dobrym przykładem na to, jak stereotypy o płci i neuroseksizm wpływają na naukę i popularne postrzeganie płci, są badania sławnego angielskiego psychologa Simona Baron-Cohena. Zasłynął on badaniami nad autyzmem, na podstawie których dowodzi, iż autystyczni ludzie mają po prostu „skrajnie męskie mózgi". Wbrew powszechnej opinii o tej chorobie autyzm nie jest

---

[43] Tamże.
[44] C. Leaper i in., dz. cyt.

tylko schorzeniem genialnych sawantów, którzy świetnie liczą, ale nie rozumieją emocji. Na jednym końcu spektrum autyzmu są ludzie, którzy w miarę normalnie funkcjonują w społeczeństwie, na drugim zaś osoby, które przez całe życie nie odzywają się ani słowem, nie mogą się sami ubrać ani jeść, a ich rodziny nie mają nawet pojęcia, czy ich poznają[45]. W tym świetle twierdzenie Baron-Cohena, że skrajna maskulinizacja mózgu skutkuje niemożnością wykonywania podstawowych czynności życiowych i nieumiejętnością mówienia, wydaje się co najmniej przesadzona. Ponadto, Baron-Cohen twierdzi, że różnice w funkcjonowaniu męskich i kobiecych mózgów są odpowiedzialne za to, że kobiety na przykład wiedzą, o czym myśli ich partner, ale też nie było ani jednej laureatki przyznawanej od 77 lat Nagrody Fieldsa ("Nobel" z matematyki).

Jednakże metodologia i założenia badań Baron-Cohena wzbudzają wątpliwości. W celu przeanalizowania tego, jak ludzie, zwłaszcza ludzie z autyzmem, postrzegają świat, podzielił on ludzi na empatyzujących ("kobiecy" sposób myślenia) i systematyzujących ("męski" sposób myślenia)[46]. Już sama klasyfikacja jest wyrazem głęboko zakorzenionych stereotypów – istnieje wiele badań, które obalają te mity o kobiecych i męskich zdolnościach, a mimo to Baron-Cohen uporczywie je stosuje. Bardziej szczegółowe przyjrzenie się kwestionariuszom mającym wykazać, czy dana osoba ma systematyzujący mózg, pokazuje, że wprawdzie niektóre pytania rzeczywiście wiążą się z chęcią poznania i zrozumienia świata, którą Baron-Cohen przypisuje mężczyznom (np. "potrafi łatwo zrozumieć, jak obsługiwać odtwarzacz DVD"),

---

[45] 40 A. Solomon, *Far From the Tree: Parents, Children and the Search for Identity*, Scribner, New York 2012, s. 221-295.

[46] S. Baron-Cohen, *The Essential Difference: Male And Female Brains And The Truth About Autism*, Basic Books, New York 2004.

ale inne – zdaje się – mają z tym niewiele wspólnego (np. „czy dziecku przeszkadza bałagan w domu"). Dodatkowo większość danych zbieranych jest za pośrednictwem kwestionariuszy, mimo że pokazano, że wielu ludzi wypełnia nawet anonimowe kwestionariusze nieszczerze, lecz w zgodzie z oczekiwaniami (kobiety np. mogą podawać się za bardziej „empatyczne" niż są, żeby pasować do stereotypu)[47].

Co jeszcze bardziej niepokojące, jedno z najważniejszych badań opublikowanych przez Baron-Cohena i współpracowniczki[48], które po dziś dzień cytowane jest w niemal wszystkich publikacjach o różnicach między płciami, dowodzące jakoby, że już w niemowlęctwie można zaobserwować znaczne różnice między upodobaniami chłopców i dziewcząt, ma poważne błędy metodologiczne. Pomimo wielu prób nie udało się zreplikować jego wyników; co więcej, późniejsze badania im zaprzeczają[49].

Jednakże najbardziej niepokojące w badaniach Baron-Cohena są końcowe wnioski i społeczne efekty. Wykorzystuje on bowiem naukowo nieudowodnione, słabo zdefiniowane i seksistowskie klasyfikacje do płciowego stratyfikowania społeczeństwa. Mimo że brak dowodów na to, że kobieca „empatia" i „intuicja" rzeczywiście istnieją[50], a talenty matematyczne i naukowe na pewno nie są wyłączną domeną mężczyzn i brak kobiet w wielu dziedzinach nauki dużo prościej wytłumaczyć historycznym

---

[47] M.G. Alexander & T. D. Fisher, *Truth and consequences: Using the bogus pipeline to examine sex differences in self-reported sexuality*, „Journal of Sex Research" 2010, nr 40 (1), s. 27–35.

[48] J.S. Connellan i in., *Sex differences in human neonatal social perception*, „Infant Behavior and Development" 2010, nr 23, s. 113–118.

[49] E.S. Spelke, *Sex differences in intrinsic aptitude for mathematics and science? A critical review*. „American Psychologist" 2005, nr 60 (9), s. 950–958.

[50] A.J. Hall, *Gender effects in decoding nonverbal cues*, „Psychological Bulletin" 1978, nr 85, s. 845-857.

i społecznym wykluczeniem, to Baron-Cohen z uporem od lat próbuje, z niską skutecznością, ale przy poklasku mediów, dowieść zasadniczych różnic między mózgami kobiet i mężczyzn, a jego badania są wykorzystywane jako wytłumaczenie dla strukturalnego seksizmu i wykluczenia kobiet.

4. NEUROSEKSIZM: KONSEKWENCJE

Nauka nie istnieje w społecznej próżni. Kiedy w 2005 roku Larry Summers, wówczas rektor Uniwersytetu Harvarda, powiedział, że kobiety „z natury" gorzej się nadają do nauk ścisłych, powołał się właśnie na badania Simona Baron-Cohena. Niestety, chociaż opinia publiczna była do pewnego stopnia zaznajomiona z badaniami Baron-Cohena, to nikt, poza wąskim gronem ekspertów i ekspertek, nie zdawał sobie sprawy z ich dyskusyjności. W świat poszła informacja, że najważniejszy człowiek na najważniejszym uniwersytecie na świecie potwierdza to, co „wszyscy wiedzą od dawna", że kobiety są z natury mniej zdolne w pewnych dziedzinach i raczej powinny się od nich trzymać z daleka. Co charakterystyczne, wypowiedź ta padła w momencie, kiedy w Ameryce jest więcej studentów niż studentek, a odsetek kobiet studiujących na wydziałach technicznych i ścisłych jest bezprecedensowo wysoki.

Chociaż nie ma żadnych solidnych badań, które by jednoznacznie i konsekwentnie pokazywały, że są znaczące wrodzone różnice między możliwościami intelektualnymi kobiet i mężczyzn, to nagłaśnianie tych niewielu dyskusyjnych wyników, które mają je potwierdzać, wzmacnia funkcjonujące już szkodliwe stereotypy.

Konsekwencje neuroseksistowskich badań i ich popularyzacji w mediach, poradnikach i podręcznikach są odczuwalne przez większość ludzi żyjących w krajach rozwiniętych, gdzie otwarty seksizm jest już często przynajmniej pozornie nietolerowany, trzeba więc stare dyskryminacyjne postawy podeprzeć nowymi badaniami naukowymi. Polska oczywiście nie jest tu żadnym wyjątkiem.

W tej części raportu przedstawię skutki neuroseksizmu, przywołując polskie i zagraniczne badania i realia.

4.1. Konsekwencje wychowawcze

Badania wykazują, że chłopcy i dziewczynki są odmiennie wychowywane nie tylko z powodu stereotypów płciowych ("dziewczynki są grzeczniejsze", "chłopcy powinni móc się wyszaleć"), lecz także z powodu często nieświadomych neuroseksistowskich przekonań rodziców, opiekunów i opiekunek.

Dobór zabawek, o którym wspomniano wcześniej, jest jaskrawym tego przykładem i może mieć poważne konsekwencje życiowe. Rodzice mają często stereotypowe przekonania, świadome bądź nie, o zainteresowaniach i odpowiednich zabawkach dla najmłodszych nawet dzieci. Autorka sama była świadkiem, kiedy 10-miesięcznej dziewczynce wyjęto z ręki książeczkę o samochodach, mówiąc, że jest to bardziej odpowiednie dla jej braciszka. W konsekwencji dziewczynki od małego są otaczane lalkami, domkami i misiami. Skutkuje to rozwijaniem umiejętności językowych, interakcji społecznych i dbania o innych[51]. Z kolei chłopcy, którym kupuje się zupełnie inne zabawki, często bardziej rozwijają się ruchowo i są bardziej zachęcani do rozwijania myślenia abstrakcyjnego i technicznego[52]. Podejrzewa się wręcz, że część wyników wskazujących, że chłopcy lepiej niż dziewczynki radzą sobie z mentalnym obrotem przedmiotów trójwymiarowych, wynika z tego,

---

[51] L. Elliot, *Pink Brain, Blue Brain…*, dz. cyt., s. 136.
[52] Tamże.

iż częściej grają w piłkę[53]. A piłka nożna bądź popularny w USA futbol amerykański to nic innego jak wyrabianie w sobie intuicji, jak i gdzie obracać trójwymiarowym przedmiotem.

Często spotykanym argumentem na rzecz podtrzymania stereotypowego podziału zabawek jest stwierdzenie, że dzieci nie chcą się bawić zabawkami wiązanymi z przeciwną płcią, na przykład dziewczynki samochodzikami. Jednakże, jak pokazują doświadczenia co najmniej jednej rodziny, wychowanie dziecka w neutralny płciowo sposób to niesamowicie ciężkie i czaso-chłonne wyzwanie wymagające cenzurowania niemal wszyst-kich aspektów kultury, z którymi dziecko się styka. Czterdzie-ści lat temu dwójka socjologów postanowiła wychować swoje dzieci w pełni płciowo neutralnym środowisku. Wymagało to od nich między innymi dorysowywania spódniczek albo spodni postaciom w książce (np. żeby nie wszyscy murarze byli męż-czyznami), ścisłej kontroli tego, co dzieci oglądają, wyelimino-wania kontaktu z reklamami (które są absolutnie przesiąknięte stereotypami). Co więcej, czytając im książeczki, zamieniali za-imki osobowe, zachęcali też do czesania się i ubierania zgodnie z własnymi upodobaniami, a nie z tym, „co jest odpowiednie"[54]. Ten eksperyment jasno pokazał, że chociażby rodzice chcieli wie-rzyć, że są dla swoich dzieci głównym źródłem wiedzy o świecie (przynajmniej do pewnego momentu), to wzorce przemycane w książkach, filmach i reklamach mają na dzieci bardzo znaczący wpływ. Tak więc dziewczynka, która się nie chce bawić samocho-dzikami, wcale nie musi się nie chcieć nimi bawić „z natury", ale dlatego, że reklamy, książeczki i zapewne również wychowaw-

---

[53] S. Ozel i in., *Relation between sport and spatial imagery: Comparison of three groups of participants*, „Journal of Psychology" 2004, nr 138, s. 49–63.
[54] S.L. Bem, *An unconventional family*, Yale University Press, New Haven 1998.

czynie w przedszkolu dają jej jasno do zrozumienia, że to nie jest coś, co dziewczynki robią.

W świecie, w którym wszystko: od toalet, przez drużyny sportowe, po kolory ubrań i role społeczne, jest podzielone ze względu na płeć, określenie, do której z nich się należy, jest dla dziecka bardzo ważnym czynnikiem kształtującym świadomość i tożsamość społeczną. Pisząc o tym w *Delusions of Gender,* Cordelia Fine przytacza pomocny eksperyment myślowy. Proszę sobie wyobrazić, że żyjemy w świecie, w którym wiemy, czy dziecko będzie praworęczne czy leworęczne od narodzin. Praworęczne ubieramy w niebieskie ubranka w samochodziki i rakiety (ale przenigdy kwiatki!), a leworęczne w różowe ubranka w serduszka i motylki (ale nigdy pojazdy), następnie dzielimy sale zabaw na kąciki z zabawkami dla lewo- i praworęcznych, tworzymy dla nich oddzielne drużyny sportowe, przypisujemy im oddzielne toalety, nauczycielki w przedszkolu witają je, mówiąc „dzień dobry praworęczni i leworęczni", a dzieci słyszą, jak ciężarne kobiety rozmawiają między sobą, „czy tym razem masz nadzieję na praworęczne?", a z kolei ojcowie mogą się chwalić, iż „jak na praworęczne dziecko to jest zaskakująco dobre w rysowaniu"[55]. Przykłady pokazujące, jak patrzymy na niemal wszystkie aspekty życia przez pryzmat płci, można by mnożyć. Ważne jest, by od najmłodszych lat nie zawężało to sztucznie zainteresowań i możliwości najmłodszych, którzy jeszcze wtedy mają wrażenie, że nieodstawanie od grupy jest absolutnym priorytetem.

4.2. Konsekwencje edukacyjne

Konsekwencje neuroseksizmu są najbardziej widoczne na polu edukacyjnym. Przekonanie większości społeczeństwa – w tym

---

[55] C. Fine, *Delusions…*, dz. cyt., s. 210.

pracowników i pracowniczek oświaty – o możliwościach intelektualnych lub ich braku zależnie od płci przekłada się na samoocenę studentek i studentów, a także ich wyniki w nauce.

Badania pokazują, że studentki, którym dano do przeczytania artykuł o mniejszym talencie kobiet do nauk ścisłych, mają tendencję do odwracania się od identyfikacji z kobiecością. W praktyce często wyraża się to tym, że kobiety, które chcą być traktowane poważnie, naśladują mężczyzn, żeby dodać sobie powagi: ubierają się i zachowują jak mężczyźni i używają męskich form językowych[56]. Pomimo to aż jedna czwarta kobiet pracujących w nauce i inżynierii ma poczucie, że ich współpracownicy oceniają je jako gorsze i mniej zdolne, ponieważ są kobietami[57].

Jednakże, kiedy usunie się tak zwane zagrożenie stereotypem, czyli lęk przejawiany przez przedstawicielkę stereotypizowanej grupy przed potwierdzeniem się stereotypu, kobiety osiągają bardzo dobre wyniki. Jest wiele badań, które pokazują, że w takich warunkach kobiety osiągają wyniki nie tylko lepsze od przeciętnych kobiet, lecz także od przeciętnych mężczyzn, w tym w matematyce i przedmiotach ścisłych[58]. Z kolei, kiedy przedstawia się kobietom „naukowe dowody", iż mężczyźni są lepsi, na przykład w matematyce, automatycznie pogarsza to ich wyniki. Po przeczytaniu tych samych tekstów dowodzących ich wyższości, mężczyźni odznaczają się bardziej biologicznie

---

[56] E. Pronin i in., *Identity bifurcation in response to stereotype threat: women and mathematics*, „Journal of Experimental Social Psychology" 2005, nr 40, s. 152–168.

[57] S.A. Hewlet i in., *The Athena Factor: Reversing the Brain Drain in Science, Engineering, and Technology*, „Harvard Business Review" 2008.

[58] G.M. Walton & S.J. Spencer, *Latent ability: grades and test scores systematically underestimated the intellectual ability of negatively stereotyped students*, „Psychological Science" 2009, nr 20(9), s. 1132–39.

esencjalistycznym podejściem do różnic płciowych i większym przyzwoleniem na seksizm[59].

Do opinii publicznej docierają prawie wyłącznie te badania, które cementują stereotypy płciowe – podczas gdy wyniki, które im przeczą i które zazwyczaj są robione na większych próbkach, bardziej dokładnie bądź są metaanalizami, nie dostają się do mediów. Ta sytuacja stała się na tyle problematyczna, że zaczęto ją rozważać z etycznego punktu widzenia[60]. Oczywiście nie chodzi o ograniczenie wolności nauki, ale raczej o uzmysłowienie sobie fatalnych skutków, jakie mogą za sobą pociągać źle przeprowadzone, zinterpretowane bądź opisane badania[61]. Jest to tym bardziej znaczące, że jest coraz więcej dowodów na to, że u podłoża wykluczenia kobiet z nauki leżą stereotypy społeczne i zaszłości historyczne, a nie ich możliwości bądź zainteresowania[62].

Polska jest na to bardzo dobrym przykładem. Pomimo tradycyjnie niskiej liczby kobiet na polskich uczelniach technicznych, pięć lat akcji „Dziewczyny na politechniki" sprawiło, że kobiety, stanowiące w roku akademickim 2006/2007 mniej niż jedną czwartą osób studiujących na uczelniach technicznych, dziś stanowią ponad jedną trzecią[63] (por. wykres 2). W sumie na polskich uczelniach technicznych studiuje obecnie o 17 000

---

[59] I. Dar-Nimrod & S.J. Heine, *Exposure to scientific theories affects women's math performance*, „Science" 2006, nr 314(5798), s. 435.

[60] C. Fine, *Will working mothers' brains explode? The popular new genre of neursexism*, „Neuroethics" 2008, nr 1(1), s. 69–72.

[61] T.A. Morton i in., *Theorizing gender in the face of social change: Is there anything essential about essentialism?*, „Journal of Personality and Social Psychology" 2009, nr 27(6), s. 823–838.

[62] S.J. Ceci i in., *Women's underrepresentations in science: Sociocultural and biological considerations*, „Psychological Bulletin" 2009, nr 135(2), s. 218–261.

[63] Fundacja Edukacyjna Perspektywy, Raport *Dziewczyny na politechniki* 2012.

więcej kobiet niż w roku akademickim 2006/2007. Ten wynik nie jest efektem gwałtownego poprawienia się zdolności matematycznych kobiet, ale aktywnego przeciwdziałania neuroseksistowskim stereotypom. Kiedy dziewczynom zaczyna się jasno i wyraźnie mówić, że ich miejsce jest również na politechnikach, efekty są, jak widać, dość spektakularne. Gdyby nie lata systemowego neuroseksizmu, również w formalnym systemie edukacji, wmawiającego dziewczynkom i kobietom, że odstają od chłopców w zakresie nauk ścisłych, taka akcja nie byłaby potrzebna[64].

Wykres 2. Studentki i studenci na polskich uczelniach technicznych i uniwersytetach

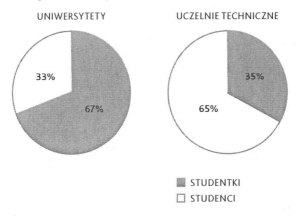

UNIWERSYTETY   UCZELNIE TECHNICZNE

33%
67%

35%
65%

▨ STUDENTKI
☐ STUDENCI

Źródło: Główny Urząd Statystyczny „Szkoły wyższe i ich finanse" 2006 – 2010

---

[64] P. Sapienza i in., *Culture, Math and Gender*, „Science" 2008, nr 320(5880), s. 1164–1165.

4.3. Konsekwencje społeczne

Dzieciom i młodzieży od najmłodszych lat wpajane jest istnienie „naturalnych" różnic intelektualnych i emocjonalnych między płciami. Internalizacja tych przekonań ma poważne konsekwencje społeczne, które uwidaczniają się nie tylko w sferze zawodowej i edukacyjnej.

Przykłady można by mnożyć, ale szczególnie znaczące w codziennym życiu wydaje się przekonanie o „naturalnej" empatyczności i emocjonalności kobiet, przeciwstawiane chłodnemu, intelektualnemu podejściu mężczyzn. Narzuca to odmienne oczekiwania i modele socjalizacyjne dziewcząt i chłopców, jak również relatywnie sztywne ramy społecznego funkcjonowania.

Chłopcy i mężczyźni mają nie okazywać emocji, ponieważ to jest „babskie" i uchodzi za wyraz słabości. Jedyne emocje, na które jest społeczne przyzwolenie, to agresja i pożądanie, czyli zachowania „męskie" i „motywowane testosteronem". W konsekwencji chłopcy i mężczyźni wychowywani są do bycia „twardzielami", osobami, które zarabiają na dom, płodzą i trzymają w ryzach potomstwo, ale mają raczej ograniczoną z nimi więź emocjonalną.

„Naturalna emocjonalność" kobiet z kolei zrzuca na nie ogromną większość „pracy emocjonalnej" w związku i rodzinie. Poza „fizycznymi" obowiązkami, związanymi z dbaniem o rodzinę i dom, które niezmiennie są obowiązkami „kobiecymi" (według najnowszych badań Polki nadal spędzają znacznie więcej czasu na nieodpłatnej pracy domowej)[65], na kobiety zrzucany jest też praktycznie cały ciężar pracy emocjonalnej i mentalnej, między innymi dbania o dobre samopoczucie członków i członkiń rodziny, pamiętanie o wszelkich uroczystościach, zakupach,

---

[65] GfK Polonia, *Time Budget Survey 2013*.

potrzebach, planowanie posiłków i tak dalej[66]. Naturalna „emocjonalność" kobiet jakoby lepiej wyposaża je w umiejętności do podejmowania tego rodzaju obowiązków, kiedy, jak już wiemy, nie udowodniono, by hormony czy właściwa dla płci budowa mózgu w jakikolwiek sposób predestynowała do czegokolwiek kobiety bądź mężczyzn.

Wątkiem związanym z głównym tematem, na którego dogłębne omówienie nie ma tu miejsca, ale warto o nim wspomnieć, jest stopień, do którego w skali społecznej stawia się znak równości między kobietą a matką. Uważa się, że w momencie zajścia w ciążę, a już na pewno po urodzeniu dziecka, biologiczne wyposażenie kobiety (w tym niemal mityczna oksytocyna) robi z niej istotę zupełnie skupioną i „naturalnie" wiedzącą, co czynić z małym, dopiero co narodzonym człowiekiem. W rzeczywistości nie udowodniono nigdy istnienia u ludzi czegoś takiego jak „instynkt macierzyński". Mężczyźni też przechodzą zmiany hormonalne w czasie kontaktu z niemowlęciem i nie muszą być biologicznymi ojcami, żeby te zmiany zaistniały. Dziś już naukowcy powszechnie uznają, że opieki nad dzieckiem trzeba się po prostu nauczyć tak jak czytania, pisania i chodzenia[67]. W tym wypadku jednak wiedza naukowa bardzo wolno przesiąka do opinii publicznej i przed matkami nadal stawia się niesamowicie wygórowane wymagania (w tym emocjonalne i psychiczne), przy czym zapewnia im się minimum albo żadnego wsparcia, tłumacząc to „naturalnością macierzyństwa".

Jednym ze skutków tego braku wsparcia jest stosunkowo wysoka częstotliwość występowania depresji poporodowej

---

[66] R. Asher, *Shattered: Modern Motherhood and the Illusion of Equality*, Harvill Secker, London 2011.

[67] S. Blaffer Hrdy, *Mothers and Others: The Evolutionary Origins of Mutual Understanding*, Belknap Press, Cambridge 2009.

w Polsce, nie ma dokładnych badań, ale dostępne dane sugerują, że dotyczy to nawet 10–30 procent matek[68]. Zresztą depresja poporodowa jest kolejną sytuacją, za której zaistnienie obwinia się najczęściej hormony, mimo że brak na to jakichkolwiek dowodów naukowych, a z wielu badań wynika, że nie poziom hormonów jest ważny, a raczej dostępne usługi zdrowia psychicznego i wsparcie społeczne i rodzinne[69]. Jednak łatwiej zrzucić winę na hormony matki niż uwierzyć w seksistowskie społeczne nastawienie i je zwalczać.

5. PRZECIWDZIAŁANIE WCZESNEJ STEREOTYPIZACJI I JEJ SKUTKOM

Mimo że skutki neuroseksizmu i wczesnej stereotypizacji są bez wątpienia szkodliwe, to istnieją na szczęście skuteczne i sprawdzone metody przeciwdziałania im. Poniżej zostanie omówionych pokrótce kilka z nich.

1. **Zmiany sposobu komunikowania się nauczycieli i nauczycielek z uczniami i uczennicami**. Badania pokazują, że dziewczynki często tracą zainteresowanie matematyką w trakcie nauki, ponieważ nauczyciele i nauczycielki tego przedmiotu konsekwentnie zwracają się dużo częściej do chłopców niż do dziewcząt. Co więcej, kiedy uczennica prosi o pomoc, to prowadzący (prowadząca) lekcje zazwyczaj rozwiązuje za nią zadania, zakładając, że dziewczynka nauczy się przez obserwację. Chłopcom z kolei krok po kroku tłumaczy, jak roz-

---

[68] A. Reroń i in., *Ocena częstotliwości występowania depresji poporodowej*, „Ginekologiczna Praktyka" 2004, nr 12(3), s. 32–35.

[69] Royal College of Psychiatrists, *Postnatal Depression (PND): key facts* (dostępne na: http://www.rcpsych.ac.uk/expertadvice/problems/postnatalmentalhealth/pnd-keyfacts.aspx), (dostęp: 12.03.1013).

wiązać zadanie[70]. Odpowiednie szkolenia dla osób uczących w szkołach zwracające im uwagę na własne, nieświadomie zinternalizowane stereotypy oraz na metody przeciwdziałające temu zjawisku byłyby skutecznym sposobem na polepszenie uczestnictwa dziewcząt w zajęciach z matematyki i nauk ścisłych.

2. **Pokazywanie, że sukcesy matematyczne i naukowe są efektem wysiłku, a nie tylko talentu.** Badania pokazują, że w związku z głęboko zinternalizowanym przekonaniem dziewcząt, iż mniej się nadają do matematyki i przedmiotów ścisłych, podkreślanie i chwalenie roli wysiłku zainwestowanego w wykonanie zadania, a nie tylko osiągnięcia prawidłowego wyniku, zachęca dziewczęta do pracy[71].

3. **Akcje zachęcające do nauki matematyki i przedmiotów ścisłych skierowane bezpośrednio do dziewcząt.** Doświadczenie zarówno polskie (akcja „Dziewczyny na politechniki!"), jak i zagraniczne (akcja amerykańskiego Centre for Education in Mathematics and Computing Think about Math!) pokazują, że akcje kierowane do dziewcząt pokazujące im, że mogą realizować swój potencjał również w dziedzinach, które tradycyjne nie są kojarzone jako „dziewczyńskie", odnoszą spektakularne sukcesy. Dzięki zapraszaniu na uczelnie, a w szczególności poznaniu kobiet tam pracujących czy uczących się oraz aktywnemu zachęcaniu do ubiegania się o przyjęcie na studia, dziewczęta i młode kobiety mogą zobaczyć, że tam również

---

[70] S. Tobias, *They're not dumb, they're different: Stalking the second tier*, AZ: Research Corporation, Tucson 1989.

[71] C.S. Dweck, „Is math a gift? Beliefs that put females at risk", [w:] S.J. Ceci & W.M. Williams (red.), *Why aren't more women in science? Top researchers debate the evidence*, DC: American Psychological Association, Washington 2007, s. 47–56.

„jest ich miejsce"[72]. W konsekwencji zmniejsza się dysproporcja między kobietami i mężczyznami z wykształceniem technicznym; to właśnie wykształcenie jest jednym z najpewniejszych sposobów na znalezienie dobrze płatnej pracy.

4. **Eliminowanie stereotypów i seksizmu z materiałów edukacyjnych i szkół**. Obecnie polskie szkoły i materiały edukacyjne w nich stosowane (w tym podręczniki) przesiąknięte są seksistowskimi poglądami. Kobiety pokazywane są niemal wyłącznie jako matki i opiekunki, czasami pielęgniarki i nauczycielki, a mężczyźni wyłącznie jako osoby aktywne zawodowo na prestiżowych stanowiskach[73]. Jak już wspomniano, konkretne treści podręczników omawiające możliwości dziewcząt i chłopców są nie tylko zupełnie naukowo błędne, ale również zniechęcające dziewczęta do aktywności i rozwijania ambicji intelektualnych. Ponadto dziewczęta są właściwie niewidoczne w sferze czysto językowej. Wszystkie zadania i polecenia są skierowane wyłącznie do „uczniów" zamiast „uczniów i uczennic". Wykluczenie i stereotypizowanie na tych wszystkich poziomach wzmocnione jest przekazem wychowawczym i pozaedukacyjnym. Szkolne uroczystości i gale wychwalają męskich bohaterów historii polskiej, a Dzień Kobiet (kiedy dostaje się kwiatek) i Dzień Matki (z jego nieodzownym naciskiem na rolę rodzinną kobiety) są właściwie jedynymi okazjami, przy których wspominane są kobiety. Jednym z niewielu miejsc, gdzie dziewczęta są obecne w sferze językowej w szkole, jest statut... Ale tylko we fragmencie mówiącym o ubiorze. Reszta dokumentu jest

---

[72] D.M. Marx, J.S. Roman, *Female role models: Protecting women's math test performance*, „Personality and Social Psychology Bulletin" 2002, nr 28(9), s. 1183–1193.

[73] *Wielka nieobecna...*, dz. cyt., s. 144–152.

zazwyczaj skierowana do „uczniów", natomiast „uczennice" wspomniane są dopiero, kiedy pisze się o roli „przyzwoitego", „nierozpraszającego" ubioru[74]. Tak więc nawet w miejscu, w którym przebywa się, aby, przynajmniej teoretycznie, wzbogacać wiedzę i ćwiczyć umysł, dziewczęta są postrzegane i dostrzegane przez pryzmat swojego ciała i seksualności, którą należy „okiełznać".

5. **Włączenie w programy edukacji szkolnej wiedzy o naukowczyniach i bohaterkach historycznych, które nie tylko były czyimiś żonami lub matkami.** Obecnie polskie podręczniki wspominają o kobietach niemal wyłącznie w kontekście ich dzieci lub mężów. Dwoma wyjątkami są Maria Skłodowska--Curie i Joanna D'Arc. Jednakże kobiecych postaci, o których można by opowiadać, nie brakuje, tak w historii świata, jak i historii nauki. Owszem, kobiety były (i nadal do pewnego stopnia, niestety, są) systemowo wykluczane, ale nie wszystkie to powstrzymało. Są matematyczki, filozofki, poetki, bojowniczki o wolność i wiele innych postaci, o których można by mówić, gdyby nie postrzegano historii wyłącznie przez pryzmat jej męskich uczestników. Co więcej, kiedy kobiety są już wspominane, ich motywacje są tłumaczone przez względy uczuciowe i rodzinne, a nie polityczne[75]. Wszelkie wojny, zamachy, układy i tak dalej, za którymi stały królowe, są niemal bez wyjątku tłumaczone ich matczyną troską o dobro dzieci. Pokazanie pełniejszej i bardziej złożonej historii świata i nauki, który nie wyklucza uczestniczek i nie skupia całej uwagi na uczestnikach, pokazałoby i chłopcom, i dziewczętom, że

---

[74] M. Konarzewska, Wystąpienie na Kongresie Kobiet w Warszawie na sesji plenarnej w dniu 14.09.2012.

[75] A. Pieniądz, *Macierzyństwo jako doświadczenie władzy w społeczeństwach karolińskiej i pokarolińskiej Europy*, Referat na Konferencji „Płeć i Władza", Gniezno 2012.

kobiety miały znaczenie w przeszłości, tym bardziej teraz powinny je mieć.

6. **Zróżnicowanie kadry wychowawczej w przedszkolach i szkołach.** Osobami uczącymi najmłodsze dzieci, w przedszkolach oraz w szkołach podstawowych, są niemal wyłącznie kobiety. Natomiast na uniwersytetach na większości wydziałów zdecydowanie przeważają wykładowcy, szczególnie wśród profesorów. Taka struktura zatrudnienia idzie również w parze z zarobkami. Tak jasny podział stanowi dla dzieci i młodzieży od najmłodszych lat jasny sygnał o znaczeniu ról kobiet i mężczyzn w edukacji w zależności od stopnia jej zaawansowania. Co więcej podświadome postawy i lęki, szczególnie nauczycielek wychowania początkowego, przechodzą często na uczennice, które na przykład również zaczynają wątpić w swoje możliwości matematyczne[76]. Oczywiście nie chodzi o obwinianie nauczycielek, które również są ofiarami seksistowskiego systemu, ale uzupełnianie środowiska dzieci o inne osoby – w tym mężczyzn – które wzbogacałyby dostępne dzieciom wzorce zachowań i pokazywałyby, że mężczyźni również „nadają się" do opieki nad małymi dziećmi, i zapewnienie odpowiedniego wsparcia kadrze nauczycielskiej.

7. **Uczulenie rodziców, opiekunów i opiekunek oraz mediów na szkodliwość propagowanych stereotypów i ich negatywne, długotrwałe skutki.** Jest to być może najważniejszy i najtrudniejszy punkt tych rekomendacji. Uświadomienie rodzicom, opiekunkom i opiekunom, że ich często nieprzemyślane, a nawet niemające negatywnego przesłania wypowiedzi o tym, co chłopcy i dziewczynki mogą i powinni, w sprzężeniu

---

[76] S.L. Beilock i in., *Female teachers' math anxiety affects girls' math achievement*, „PNAS" 2010, nr 107(5), s. 1860–1863.

z doborem lektur, bajek i zabawek, mogą mieć długotrwały wpływ na rozwój dziecka i jego lub jej własne postrzeganie siebie i swoich ograniczeń[77]. Media są dla większości ludzi głównym źródłem wiedzy na temat badań naukowych. Zdając sobie sprawę, iż realizacja prośby o wyeliminowanie wszelkich seksistowskich stereotypów jest (na razie) nierealna, zwracam przynajmniej uwagę na sposób, w jaki opisywane są badania o różnicach, zwłaszcza intelektualnych i emocjonalnych, między kobietami i mężczyznami. W związku ze znaczącym oddziaływaniem takich badań warto przy ich opisywaniu zwrócić szczególną uwagę na metodologię, wyniki i próbkę badawczą oraz zastanowić się, na ile jest to sensacja bez dostatecznego potwierdzenia w faktach, która może realnie wpłynąć na pogorszenie na przykład mniemania kobiet o własnych możliwościach intelektualnych, a na ile rzetelna nauka.

Serdecznie dziękuję profesor Monice Płatek, doktorowi Jakubowi Szamałkowi i Krzysztofowi Pawłowskiemu za ich uwagi i sugestie.

---

[77] C. Steele, *Whistling Vivaldi. How stereotypes affect us and what we can do*, W.W. Norton & Company, New York 2010.

Dorota Szelewa

GENDER W POLITYCE SPOŁECZNEJ: NIE MA ODWROTU

Najlepsze miejsca do życia na świecie to kraje, w których rządzący i obywatele od dawna wiedzą, co to jest gender i konsekwencje tej wiedzy widać w reformach, jakie kraje te od lat wcielają w życie. Statystyki porównawcze są jednoznaczne – najwyższe miejsca w indeksie równości płci zajmują kraje Europy Północnej, które od lat okupują również czołówki rankingów poziomu rozwoju ekonomicznego, równości społecznej, innowacyjności, braku korupcji czy poziomu deklarowanego szczęścia. O popularności perspektywy gender w innych krajach zdecydowały przemiany społeczno-kulturowe i właściwie nieprzerwany ekonomiczny sukces krajów nordyckich, które jako pierwsze wprowadzały zasadę równości płci do polityki społecznej, czy szerzej – publicznej. Jednocześnie rozwój *gender studies* i jakość krytyki feministycznej w analizie państwa opiekuńczego sprawiły, że coraz mniej autorów pozwala sobie na ignorowanie tego podejścia. Oprócz dyskusji o polityce społecznej, wykluczeniu społecznym i kapitale ludzkim, dorobek krytyki feministycznej uwzględniony został w interdyscyplinarnej debacie na temat przekształceń we współczesnych *welfare states*, demokracji i koncepcji obywatelstwa[1].

---

[1] B. Hobson, R. Lister, „Citizenship", [w:] B. Hobson, J. Lewis, B. Siim, *Contested Concepts in Gender and Social Politics*, Edward Elgar, Cheltenham 2002, s. 23–54.

Podstawy teoretyczne perspektywy gender, ale też nowe potrzeby społeczne wynikające z przemian ról kobiet i mężczyzn czy spadające wskaźniki dzietności sprawiły, że perspektywa ta weszła również w kanon dokumentów międzynarodowych praw człowieka czy wreszcie – europejskiego *acquis communautaire*.

PRODUKCJA I HISTORIA GENDER

R.W. Connel gender (w polityce publicznej) określa jako „strukturę stosunków społecznych bazującą na [biologicznej] naturze reprodukcji oraz zbiór określonych (przez tę strukturę) wzorców postępowania, które przenoszą różnice między biologicznymi funkcjami [kobiet i mężczyzn] w sferę stosunków społecznych"[2]. Chodzi tu nie tylko o „alokację pracy, lecz także o naturę organizacji pracy"[3] jako przedłużenie różnic biologicznych między kobietami i mężczyznami. Każda konstrukcja polityki społecznej to produkcja gender. Decydenci, reformatorzy i aktorzy życia politycznego nieustannie konstruują gender, kiedy interpretują różnice biologiczne między kobietami i mężczyznami. Jest to szczególnie widoczne w kształcie uprawnień socjalnych, historycznie kształtowanych odmiennie dla kobiet i mężczyzn i, najczęściej, w oparciu o wydarzenia w życiu kobiet i mężczyzn związane z posiadaniem rodziny. Przedmiotem studiów stało się również to, co się dzieje wewnątrz rodziny, a więc pożądany przez dane systemy wsparcia socjalnego podział obowiązków w rodzinie. W przypadku kobiet zauważono znaczenie nieodpłatnej pracy domowej (na czele z pracą opiekuńczą), stanowi ona bowiem, z punktu widzenia polityki społecznej, jeden z najważniejszych

---

[2] R.W. Connell., *Gender*, Polity Press, Cambridge 2002, s. 10.

[3] R.W. Connell., *Gender and Power. Society, The Person and Sexual Politics*, Stanford University Press, Stanford California 1987, s. 102.

elementów konstruujących tożsamość społeczną płci. Z kolei zawodowa praca kobiet w wielu systemach polityki społecznej traktowana była zazwyczaj jako drugorzędna, zgodnie z podziałem społecznym wyznaczającym mężczyźnie rolę żywiciela rodziny, a kobiecie rolę reprodukcyjną[4].

W historii państwa opiekuńczego, którego narodziny zasadniczo wyznaczyć można na koniec XIX wieku, wspólnym i najbardziej istotnym procesem z punktu widzenia gender było przeniesienie patriarchalnych stosunków społecznych na politykę społeczną. Z drugiej zaś – podniesienie pracy reprodukcyjnej kobiet do rangi pronatalistycznego oręża walki o rozwój państwa narodowego. Paradoksalnie mężczyźni, którzy z racji posiadania władzy politycznej i administracyjnej tworzyli zręby tradycyjnego państwa opiekuńczego, nie uwzględniali biologicznych uwarunkowań i skutków porodu i posiadania małego dziecka dla kobiety pracującej zawodowo – można więc śmiało powiedzieć, że młode kapitalistyczne państwo opiekuńcze ignorowało biologię! Nie było przerw w pracy związanych z macierzyństwem, kobiety, zachodząc w ciążę, narażały się na utratę zatrudnienia, a już posiadając dziecko, zmuszone były zostawiać je na długie godziny w domu, bez opieki (pamiętajmy, że mnóstwo biednych kobiet musiało pracować zawodowo). Brak możliwości wzięcia urlopu, brak żłobków czy skorzystania z pomocy rodziny oznaczały również, że niemowlęta pozostawione były całe dnie bez opieki. Jednym z argumentów za wprowadzeniem żłobków przyfabrycznych i przerw na karmienie piersią była spowodowana brakiem opieki wysoka umieralność niemowląt (dochodząca do 80–90

---

[4] J. Baxter, *Moving Towards Equality? Questions of change and equality in household work patterns*, [w:] M. Gatens, A. Mackinnon (red.), *Gender and Institutions. Welfare, Work and Citizenship*, Cambridge University Press, Cambridge 1998, s. 65.

procent przy samotnych matkach), a postulaty reform prawie zawsze wychodziły od kobiecych organizacji maternalistycznych. Kobiety stopniowo otrzymywały prawa socjalne, najczęściej związane z ich statusem jako żony (renty wdowie) czy matki (zasiłki macierzyńskie, świadczenia dla matek zajmujących się dzieckiem). Drugorzędne i przedmiotowe traktowanie pracy zawodowej kobiet wyrażało się też (w krajach Europy Zachodniej) ograniczaniem kobietom dostępu do rynku pracy. W wielu krajach europejskich do lat 60. (jak we Francji) czy nawet 70. (jak w Irlandii czy w Niemczech) mąż mógł zgodnie z prawem zakazać żonie podjęcia pracy zarobkowej.

W latach 70., po rewolucji obyczajowej, zauważono zmiany w społecznych i rodzinnych zachowaniach kobiet i mężczyzn. Z jednej strony feminizm (neo)marksistowski rolę państwa interpretował w kategoriach zinstytucjonalizowanej opresji, którego zasadniczą częścią była konstrukcja polityki społecznej. Z drugiej strony, niektóre kraje zaczęły zmieniać anachroniczną politykę społeczną wspierającą ściśle tradycyjny model rodziny. Procesy dostosowywania polityki społecznej przebiegały różnie. Wiedza o tej różnorodności polegała na stosunkowo prostym porównaniu kształtu instytucjonalnego narodowych państw opiekuńczych. Im więcej różnic w czasie i przestrzeni, im więcej obiektywnych, bo zapisanych w prawodawstwie rozpiętości w podejściu na przykład do długości urlopów rodzicielskich czy dostępności centrów opieki nad małymi dziećmi, tym bardziej wyrazista stała się konieczność stosowania perspektywy gender. Państwo nierzadko pozostawało w tyle za przemianami społecznymi – kiedy kształt instytucji polityki społecznej aktywnie wspierał tradycyjny wzorzec małżeństwa i rodziny. Wraz z coraz silniejszym rozwojem uprawnień socjalnych powstawało silniejsze napięcie pomiędzy nowymi potrzebami społecznymi a stojącymi w miejscu instytucjami państwa opiekuńczego. Ale rola państwa jako zinstytucjonalizowanego patriarchatu nie była już tak oczywista, ponieważ przykłady reform polityki społecznej pokazały *emancypacyjną* rolę państwa.

WCZEŚNIEJ (SZWECJA) CZY PÓŹNIEJ (NIEMCY) – GENDER CZĘŚCIĄ POLITYKI SPOŁECZNEJ

Mniej więcej do początku lat 80. *niższe* stopy zatrudnienia kobiet wiązały się w większości krajów zachodnich z *wyższą* dzietnością. Jednak we wczesnych latach 80. relacja ta zaczęła się odwracać i poziomy dzietności zaczęły być *pozytywnie* skorelowane ze stopami zatrudnienia kobiet[5]. Właściwie do lat 90. nie potrafiono do końca wytłumaczyć źródeł tych przemian. Korzystając również z dorobku krytyki feministycznej, Peter McDonald wykazał, że choć rosnący poziom edukacji i aktywności zawodowej poprawia szanse życiowe kobiet, to na rynku pracy utrzymują się nierówności wynikające z konieczności przerwania przez kobiety na jakiś czas kariery zawodowej w momencie urodzenia dziecka (*gender equity theory*). Innymi słowy, kobiety dotyka „kara za macierzyństwo"[6]. Kobiety częściej decydują się na macierzyństwo w przypadku takiego modelu polityki społecznej, który pomaga złagodzić konflikt opisany przez McDonalda. Tłumaczyć to może bardziej pozytywne trendy w dzietności obserwowane w krajach nordyckich czy we Francji, gdzie rodziny cieszą się silnym wsparciem państwa, zwłaszcza w postaci usług opiekuńczych, istnieją specjalne zachęty dla ojców (zwłaszcza w krajach nordyckich) oraz ogólnie model polityki, który wspiera autonomię

---

[5] K.L. Brewster, R.R. Rinfuss. *Fertility and Women's Employment in Industrialised Nations*, [w:] „Annual Review of Sociology" 2000, nr 26, s. 271–296.

[6] P. McDonald, *Gender Equity in Theories of Fertility Transition*, [w:] „Population and Development Review" 2000, nr 26, s. 427–439.

finansową kobiet. Innymi słowy – krajom, które zaczęły modernizować politykę społeczną, udało się lepiej wychwycić zmiany społeczno-kulturowe.

Za przykład takiego kraju – wczesnego modernizatora – najczęściej podaje się Szwecję, przy czym często pojawia się argument, że reformy wprowadzające urlop rodzicielski dla ojców czy zapewnienie wysokiej jakości usług opiekuńczych były możliwe w Szwecji dzięki progresywnym postawom społecznym. Jednakże, jak podkreślają badacze źródeł szwedzkiego państwa opiekuńczego, do lat 60.–70. poziom konserwatyzmu społeczeństwa był raczej podobny do innych państw zachodnich, a różnica tkwiła w postawie państwa[7]. Instytucje rządowe, inspirowane ruchem kobiecym, w oparciu o dialog społeczny i pracę ekspertów, zaprojektowały korzystny dla wszystkich model państwa opiekuńczego. W latach 70. większość państw miała urlopy tylko macierzyńskie, a Szwecja jako pierwsza otworzyła możliwość wzięcia urlopu rodzicielskiego przez ojców w roku 1974. Wprowadzeniu nowego rozwiązania towarzyszyła kampania społeczna i informacyjna, a wizerunkiem kampanii był szwedzki ciężarowiec Hoa-Hoa Dahlgren ubrany w niebieską koszulkę w narodowych barwach Szwecji, trzymający w ramionach niemowlę. Reformatorom zależało na utrwaleniu się postawy szwedzkiego mężczyzny, któremu naresznie wolno zajmować się dzieckiem, i że opieka nad dzieckiem jest w tym wypadku przejawem patriotyzmu. Ponieważ mobilizacja kobiet na rynku pracy, ale też podniesienie jakości życia kobiet i mężczyzn przez stopniowe wskazywanie alter-

---

[7] J. Lewis and G. Åström, *Equality, Difference and State Welfare: Labour Market and Family Policies in Sweden*, [w:] „Feminist Studies" nr 18, s. 59–87.; Patricia Spakes, *National Family Policy: Sweden versus the United States*, [w:] „Afilia Journal of Women and Social Work" Summer 1992.

natywnych sposobów organizacji życia rodzinnego okazała się posunięciem trafnym również z punktu widzenia ekonomii, szwedzkie rządy kontynuowały równościową ścieżkę rozwoju polityki społecznej. Obecny model polityki społecznej kładzie jeszcze większy nacisk na bardziej sprawiedliwy rozkład obowiązków w rodzinie – dwa miesiące z czternastu przypada tylko jednemu rodzicowi, dostają oni również bonus równościowy za każdy dodatkowy (poza dwoma miesiącami) dzień wykorzystany przez drugiego rodzica (najczęściej ojca).

Polityka odchodzenia od wspierania konserwatywnych ideałów ról gender i indywidualizowania uprawnień socjalnych pojawiała się w większości zachodnich państw europejskich i stopniowo wypierała model męskiego żywiciela rodziny. Nie zawsze reformy te przebiegały pod sztandarem równości płci – usługi opiekuńcze dla dzieci służyć mają też wspieraniu ich rozwoju poznawczego i społecznego, wczesna edukacja wspiera też równość szans z jednej strony oraz aktywizacji na rynku pracy (kobiet) z drugiej. Takie państwa jak Francja czy Belgia jeszcze wcześniej niż Szwecja stosowały politykę wspierania pracy zawodowej kobiet przez rozwiniętą sieć usług opiekuńczych dla małych dzieci, jednak często krytykowano niższą jakość tej opieki, przepełnione żłobki i tak dalej. Dlatego takie kraje jak Holandia czy Dania, które później zainwestowały w sieć placówek opiekuńczych, od razu kładły nacisk na jakość usług i dobrostan dzieci uczęszczających do żłobków. W krajach tych reformatorzy wyszli z założenia, że wysoką jakość usług zapewni publiczne finansowanie i kontrola takich placówek. Z kolei w Wielkiej Brytanii, podczas trzynastoletnich rządów Partii Pracy (1997–2010), dostęp do usług opiekuńczych poprawił się, jednak większość tych usług oferowano na rynku, gdzie była mniejsza możliwość monitorowania ich jakości.

Wprowadzane, intencjonalnie czy nie, reformy te stymulowały myślenie o społeczno-kulturowej konstrukcji ról kobiet i mężczyzn, zinstytucjonalizowanych w polityce społecznej. Im później, tym częściej reformy rynku pracy i polityki społecznej odbywały się pod hasłem równości płci i bodźców dla zwiększenia wskaźników dzietności, i co ciekawe, również w krajach uważanych dotąd za konserwatywne. Przykładem podawanym ostatnio przez badaczy zmian w polityce rodzinnej jest gruntowna reforma niemieckiego systemu wsparcia dla rodzin, która miała miejsce za czasów rządów Wielkiej Koalicji (2005–2009). Niemieckie państwo opiekuńcze przez wiele dekad uważane było za system bezpośrednio wspierający model męskiego żywiciela rodziny: rodziny z dziećmi nie miały dostępu do żłobków, kolejne rządy nie zastanawiały się nad zmianą nacechowanych ideologią familializmu ról przypisanych kobietom i mężczyznom. I jeśli miało miejsce coś takiego, jak kryzys państwa opiekuńczego w Europie Zachodniej, to Niemcy były tym państwem, które ten kryzys odczuły najbardziej. Objawami kryzysu była niewystarczająca baza podatkowa (niska aktywność zawodowa Niemek) i spadające wskaźniki dzietności. Jego źródło wyjaśnia wspomniana wyżej teoria McDonalda – wobec braku wsparcia państwa i partnerów kobiety opóźniają macierzyństwo lub w ogóle z niego rezygnują. Politycy niemieccy w pewnym momencie zrozumieli, że trzeba przeorientować niemiecką wizję rozwoju ekonomicznego na inwestycje w równość płci. Główne reformy polegały więc na wprowadzeniu gwarancji miejsca w żłobku dla dzieci poniżej 3. roku życia oraz 14-miesięcznego urlopu rodzicielskiego z zarezerwowaniem dwóch miesięcy tylko dla jednego z rodziców – w celu mobilizacji ojców do skorzystania z tego uprawnienia. Przeprowadzenie reformy nie było sprawą prostą, zwłaszcza że reforma pociągała za sobą wydatki rzędu 4,3 miliarda euro na budowę żłobków. Angela Merkel, według komentatorów nie do końca przywiązana do familialistycznych sentymentów kolegów z partii[8], poparła „alians na rzecz rodzin", na czele którego stanęła niemiecka minister ds. rodziny Ursula von der Leyen, polityczka CDU, matka siedmiorga dzieci. Von der Leyen stała się szybko polityczką bardzo popularną, umiejętnie postępującą z mediami i sprawnie pozyskującą sojuszników do wdrożenia planu progresywnych reform. Poparło ją nie tylko SPD, ale też kobiety wewnątrz CDU – mężczyźni z jej własnej partii sprzeciwiali się reformom i napisali specjalny manifest o „nowym konserwatyzmie". Sprawnie poprowadzony proces przygotowania reform i wsparcie się na pracy wielu ekspertów, zbudowanie przekonującej koalicji – wszystko to złożyło się na polityczny sukces von der Leyen, postrzeganej obecnie jako jedna z możliwych następczyń Merkel. Reformy przyczyniły się również do powiększenia kobiecego elektoratu CDU (straciły partie lewicowe). W 2013 roku von der Leyen objęła kierownictwo niemieckiego resortu obrony, jako pierwsza w historii kobieta na takim stanowisku.

W innych krajach konserwatywnych przeobrażenia w modelu polityki społecznej nie przebiegają tak sprawnie: krajom takim jak Hiszpania czy Włochy na drodze stanął również kryzys gospodarczy i brak środków. Wciąż jednak wszystkie kraje unijne inspirowane są przez Komisję Europejską do wdrażania polityki „godzenia ról". Nie bez powodu koncepcja godzenia ról i mobilizowania kobiet do uczestnictwa w rynku pracy poddawane

---

[8] K. Morgan, „Promoting social investment through work-life policies: which nations do it and why?", [w:] N. Morel, B. Palier, J. Palme (red.), *Towards a social investment welfare state? Ideas, policies and challenges*, The Polity Press 2012, s. 153-180.

jest krytyce: badacze zwracają uwagę na wciąż niedostateczne zwracanie uwagi na podział obowiązków w rodzinie czy dowartościowanie pracy świadczonej w domu.

Wielu polityków, również w Polsce, boi się progresywnych rozwiązań, a rezerwowanie części urlopu rodzicielskiego dla jednego rodzica postrzegane jest jako wtrącanie się w sprawy rodziny. Przykład Niemiec pokazuje jeszcze raz, że progresywne reformy nigdy nie są łatwe, prawie zawsze wywołują silny opór polityczny i społeczny. Ale znajdują się osobowości z wizją, którą konsekwentnie realizują. Przepływ wyborczyń do partii, które zdołały wprowadzić rozwiązania równościowe, stanowić może bardziej przekonujący argument dla zmiany polityki społecznej opartej na reinterpretacji ról gender w społeczeństwie.

GENDER NA WSCHODZIE: W PUŁAPCE KONSERWATYZMU

Większość krajów postkomunistycznych nie podąża za opisanym wyżej trendem w polityce społecznej na Zachodzie, a źródło niechęci wobec perspektywy gender, feminizmu, równości płci i nowych form związków/rodziny wynika z faktu, że są one rozumiane jako atak na wartości rodzinne, porównywany z postrzeganą jako opresyjna polityką państwa socjalistycznego. Społeczeństwa te przeszły specyficzną fazę modernizacji w pierwszych latach po II wojnie światowej, kiedy uczestnictwo kobiet w rynku pracy było częścią większego planu budowania gospodarek socjalistycznych: zwiększenie dostępności usług opiekuńczych dla dzieci i pomoc państwa dla rodzin miały jednocześnie na celu stymulowanie dzietności. Nie towarzyszyło temu jednak równie silne stymulowanie udziału mężczyzn do przejęcia choć części odpowiedzialności za prace domowe i opiekę nad dziećmi. Z tego powodu modele polityki równości płci w czasach socjalizmu zazwyczaj prowadziły do powstawania silnego efektu „po-

dwójnego obciążenia" (*double-burden*) obowiązkami domowym
i pracą zawodową[9]. Po upadku starego systemu kraje Europy
Wschodniej chciały „powrócić do normalności", w debacie publicznej pojawiła się konserwatywna retoryka w odniesieniu do
ról gender, a przez kraje te przeszła fala antyfeminizmu. Do tej
pory rządy krajów Europy Wschodniej zdają się zaklinać rzeczywistość, wzmacniając tylko te instrumenty polityki społecznej,
które wspierają tradycyjny podział ról w rodzinie poprzez wydłużanie płatnych urlopów rodzicielskich bez gwarntowania ich
części drugiemu rodzicowi, a zaniedbując usługi opiekuńcze dla
najmniejszych dzieci. Nic to nie daje – pozostajemy w ogonie
Europy, jeśli chodzi o dzietność. Kolejne fale paniki moralnej
i szukanie wroga w postaci „gender" nic tu nie zmienią – strategia udawania, że społeczeństwo się nie modernizuje, będzie
wywoływała dalszą frustrację, a może wreszcie – mobilizację na
rzecz zmiany modelu polityki społecznej.

GENDER WYPROWADZA Z KRYZYSU?
Na koniec warto jeszcze wspomnieć o ostatnim światowym kryzysie ekonomicznym, który dotarł również do Europy i wpłynął
ujemnie na możliwości finansów publicznych większości krajów
unijnych.

Kryzys ekonomiczny w pierwszej fazie (2008–2009) dotknął zwłaszcza mężczyzn – ponieważ najszybciej zmalał poziom
zatrudnienia w sektorze prywatnym. W dłuższym okresie natomiast wiele krajów przyjęło strategię cięć budżetowych, która
wiązała się z redukcją zatrudnienia w sektorze publicznym, co
tym razem uderzyło w kobiety (z uwagi na wyższy poziom za-

---

[9] J. Heinen, „Public/Private. Gender, Social and Political Citizenship in
Eastern Europe", [w:] „Theory and Society" 1997, nr 26, s. 577-597.

trudnienia kobiet w tym sektorze). Co więcej polityka oszczędzania w wielu krajach doprowadziła do zahamowania rozwoju usług opiekuńczych czy zmniejszenia się wymiaru świadczeń związanych z macierzyństwem.

Jednak nie wszystkie kraje wybrały drogę oszczędzania, zupełnie inną strategię wybrała Islandia, która od czterech lat okupuje pierwszą pozycję w rankingu równości kobiet i mężczyzn Światowego Forum Ekonomicznego – a jednocześnie jest to kraj, który jako pierwszy (i do tej pory jedyny?) wydobył się z tak głębokiego kryzysu. Oczywiście doprowadziły do tego różne czynniki, jednak jednym z ważniejszych była polityka sprzyjająca równym szansom kobiet i mężczyzn i wspierająca równość płci w różnych obszarach.

Kraje nordyckie tradycyjnie odwołały się do perspektywy równości płci w obliczu kryzysu. Wśród tej grupy krajów Islandia ucierpiała zdecydowanie najbardziej, a częścią strategii wychodzenia z recesji był zwiększony nacisk na uwzględnienie sytuacji obu płci na rynku pracy. Ponieważ w początkowej fazie kryzysu rząd islandzki zastosował cięcia wydatków budżetowych, wywołało to spore niezadowolenie społeczne, a pracę straciło wiele kobiet zatrudnionych w sektorze publicznym. W 2009 protesty społeczne doprowadziły do upadku rządu tworzonego przez konserwatystów, a na czele nowego, socjaldemokratycznego rządu stanęła Johanna Sigurdardottir – pierwsza kobieta premier w historii rządów islandzkich i jednocześnie pierwsza na świecie osoba na takim stanowisku, która otwarcie deklaruje swój homoseksualizm[10]. Pierwszy raz również do rządu islandz-

---

[10] Od maja 2013 na czele rządu stanął lider Partii Progresywnej. Społeczeństwo islandzkie uznało, że koalicja socjaldemokratyczna powinna jeszcze bardziej zadbać o ochronę i rozwój wsparcia socjalnego i bardziej inwestować w miejsca pracy w sektorze publicznym.

kiego weszło tyle samo kobiet, co mężczyzn, a odsetek kobiet w parlamencie przekroczył 40 procent. Jednym z zasadniczych celów nowego rządu była zmiana strategii radzenia sobie z kryzysem, oparta na krytyce zdominowanej przez mężczyzn sfery obrotu kapitałem i korporacyjnego stylu zarządzania dobrami. Zrównoważeniu męskiej dominacji w ciałach doradczych i zarządzających służyć ma nowe ustawodawstwo, zgodnie z którym każda firma musi zapewnić kobietom (przedstawicielom jednej płci) przynajmniej 40 procent składu zarządu. Sigurdardottir zadbała również o ochronę islandzkiego systemu wsparcia socjalnego, nastawionego na walkę z nierównościami i solidaryzm społeczny, w tym inspirowanie równego rozkładu obowiązków w rodzinie. Dla utrzymania szczodrej polityki społecznej rząd podniósł również podatki. Islandia oferuje system urlopów rodzicielskich, w którym jedna część urlopu przysługuje indywidualnie jednemu rodzicowi. W 2009 93 procent ojców korzystało z indywidualnych uprawnień (co stanowiło 34% procent wszystkich dostępnych dni urlopu). W 2012 parlament islandzki uchwalił dalsze wydłużanie urlopu z jednoczesnym zwiększaniem uprawnień indywidualnych rodziców – w 2014 każde z nich otrzymało prawo do 3,5 miesiąca urlopu (do 2013 były to 3 miesiące), w 2015 – 4 miesiące, a w 2016 – po 5 miesięcy *osobno* dla ojca i dla matki (drugiego rodzica). Inne posunięcia rządu koalicji 2009–2013 to na przykład zamknięcie klubów ze striptizem czy plany zakazu umieszczania w internecie pornografii zawierającej przemoc. I choć koalicja straciła władzę w 2013 roku, to w latach 2009–2012 Islandia wyszła z kryzysu. Odbyło się to również w atmosferze oczyszczenia – warto choćby wspomnieć, że do odpowiedzialności karnej pociągnięto około 200 osób, w tym szefów największych banków, którzy niejednokrotnie skazani zostali na kary więzienia.

Trudno znaleźć inny tak spektakularny przykład wyjścia z kryzysu; kraje takie jak Irlandia, Włochy czy kraje bałtyckie dopiero niedawno zauważyły oznaki zahamowania negatywnych trendów w gospodarce. Rządom konserwatywnych krajów europejskich trudno zignorować choćby wspomniane reformy polityki rodzinnej w Niemczech. Poza tym zauważają również przewagę wynikającą z obrania kursu na równość płci. Powołany w lutym 2014 roku premier Włoch Matteo Renzi do gabinetu zaprosił osiem kobiet, czyli połowę całego składu rządu, co było posunięciem dość radykalnym w polityce tradycyjnie we Włoszech zdominowanej przez mężczyzn. Zwiększenie udziału kobiet we władzy jest jednym z celów nowego premiera, który wyjście Włoch z kryzysu widzi między innymi w stworzeniu szans na wykorzystanie zaniedbanego potencjału ekonomicznego i intelektualnego kobiet. Trudno powiedzieć, w jakim stopniu nowe podejście do polityki będzie miało przełożenie na systematyczne zastosowanie perspektywy gender w programach polityki społecznej, ale przynajmniej wyznacza nowe kierunki dla polityków, którzy muszą przestać zaklinać rzeczywistość i wreszcie gender polubić. Od tej drogi nie ma odwrotu.

Zofia Łapniewska

EKONOMIA Z PERSPEKTYWY GENDER

Pytania dotyczące wpływu społeczno-kulturowej tożsamości płci (*gender*) na dyscyplinę naukową i odwrotnie, stawiane są nie tylko przez humanistki/ów, lecz także badaczki/y społeczne/ych, do których zaliczają się ekonomistki/ści. Współczesne koncepcje tożsamości płci wywodzą się z lat 60. XX wieku, gdy na fali protestów społecznych (głównie w Stanach Zjednoczonych) związanych z wojną w Wietnamie, nastąpiła również refleksja nad nierównością pomiędzy płciami. Kulturowe oczekiwania wobec kobiet i mężczyzn dotyczące wypełniania określonych społecznie ról stały się przedmiotem badań, a w dyskursie na stałe zapisało się rozróżnienie płci biologicznej (*sex*) od płci społeczno-kulturowej (*gender*)[1]. W tym samym czasie w Amerykańskim Stowarzyszeniu Ekonomicznym (AEA), do dziś jednej z najbardziej wpływowych w tej dyscyplinie organizacji na świecie, powstała nieformalna grupa kobiet aktywnie lobbująca na rzecz stworzenia Komitetu ds. Statusu Kobiet w Zawodach Ekonomicznych (CSWEP). Za cele swe przyjęła ona przeciwdziałanie dyskryminacji kobiet oraz monitorowanie ich udziału w naukach ekonomicznych, które to kontynuuje do dnia dzisiejszego[2]. Na przełomie lat 80. i 90. XX wieku, gdy zaczęto kwestionować

---

[1] A. Oakely, *Sex, Gender and Society*, Sun Books, Melbourne 1972, s. 158.

[2] N. Folbre, *The Economics Club*, „The New York Times", Section Economix, 19 października 2009.

różnice pomiędzy płcią biologiczną i kulturową[3], powstało Międzynarodowe Stowarzyszenie na rzecz Ekonomii Feministycznej (IAFFE). Jego członkinie i członkowie wskazują, że zarówno ekonomia jako nauka o gospodarce, jak i płeć jako tożsamość, na podstawie której osobom przypisuje się różne role, prawa i szanse w tejże gospodarce, są pojęciami konstruowanymi społecznie[4]. Tym samym podlegają one ograniczeniom związanym z ludzkim poznaniem oraz środowiskiem kulturowym, społecznym, gospodarczym i politycznym, w jakich są definiowane. W tym zakresie podejmowany przez feministyczne/ych ekonomistki/ów temat relacji płci w kontekście relacji władzy (która jest przez nie/nich rozpoznawana i dekonstruowana), ma na celu podważenie i uchylenie patriarchalnego porządku symbolicznego, charakterystycznego dla wielu społeczeństw i kultur. Porządek ten dotyczy także języka i innych mechanizmów dominacji, wykorzystywanych przez osoby tworzące dyskurs, co znajduje odzwierciedlenie w doborze określonych tematów, modeli i metod uznanych za „właściwe ekonomii".

ANDROCENTRYZM W NAUKACH EKONOMICZNYCH
Feministyczne ekonomistki począwszy od połowy lat 80. zaczęły podkreślać wyraźny podział ról społecznych oraz marginalizowanie kobiet w naukach ekonomicznych[5]. Wskazały one, że

---

[3] J. Butler, *Uwikłani w płeć*, Seria Idee, t. 13, Wydawnictwo Krytyki Politycznej, Warszawa 2008.
[4] M.A. Ferber, J.A. Nelson (red.), *Beyond Economic Man. Feminist Theory and Economics*, The University of Chicago Press 1993, s. 1–22; J. Peterson, M. Lewis, *The Elgar Companion to Feminist Economics*, Edward Elgar, Cheltenham 1999, s. 390–396.
[5] M. Waring, *If Women Counted. A New Feminist Economics,* Harper & Row, San Francisco 1988; M.A. Ferber, J.A. Nelson (red.), dz. cyt., D. Strassmann, *Editorial: Expanding the Methodological Boundaries of Economics*, „Feminist Economics" 3, 1997, nr 3(2) s. vii–ix.

androcentryzm jest widoczną praktyką w doborze kadry uniwersyteckiej, przy finansowaniu projektów badawczych i stypendiów oraz układaniu programów nauczania. Zarówno badania empiryczne, jak i opracowania teoretyczne często pomijają rolę kobiet i płci społeczno-kulturowej w strategiach rządowych, polityce społecznej i gospodarczej, a także w przestrzeni prywatnej (nieodpłatne prace wykonywane głównie przez kobiety). Jak dodatkowo argumentuje Julie A. Nelson ekonomiści, kierując się maskulinistycznym (nazywanym także kartezjańskim) ideałem, doprowadzili do tego, że postrzega się tę dyscyplinę jako obiektywną i bliższą naukom ścisłym, u podstaw której leżą modele matematyczne, umożliwiające badanie racjonalnych wyborów podejmowanych przez autonomiczne jednostki w celu maksymalizacji indywidualnych korzyści[6]. Perspektywa taka jest związana ze stereotypową wizją męskości w kulturze, a jej przeciwieństwem byłoby postrzeganie ludzi jako związanych ze sobą i od siebie zależnych, kierujących się emocjami i wzajemnym dobrem, nieposiadających pełnej informacji oraz podejmujących decyzje pod wpływem różnych czynników społecznych i naturalnych, niekoniecznie w sposób racjonalny. Nelson wskazuje, że oparty na powyższych skojarzeniach dominujący, neoklasyczny (nazywany także neoliberalnym) model ekonomiczny często jest przyczyną przyporządkowania mężczyznom bardziej odpowiedzialnych sfer takich jak rynek czy rząd, gdyż klisze kulturowe przedstawiają ich jako zdolnych do abstrakcyjnego myślenia i dedukcji matematycznej, zaś kobietom tematów związanych ze sprawiedliwością społeczną, opieką czy nieodpłatnymi pracami, wychodząc z założenia, że są one współzależne, konkretne

---

[6] J. Nelson, *The Masculine Mindset of Economic Analysis*, „The Chronicle of Higher Education" 1996, nr 42 (42):B3.

i lepsze w negocjacjach (które to jednak cechy są oceniane mniej korzystnie). W tym miejscu możemy zauważyć, że ekonomia głównego nurtu owszem i ma gender, niestety jest nią płeć kulturowo męska. W odpowiedzi na przedstawione powyżej rozpoznania stworzono założenia do badań oraz podstawowe ramy metodologiczne dla ekonomii feministycznej, która przyjęła płeć społeczną za naczelną kategorię epistemologiczną.

WŁĄCZENIE GENDER DO EKONOMII

Kierując się zasadą równości, aby wzbogacić ekonomię o perspektywę obu płci, ekonomistki/ci podjęły/li trud wprowadzenia kobiet do dyskursu naukowego tej dyscypliny na jednakowych zasadach. Tym samym kobiety, w rozumieniu przypisywanych im ról społeczno-kulturowych, stały się zarówno przedmiotem, jak i podmiotem badań naukowych. Dzięki temu zaczęto identyfikować uprzedzenia związane z płcią, zarówno w założeniach do badań, jak i w przyjętych metodologiach badawczych, oraz stopniowo je eliminować. Wskazano na obszary życia szczególnie ważne dla kobiet i mężczyzn (lecz niekoniecznie dla obu płci jednakowo). Istotnym osiągnięciem było przedstawienie kobiet i ich zasług w tradycyjnie męskich profesjach i dziedzinach (do których także do niedawna należała ekonomia), wskazanie na ich sprawczość (ang. *agency*) oraz ich znaczenie dla społeczeństwa[7]. Feministyczne ekonomistki podkreślają także, że jednym z głównych celów prowadzonych przez nie działań jest realne polepszenie warunków życia kobiet na całym świecie. Oznacza to między innymi dowartościowanie prac reprodukcyjnych i opie-

---

[7] M.C. Marcuzzo, A. Rosselli, *The history of economic thought through gender lenses*, [w:] F. Bettio, A. Verashchagina (red.), „Frontiers in the Economics of Gender", Routledge, New York 2008, s. 3–20.

kuńczych, przeciwdziałanie feminizacji ubóstwa, włączanie do politycznej agendy argumentów dotyczących równej płacy za świadczenie pracy o jednakowej wartości, promowanie awansu kobiet i przeciwdziałanie przemocy[8].

Marilyn Power wskazuje na pięć podstawowych obszarów badawczych, w których ekonomistki i ekonomiści biorą pod uwagę perspektywę płci[9]:

1. **Nieodpłatne prace** (domowe, reprodukcyjne i opiekuńcze), które są niezbędne dla rozwoju gospodarki i trwania oraz odtwarzania się społeczeństw. Nadal nie są one ujmowane w oficjalnych narodowych rachunkach i wskaźnikach (takich jak produkt krajowy brutto). Brakuje również badań nad podziałem władzy w gospodarstwach domowych (wskazań, na jakich zasadach podejmowane są na przykład decyzje finansowe oraz jaki wpływ na podział pracy i obowiązków mają poszczególne/i członkinie/ owie gospodarstwa domowego). Znaczenie powyższych zagadnień oraz postrzeganie ich przez kobiety i mężczyzn w Polsce unaoczniły badania przeprowadzone przez Annę Titkow, Danutę Duch-Krzysztoszek i Bogusławę Budrowską[10]. Autorki zwróciły uwagę między innymi na fakt, że mężczyźni w Polsce pragną posiadać więcej dzieci niż kobiety (na które z kolei w większym stopniu spada obowiązek zajmowania się nimi), a kobiety chciałyby, aby ich związki były bardziej partnerskie, to znaczy aby

---

[8] Z. Łapniewska, *Koszty przemocy, zaniechania i niewydolności systemu wobec występowania tego zjawiska w rodzinie*, [w:] B. Zadumińska (red.), „Interwencja w kryzysie. Kryzys w interwencji. Refleksje/analizy/krytyka", Towarzystwo Interwencji Kryzysowej, Kraków 2010.

[9] M. Power, *Social Provisioning as a Starting Point for Feminist Economics*, „Feminist Economics" listopad 2004, nr 10(3), s. 3–19.

[10] A. Titkow, D. Duch-Krzysztoszek, B. Budrowska, *Nieodpłatna praca kobiet. Mity, realia, perspektywy*, IFIS PAN, Warszawa 2004.

mężczyźni w większym stopniu zajmowali się rodziną i domem. Przeważający udział pracy kobiet na rzecz gospodarstwa domowego pokazały także budżety czasu ludności, przygotowywane w Polsce co dziesięć lat przez Główny Urząd Statystyczny (zbieranie najnowszych danych zostało ukończone w styczniu 2014 roku). Pomimo iż prace nieodpłatne nie są widoczne (a być powinny) w kalkulacjach makroekonomicznych, projekty dotyczące budżetowania pod kątem płci (ang. *gender budgeting*) pokazały, że można je rynkowo wycenić nawet w granicach średniej krajowej i mogłyby one powiększyć dochód narodowy brutto prawie o 1/4 jego wielkości[11].

2. **Dobrostan ludzi** (ang. *well-being*) jako miara sukcesu ekonomicznego społeczeństw. To ludzie powinni znajdować się w centrum analiz ekonomicznych, nie zaś tylko ich dochody i majątek. Podstawy teoretyczne takiego podejścia stworzył ekonomista Amartya K. Sen, odwołując się do normatywnego odczuwania „dobrego życia" przez kobiety i mężczyzn. Wskazał on, że każdy człowiek ma określone możliwości (na przykład stwarzane przez rynek, społeczności lokalne, samorząd czy państwo), które determinują jego byt oraz działania w danym otoczeniu (kulturowym, religijnym czy społecznym). Dzięki nim indywidualnie i w relacjach z innymi ludzie mogą się realizować oraz korzystać z autonomii i osobistych wolności[12]. Listę takich możliwości opracowała filozofka Martha C. Nussbaum, ze szcze-

---

[11] B. Mikuta, *Studia nad wartością pracy domowej w mieście i na wsi ze szczególnym uwzględnieniem realizacji funkcji żywieniowej*, praca doktorska, SGGW, Warszawa 2000; Z. Łapniewska, *Nieodpłatna praca kobiet*, Hasło w słowniku rownosc.info, Fundacja Fundusz Współpracy, Warszawa 2012, (on-line) http://rownosc.info/rownosc.php/dictionary/item/id/382 (dostęp 04.03.2014).

[12] A. K. Sen, *Capability and well-being*, [w:] M. Nussbaum, A. Sen (red.), „The Quality of Life", Clarendon Press, Oxford 1993, s. 30–53.

gólnym uwzględnieniem perspektywy kobiet[13]. Na jej wytycznych został oparty pierwszy przeprowadzony w Polsce w latach 2012–2013 projekt badawczy nad budżetami gmin pod kątem gender i jakości życia, który obejmował takie zagadnienia jak: dostęp do wiedzy i informacji, możliwość prowadzenia zdrowego życia, znalezienia pracy i prowadzenia własnej działalności gospodarczej, pomocy w trudnej sytuacji życiowej, możliwość pracy i życia w odpowiednich warunkach i czystym środowisku, możliwość dotarcia do każdego miejsca w gminie, możliwość opieki nad innymi, dbania o siebie, uczestnictwa w życiu publicznym oraz życia w społeczeństwie równych szans[14]. Wyniki pokazały między innymi, że dla mieszkanek gmin pierwszym wyborem prawie we wszystkich miejscowościach było poczucie bezpieczeństwa, podczas gdy dla mężczyzn ważniejsze było znalezienie pracy i prowadzenie własnej działalności gospodarczej. Ciągle niewiele wskaźników dotyczących jakości życia uwzględnia perspektywę obu płci, na szczęście powoli się to zmienia (na przykład biorą ją pod uwagę: miernik zrównoważonego dobrobytu ekonomicznego (ISEW), wskaźnik rzeczywistego postępu (GPI) i wskaźnik jakości życia (QLI).

3. **Ludzka sprawczość**, wpływ na zmiany, w tym dostęp do władzy i reprezentacja. Oznaczają one nie tylko ocenę warunków ekonomicznych życia uśrednionego mieszkańca danego kraju, lecz procesów zachodzących w społeczeństwie, które są udziałem kobiet i mężczyzn i warunkują ich życie. Na przykład samotne matki potrzebują wsparcia nie tylko w zakresie edukacji

---

[13] M. C. Nussbaum, *Women and Human Development: The Capabilities Approach*, Cambridge University Press 2001.

[14] Z. Łapniewska, M. Korona, E. Pieszczyk, M. Siciarek, *Budżetowanie wrażliwe na płeć a jakość życia. Raport z projektu „Budżet równych szans. Gender budgeting dla samorządów"*, Biuro Projektowe UNDP w Polsce, Warszawa 2013.

czy opieki zdrowotnej, ale często poradnictwa psychologicznego i prawnego, które pomogłoby im uciec od przemocy i ubóstwa. Jednocześnie to one powinny podejmować decyzje dotyczące najlepszego dla nich momentu na edukację, macierzyństwo czy podjęcie pracy. Dostrzeżenie ich sprawczości, w tym nierównego dostępu do władzy (i braku reprezentacji), oraz równolegle zorientowanie badań na proces, pozwalają na pełniejsze zobrazowanie złożoności problemów społecznych i gospodarczych. Ekonomistki i ekonomiści pracujący w tym obszarze zwracają uwagę, że motywy ludzkich zachowań leżą nie tylko w ich indywidualnym interesie, ale także wywodzą się z potrzeby altruizmu i wspólnotowych działań, dzięki którym wpływ na zmiany społeczne może być znacznie większy[15].

4. **Etyczne opinie** i odniesienia do wartości moralnych, w tym krytyka tradycyjnej ekonomii, charakterystyczne dla ekonomii normatywnej. Ekonomistki i ekonomiści często sprzeciwiają się posunięciom rządów chłodno kalkulujących wydatki i wpływy do budżetu, i na tej podstawie dokonujących na przykład cięć wydatków na oświatę czy pomoc społeczną, ale już niekoniecznie na zbrojenia. Argumentują one/i, że klasyczne modele ekonomiczne są niedoskonałe, podobnie jak rynki, a rolą rządów jest wyrównywanie szans i niwelowanie występujących ułomności. Krytykują one/i nieuczciwe działania organizacji, w tym korporacji międzynarodowych, łamanie praw człowieka (również kobiet, które na przykład pracują w zakładach ulokowanych w specjalnych strefach ekonomicznych) oraz nieetyczne praktyki i porozumienia w dystrybucji i handlu. Komentują one/i procesy

---

[15] M. Power, dz. cyt., s. 10; R. Albelda, *Fallacies of Welfare-to-Work Policies*, [w:] R. Albelda, A. Withorn (red.), „Lost Ground: Welfare Reform, Poverty, and Beyond", South End Press, Boston 2002, s. 79–94; M. Hill, *Development as Empowerment*, „Feminist Economics" 2003, nr 9(2/3), s. 117 –36.

globalizacyjne, w tym krytycznie oceniają funkcjonowanie instytucji takich jak Bank Światowy, Międzynarodowy Fundusz Walutowy czy Światowa Organizacja Handlu oraz forsowane przez nie rozwiązania i porozumienia niekorzystne dla krajów rozwijających się i wywołujące dalsze pogłębianie się nierówności na świecie, co w dużej mierze wpływa na kobiety, ich edukację, niedożywienie i obłożenie pracą[16].

5. **Wykluczenie krzyżowe** wskazujące na kobiety jako grupę zróżnicowaną wiekiem, stopniem sprawności, pochodzeniem, rasą, klasą, religią, orientacją psychoseksualną i tak dalej. Wiele badaczek i badaczy dokonuje bardziej złożonych analiz ekonomicznych, uwzględniających różne kategorie społeczne i konteksty kulturowe. Przyjmują one/i podejście interdyscyplinarne, także w zakresie doboru metodologii badawczych, odnosząc się zarazem do położenia geograficznego, jak i tła historycznego badanych zjawisk. Obranie za punkt wyjścia perspektywy różnorodności umożliwia nie tylko ekonomistkom/tom, lecz także innym naukowczyniom/com, stawianie pytań ontologicznych i epistemologicznych, które pozwalają przybliżyć człowiekowi pogłębiającą się złożoność świata i znaleźć odpowiedzi na stare i nowe pytania[17].

Pomimo zgodności wśród ekonomistek/ów feministycznych co do konieczności uwzględnienia perspektywy gender w powyższych pięciu obszarach badawczych, reprezentują one/i różne szkoły i podejścia ekonomiczne, często ze sobą sprzeczne[18]. Z jednej strony ekonomistki/ci neoklasyczne/ni

---

[16] J. Momsen, *Gender and Development*, Routledge, Nowy Jork 2009; G. Francisco, *Engendering the WTO? What Else?*, DAWN / IGTN, Berlin 2005.

[17] C. D'Ippoliti, *Economics and Diversity*, Routledge, Nowy Jork 2011.

[18] D. Elson, *Micro, Meso, Macro: Gender and Economic Analysis in the Context of Policy Reform*, [w:] I. Bakker (red.), „The Strategic Silence: Gender and Economic Policy", Zed Press and North-South Institute, Londyn 1994, s. 93 –104.

zajmują się pozycją kobiet na rynku pracy i zjawiskami takimi jak luka płacowa (różnice w dochodach kobiet i mężczyzn
wykonujących pracę o tej samej wartości), szklany sufit (brak
awansów kobiet) czy lepka podłoga (startowanie z niższej siatki
płac i brak lub mniejsze niż w przypadku mężczyzn podwyżki).
Jednocześnie odwołują się one/i do argumentów dyskursu neoli-
beralnego takich jak wzrost efektywności, skuteczności, produk-
tywności i wzrostu gospodarczego, nie kwestionując przemoco-
wego charakteru samego systemu kapitalistycznego, opartego
na nierównościach i wyzysku. Taki punkt widzenia jest często
określany w naukach społecznych jako postawa „zadowolone-
go niewolnika", polegająca na przyjęciu strategii adaptacyjnej,
w tym przypadku do istniejących ram gospodarczych i politycznych[19]. Z drugiej strony ekonomistki/ści krytyczne/i uważają, że
nurty ortodoksyjne w ekonomii (w tym teorie neoklasyczne)
są wąskie i ograniczone, a poprzez to niezdolne do wyjaśnienia
pojawiających się problemów ekonomicznych, ze zjawiskiem
kryzysu włącznie[20]. Podkreślają one brak uwzględnienia prac
opiekuńczych i wykonywanych na rzecz gospodarstwa domowego w ramach makroekonomicznych oraz niedowartościo-
wanie i przemilczanie tematów ważnych dla kobiet. Inne, poza
ekonomią feministyczną, podejścia krytyczne to między innymi
ekonomia radykalna i marksistowska, ekonomia instytucjonalna
(reprezentowana przez pierwszą noblistkę w dziedzinie ekonomii
Elinor Ostrom) oraz ekonomia ekologiczna.

---

[19] D. Phillips, *Quality of Life: Concept, policy and practice*, Routledge, Londyn
2006 s. 62–64.

[20] N. Çagatay, D. Elson, *The Social Content of Macroeconomic Policies*,
„World Development" 2000, nr 28(7), s. 1347–1364.

DYSKUSJA

Choć w powyższym tekście używałam sformułowania „obu płci", przyznaję, że takie dychotomiczne podejście nie jest reprezentatywne dla wszystkich osób żyjących w różnych kulturach świata. W wielu społecznościach istnieje „trzecia płeć" (na przykład hidźra w Indiach) czy też osoby funkcjonujące niejako pomiędzy płciami (również z uwagi na ich płeć biologiczną na przykład po operacjach plastycznych) czy zespół Klinefeltera (popularnie nazywany XXY). Różne osoby mogą też świadomie nie przyjmować konkretnej tożsamości płciowej (określając się na przykład jako *queer*), choć zazwyczaj w oficjalnych dokumentach oznaczane są one jako kobiety albo mężczyźni. Z uwagi na niewidoczność tego zagadnienia w oficjalnych statystykach jest ono często pomijane w opracowaniach ekonomicznych i innych nauk społecznych. Stąd tak istotne jest przyjęcie interdyscyplinarnego podejścia wskazanego powyżej, wykorzystującego dorobek różnych dyscyplin naukowych i łączącego zróżnicowane metody badawcze (w tym podejście jakościowe). Takie ujęcie, jak wcześniej wskazano, pozwala opisać świat i życie ludzi w pełniejszy i bogatszy sposób.

PODSUMOWANIE

Ekonomia, podobnie jak każda inna dyscyplina naukowa odnosząca się do życia człowieka, jest nieuchronnie związana z płcią. Przestrzeń gospodarcza, w której na co dzień się poruszamy (na przykład płacąc za dobra i usługi, pracując i odpoczywając) jest nacechowana znaczeniami i symbolami, które nie są obojętne na płeć. Tych aspektów polityczno-społecznych nie można pominąć w modelach i metodach badawczych. Nie da się również skonstruować współczesnych teorii dotyczących gospodarki, które abstrahowałyby od ludzkiej psychiki, tożsamości, kontekstu historycznego i kręgu kulturowego, choć przez długie lata ekonomiści próbowali to uczynić.

Powyższy tekst stanowi jedynie ogólny zarys obszarów i zagadnień łączących ekonomię i gender. Choć w wielu miejscach akademiczki i akademicy polemizują, wskazując na odrębność szkół i nurtów ekonomicznych, granice pomiędzy nimi coraz bardziej się zacierają. Dodatkowo interdyscyplinarność oraz różnorodność podejść sprawia, że dyscyplina ta bardzo szybko się zmienia i ewoluuje. Rozwój ten dotyczy także uwzględnienia płci społeczno-kulturowej, której żadna/en szanująca/y się ekonomistka/ta przy konstruowaniu współczesnego modelu teoretycznego lub badawczego nie pominie, mając na uwadze, że jest to kategoria analityczna (a nie tylko zmienna), silnie wpływająca na przyjmowane zasady gospodarowania w danym miejscu i czasie. Ostatecznie nauka jest tylko narzędziem, które może przyczynić się do zmiany społecznej i opisania/stworzenia światów, w których zarówno kobiety, jak i mężczyźni (i inne płcie) pragnęłyby/liby żyć.

Agnieszka Mrozik

GENDER STUDIES W POLSCE: PERSPEKTYWY, OGRANICZENIA, WYZWANIA

W dniach 26–29 listopada 2009 roku odbył się w Słubicach I Akademicki Kongres Feministyczny – inicjatywa mająca na celu prezentację dorobku ośrodków gender studies działających w Polsce od połowy lat 90. minionego stulecia. Najważniejszym punktem imprezy była jednak nie tyle promocja dotychczasowych osiągnięć studiów genderowych w Polsce, ile dyskusja na tematy palące, a niemal zupełnie dotąd nieporuszane: instytucjonalnego zaplecza dla gender studies, miejsca gender studies wśród innych dyscyplin naukowych, wyzwań na poziomie dydaktyki, wypracowania metodologii[1].

Niniejszy tekst stawia sobie za cel nie tyle referowanie przebiegu obrad kongresu czy sprawozdanie z przyjętych ustaleń, ile raczej zebranie i uporządkowanie poruszanych tam zagadnień

---

[1] Regularne dyskusje na temat szans, zagrożeń, wyzwań gender studies w Polsce odbywały się dotychczas jedynie na łamach „Katedry. Pisma Gender Studies UW" (2001–2004), zaś okazjonalnie kwestia ta bywała poruszana w tematycznych (poświęconych problematyce genderowej) numerach pism literacko-kulturalnych, jak „Teksty Drugie" czy „Ruch Literacki". W latach 2006–2011 istniało w Internecie akademickie, feministyczne pismo „uniGENDER" (www.unigender.org), które publikowało artykuły poświęcone problemom gender studies w Polsce.

dotyczących aktualnej kondycji studiów genderowych w Polsce, a przede wszystkim zasygnalizowanie rysujących się przed nimi szans i zagrożeń.

TOWAR DEFICYTOWY

Z zaprezentowanych na kongresie historii aktywności różnych placówek gender studies wyłonił się określony schemat organizacji i model funkcjonowania tych studiów w Polsce, analiza którego usytuowała się w polu szerszej dyskusji na temat kondycji polskiej nauki oraz prowadzonej właśnie reformy szkolnictwa wyższego.

Z poczynionych rozpoznań wynika, że studia genderowe, a zatem studia nad społeczno-kulturową tożsamością płci, są w Polsce studiami podyplomowymi (trwającymi od dwóch do czterech semestrów), płatnymi, organizowanymi najczęściej przy wydziałach nauk społecznych i/lub humanistycznych największych uniwersytetów. Jedynie w ofercie niektórych szkół prywatnych znaleźć można jedno- lub dwustopniowe specjalizacje gender studies na kierunkach kulturoznawczych. Natomiast na większości kierunków humanistycznych i społecznych wyższych szkół publicznych zajęcia poruszające kwestie tożsamości płci, równego statusu kobiet i mężczyzn, mechanizmów kształtowania się i funkcjonowania stereotypów na bazie różnic płciowych, rasowych, klasowych mają charakter fakultatywny i prowadzone są na ostatnich latach studiów.

Ten typ organizowania gender studies w Polsce podyktowany jest kilkoma względami, które z braku miejsca zaledwie sygnalizuję. Po pierwsze, gender studies są w Polsce dyscypliną młodą, która pojawiła się na fali zainteresowania badaczek i badaczy wypracowanymi na Zachodzie narzędziami krytyki feministycznej, jak też wzmagającej się w latach 90. aktywności rodzimych środowisk kobiecych oraz LGBT. Ten związek nauki (badania dyskursu władzy i mechanizmów wykluczenia) oraz polityki (działania na rzecz walki z dyskryminacją mniejszości), z przecięcia których wyrasta gender studies, wywołuje dziś w Polsce silny niepokój. Opór budzi więc idea politycznie zaangażowanego dyskursu naukowego, a przede wszystkim lewicowe korzenie myśli genderowej – w Polsce wyraźnie obciążone negatywnymi konotacjami (do tej sprawy jeszcze wrócę). To niewątpliwie jeden z powodów ostrożnego podejścia władz wyższych uczelni do idei organizowania w murach Akademii wydziałów, instytutów czy nawet mniejszych jednostek zajmujących się badaniem dyskursów równościowych i upowszechnianiem wiedzy na ich temat.

Nie da się też ukryć, że problematyka równouprawnienia płci, ról płciowych i relacji między płciami w społeczeństwie nadal – mimo pewnych rozwiązań ustawowych i licznych kampanii świadomościowych – traktowana jest w naszym kraju z lekceważeniem i nie wykracza poza zestaw kilku podręcznych stereotypów. Stąd tak silna tendencja do marginalizowania zajęć z zakresu gender studies na wydziałach nauk społecznych i humanistycznych (nie wspominając o kierunkach przyrodniczych i technicznych) uczelni publicznych[2].

Jako argument przemawiający za utrzymaniem *status quo*, a więc organizacją gender studies na poziomie studiów podyplomowych i kursów, przywoływany bywa również interdyscyplinarny charakter studiów genderowych, sięgających po narzędzia wypracowane na gruncie literaturoznawstwa, antropologii, filozofii, socjologii, historii, teorii sztuki, psychologii, pedagogiki, pra-

---

[2] Por. też: *Dlaczego warto studiować gender studies? Z prof. Lucyną Kopciewicz rozmawia Jarosław Chabaj*, „Krytyka Polityczna", 5.03.2010: http://bit.ly/1h9VV5F, dostęp: 16.03.2014.

wa, ekonomii; interdyscyplinarność jest przy tym kamyczkiem, który uruchamia całą lawinę problemów. O ile bowiem funkcjonowanie studiów podyplomowych opiera się na „wypożyczaniu" kadry naukowej z poszczególnych wydziałów czy instytutów, to organizacja odrębnych jednostek naukowo-dydaktycznych wymagałaby zgromadzenia określonej liczby samodzielnych pracowników naukowych specjalizujących się w problematyce gender. Brak dyscypliny gender studies w rejestrze nauk utrudnia jednak całą procedurę: pracownicy naukowi/ pracownice naukowe nie mogą zdobywać stopni w dziedzinie gender studies, a to oznacza niemożność spełnienia jednego z podstawowych warunków wymaganych do tworzenia wydziałów i/ lub instytutów gender na uniwersytetach. Paradoksalnie więc z powodu braku określonych rozwiązań ustawowych regulujących tę kwestię gender studies, które stanowić powinny wzór dla reorganizacji poszczególnych jednostek naukowo-dydaktycznych w kierunku inter- i transdyscyplinarności, zakładanych w reformie nauki i szkolnictwa wyższego, nie mają możliwości działać samodzielnie i niezależnie[3].

Należy zauważyć, że niedowład instytucjonalny przekłada się na trudności związane z finansowaniem z budżetu państwa programów nauczania i badań w dziedzinie gender studies (a *de facto* na ich ciągłe niedofinansowanie). Stąd powodzenie realizacji kontrowersyjnych z uwagi na przedmiot badań, jak też niezakotwiczonych instytucjonalnie inicjatyw genderowych zależy wyłącznie od (wysokiego!) czesnego płaconego przez słuchaczy/ słuchaczki i/lub od funduszy unijnych. Odpłatność czyni z gender

---

[3] Por. B. Chołuj, *Dlaczego gender studies?*, „Katedra" 2001, nr 3, s. 4; S. Wenk, *Women's i gender studies w szkolnictwie wyższym w Niemczech*, przeł. Agnieszka Grzybek, „Katedra" 2001, nr 3, s. 32–36.

studies (promujących nie tylko wiedzę na temat funkcjonowania mechanizmów wykluczenia i walki z dyskryminacją, ale też model etyczny zasadzający się na szacunku dla odmienności i respektowaniu praw mniejszości) luksusowe dobro, na które mogą sobie pozwolić nieliczni. Z kolei dotacje unijne umożliwiają wprawdzie przynajmniej częściową obniżkę czesnego, jednak ich przyznanie odbywa się w drodze skomplikowanych procedur biurokratycznych i po spełnieniu szeregu wymogów, między innymi dotyczących oferty edukacyjnej uczelni.

Unijna polityka gender mainstreaming, polegająca na włączaniu perspektywy płci do głównego nurtu działań politycznych, społecznych i ekonomicznych, odbywa się dziś pod hasłem „promowania równości", w którym większy nacisk kładzie się niekiedy na „promocję" niż na „równość". Stąd największym zainteresowaniem (i wsparciem) unijnych grantodawców cieszą się te projekty edukacyjne, które łączą rozwijanie świadomości genderowej z kształceniem umiejętności pracy na rzecz społecznej zmiany: działania na rzecz demokracji oraz wsparcia gospodarki wolnorynkowej. W ten sposób gender studies funkcjonują nie tyle jako autonomiczna dyscyplina – dyskurs wrażliwości społecznej i walki z nierównościami, ile jako atrakcyjny komponent oferty edukacyjnej wielu szkół, które często sprzedają język praw człowieka ubrany w retorykę przedsiębiorczości[4].

Zasygnalizowane wyżej problemy instytucjonalne[5], z którymi mierzą się dziś studia genderowe w Polsce, przyczyniają się znacząco do zniekształcenia, a w niektórych przypadkach do

---

[4] Por. G. Griffin, *Kooptacja czy transformacja? Women's i gender studies na świecie*, przeł. A. Grzybek, „Katedra" 2001, nr 3, s. 18–24.

[5] Więcej na temat instytucjonalnych problemów gender studies pisze Izabela Kowalczyk, *Bezdomne w nauce – o trudnościach związanych z praktykowaniem badań z zakresu gender studies i queer theory*, „Katedra" 2001, nr 3, s. 37–52.

wypaczenia idei gender studies, polegającej na upowszechnianiu wiedzy na temat funkcjonowania mechanizmów wykluczenia, stereotypów ról płciowych, ale też alternatywnych projektów organizacji rzeczywistości społecznej. Wiedza, a wraz z nią wrażliwość i krytyczna refleksja dotycząca istniejącego porządku, która powinna być ogólnie dostępna (włączona do krwiobiegu nauki), staje się towarem luksusowym, elitarnym, którego deficytowość wzmacnia istniejące nierówności intelektualne, kulturowe, społeczne, ekonomiczne.

PUŁAPKI DYSKURSU

W opinii wielu polskich naukowców obojga płci gender studies uchodzą za dyscyplinę wyraźnie zaangażowaną politycznie i społecznie, co stanowić ma wystarczający argument przeciwko krzewieniu tego rodzaju dyskursu w murach Akademii[6]. Wpisana w dyskurs genderowy idea polityczności i aktywnego angażowania się w zmianę zastanej rzeczywistości narusza, zdaniem krytyków, fundamenty nauki, która jest (czy też powinna być) obiektywna i wolna od ideologicznych pokus. Argument to nienowy i bynajmniej niespecyficznie polski: od momentu, gdy u schyłku lat 60. pierwsze ośrodki gender studies pojawiły się w murach zachodnich uczelni, badaczki i badacze problematyki genderowej zmuszeni byli odpierać zarzuty dotyczące ideologicznego charakteru ich aktywności, formułowane najczęściej z pozycji zagrożonego w swej hegemonii dyskursu dominujące-

---

[6] Por. np. A. Kołakowska, *Barykady politycznej poprawności*, „Rzeczpospolita", 29.01.2000; Ł. Konarski, *Gender studies na UG? Dziekan prawa: To ja zakładam ośrodek badań nad pedofilią*, „Gazeta Wyborcza", 16.02.2010: http://bit.ly/1fjmfGq, dostęp 16.03.2014; K. Jaworski, *Czy gender to nauka? Zapytanie do Minister Nauki i Szkolnictwa Wyższego*, 2.01.2014: http://bit.ly/1dNz9fg, dostęp 16.03.2014.

go[7]. Mimo prowadzonych od dziesięcioleci teoretycznych dyskusji problematyzujących kwestie ideologii (m.in. prace Louisa Althussera), władzy dyskursu (m.in. prace Michela Foucaulta), hegemoniczności jednych dyskursów i marginalizacji innych (m.in. prace Antonia Gramsciego), argument o ideologiczności gender studies wciąż działa jako straszak, szczególnie w krajach postkomunistycznych, gdzie rozumienie ideologii jest jednoznaczne i negatywne.

Analiza aktualnych trendów intelektualnych i kierunków rozwoju gender studies pozwala wysnuć przypuszczenie o nasilających się jednak tendencjach do obiektywizacji i neutralizacji dyskursu genderowego. Zjawisko to ma miejsce nie tylko w Polsce, a jego występowanie nie pozostaje bez wpływu na rolę dyskursu genderowego tak w Akademii, jak i poza nią. Jego przyczyn upatrywać należy, po pierwsze, w omówionych wyżej czynnikach zewnętrznych (niedowład instytucjonalny i związane z tym problemy z finansowaniem inicjatyw genderowych z budżetów państw, wymuszające zależność od prywatnych sponsorów i funduszy coraz bardziej profesjonalizującej się Unii Europejskiej oraz światowych organizacji, jak ONZ, Bank Światowy, Międzynarodowy Fundusz Monetarny i tym podobne), po drugie zaś, w ewolucji samej dyscypliny (sygnowanej zmianą nazwy tejże) – w pierwszej fazie, jeszcze jako *women's studies*, śmiało przyznającej się do związków z ruchem feministycznym, a już w kolejnej, właśnie jako gender studies, stopniowo odcinającej się od swych feministycznych korzeni[8].

---

[7] Por. B. Chołuj, *Różnica między women's studies i gender studies*, „Katedra" 2001, nr 1, s. 33.

[8] Por. B. Chołuj, *Różnica między women's studies i gender studies*, dz. cyt., s. 26–33; G. Griffin, *Kooptacja czy transformacja?*, dz. cyt., s. 16–18.

Zmiana nazwy dyscypliny formalnie przypieczętowała proces kształtowania się nowych kierunków rozwoju badań kobiecych, które z archeologicznych (szukanie śladów kobiecej aktywności politycznej, społecznej, ekonomicznej, artystycznej) przekształciły się w krytykę dyskursu reprodukującego nierówności na bazie płci, rasy, klasy, orientacji seksualnej. Zamiast koncentrować się na „kwestii kobiecej" – analizować przyczyny społecznej opresji kobiet i szukać sposobów walki z dyskryminacją względem nich – badaczki i badacze gender studies zajęli się kategorią szeroko rozumianej tożsamości płci: mechanizmami jej konstruowania oraz reprodukcji społecznej, kulturowej i ekonomicznej. Niezwykle inspirujące filozoficzne spory z lat 80. i 90. na temat rozumienia kategorii gender oraz kobiet(y) jako podmiotu feministycznej aktywności politycznej znalazły tym samym odzwierciedlenie w nowej nazwie dyscypliny, wyrażającej jednak również, zdaniem wielu, oddalenie się tejże od korzeni: politycznego i społecznego zaplecza ruchu feministycznego[9].

W stale poszerzających spektrum swoich zainteresowań gender studies „kwestia kobieca" ulega rozdrobnieniu, rozproszeniu, a momentami – rozmyciu. Pogrążone w filozoficznych dywagacjach na temat kobiety-podmiotu, kobiety jako grupa interesów i politycznego nacisku zdają się tracić z oczu cel nadrzędny – wybór metody walki z dyskryminacją w sferze publicznej. Ruch feministyczny bez kobiet jako podmiotu swej politycznej aktywności staje się ruchem zbędnym, który, by przetrwać, musi wchodzić w koalicje z ruchami działającymi na

---

[9] Por. np. M. Evans, *The Problem of Gender for Women's Studies*, [w:] *Out of the Margins: Women's Studies in the Nineties*, red. J. Aaron, S. Walby, Falmer Press, London 1991, s. 67–74; *Surviving the Academy: Feminist Perspectives*, red. D. Malina, S. Maslin-Prothero, Falmer Press, London 1998.

rzecz innych mniejszości[10]. Owo „gubienie" kobiet, a co za tym idzie, gubienie związków z ruchem feministycznym jako polityczną inicjatywą na rzecz ich praw, jest dziś, w opinii sceptyków, najsłabszym punktem gender studies: przeteoretyzowanie (widoczne na Zachodzie od schyłku lat 80.) zamyka je w Akademii niczym w wieży z kości słoniowej, neutralizując jednocześnie siłę ich społeczno-politycznego oddziaływania[11].

Kwestie te stały się przedmiotem dyskusji również w Słubicach, gdzie oprócz przedstawicielek i przedstawicieli akademickich gender studies, pojawiły się także reprezentantki feministycznych organizacji pozarządowych. To one zwróciły uwagę na pogłębiający się dystans i rozluźnienie współpracy między feministkami akademickimi i działaczkami społecznymi, nasilającą się profesjonalizację dyskursu genderowego w Polsce tak w jego wydaniu uniwersyteckim, jak i sektora pozarządowego. Utrzymujący się od lat na Zachodzie podział na feminizm teoretyczny i praktyczny dotarł, ich zdaniem, również nad Wisłę, doprowadzając do impasu, wskutek którego tracą obie strony: organizacjom feministycznym wykonującym żmudną „pracę

---

[10] Głosy w dyskusji na ten temat referuje m.in. J. Mizielińska, *(De)konstrukcje tożsamości. Podmiot feminizmu a problem wykluczenia*, słowo/obraz terytoria, Gdańsk 2004.

[11] Najgłośniej ów sceptyczny głos wybrzmiał w książce D. Patai, N. Koertge, *Professing Feminism: Cautionary Tales from the Strange World of Women's Studies*, Basic Books, New York 1994. Nie można jednak lekceważyć wkładu akademickich gender studies w wypracowywanie „instrumentarium potrzebnego do analizy zjawisk społeczno-politycznych, tekstów, dzieł sztuki". A. Titkow, *Gender jako źródło instrumentarium badawczego*, „Katedra" 2001, nr 3, s. 7. Nie sposób też nie docenić krytycznego potencjału gender studies, którego ostrze zwrócone jest przeciwko dyskursom władzy wewnątrz Akademii. Por. *Feminist Academics: Creative Agents for Change*, red. L. Morley, V. Walsh, Routledge, London 1995; J. Kochanowski, *Wiedza, uniwersytet i radykalna demokracja*, „uniGENDER" 2006, nr 1 (2).

u podstaw" brakuje narzędzi opisu i krytycznej analizy zastanej rzeczywistości, z kolei akademickie gender studies dysponujące rozbudowanym instrumentarium analitycznym zdają się tracić żywy kontakt z badaną rzeczywistością.

Stąd w dyskusjach poświęconych kwestiom instytucjonalnym pojawiła się myśl, by znaleźć dla gender studies miejsce w „przestrzeni pomiędzy": poza murami Akademii, bliżej grup nieformalnych, z których wyszedł ruch społeczny i myśl krytyczna – krytyczna także wobec struktur uniwersyteckich funkcjonujących często jako podpora dominującego (patriarchalnego) porządku. Organizacja gender studies w przestrzeni poza-, ale jednak okołoakademickiej mogłaby przynieść ukojenie wspomnianych wyżej bolączek, z którymi dyskurs genderowy boryka się od pewnego czasu: przyzwolenie na jego społeczno-polityczne zaangażowanie, akceptację jego antyautorytarnego charakteru (przejawiającego się m.in. w niezgodzie na hierarchiczność relacji, depersonalizację i wiele innych form przemocy obecnych na uniwersytecie) oraz afirmację otwartości (widoczną chociażby w niewypracowaniu dotychczas kanonu genderowych lektur, interpretacji czy inspiracji)[12].

Pytanie, czy i jak zorganizowane w ten sposób gender studies wpisałyby się w kurs bieżącej polityki społecznej (w tym w paradygmat produkowania i upowszechniania wiedzy), pozostaje otwarte, jednak sama koncepcja niewątpliwie zasługuje na uwagę realizatorów prowadzonej aktualnie reformy nauki i szkolnictwa wyższego.

---

[12] Por. b. hooks, *Margines jako miejsce radykalnego otwarcia*, przeł. E. Domańska, „Literatura na Świecie" 2008, nr 1–2, s. 108–117.

PRAKTYKA KRYTYCZNA – KRYTYKA PRAKTYKI

Od początku inspirowane psychoanalizą, poststrukturalizmem, marksizmem, studiami postkolonialnymi gender studies dość szybko stały się równorzędnym partnerem dla tych dobrze już osadzonych w nauce teorii: kategoria gender, włączona do instrumentarium badawczego, stała się narzędziem, bez którego analiza zjawisk społeczno-politycznych oraz różnych tekstów kultury (literatura, film, sztuka) jest dziś niemożliwa[13]. Wewnętrzne zróżnicowanie i bogactwo perspektyw studiów genderowych zaowocowało również wielością nowych teorii, które – choć pod wspólnym szyldem gender studies – zyskują coraz większą autonomię: obok badań nad kobietami (*women's studies*)[14] rozwijają się dziś także studia nad mężczyznami (*men's studies*)[15] oraz mniejszościami seksualnymi (*gay/lesbian studies*)[16]. Na osobną uwagę zasługują *queer studies*[17], które zajmują

[13] Por. I. Iwasiów, *Gender dla średnio zaawansowanych*, W.A.B., Warszawa 2004, s. 12–27; A. Łebkowska, *Gender – dylematy badacza literatury*, „Ruch Literacki" 2005, z. 6, s. 525–537.

[14] Ten typ badań jest w Polsce szczególnie rozpowszechniony w dziedzinie nauk humanistycznych. W pracach z historii (np. seria „Kobieta i…", red. A. Żarnowska, A. Szwarc), antropologii (np. książka Grażyny Kubicy o „siostrach Malinowskiego") czy literaturoznawstwa (prace Grażyny Borkowskiej, Krystyny Kłosińskiej, Bożeny Umińskiej, Anety Górnickiej-Boratyńskiej, Agaty Chałupnik) odbywa się rewizja kanonu pod kątem analizy przyczyn nieobecności i tropienia śladów obecności w nim twórczości kobiet.

[15] W Polsce są to prace m.in. Zbyszko Melosika, Krzysztofa Arcimowicza, Katarzyny Wojnickiej.

[16] W Polsce są to prace m.in.: Błażeja Warkockiego, Krzysztofa Tomasika, Jacka Kochanowskiego, Samuela Nowaka, Agnieszki Weseli, Anny Laszuk. *Lesbian studies* znalazły dla siebie przestrzeń na łamach „Furii Pierwszej" (1997–2000), reaktywowanej w 2009 roku.

[17] W Polsce tą problematyką zajmują się m.in. Tomasz Basiuk, Joanna Mizielińska, Ewa Majewska, Mateusz Skucha.

się badaniem różnicy seksualnej, pożądania, dekonstrukcją norm seksualnych. Fundują one – w oparciu o prace Judith Butler, Eve Kosofsky-Sedgwick czy Michela Foucaulta – dyskurs nietożsamościowy, czy – mocniej – antytożsamościowy, w obrębie którego dokonuje się „destabilizacja znaczeń takich słów jak «kobiecość», «męskość», «homoseksualność», «heteroseksualność»"[18].

W polskich badaniach genderowych, rozwijających się coraz prężniej mimo wielu trudności, również zachodzą zasygnalizowane wyżej przemiany i procesy rozwoju. Dzieje się to wyjątkowo dynamicznie, gdyż polskie gender studies w krótkim czasie przyswajają sobie osiągnięcia – przede wszystkim zachodnich – studiów genderowych. Prozachodnia orientacja to zresztą jeden z podstawowych zarzutów pod adresem rodzimych gender studies, formułowany tak przez polskich naukowców pracujących w zagranicznych ośrodkach naukowych jak i slawistów cudzoziemców.

Sedno krytyki dotyczy nie tylko lekceważenia przez polskich badaczy i badaczki gender i queer perspektywy wschodniej, ale też powierzchownej recepcji teorii zachodnich – zwłaszcza angloamerykańskich i francuskich, które najwcześniej i najmocniej odcisnęły swe piętno na polskich gender i *queer studies*. Halina Filipowicz zwraca uwagę na płytkie i bezkrytyczne przeszczepianie na polski grunt koncepcji zachodnich, bez uwzględniania kontekstu społeczno-kulturowego, w którym powstały, jak też sporów i polemik, które toczą się wokół nich w macierzystych kręgach językowych. Za przykład podaje recepcję teorii Judith Butler: przyjmowana w Polsce za „pewnik niebudzący żadnych wątpliwości" jej koncepcja płci jako „nieustannego performansu"

---

[18] M. Skucha, *Męski artefakt i tajemniczy poeta. Wokół teorii queer*, „Teksty Drugie" 2008, nr 5, s. 29–30.

w amerykańskich gender studies od dwudziestu lat jest przedmiotem sporów i polemik jako ta, która „usuwa z pola widzenia problem podmiotu dokonującego konkretnych wyborów w konkretnej sytuacji historycznej"[19].

Zarówno Filipowicz (polska badaczka od lat związana w uniwersytetami zachodnimi), jak i German Ritz (szwajcarski slawista) zauważają wtórność i kostnienie polskiego dyskursu genderowego, który wciąż usiłuje adaptować narzędzia wypracowane na Zachodzie do analizy polskich uwarunkowań społecznych, kulturowych, ekonomicznych, historycznych, nieśmiało (lub wcale) kusząc się o tworzenie teorii, które mogłyby posłużyć za inspirację dla badań (nie tylko) zachodnich. Filipowicz ubolewa nad zamknięciem polskich gender studies na koncepcje rozwijane przez polskich badaczy pracujących za granicą. Zwraca uwagę na niedocenianie tych prac, których podwójna perspektywa badawcza jest przecież wyjątkowo cenna: poszerzając horyzont poszukiwań, nie zrywają one bowiem z polskim kontekstem społeczno-kulturowym. Jej zdaniem nawiązanie pełniejszego dialogu i współpracy między badaczami w kraju i za granicą mogłoby nie tylko usprawnić proces upowszechnienia stanu polskich badań genderowych poza granicami Polski, ale przede wszystkim zainicjować bardziej ożywioną dyskusję nad metodologią gender studies, na czele z kategorią gender jako podstawowym narzędziem tego instrumentarium analitycznego.

W Polsce, gdzie inicjatywy genderowe pojawiły się najpierw na kierunkach literaturo- i kulturoznawczych[20], przyjęło się rozu-

---

[19] H. Filipowicz, *Pułapki, paradoksy i wyzwania gender studies*, „Ruch Literacki" 2009, z. 2, s. 107.
[20] W Polsce gender studies są nadal najsłabiej umocowane na gruncie nauk technicznych oraz matematyczno-przyrodniczych, uchodzących nie tylko za „męskie dyscypliny naukowe", ale też takie, które produkują wiedzę obiektywną, ekspercką,

mieć gender jako tożsamość społeczno-kulturową płci i badać jej kulturowe reprezentacje. Dyskurs genderowy, inspirowany przede wszystkim teoriami psychoanalitycznymi i poststrukturalistycznymi, skoncentrował się wokół ciała, seksualności, pożądania, języka. Mniej uwagi poświęcano natomiast warunkom, w których gender jest konstruowany, relacjom, w które wchodzi, jego przekształceniom na przestrzeni dziejów pod wpływem różnych czynników: geograficznych, społecznych, ekonomicznych[21]. Jak zauważa Filipowicz, „w poststrukturalistycznie zorientowanych gender studies powstają prace, które osiągają fantastyczny wręcz poziom abstrakcji, nie oferując niczego, co jest niezbędne dla zrozumienia konkretnej, historycznej rzeczywistości"[22].

W ostatnim czasie ta sytuacja zaczęła się jednak zmieniać, między innymi pod wpływem studiów postkolonialnych, które stały się impulsem do rozpoczęcia w Polsce badań nad splotem kategorii gender i narodowych heterostereotypów[23]. Zdaniem Ritza

---

apolityczną, a zatem wolną od „pułapek" dyskursu nauk humanistycznych. Niestety, słaba obecność perspektywy genderowej w tych dyscyplinach grozi produkcją wiedzy, która rozmija się z realnymi potrzebami społeczeństwa. Dobrym przykładem jest tu ekonomia, wciąż w niewielkim stopniu uwzględniająca zmienną „płeć" m.in. w planach budżetowych, w których środki kierowane do sektorów opiekuńczych, takich jak służba zdrowia, edukacja czy opieka społeczna (tradycyjnie kojarzonych z tym, co kobiece), są wyraźnie mniejsze od tych przeznaczanych na wojsko, zbrojenia (tradycyjnie kojarzonych z tym, co męskie). Trzeba jednak podkreślić, że w ostatnich latach w programach gender studies pojawiły się zajęcia z ekonomii feministycznej, organizowane są także warsztaty, seminaria i konferencje, co może wskazywać na stopniowe otwieranie się studiów gender w Polsce na problematykę ekonomiczną i powolne odrabianie zaległości na tym polu.

[21] Por. J. W. Scott, *Gender jako przydatna kategoria analizy historycznej*, przeł. A. Czarnacka, „Biblioteka Online Think Tanku Feministycznego", 2009, http://bit. ly/QfTQvo, dostęp 16.03.2014.

[22] H. Filipowicz, *Pułapki, paradoksy i wyzwania gender studies*, dz. cyt., s. 105.

[23] Por. np. M. Janion, *Niesamowita Słowiańszczyzna. Fantazmaty literatury*,

zainteresowanie miejscem krzyżowania się kategorii narodu, płci i seksualności to dla polskich gender studies szansa na przerwanie intelektualnej stagnacji i wypracowanie koncepcji uwzględniających lokalną „specyfikę": historyczną, geograficzną, polityczną[24].

Hasło „polityka umiejscowienia", które jakiś czas temu za sprawą eseju Adrienne Rich[25] zrobiło karierę na Zachodzie, zaczyna być dziś coraz śmielej powtarzane także w Polsce. Miejsce oznacza przy tym nie tylko punkt na mapie świata, gdzie występuje określony rodzaj analizowanych nierówności, ale przestrzeń, w której społeczne konstrukty, takie jak gender, rasa, klasa, doświadczenie, tożsamość, ciało, władza, rynek są kształtowane i reprodukowane; to miejsce krzyżowania się różnych mechanizmów opresji. Stąd w najnowszych pracach, inspirowanych powracającymi do łask teoriami marksistowskimi, pojawiają się ujęcia gender jako praktyki dyskursywnej będącej wytworem relacji władzy, a także różnicy płci jako matrycy reprodukowania stosunków dominacji[26]. Pozwalają one lepiej zrozumieć mechanizmy dyskursu władzy po to, by odszukać wpisane weń punkty oporu, zapowiedź opozycyjnej strategii: alternatywne projekty identyfikacyjne, inne niż istniejące koncepcje organizacji rzeczy-

Wydawnictwo Literackie, Kraków 2006; B. Umińska-Keff, *Barykady. Kroniki obsesyjne*, eFKa, Kraków 2006; A. Graff, *Rykoszetem. Rzecz o płci, seksualności i narodzie*, W.A.B., Warszawa 2008.

[24] Por. G. Ritz, *Granice i perspektywy gender studies*, przeł. Małgorzata Łukasiewicz, [w:] *Gender w humanistyce*, red. M. Radkiewicz, Rabid, Kraków 2001, s. 213–222; G. Ritz, *Gender studies dziś. Budowanie teorii i wędrowanie teorii*, „Teksty Drugie" 2008, nr 5, s. 9–15.

[25] A. Rich, *Zapiski w sprawie polityki umiejscowienia*, przeł. W. Chańska, „Przegląd Filozoficzno-Literacki" 2003, nr 1, s. 31–48.

[26] Por. np. M. Barrett, *Words and Things: Materialism and Method in Contemporary Feminist Analysis*, [w:] *Destabilizing Theory: Contemporary Feminist Debates*, red. M. Barrett, A. Phillips, Polity Press, Cambridge 1992, s. 201–219.

wistości społecznej. To właśnie w tego rodzaju pracach obserwuje się powrót do korzeni gender studies jako projektu krytycznego wobec panujących stosunków władzy i zaangażowanego w ich zmianę[27].

POSTSCRIPTUM: GENDER JEST DLA LUDZI

Od momentu, gdy sformułowałam główne tezy niniejszego tekstu, minęły cztery lata[28]. A jednak tezy te wciąż wydają się aktualne. Co więcej, tocząca się od jesieni 2013 roku dyskusja na temat „ideologii gender" dowodzi, że stają się dziś one naglącym postulatem działania mającego na celu trwałe osadzenie badań i studiów genderowych w polskim systemie nauki i oświaty.

Szczególnie paląca wydaje się kwestia instytucjonalizacji gender studies w Polsce – podjęcia starań o wpisanie studiów gender do rejestru nauki i uznanie ich za dyscyplinę naukową. To krok kluczowy, bo przekładający się na pieniądze – uzyskanie finansowania z budżetu państwa, które umożliwia prowadzenie samodzielnych, ciągłych badań naukowych, a także organizowanie zespołów naukowych nie (wyłącznie) wokół doraźnych projektów, ale całościowych programów badawczych i dydaktycznych.

---

[27] Por. np. J. Acker, *Rewriting Gender and Class. Problems of Feminist Rethinking*, [w:] *Revisioning Gender*, red. M. M. Ferree, J. Lorber, B. B. Hess, Sage, Thousand Oaks 2000, s. 44–69; R. Johnson, *Gender, Race, Class, and Sexual Orientation: Theorizing the Intersections*, [w:] G. MacDonald, R. L. Osborne, Ch. C. Smith, *Feminism, Law, Inclusion. Intersectionality in Action*, University of Toronto Press, Toronto 2005, s. 21–37. Wiele polskich artykułów, raportów i analiz pisanych z tej perspektywy można znaleźć w Bibliotece Online Think Tanku Feministycznego, http://bit.ly/1hs119I, dostęp 16.03.2014.

[28] Pierwsza wersja tego tekstu pt. *Gender Studies in Poland: Prospects, Limitations, Challenges* ukazała się w piśmie „Dialogue and Universalism" 2010, nr 5–6, s. 19–29.

Spór o „ideologię gender" – nie tylko samą kategorię gender, ale także istnienie ośrodków badań nad gender i nauczania o gender – pokazuje, że obecne funkcjonowanie badań i studiów genderowych w Polsce opiera się na chybotliwych podstawach. Była już mowa o tym, że finansowanie podyplomowych gender studies z pieniędzy słuchaczek i słuchaczy uzależnia ich istnienie od popytu na tego rodzaju wiedzę (a w czasie, gdy bezrobocie jest wysokie, a pensje pracowników często stoją w miejscu lub rosną wolno, nie jest to wiedza, w zdobycie której inwestuje się w pierwszej kolejności). Z kolei finansowanie badań naukowych uwzględniających perspektywę gender przede wszystkim z grantów sprzyja tworzeniu projektów krótkoterminowych, doraźnych (odpowiadających często na bieżące zapotrzebowanie ekonomiczne i społeczne), wokół których budowane są naukowe zespoły działające głównie zadaniowo, z pracownikami zatrudnianymi niestabilnie, bo wyłącznie na czas trwania projektu[29]. Nie tylko nie pomaga to w wypracowaniu ciągłości i trwałości badań genderowych, zbudowaniu długoterminowej strategii naukowej i dydaktycznej, ale wręcz grozi uzależnieniem możliwości podjęcia i prowadzenia tego rodzaju badań od jednego tylko i niestabilnego w gruncie rzeczy źródła finansowania: granty przyznawane są przecież przez instytucje państwowe, na które różne podmioty usiłują wywierać formalne i nieformalne naciski polityczne, co może się przekładać na konkretne decyzje finansowe.

Jako próbę wywarcia takiego nacisku na Ministerstwo Nauki i Szkolnictwa Wyższego odczytywać można list senatora Polski Razem Krzysztofa Jaworskiego z 2 stycznia 2014 roku, w któ-

---

[29] Oczywiście nie jest to problem wyłącznie gender studies, ale całego systemu finansowania nauki i szkolnictwa wyższego w Polsce. Por. np. *Uniwersytet i emancypacja*, pod red. M. Trawińskiej i M. Maciejewskiej, Interdyscyplinarna Grupa Gender Studies, Wrocław 2012: http://bit.ly/1pyF4Ks, dostęp 18.03.2014.

rym pojawiło się zapytanie o „naukowość" studiów gender oraz sposób ich finansowania[30]. W odpowiedzi z 10 stycznia 2014 roku minister nauki i szkolnictwa wyższego prof. Lena Kolarska-Bobińska zarysowała naukowy profil studiów gender, a także nakreśliła krótko historię rozwoju badań genderowych na świecie. Odnosząc się do pytania o źródła finansowania, minister podkreśliła, że gender studies jako studia podyplomowe utrzymywane są w Polsce z czesnego wpłacanego przez słuchaczki i słuchaczy, zaś środki na badania naukowe z komponentem gender pochodzą przede wszystkim z funduszy unijnych (m.in. w ramach programu „Horyzont 2020", gdzie „dla bloku tematycznego poświęconego wyzwaniom społecznym sięgają one 30 mld euro")[31]. Głos ministerstwa jest ważny, bo pokazuje, że usiłuje ono stać z boku bieżących rozgrywek politycznych, nie poddawać się im, jednak z drugiej strony trudno nie zauważyć, że jest to głos zachowawczy, w istocie sankcjonujący *status quo*.

Podważeniu owego *status quo* nie sprzyja z pewnością brak (zdecydowanych) działań środowiska badaczek i badaczy gender na rzecz instytucjonalizacji gender studies w Polsce. II Akademicki Kongres Feministyczny, zorganizowany w Krakowie w dniach 26–28 września 2011 roku pod hasłem „Jak feminizm zmienił polską naukę?", nie zainicjował ruchu, który mógłby doprowadzić do trwałego osadzenia badań genderowych w systemie polskiej nauki i szkolnictwa. Zamiast przekształcić się w platformę działania na rzecz włączenia dyskusji o gender studies w szerszą debatę poświęconą polskiej nauce i szkolnictwu w dobie prowadzonych reform, II AKF skoncentrował się na zaprezentowaniu

---

[30] K. Jaworski, *Czy gender to nauka?*, dz. cyt.

[31] *Stanowisko MNiSW w sprawie zajęć i badań dotyczących gender na uczelniach*, 14.01.2014: http://bit.ly/1fjmTng, dostęp 17.03.2014.

zwieńczonych sukcesem inicjatyw genderowych i feministycznych w nauce pomimo napotykanych po drodze barier instytucjonalnych i finansowych. Organizowane obecnie, jako rodzaj odpowiedzi na prowadzoną od miesięcy kampanię przeciwko „ideologii gender", seminaria i konferencje naukowe podążają w podobnym kierunku – prezentowania wyników wieloletnich badań genderowych w Polsce, które udało się zrealizować bez stałego zaplecza instytucjonalnego, zamiast opracowywania spójnej i konsekwentnej strategii na rzecz instytucjonalizacji gender studies w Polsce[32], zapewniającej trwałość i ciągłość badań genderowych niezależnie od czynników zewnętrznych.

Instytucjonalizacja wydaje się kluczowa także z innego powodu: chodzi o to, by wiedza na temat gender, mająca uznany i potwierdzony status naukowy, mogła być włączana w system edukacji jak najwcześniej, a zatem uwzględniana przy tworzeniu podstaw programowych, programów nauczania, podręczników szkolnych od szkoły podstawowej czy nawet przedszkola. Współdziałanie środowisk naukowych oraz nauczycielskich jest konieczne, jeśli chcą one, by wiedza na temat gender, czyli społeczno-kulturowej tożsamości płci, przestała być wiedzą elitarną – zdobywaną za pieniądze na wyższych poziomach edukacji – a stała się wiedzą powszechną, dostępną dla wszystkich już od najmłodszych lat, a tym samym wiedzą użyteczną społecznie, bo służącą objaśnianiu świata i zachodzących w nim przemian[33]. Chodzi więc o wychodzenie z wiedzą o gender do społeczeństwa,

---

[32] Por. np. Konferencja „Jak uczyć o gender? Gender Studies, ścieżki kształcenia i specjalizacje", Wydział Ekonomiczno-Socjologiczny Uniwersytetu Łódzkiego, 13 marca 2014: http://bit.ly/P115WS, dostęp 17.03.2014.

[33] Por. *Oczekujemy jednoznacznego wsparcia nauczycielek i nauczycieli prowadzących edukację równościową*, Feminoteka, 22.10.2013, http://bit.ly/1juUPVj, dostęp 17.03.2014.

bo jest ona częścią wiedzy o społeczeństwie. Im więcej wysiłku włoży się dzisiaj w stworzenie fundamentów nauki i szkolnictwa, których nieodzownym komponentem będzie kategoria gender, tym mniej energii zużywać się będzie w przyszłości na udział w polityczno-medialnych spektaklach z gender jako „wiedzą tajemną" w roli głównej.

Łukasz Skoczylas

KRYZYS MĘSKOŚCI. UJĘCIA TEORETYCZNE

WPROWADZENIE

Kryzys męskości to sformułowanie modne i coraz częściej pojawiające się w mediach. Czy rzeczywiście można uznać kryzys męskości za fakt społeczny? A jeśli, to czym on jest i czego tak naprawdę dotyczy? Zadaniem tego tekstu jest wyróżnienie występujących najczęściej w literaturze przedmiotu sposobów rozumienia kryzysu męskości.

Pierwszy z nich wiąże kryzys męskości z dyskomfortem odczuwanym przez mężczyzn w związku z obowiązywaniem dwóch diametralnie różnych wzorców: tradycyjnego i współczesnego, związanego z feminizmem liberalnym. Drugie stanowisko dostrzega źródła kryzysu męskości w kryzysie heteroseksualizmu i jego dominującej pozycji w kulturze. Trzecie podejście uznaje, że obserwowane obecnie zmiany są tak naprawdę dowodem na zanik męskości. Niezależnie od tego, czy autorzy mówią o tym wprost, czy też nie, ten tok rozumowania prowadzi do jednoznacznego wniosku: różnice między płciami kulturowymi zamazują się coraz bardziej i zdążają ku całkowitej unifikacji. I wreszcie ostatnie, czwarte podejście, które kryzysu męskości w ogóle nie dostrzega. Celem niniejszego tekstu jest próba wyróżnienia charakterystycznych cech każdego z tych ujęć, a poprzez to – zestawienie ich ze sobą.

Kryzys rozumiany tutaj będzie jako sytuacja rozwojowa, moment przełomowy pomiędzy dwoma odmiennymi stanami jednego systemu, w tym przypadku systemu znaczeń, któremu zwykliśmy nadawać nazwę „męskości". Są autorzy, którzy piszą w tym kontekście o wielu różnych kryzysach, rozciągniętych na przestrzeni dziejów. I tak na przykład Bryce Traister w samym wieku XX wyróżnia cztery różne kryzysy męskości, przypadające na czas rozwoju niemego kina, okres wielkiego kryzysu ekonomicznego, następnie na lata zaraz po drugiej wojnie światowej, a w końcu na okres tak zwanej drugiej fali feminizmu, czyli na lata 80.[1]. Sylwia Cieniuch pisze natomiast o kryzysach męskości w XVII i XVIII wieku we Francji i w Anglii. Twierdzi ona, iż kryzysy „rodziły się w krajach, w których istniała wyrafinowana cywilizacja i gdzie kobiety cieszyły się względnie dużą swobodą. Wyrażały, tak jak teraz, potrzebę zmiany dominujących wartości i były wynikiem przewrotów ideologicznych, ekonomicznych i społecznych"[2]. Takie przedstawienie omawianej kwestii może sprawić, iż zaczniemy postrzegać kryzys męskości jako stan niemal permanentny, obecny w historii od lat. Patrząc z punktu widzenia historii stosunków między mężczyznami a kobietami, moment przełomowy, kryzys, trwać może znacznie dłużej niż czas życia jednego człowieka. W tym miejscu skupię się tylko na tych zmianach, które zaszły w ciągu ostatnich kilku dziesięcioleci i które dzięki temu są dobrze widoczne dla współczesnego człowieka. Tutaj jednak pojawić się musi kolejna refleksja dotycząca zastosowanej terminologii. Jeżeli bowiem spróbujemy postrze-

---

[1] B. Traister, *Academic viagra: The rise of American masculinity studies*, [w:] „American Quarterly" 2000, t. 52 nr. 2, s. 288.

[2] S. Cieniuch, *Kryzys męskości jako zmiana tradycyjnego paradygmatu*, [w:] A. Radomski, B. Truchlińska (red.), *Męskość w kulturze współczesnej*, Wydawnictwo Uniwersytetu Marii Curie-Skłodowskiej, Lublin 2008, s. 71.

gać kryzys męskości tylko w kategoriach zmiany, bez nadania mu jakichkolwiek negatywnych odniesień, szybko natrafimy na pułapkę znaczeniową. Innych procesów towarzyszących zmianom męskości nie określa się najczęściej mianem „kryzysu". Sformułowania typu „kryzys kobiecości" występują niezwykle rzadko, a przecież kobiecość uległa w XX wieku prawdopodobnie nawet większym przemianom niż męskość. Należy więc stwierdzić jednoznacznie, iż kryzys męskości jest postrzegany – poza nielicznymi wyjątkami[3] – negatywnie, jako utrata przez mężczyzn ich psychicznej i charakterologicznej esencji lub, w wersji bardziej przychylnej obecnym przemianom, jako poczucie tożsamościowego zagubienia i niepewności charakteryzujące dużą część współczesnych mężczyzn.

MĘSKOŚĆ TRADYCYJNA I NOWA MĘSKOŚĆ

Pierwszy sposób rozumienia omawianego pojęcia dotyczy tworzenia nowego obrazu męskości oraz sprzeciwu pewnych środowisk wobec tego procesu. Za początek zorganizowanego sprzeciwu uznać można lata 70. XX wieku, kiedy w kulturze zachodniej pojawiły się postulaty odbudowy tradycyjnej męskości i jej autorytetu. Miały one różny charakter – od namawiania młodych mężczyzn do psychologicznego zerwania zbyt ścisłych związków z matką[4] do zorganizowanych ruchów opierających głoszone przez siebie tezy na dogmatach wiary chrześcijańskiej. Przykładem takiego ruchu mogą być Dotrzymujący

---

[3] Na przykład wspomnianej wyżej Sylwii Cieniuch, która pisze, iż „kryzys nie jest bowiem ostateczną klęską, patologią, ale sytuacją rozwojową i tak trzeba go traktować", a wcześniej: „Nie jest to jednak kryzys męskości jako takiej (co jest logicznie niemożliwe)", dz. cyt., s. 70.

[4] D. Zaworska-Nikoniuk, *Wzory kobiecości i męskości w polskiej prasie dla kobiet XXI wieku*, Wydawnictwo Adam Marszałek, Toruń 2008, s. 82–96.

Obietnicy (*Promise Keepers*), ruch skupiający amerykańskich mężczyzn protestantów, których celem jest godne pełnienie funkcji głowy rodziny oraz spełnianie obietnic złożonych żonie i dzieciom. Choć z początku postrzegano ten ruch jako jednoznacznie antyfeministyczny i homofobiczny, wiele badań podkreśla wewnętrzne zróżnicowanie zasad wyznawanych przez członków *Promise Keepers*[5].

Cały ruch i zespół idei stawiający opór feminizmowi nazywany jest *backlashem*; warto zwrócić uwagę, iż historycznie nałożył on się w dużej mierze na konserwatywny zwrot w społeczeństwie amerykańskim, charakteryzujący rządy prezydenta Reagana. Nawoływanie do odnowienia tradycyjnej męskości można jednak usłyszeć także poza Stanami Zjednoczonymi, również w naszym kraju. Podobnie jak w USA dążenie do przywrócenia starych norm męskości związane jest w Polsce z przekonaniami religijnymi. W swojej pracy na temat ojcostwa Anna Krajewska wymienia kilka książek napisanych „albo przez księży, albo przez osoby świeckie wyraźnie deklarujące w tekście swój katolicki światopogląd"[6], z których dowiedzieć można się między innymi, że: „wypierając mężczyzn z ich ról, kobiety sprawiają, że mężczyźni coraz gorzej realizują swoje «naturalne funkcje», a nawet się z nich wycofują", „mężczyzna jest predysponowany do podejmowania decyzji, bo obiektywnie przychodzi mu to z większą łatwością, w kobiecie fale hormonalne związane z cyklem płodności powodują pewną niestabilność psychiczną", a młodociani przestępcy wstępują na

---

[5] S. Gallagher, S. Wood, *Godly manhood going wild? Transformations in conservative protestant masculinity*, [w:] „Sociology of Religion" 2005, t. 66 nr. 2, s. 137–142.

[6] A. Krajewska, Konteksty ojcostwa, [w:] M. Fuszara (red.), *Nowi mężczyźni? Zmieniające się modele męskości we współczesnej Polsce*, Trio, Warszawa 2008, s. 106.

nieakceptowaną społecznie drogę w męskim proteście przeciw dominacji kobiet[7]. Autorka ze zdziwieniem stwierdza, że prace te „afirmują tradycyjny układ ról rodzinnych w sposób bardziej radykalny niż jakiekolwiek inne znalezione (…) prace, w tym te pochodzące sprzed 30 lat"[8].

Z ruchami *backlashu* wiążą się także przekonania o obiektywnie gorszym statusie mężczyzn we współczesnym społeczeństwie. Jako przykład sympatycy tradycyjnej męskości podają sytuację, gdy kobieta uwodzi mężczyznę, a następnie oskarża go o gwałt, oraz sytuacje ojców, którym sądy utrudniają opiekę nad dzieckiem po rozwodzie z jego matką. Kolejnymi dowodami na dominację kobiet jest ich zwolnienie z obowiązku służby wojskowej oraz zasada mówiąca o regulowaniu kosztów wspólnego spędzania czasu, które zwykle spadają tylko na barki mężczyzny[9].

Równolegle do wymienionych wyżej ruchów i ideologii sprzeciwu wobec feminizmu, istnieją męskie organizacje, które za cel zakładają sobie propagowanie jego ideałów, tworzenie nowej męskości i wzajemne pomaganie sobie w walce z opresyjnymi normami męskości hegemonicznej. W Stanach Zjednoczonych istnieją liczne zorganizowane grupy mężczyzn wspierających liberalny nurt feminizmu, w Polsce działa między innymi grupa dyskusyjna „Feminiści – mężczyźni na rzecz równości", mająca w dniu 17.04.2011 dwustu pięćdziesięciu członków[10]. Poglądy Tomasza Felczaka, założyciela listy, wydają się reprezentatywne: „Mężczyzna powinien odpowiadać za swoje

---

[7] Tamże, s. 106–109.

[8] Tamże, s. 110.

[9] C. Renzetti, D. Curran, *Kobiety, mężczyźni i społeczeństwo*, przeł. A. Gromkowska-Melosik, Wydawnictwo Naukowe PWN, Warszawa 2008, s. 34–35.

[10] http://groups.yahoo.com/group/feminisci/.

seksistowskie zachowania i postawy, żeby zmienić patriarchalny wzorzec męskości. Przecież on ogranicza i kobiety, i mężczyzn"[11]. Należy jednak podkreślić, że tego typu grupy nie opowiadają się przeciwko istnieniu różnic genderowych, ale „domagają się rozpowszechniania nowego wzoru męskości"[12]. O ile nowa męskość jest krytykowana przez tradycjonalistów jako zniewieściała, o tyle feminiści uważają mężczyznę tradycyjnego za istotę podobną do zombie – niekomunikatywną, zamkniętą w sobie, niezdolną do wchodzenia w głębokie związki międzyludzkie, pozbawioną życia wewnętrznego, sfrustrowaną i z tego powodu uciekającą się do przemocy[13].

Istnienie dwóch diametralnie różnych i konkurencyjnych wobec siebie wzorców męskości wpływa negatywnie na tożsamość współczesnego mężczyzny. Idealnym mężczyzną staje się człowiek, który jest męski w starym i w nowym tego słowa znaczeniu. Spełnienie jednak obydwu wymogów jest niemożliwe, trzeba więc albo grać różne role wobec różnych osób (co wiąże się z dodatkowymi problemami i skutkuje wzrostem niepewności), albo pogodzić się z trwałym pęknięciem tożsamości, jej „otwartością"[14]. W kontekście istnienia podwójnych standardów męskości Tomasz Szlendak pisze o „szklanej podłodze"[15], odwróceniu metaforycznej sytuacji kobiet, które w swojej karierze natrafiają na „szklany sufit", uniemożliwiają-

---

[11] Za: A. Krzyżaniak-Gumowska, *Feminiści – mężczyźni na rzecz równości*, http://bit.ly/1mqjBGv.

[12] D. Zaworska-Nikoniuk, dz. cyt., s. 87.

[13] Tamże, s. 88; A. Giddens, *Przemiany intymności. Seksualność, miłość i erotyzm we współczesnych społeczeństwach*, przeł. A. Sulżycka, Wydawnictwo Naukowe PWN, Warszawa 2006, s. 179.

[14] J. Lemon, *Masculinity in Crisis?*, [w:] „Agenda" 1995, nr 24, s. 62.

[15] T. Szlendak, *Leniwe maskotki, rekiny na smyczy. W co kultura konsumpcyjna przemienia mężczyzn i kobiety*, Jacek Santorski & Co, Warszawa 2005, s. 267–269.

cy im – ze względu na płeć – zajmowanie wysokich stanowisk w firmach i organizacjach publicznych. Szlendak twierdzi, że we współczesnym społeczeństwie wielu mężczyzn z chęcią zamieniłoby się funkcjami z kobietami będącymi niżej w hierarchii, byle tylko przestać się stresować, móc wypocząć i tym podobne. Jednocześnie jednak zdają sobie sprawę, że zostałoby to odebrane – także przez kobiety – jako degradacja, i dlatego bronią się przed tym wymarzonym scenariuszem. W podobnym duchu wypowiada się Anthony Giddens: „Kobiety zbuntowały się przeciwko roli gospodyni domowej i ograniczeniom samorozwoju, na jakie ta rola je skazywała, wyłamały się z niej. Mężczyźni wciąż są więźniami roli żywiciela rodziny, mimo że korzyści ekonomiczne, jakie mają do zaoferowania kobietom, budzą nie tyle podziw, ile niechęć tych ostatnich"[16]. Giddens, opisując prace Herba Goldbergera, mówi, że przed współczesnym mężczyzną stoją trzy możliwości: albo będzie żył zgodnie z regułami tradycyjnej męskości i narazi się na zarzut bycia szowinistą i seksistą, albo spróbuje sprostać obydwu wzorom męskości, a więc narzuci na siebie niewykonalne zobowiązania, albo będzie starał się być „nowym" mężczyzną i... – według Goldbergera – stanie się seksualnie nieatrakcyjny dla kobiet. Jak widać żadna z możliwości nie może usatysfakcjonować mężczyzny ani zapewnić mu szczęścia. Z drugiej strony szereg feministek mówi o tym, że współczesny mężczyzna chciałby zrzucić odpowiedzialność za wiele spraw na kobiety, przy równoczesnym zachowaniu swoich przywilejów[17].

---

[16] A. Giddens, dz. cyt., s. 179.

[17] L. Segal, *Changing men: masculinities in context*, [w:] „Theory and Society" 1993, t. 22 nr 5, s. 634.

KRYZYS HETEROSEKSUALIZMU

Drugi sposób przedstawiania kryzysu męskości łączy go jednoznacznie z kryzysem heteroseksualności. Tradycyjna męskość
definiowana jest jako heteroseksualna, w opozycji (czasem nienawiści, czasem być może strachu) do homoseksualizmu. Tymczasem przez ostatnie dekady nastąpiło gwałtowne zatarcie się
różnic pomiędzy seksualnością hetero- i homoseksualną. Po
pierwsze heteroseksualizm stał się jednym z najczęściej kryty-
kowanych przez feminizm źródeł patriarchalnej normatywności.
Jak twierdzi Zbyszko Melosik, stał się on wobec tego jednym
z wielu obecnych w dyskursie społecznym „izmów", na podobieństwo etnocentryzmu, rasizmu czy seksizmu[18]. Jak pisze dalej,
heteroseksualizm jest przez wielu uważany za orientację z samej
swej natury nacechowaną seksizmem. Symbolicznie heteroseksualizm wymaga istnienia różnic między ludźmi odmiennych płci,
a więc sprzyja przekonaniom na przykład o męskiej aktywności
i kobiecej pasywności. Wobec krytyki wpływowych ruchów heteroseksualizm traci charakter normy seksualnej w zachodniej
kulturze. Równocześnie następuje zmiana porządku symbolicznego tejże kultury: społeczeństwa kapitalistycznego Zachodu
przestają być społeczeństwami produkcji (w tym naturalnie:
produkcji dzieci), przekształcając się coraz bardziej w społeczeństwa konsumpcji. „Jedną z głównych przyczyn zmiany stosunku
mediów do problemu płci i seksualności jest walka o rynki zbytu.
Mniejszości seksualne stanowią coraz większy odsetek współczesnych społeczeństw (w Stanach Zjednoczonych około 10 procent populacji rynkowej, a w wielkich amerykańskich miastach

---

[18] Z. Melosik, *Kryzys męskości w kulturze współczesnej*, Wolumin, Poznań
2002, s. 37.

takich jak Nowy Jork lub San Francisco nawet do 22 procent)"[19]. Homoseksualista jest tak samo dobrym konsumentem jak heteroseksualista, a być może nawet lepszym – o ile jest bezdzietny, posiada prawdopodobnie więcej pieniędzy na spełnianie swoich prywatnych zachcianek i dogadzanie sobie. Według Melosika zatarcie różnic pomiędzy hetero- a homoseksualnością na poziomie konsumpcji widać wyraźnie w świecie reklamy. Na dodatek w społeczeństwie konsumpcyjnym orientacja może być uznana za świadomy wybór, a ten – za rzecz podyktowaną modą. Ujęcie tej kwestii w kategorię wyboru pozbawia heteroseksualizm wszelkich atrybutów uprzywilejowanej pozycji – skoro orientacje się wybiera, muszą być one zasadniczo równe, posiadające równoważne wady i zalety.

Kolejnym czynnikiem, który w dużym stopniu pozbawił heteroseksualność jej normatywnej funkcji, są zmiany w symbolicznym kodzie samego homoseksualizmu. Tradycyjnemu modelowi męskości towarzyszył tradycyjny model homoseksualizmu. Wobec obiektywnej niemożności spełnienia kryteriów narzucanych mężczyznom przez ideał hegemonicznej męskości, geje odrzucali ją całkowicie. W ten sposób powstała tożsamość budowana na zasadzie lustrzanego odbicia w stosunku do tożsamości osób heteroseksualnych. Jednak pomiędzy latami 60. a 90. XX wieku uległo to zmianie, tak że dziś niektóre zachowania osób homoseksualnych przypominają niezwykle rozwiniętą postać zachowań postrzeganych jako tradycyjnie męskie[20]. Homoseksualiści przestali odrzucać męskość, zaczęli za to w coraz większym stopniu żyć według proponowanych przez nią wzorów. W tym

---

[19] Tenże, s. 38.
[20] M. Donaldson, *What is hegemonic masculinity?*, [w:] „Theory and Society" 1993, t. 22 nr 5, s. 643–657.

kontekście należy także zwrócić uwagę na gwałtowny rozwój tak zwanej teorii *queer* oraz coraz większą społeczną akceptację dla tak zwanych *drag queens*, a więc mężczyzn przebierających się za kobiety, i *drag kings*, czyli kobiet wizualnie upodabniających się do mężczyzn[21].

Na inny aspekt utraty przez heteroseksualizm jego dawnej pozycji zwraca uwagę Anthony Giddens. W jego ujęciu za obserwowane obecnie przemiany seksualności odpowiada ostateczne oddzielenie seksu od jego funkcji prokreacyjnej. Rewolucja seksualna i upowszechnienie środków antykoncepcyjnych otworzyły przed osobami heteroseksualnymi możliwości, które dawniej mieli tylko homoseksualiści. Chodzi tu przede wszystkim o zwiększenie częstotliwości epizodycznych kontaktów seksualnych, o seks oderwany od sfery uczuciowości. Wiąże się to również z mniejszą trwałością związków. I nie znaczy to oczywiście, że homoseksualiści opierają swoje życie prywatne na przygodnym seksie (wiele badań temu jednoznacznie przeczy), ale że od dawna mieli taką możliwość i że dzięki temu homoseksualizm jest być może lepiej dostosowany do nowych warunków, w jakich przyszło dziś żyć wszystkim – niezależnie od orientacji. Heteroseksualiści muszą więc brać przykład z homoseksualistów, przejmować ich zachowania i w oparciu o ich doświadczenia tworzyć własną tożsamość seksualną. To właśnie homoseksualiści od lat zmagają się z negatywnymi konsekwencjami posiadania tożsamości „otwartej", którą heteroseksualiści dopiero poznają[22].

Przyczyn gwałtownego wzrostu znaczenia homoseksualizmu Giddens dopatruje się także w odrzuceniu przez mężczyzn nowej, wyzwolonej seksualności kobiecej. W sytuacji wyzwo-

---

[21] Z. Melosik, dz. cyt., s. 44.
[22] A. Giddens, dz. cyt., s. 163–172.

lenia kobiet spod władzy patriarchatu sprzeczności w obrębie męskości stają się wyraźnie widoczne i bardziej bolesne. Stąd poczucie zranienia i chęć odseparowania się od kobiet, a co za tym idzie – kontakty homoseksualne lub ograniczenie swojej aktywności do seksu epizodycznego. Ponadto ten rodzaj konstrukcji własnej intymności pozwala na uniknięcie ograniczeń narzucanych przez tradycyjne związki. „W związkach lesbijskich (jak również wśród gejów) mogą się ujawniać postawy i cechy «zabronione» w czystej relacji, włącznie z instrumentalną kontrolą i formalnym sprawowaniem władzy. Ograniczona do sfery seksualności i obrócona w fantazję – nie zaś, jak to zazwyczaj bywało, zdeterminowana przez układ zewnętrzny – dominacja pomaga prawdopodobnie odreagować agresję, która w przeciwnym razie dałaby o sobie znać inaczej"[23]. To samo można by powiedzieć o epizodycznych kontaktach heteroseksualnych – mogą one stanowić pewien rodzaj wentylu bezpieczeństwa. Przyjmując takie założenia, można uznać, iż hegemoniczna męskość tak naprawdę nie uległa zmianie, że idee wrażliwego i delikatnego mężczyzny są tylko feministyczną fantazją. Po prostu sposoby odreagowywania libidalnej energii uległy zmianie, bo zmieniło się społeczeństwo, w którym mężczyźni żyją.

Przedstawione wyżej poglądy dotyczą zmniejszającego się znaczenia heteroseksualizmu jako źródła norm życia społecznego. Można powiedzieć, iż wiąże się to ze wzrostem znaczenia homoseksualizmu lub „zamazywaniem heteroseksualizmu". Warto jednak pamiętać, że to sama kategoria orientacji może tracić na znaczeniu. Jeszcze około czterdziestu lat temu istniała jedna akceptowana orientacja, dziś wiele się w tym względzie zmieniło, a psychologowie myślą nad wprowadzeniem do spo-

---

[23] Tenże, s. 172.

łecznego obiegu dwóch kolejnych orientacji – autoseksualizmu i aseksualizmu. Zmniejszenie się normatywnych wpływów orientacji heteroseksualnej prowadzi do kryzysu męskości, ponieważ tradycyjne tożsamości genderowe muszą być zawsze binarne[24], a więc tworzone w opozycyjnym układzie heteroseksualności: mężczyzna – kobieta.

ZANIK MĘSKOŚCI, TRYUMF KOBIECOŚCI

Odmienne spojrzenie na kwestię kryzysu męskości daje nam lektura prac Jeana Baudrillarda. Francuski socjolog i filozof uznaje bowiem, że „różnica pomiędzy modelami męskimi a kobiecymi pozostaje jednak całkowita i nieprzekraczalna"[25], ale wszyscy ludzie zmierzają w społeczeństwie konsumpcyjnym ku modelowi kobiecemu. Model męski charakteryzuje się obowiązkowością, skrupulatnością i zdecydowaniem, umiejętnością dokonywania trafnych wyborów i niepopełnianiem żadnych błędów. Baudrillard stwierdza, iż cechy te są prostym odpowiednikiem purytańskich cnót, tworzą one „człowieka, który wybiera", a więc równocześnie tego, który jest „wybrany" – ma wysoki status społeczny. Model kobiecy natomiast zakłada pobłażanie sobie, bezwarunkowe zaspokajanie swoich potrzeb, troskę o siebie samego. W tym kontekście kobieta staje się jedynie obiektem, a jej działania mają uczynić z niej jedynie lepszy przedmiot rywalizacji między mężczyznami; nie jest więc ona w żaden sposób autonomiczna. Oczywistą konsekwencją istnienia modeli męskości i kobiecości w tym kształcie jest odpowiedzialność mężczyzny za zdobywanie środków do życia i utrzymanie kobiety. Kolejną

---

[24] B. Traister, dz. cyt., s. 293.

[25] J. Baudrillard, *Społeczeństwo konsumpcyjne. Jego mity i struktury*, przeł. S. Królak, Sic!, Warszawa 2006, s. 119.

oczywistą konsekwencją jest zredukowanie kobiety do przedmiotu, własności mężczyzny; kobieta jest tutaj „siłą prestiżową nie zaś „siłą wytwórczą", „pozostaje atrybutem"[26]. Jeśli taka modelowa kobieta należy do klasy średniej lub wyższej, może zajmować się działalnością kulturalną, która jednak – w ostatecznym rozrachunku – jest bezużytecznym dowodem luksusu. Jeśli więc zajmuje się ona czymś innym niż domem i sobą, dowodzi tylko, że jej mąż-właściciel jest na tyle bogaty, aby jej to umożliwić. Opisane wyżej modele nie są oczywiście pomysłem Baudrillarda, ich obecność w kulturze i nauce oraz – przede wszystkim – życiu społecznym jest udokumentowana od lat. Baudrillard wprowadza jednak pewien nowy element. Zaznaczając, że opisanych przez niego modeli nie należy mylić ani z płciami, ani z kategoriami społecznymi, dowodzi, iż jesteśmy obecnie świadkami dominacji modelu kobiecego w całej sferze konsumpcji. Cechy modelu kobiecego pasują do *homo consumens* niezależnie od płci, a ponieważ jego działania napędzają gospodarkę – ludzie zostają niejako zmuszeni do odgrywania roli kobiecej. Baudrillard dodatkowo ukazuje podobieństwa pomiędzy wyzwoleniem seksualnym a wyzwoleniem sił wytwórczych – według niego obydwa te ruchy domagają się obfitości, ustawiczności i dostępności, które ucieleśnia żeńska seksualność. To dlatego według francuskiego socjologa i filozofa kultury „w tym społeczeństwie wszystko – wszelkiego rodzaju przedmioty, dobra, usługi, stosunki – zostają sfeminizowane i na modłę żeńską zseksualizowane"[27].

W kontekście omawianego tutaj kryzysu męskiej tożsamości może to być uznane za wyjątkowo bolesne, bowiem męskość

[26] Tenże, s. 117–120.
[27] J. Baudrillard, *O uwodzeniu*, przeł. J. Margański, Sic!, Warszawa 2005, s. 29.

jest dla Baudrillarda efektem ciągłej walki. „Można zaryzykować hipotezę, iż kobiecość to płeć jedyna, a męskość istnieje jedynie o tyle, o ile nadludzkim wysiłkiem się z niej wyrywa: chwila nieuwagi i ponowny upadek w kobiecość"[28]. Poddanie się społecznym wpływom i konsumowanie, a więc przyjęcie przez mężczyznę modelu kobiecego może naturalnie być przyczyną zagubienia i cierpienia. „Współcześnie jesteśmy w istocie świadkami oryginalnej sytuacji gwałtu i przemocy – przemocy, jakiej na «bliskiej samobójstwa» męskości dopuszcza się wyzwolona z pęt kobieca zmysłowość"[29]. Aby utrzymać dynamikę systemu społecznego mężczyzna musi zachowywać się zgodnie z modelowymi cechami kobiecości, musi je sobie przyswoić i według nich żyć. Wydaje się więc, że dla Baudrillarda wszelkie idee odnowy czy też zmiany stereotypowej męskości muszą być tylko żałosną próbą przesłonienia prawdy. Męskość we współczesnym społeczeństwie jest w kryzysie, gdyż nie może już odegrać żadnej znaczącej roli w mechanizmie jego funkcjonowania. Wśród dobrobytu zdobywanie czegokolwiek traci swój sens; zdecydowanie odziera konsumpcję z kolejnej dozy przyjemności; błędy zawsze można naprawić w kolejnym sklepie, wybierać zaś mogą (prawie) wszyscy i niemal w każdej sferze życia – umiejętność dokonywania trafnego wyboru przestaje więc być tak znacząca. Męskie cechy przegrywają z żeńskimi, a to, czy rosnące sfeminizowanie mężczyzn nazwiemy „równouprawnieniem" czy „nową męskością" nie ma już znaczenia. Wyróżniony przez Baudrillarda męski model cech jest skazany na porażkę i na zaniknięcie, możemy więc mówić już nawet nie o kryzysie, lecz o ostatecznym upadku męskości lub o jej zaniku.

---

[28] Tenże, s. 19.
[29] Tenże, s. 30.

Tezy o zaniku męskości są dodatkowo wzmacniane, jak zauważyła Sylwia Cieniuch, przez informacje naukowe mówiące o „końcu mężczyzny"[30]. Niezastępowalność mężczyzny w procesie zapłodnienia została już jakiś czas temu podważona przez naukę, coraz częściej słyszy się o zmniejszającej się liczbie plemników w nasieniu czy o coraz powszechniejszej impotencji. Do tego mężczyźni szybciej umierają i częściej zapadają na większość ciężkich chorób – mogą więc wydawać się balastem dla ludzkości. Zygmunt Bauman, wykorzystując ten właśnie sposób rozumowania, nie waha się nazwać mężczyzn „trutniami"[31].

Podobnym tropem do Baudrillarda podąża Zbyszko Melosik. Dla niego kluczowym wydaje się fakt symbolicznego połączenia konsumpcjonizmu z kobiecością[32]. Mężczyzna-konsument wchodzi na teren tradycyjnie zarezerwowany dla kobiet (zakupy), a jest to fakt tym donioślejszy, że nie chodzi tu tylko o zakupy na targu i konsumpcję przy domowym stole. Dziś konsumuje się wszystko, a metafora supermarketu może być odniesiona do każdej sfery życia człowieka – kultury, seksualności, religijności. Wobec wielości artykułów, z których można w tym globalnym supermarkecie wybierać, męska racjonalność i męskie trzymanie się zasad stają się nie tylko nieadekwatne, lecz wręcz śmiesznie staroświeckie. Idealny konsument to stereotypowa kobieta, a feminizacja mężczyzn „nie podlega żadnej dyskusji"[33].

Zresztą skoro w supermarkecie kultury wybrać można podzespoły, z których samemu skonstruuje się swoją tożsa-

---

[30] S. Cieniuch, dz. cyt., s. 74.

[31] *Mężczyźni to trutnie. Z Zygmuntem Baumanem rozmawia Tomasz Kwaśniewski*, „Gazeta Wyborcza" z dnia 6.03.2009, s. 16–17.

[32] Z. Melosik, dz. cyt., s. 14.

[33] Tenże, s. 16.

mość narodową[34], dlaczego nie wybrać materiałów na budowę swojej tożsamości płciowej? Idąc tym tokiem rozumowania, uznać możemy, że nawet życie wedle zasad charakterystycznych dla tradycyjnej męskości, jest niczym innym jak kolejnym wyborem. To stwierdzenie pozwala nam na zanegowanie istnienia samego kryzysu męskości. W supermarkecie kultury istnieje nie tylko tradycyjna, stereotypiczna męskość, lecz także jej nowa, feministyczna odmiana, a także dziesiątki tożsamości pośrednich. Ich współistnienie nie jest dowodem kryzysu, lecz nowej konstrukcji kultury i świata społecznego. Nieumiejętność radzenia sobie z wyborem może być dla niektórych mężczyzn denerwująca, lecz nie byłby to jeszcze powód, aby mówić o kryzysie męskiej tożsamości. To samo zresztą można by powiedzieć o kobietach, przedstawicielach różnych narodów, członkach różnych Kościołów i tak dalej. Mężczyzna wyznający kult siły i przekonany o swojej wyjątkowej roli jako głowy rodziny jest w tym rozumieniu równie „męski", co mężczyzna wchodzący w związek partnerski i rozwijający swoją wrażliwość. Dla osób zagubionych w supermarkecie kultury supermarket dóbr materialnych przygotowuje gotowy zestaw akcesoriów mających pomóc zbudować swoją tożsamość (Gordon Mathews stawia zresztą, jak się wydaje, znak równości pomiędzy supermarketem kultury a supermarketem dóbr materialnych[35]). I tak możemy kupić gazety tylko dla mężczyzn, papierosy tylko dla mężczyzn, ubrania firm szyjących tylko dla mężczyzn, „wyjątkowo" męskie samochody, kawę dla mężczyzn i tak dalej. Charakterystyczna jest tutaj kampania reklamowa perfum Baldessarini Del Mar

---

[34] G. Mathews, *Supermarket kultury. Kultura globalna a tożsamość jednostki*, przeł. E. Klekot, Państwowy Instytut Wydawniczy, Warszawa 2005, s. 149.

[35] Por. G. Mathews, dz. cyt., s. 25.

firmy Hugo Boss, której hasło brzmiało „Odróżnia mężczyzn od chłopców". Można powiedzieć więc, że kupno tych perfum umożliwia budowanie męskiej tożsamości w opozycji nie tylko do kobiet, ale także do młodzieży, wielokrotnie nazywanej przez Baudrillarda „trzecią płcią"[36]. Zresztą konstruować męskość można nie tylko za pomocą wyboru tego, co się kupuje, ale także – gdzie się kupuje. Dyrektor jednego z centrów handlowych w Poznaniu, odpowiadając na pytanie, czy boi się konkurencji ze strony budowanej właśnie nowej galerii sklepowej, mówi: „Jesteśmy centrum, które jest mocno «nacechowane mężczyzną» przez sklep Saturn i Praktiker. Nie sądzę, by galeria Malta była dla nas konkurencją"[37]. Męskość jest więc możliwa do wyróżnienia, ma stosunkowo oczywistą charakterystykę – mężczyźni są zainteresowani techniką (reprezentowaną przez sklepy Saturn) i budownictwem (sklepy Praktiker), o żadnym kryzysie mowy być tutaj nie może.

MĘSKOŚĆ PRAGMATYCZNA

Ciekawe zdanie na temat kryzysu męskości ma Andrzej Radomski. Jest on zwolennikiem tak zwanego neopragmatyzmu: „przyjmuje się, że ludzie w trakcie swej aktywności tworzą różne opisy i budują różne teorie, które pomagają im radzić sobie z rzeczywistością stawiającą jakiś opór"[38]. W tym kontekście męskość jest tylko jedną z wielu narracji, która ma ułatwiać ludziom życie, a równocześnie – istnieje wiele różnych narracji samej męskości

---

[36] J. Baudrillard, *Społeczeństwo konsumpcyjne…*, s. 183.

[37] Za: E. Mikulec, *A ja nic się nie boję galerii Malta*, „Gazeta Wyborcza Poznań" z dnia 7–8.03.2009, s. 2.

[38] A. Radomski, „Desymbolizacja męskości we współczesnych kulturach Zachodu", [w:] A. Radomski, B. Truchlińska (red.), *Męskość w kulturze współczesnej*, Wydawnictwo Uniwersytetu Marii Curie-Skłodowskiej, Lublin 2008, s. 39.

(i o męskości), które mogą być wykorzystywane przy różnych okazjach. Radomski desymbolizuje więc męskość, a robi to zupełnie świadomie, przyjmując, że cała kultura zachodnia w dobie ponowoczesności „przekształca się w zbiór lokalnych narracji"[39]. Tak więc dziś powinniśmy oceniać męskość i jej różne warianty pod względem celów, dla których zostały one stworzone i ich przydatności dla realizacji założonych zadań. Jak pisze dalej Radomski: „W tym wydaniu męskość byłaby jedną z możliwych kategorii określania poszczególnych jednostek – przydatną w pewnych sytuacjach. Ci wszyscy natomiast, którzy piszą o kryzysie męskości i boleją nad tym – zakładają w dalszym ciągu ontologię esencjalistyczną, fundamentalistyczną i uniwersalistyczną. Można im przypisać tedy respektowanie, a nawet akceptowanie takich światopoglądów, w ramach których męskość (i kobiecość, jak można sądzić) byłyby niezbywalnymi atrybutami rzeczywistości ludzkiej i przyrodniczej – również współcześnie"[40]. Męskość jest taka, jaka jest przydatna. Skoro mamy „kryzysową męskość", to znaczy, że taka jest nam potrzebna w tym określonym etapie życia społecznego, a jej „kryzysowość" jest tylko nazwą nadaną w oparciu o inne założenia filozoficzne.

Przywołajmy w tym miejscu jeszcze jedną niezwykle ciekawą koncepcję – społeczną teorię płci kulturowej Roberta Connella. Powstała ona w opozycji do teorii ról płciowych, która – według Connella – pełni funkcję czysto ideologiczną, ponieważ nie zajmuje się kwestią zmiany i władzy, a także różnorodności form zachowań uznawanych za związane z płcią. Ponieważ teoria ról płciowych zawiera założenie o istnieniu typów niemal homogenicznych, spycha wszelkie odstępstwa od typowej mę-

---

[39] Tenże, s. 38.
[40] Tenże, s. 41.

skości i kobiecości na margines, a tym samym wyjaśnia bardzo niewielką część ludzkich zachowań, zapadając się niejako pod ciężarem tegoż, tworzonego przez siebie, marginesu. Connell dla wyjaśnienia kwestii związanych z płcią kulturową zaproponował teorię, w której męskość i kobiecość są „konfiguracją praktyk"[41] traktowanych raczej jako standard, a nie norma. Stąd też możliwe staje się wyróżnienie wielu alternatywnych męskości i kobiecości, funkcjonujących w społeczeństwach współczesnych i dawnych. Te różne męskości i kobiecości współtworzone są poprzez relacje władzy między ludźmi[42], a to, co tradycyjnie zwykło się określać mianem dewiacji, jest tylko kolejnym rodzajem konfiguracji praktyk związanych z płcią. Tak naprawdę więc nie możemy mówić o jednym kryzysie męskości, co najwyżej o ciągłym powstawaniu nowych jej odmian (a więc o czymś w rodzaju kryzysu permanentnego) lub też o rywalizacji pomiędzy już istniejącymi. Connell wprowadził także pojęcie męskości hegemonicznej, a więc takiej, która wpisuje się idealnie w schemat patriarchalny, petryfikując go i nadając pewnej grupie mężczyzn władzę nad kobietami i innymi mężczyznami (przedstawicielami mniejszościowych grup etnicznych, homoseksualistami, biednymi i tak dalej). Również ona jest zmienna i dostosowuje się do nowych warunków społecznych. Dostosowanie to jest szybkie i jeśli w ogóle można mówić tu o kryzysie, rozumianym jako zawieszenie pomiędzy dwoma stanami danego systemu, to występuje on przez bardzo krótki okres. Współczesna męskość hegemoniczna psychologizuje feminizm i omija go, ideologizując kwestię efek-

---

[41] D. Demetriou, *Connell's concept of Hegemonic Masculinity: A critique*, [w:] „Theory and Society" 2001, t. 30 nr 3, s. 340.
[42] R. Connell, *A whole new world: Remaking masculinity in the context of the environmental movement*, [w:] „Gender and Society" 1990, t. 4 nr 4, s. 454.

tywności[43]. Dzięki temu mężczyźni zdają się posiadać władzę nie dzięki odgórnym nakazom, lecz dlatego, że porównań między nimi a kobietami dokonuje się na polach tradycyjnie męskich.

PODSUMOWANIE

Celem niniejszego tekstu było spojrzenie na kryzys męskości z wielu perspektyw oraz uporządkowanie – w miarę możliwości – jego ujęć teoretycznych.

Dzięki szerokiemu potraktowaniu tematu możliwa stała się refleksja nad kryzysem męskości, skupiająca w sobie elementy myśli socjologicznej, psychologicznej, filozoficznej i kulturoznawczej. Pokazuje to, jak inspirującą tematyką jest męskość oraz jej zmiany we współczesnych społeczeństwach. I specjalnie nie należy tu dodawać słowa „zachodnich", bowiem kwestie przekładalności na inne kręgi kulturowe aparatury pojęciowej stosowanej przez nas powszechnie również znajdują się w sferze zainteresowania badaczy, choćby wspominanego wyżej Roberta Connella. Być może w tego typu rozważaniach należałoby szukać „nowego otwarcia" dla tej tematyki.

Pytanie, czym jest kryzys męskości, zostało zadane. Otrzymaliśmy też kilka niezwykle ciekawych odpowiedzi. Ich udzielenia podjęło się wielu badaczy. Wspólna intuicja i refleksja teoretyczna łączyła ich często (świadomie lub nie) i sprawiała, iż zmierzali w podobnych kierunkach. Dzięki temu możemy dziś tak wiele powiedzieć o kryzysie męskości.

---

[43] R. Connell, *The big picture: Masculinities in recent world history*, [w:] „Theory and Society" 1993, t. 22 nr 5, s. 615.

Aleksandra Kanclerz

DYSKURS *PŁCI MÓZGU* – NAUKOWOŚĆ CZY PERSWAZJA?[1]

Płeć mózgu Anne Moir i Davida Jessela[2] jest jedną z najpopularniejszych pozycji dotyczących płci w Polsce. Bywa rekomendowana przez nauczycieli akademickich na kursach psychologii jako książka opisująca biologiczne uwarunkowania różnicy płci. Z racji prezentowanej postawy biologicznego determinizmu *Płeć mózgu* wpisuje się w dyskurs socjobiologiczny, socjobiologia zaś od początku lat 90. zdobywa Polsce coraz większą popularność, zarówno w kręgach naukowych, jak i wśród szerszej publiczności. Świadczy o tym chociażby mnogość wydawanych pozycji, zarówno *stricte* naukowych, takich jak na przykład *Socjobiologia*[3] czy *O naturze ludzkiej*[4] twórcy socjobiologii Edwarda Osborne'a Wilsona, jak i książek proponujących ujęcie lekkie, adresowanych do szerszej grupy czytelników. *Płeć mózgu* zawiera liczne odwołania do wyników

---

[1] Rozszerzona wersja artykułu ukazała się w „Zagadnieniach Naukoznawstwa", tom XLVI zeszyt 3–4 (185–186) 2010 pod tytułem *Problem perswazji i manipulacji w literaturze popularnonaukowej (na przykładzie „Płci mózgu" Anne Moir i Davida Jessela)*.

[2] A. Moir, D. Jessel, *Płeć mózgu. O prawdziwej różnicy między mężczyzną a kobietą*, Państwowy Instytut Wydawniczy, Warszawa 1993.

[3] E.O. Wilson, *Socjobiologia. Wydanie popularnonaukowe*, Wydawnictwo Zysk i spółka, Poznań 2000.

[4] E.O. Wilson, *O naturze ludzkiej*, Państwowy Instytut Wydawniczy, Warszawa 1988.

badań naukowych, ale operuje przystępnym i żywym językiem, charakterystycznym dla literatury popularnej, można więc ją uznać za pozycję popularnonaukową, sytuującą się pomiędzy obszarami nauki a literatury masowej.

Anne Moir i David Jessel są z zawodu dziennikarzami i prawdopodobnie dzięki temu *Płeć mózgu* jest napisana żywym, dziennikarskim językiem. Autorzy nie ograniczają się do suchej sprawozdawczości, lecz często wyrażają swoje poglądy, komentując przytaczane wyniki badań. Moir i Jessel starają się przekonać czytelnika do swojego punktu widzenia na różne sposoby, co sprawia, że ich książka pełni nie tylko funkcję informacyjną, ale również perswazyjną. Celem niniejszego artykułu nie jest polemizowanie z wynikami czy metodologią poszczególnych badań naukowych opisywanych w książce, lecz zanalizowanie drugiego jej aspektu, a mianowicie wymiaru pozanaukowego i perswazyjnego oraz ukazanie kulturowego kontekstu dyskursu socjobiologicznego, szczególnie dotyczącego płci. W tym celu konieczna będzie krótka refleksja nad genezą socjobiologii na świecie i w Polsce. Szczególnie ważny będzie tu jej pozanaukowy kontekst, to znaczy okoliczności społeczne, kulturowe czy historyczne, które wpłynęły na popularność tej dziedziny wiedzy.

Płeć mózgu jest przykładem popularnonaukowego ujęcia socjobiologii i dlatego właśnie dyskurs tej książki może być tak interesujący. Aby go zanalizować, w pierwszej kolejności określę pojęcia, którymi operują Moir i Jessel, a także pokażę, dzięki jakim zabiegom nabierają one pozytywnego bądź negatywnego wydźwięku. Ponadto zbadam sposób budowania argumentacji przez autorów. Na koniec spróbuję zidentyfikować ich opcję światopoglądową i umieścić *Płeć mózgu* w szerszym kontekście kulturowym, społecznym i politycznym.

SOCJOBIOLOGIA W POLSCE I NA ŚWIECIE

Powstanie i rozkwit socjobiologii w świecie zachodnim, a zwłaszcza w USA, przypadają na przełom lat 60. i 70., a zatem na czas rewolucji seksualnej. Rewolucja ta przewartościowała stary porządek w zakresie ról społecznych płci, tym samym powodując kryzys tożsamości człowieka. Jak pisze Barbara Szacka we wstępie do antologii tekstów z kręgu socjobiologii, pod tytułem *Człowiek, zwierzę społeczne*, wspomniany kryzys tożsamości objawiał się między innymi niechęcią wobec cywilizacji industrialnej i pragnieniem powrotu do natury[5]. Inną reakcją na rewolucję seksualną była nostalgia za starym porządkiem, przede wszystkim w dziedzinie obyczajowości. Socjobiologia odpowiedziała na obie te, pozornie sprzeczne ze sobą, tęsknoty. Odwołując się bowiem do biologicznego dziedzictwa człowieka, ukazała sens i prawomocność tradycyjnej obyczajowości i modelu rodziny. Ponadto wbrew ideom ruchu hipisowskiego, takim jak powstrzymywanie się od przemocy czy pacyfizm, stworzyła koncepcję człowieka, w której mieściła się agresja, rywalizacja, terytorializm czy pragnienie dominacji. W koncepcji tej znalazło się też miejsce na zazdrość, co podważało postulaty wyzwolenia obyczajowego jako niezgodnych z naturą.

Popularność socjobiologii w Polsce można tłumaczyć na wiele sposobów. W kręgach akademickich spotkała się ona z przychylnością naukowców nastawionych naturalistycznie. Pewną zaletą wszelkich teorii naturalistycznych jest fakt, że są one bliskie potocznemu rozumowaniu i zdroworozsądkowej wiedzy, nie przeczą więc one naszym potocznym intuicjom. Przyjmowanie przez naukowców określonych postaw – natura-

---

[5] B. Szacka, *Wstęp* do antologii *Człowiek, zwierzę społeczne,* wyd. zbiorowe pod redakcją B. Szackiej i J. Szackiego, Czytelnik, Warszawa 1991, s. 6–7.

listycznych lub kulturalistycznych – to zagadnienia z pewnością warte namysłu, tutaj jednak bardziej interesuje mnie popularność socjobiologii na masową skalę, na przykład przyswojenie jej punktu widzenia przez popularne poradniki czy kolorowe magazyny dla obu płci.

W tym kontekście znamienny jest fakt, że w Polsce rozkwit popularności dyskursu socjobiologicznego przypada na lata 90. ubiegłego wieku, a więc na okres transformacji ustrojowej. Podobnie jak rewolucja seksualna w USA, przemiany w Polsce łączyły się z rewizją tożsamości Polaków i potrzebą jej nowego określenia w zmienionych warunkach. W Polsce, w reakcji na gwałtowne zmiany polityczne, podobnie jak kilkadziesiąt lat wcześniej w USA, pojawiła się nostalgia za tradycyjnymi wartościami i obyczajowością, która objęła również sferę ról społecznych płci. Publikacje socjobiologiczne doskonale odpowiedziały na tę koniunkturę. Socjobiologia zyskała ogromną popularność, ponieważ odpowiedziała na tęsknoty konserwatywne, a socjobiologiczna koncepcja płci zawarta między innymi w *Płci mózgu* usprawiedliwiała je poprzez naukowe wyjaśnienie. Nasuwa się jednak pytanie, dlaczego powszechną reakcją na dające tak wiele możliwości wolnościowe przemiany stała się akurat konserwatywna nostalgia. Brak tu miejsca na dogłębną analizę tego zjawiska, jednak pod koniec niniejszego artykułu zarysuję pewną diagnozę.

JAK KONSTRUUJE SIĘ PŁEĆ W SOCJOBIOLOGII?

Jednym z głównych tematów podejmowanych przez socjobiologów jest kwestia ról społecznych związanych z płcią. Socjobiologia, wywodząc się z etologii, czyli nauki o zachowaniach zwierząt i ludzi, dąży do ścisłego, typowego dla nauk przyrodniczych opisu, również w odniesieniu do społeczności ludzkich. Edward

Osborne Wilson tak pisze o zachowaniach *homo sapiens sapiens*: „W ciągu dnia kobiety i dzieci pozostają w miejscu zamieszkania, a mężczyźni ścigają zwierzynę lub jej symboliczny ekwiwalent – towary i pieniądze"[6]. Wilson zwraca również uwagę na różnice w zachowaniach seksualnych w zależności od płci. Choć związki seksualne „w intencji mają być stałe"[7], poligamia – czy to ukryta, czy jawna – istnieje, przy czym jest przypisywana jedynie mężczyznom. Tradycyjny model rodziny, choć z możliwością niewierności mężczyzny, zostaje więc opisany jako naturalna ekspresja biologicznego dziedzictwa gatunku.

W *Płci mózgu* temat różnic między płciami zajmuje centralne miejsce. Już sam podtytuł: *O prawdziwej różnicy między mężczyzną a kobietą* sygnalizuje ten problem, ale i zapowiada, że czytelnik pozna realną, a nie wyimaginowaną różnicę płci. Słowo „prawdziwy" wydaje się tutaj szczególnie znaczące. W książce *Tworzenie pojęć w naukach humanistycznych* Tadeusz Pawłowski zwraca uwagę, że określenia typu „prawdziwy" czy „rzeczywisty" łączą się z perswazją i są stosowane w celach polemicznych, szczególnie gdy autorom zależy na zdyskredytowaniu stanowiska przeciwnego[8]. Sam tytuł zapowiada więc, że mamy do czynienia z książką o charakterze polemicznym, a różnica płci jest dla Moir i Jessela nie tylko faktem z dziedziny biologii, ale i przedmiotem perswazji. Świadczą o tym także inne określenia towarzyszące temu pojęciu, takie jak: „niepodważalna", „wrodzona", „biologicznie oczywista" albo „naturalna", „normalna" czy „istotowa". Przymiotniki te mają przekonać czytelnika, że kwestionowanie podziałów i schematów zachowań zarysowanych przez autorów

---

[6] E.O. Wilson, *Socjobiologia*, s. 298.

[7] Tamże. s. 298.

[8] Por. Tadeusz Pawłowski, *Tworzenie pojęć i definiowanie w naukach humanistycznych*, PWN, Warszawa 1986, s. 243–244.

nie ma najmniejszego sensu, są to bowiem niepodważalne fakty, istotowe cechy oraz wypływające z natury normy.

Kolejnym z wyróżnionych przez Pawłowskiego zabiegów stosowanych w argumentacjach perswazyjnych jest nadawanie określonym terminom pozytywnego lub negatywnego wydźwięku w zależności od intencji autora. Moir i Jessel poświęcają wiele wysiłku, by nadać odpowiedni – to znaczy pozytywny – wydźwięk terminowi „różnica płci". Weźmy na przykład następujący fragment:

> Większość z nas wyczuwa intuicyjnie, że płcie są odmienne. Ale stało się to powszechną, występną tajemnicą, którą zachowujemy dla siebie. Przestaliśmy ufać naszemu zdrowemu rozsądkowi[9].

Autorzy w sposób otwarty odwołują się tu do zdrowego rozsądku i intuicji odbiorców, ale w sposób niejawny – do emocji. Służy temu budowanie atmosfery zagrożenia, w której wyrażanie danego poglądu miałoby być „występkiem". Opisywanie pojęcia „różnicy płci" za pomocą emocjonalnie nacechowanych określeń, a także stwarzanie wokół niego atmosfery zagrożenia i walki o prawdę to zabiegi typowe dla argumentacji perswazyjnej.

Ważnymi obszarami odwołań w *Płci mózgu* są dziedzictwo ewolucji i teoria doboru naturalnego. Moir i Jessel podkreślają wielokrotnie, że ewolucji „nie możemy odrzucić z dnia na dzień"[10], niemożliwe i bezsensowne jest więc postępowanie wbrew temu dziedzictwu. Taka argumentacja pojawia się na przykład, kiedy autorzy piszą o agresji, która w „naturalny" sposób przejawia się

---

[9] A. Moir, D. Jessel, *Płeć mózgu. O prawdziwej różnicy między mężczyzną a kobietą*, Państwowy Instytut Wydawniczy, Warszawa 1993, s. 18.
[10] Tamże, s. 181.

u mężczyzn. Moir i Jessel zwracają uwagę na to, że dzięki męskiej agresji gatunek ludzki przetrwał w niesprzyjających warunkach. W ten sposób przedstawia się ją nie tylko jako wytwór ewolucji, ale także jako zjawisko w gruncie rzeczy pozytywne, które uratowało rodzajowi ludzkiemu życie. Mamy tu więc do czynienia z typowym rozumowaniem o charakterze perswazyjnym, którego efektem ma być zmiana ładunku emocjonalnego związanego z pojęciem „agresja" z negatywnego na pozytywny.

Odwołaniom do ewolucji towarzyszy zazwyczaj wprowadzenie wymiaru temporalnego. Poprzedzając zdania określeniami typu „od zawsze" czy „przez miliony lat" autorzy wprowadzają element nieuchronności i niepodważalności. Zdania z takimi okolicznikami, na przykład „Przez miliony lat żyliśmy w społeczeństwie seksistowskim"[11] lub „W czasie naszego pobytu na tej planecie byliśmy zawsze gatunkiem seksistowskim, wyraźnie podkreślającym odmienności związane z płcią"[12] pełnią nie tylko funkcję informacyjną. Użyte w nich okoliczniki sprawiają, że zdania te nabierają mocy ogólnych prawideł, sugerując bezsens wprowadzania zmian. Ceną za ten efekt bywa jednak wprowadzanie czytelnika w błąd. Jeśli, jak wiadomo, historia gatunku *homo sapiens* liczy sobie „zaledwie" 40–50 tysięcy lat (tak datuje się szczątki człowieka z Cro-Magnon), to staje się jasne, że zdanie: „Przez miliony lat żyliśmy w społeczeństwie seksistowskim" ma nikłą wartość informacyjną, za to duży walor retoryczny i perswazyjny. Można więc wywnioskować, że autorzy, chcąc osiągnąć większą wyrazistość i wpłynąć na emocje czytelnika, celowo mijają się z prawdą. Uzasadnione byłoby nazwanie takiego przypadku manipulacją.

---

[11] Tamże., s. 187.
[12] Tamże, s. 18.

Innym zabiegiem wskazującym na użycie argumentacji perswazyjnej w *Płci mózgu* jest rzutowanie relacji ze świata zwierzęcego na świat ludzi w celu uwiarygodnienia tez autorów. Na przykład fakt, że u wszystkich naczelnych samice sprawują opiekę nad młodymi pojawia się na początku rozdziału dotyczącego rodzicielstwa[13]. Dalej w tym samym rozdziale pojawia się informacja, że tylko kobieta ma niezbędne wyposażenie anatomiczne, percepcyjne i emocjonalne, aby opiekować się dzieckiem, zaś mężczyzna tego wyposażenia nie posiada. Zestawienie kobiet z samicami naczelnych służy tu więc argumentacji na rzecz tradycyjnego modelu rodziny. Z kolei stwierdzenie, że „od myszy do człowieka samiec gatunku jest bardziej agresywny,"[14], ma dwojaki wydźwięk. Po pierwsze, służy za wytłumaczenie i usprawiedliwienie męskiej agresji, po drugie zaś ustala normę męskości jako „naturalnie", a więc nieodłącznie związaną z agresywnym zachowaniem.

W obu wymienionych wyżej przypadkach mamy do czynienia z rozumowaniami opartymi na pewnych założeniach, których autorzy nie ujawniają. Pierwszym z tych założeń jest teza, że między światem zwierząt a światem ludzi istnieje związek tak bliski, że prawomocne stają się wszelkie analogie. Drugie założenie mówi natomiast, że zachowania zwierząt są źródłem norm, jeśli chodzi o zachowania ludzi. Z pierwszego założenia (o bliskości światów zwierząt i ludzi) wynika, że jeśli jakieś zjawisko bądź zależność zachodzi w świecie zwierząt, to zachodzi także, lub powinna zachodzić, w świecie ludzkim. Z kolei drugie założenie stanowi podstawę argumentacji, że ludzie powinni zachowywać się podobnie do zwierząt (opisanych przez autorów), a jeśli tego

---

[13] Tamże, s. 200–201.
[14] Tamże, s. 107.

nie czynią, to postępują wbrew naturze, robią więc coś niewłaści-wego. Moir i Jessel nie zaznaczają jednak swoich założeń – fragmentaryczność i luźny styl sprzyjają bowiem perswazji.

Jak już wspomniano, jednym z zabiegów perswazyjnych jest nadawanie pozytywnego lub negatywnego ładunku emocjonalnego pewnym pojęciom. W *Płci mózgu* terminami o pozytywnym wydźwięku stają się pojęcia takie jak „różnica płci", „społeczeństwo seksistowskie" czy „męska agresja". Zajmijmy się teraz terminami, które Moir i Jessel obciążają ładunkiem negatywnym. Należą do nich: „równość płci", „wyzwolenie kobiet", „rewolucja seksualna" czy „feminizm". W *Płci mózgu* wszelkie procesy emancypacyjne opisuje się jako sprzeczne z naturą. Rzeczników rewolucji obyczajowej Moir i Jessel nazywają „apostołami identyczności"[15], natomiast feministkom przypisują negowanie różnic między płciami i postulowanie „płciowej neutralności"[16]. Równość płci ma być więc terminem obciążonym negatywnie. Dzieje się tak między innymi dlatego, że Moir i Jessel utożsamiają równość z identycznością czy „neutralnością płciową". Już pierwsze słowa wstępu zawierają to utożsamienie:

Mężczyźni różnią się od kobiet. Obie płcie są równe sobie jedynie ze względu na wspólną przynależność do tego samego gatunku – *Homo sapiens*. Utrzymując, że ich skłonności, uzdolnienia czy zachowania są takie same, budujemy społeczeństwo oparte na biologicznym i naukowym kłamstwie[17].

---

[15] Tamże, s. 181.
[16] Tamże, s. 182.
[17] Tamże, s. 11.

Autorzy twierdzą więc, że równość płci, wykraczająca poza fakt przynależności gatunkowej, jest równoznaczna z absurdalnymi założeniami identyczności płci i „neutralności płciowej". Utożsamiając powyższe pojęcia, autorzy dążą do nadania terminowi „równość płci" negatywnego ładunku emocjonalnego. Jeśli jednak, jak chcą Moir i Jessel, tylko identyczność gwarantuje równość, to różnica musi prowadzić do nierówności. Autorzy konsekwentnie i otwarcie opowiadają się za nierównością płci, a nawet seksizmem, rozumianym przez nich jako określenie ról społecznych na podstawie płci.

Co ciekawe, samo pojęcie „seksizm" – termin uznany powszechnie za negatywny – zyskuje w *Płci mózgu* wydźwięk pozytywny. Wedle Moir i Jessela seksizm jest naturalnym i nieodłącznym elementem naszego biologicznego dziedzictwa. Próby wprowadzenia zmian społecznych są działaniami wbrew naturze, a więc bezsensownymi. O zmianach tych autorzy *Płci mózgu* piszą:

Przebudowanie go [społeczeństwa – przyp. AK] według zasad nieseksistowskich

wymaga aktywnego wysiłku, ponieważ jest to działanie niezgodne z naturą. Może być to nakaz polityczny i społeczny, ale takie nakazy nie decydują o budowie mózgów. Zdecydować o niej mogą jedynie hormony[18].

Postulat równości płci kojarzony jest więc z arbitralnym i bezsensownym nakazem, z narzucaniem ideologii, a nawet z opresją sytemu totalitarnego. Znamienne jest, że to wyraziste i działające na emocje porównanie pojawia się w rozdziale traktującym

---

[18] Tamże, s. 95.

o małżeństwie. To w rozdziale *Małżeństwo dwóch umysłów* padają najostrzejsze zarzuty pod adresem idei równości płci:

> Ostatecznie, skoro za przyczyną naszej biologii jesteśmy, kim jesteśmy, czy dążenie do wyeliminowania różnic nie jest zadaniem równie potwornym i beznadziejnym, co dążenie do stworzenia rasy panów? Założenia i zalecenia propagatorów neutralności płciowej niepokojąco tchną seksualnym faszyzmem[19].

W innym rozdziale, poświęconym procesowi socjalizacji dziewczynek i chłopców, pojawia się z kolei nawiązanie do nazizmu. Pisząc o schematach zachowań dziewczynek i chłopców, autorzy zauważają:

> Teoretycznie moglibyśmy je zmienić, manipulując hormonami płodu: nie ma takiego małego chłopczyka, którego nie moglibyśmy zmusić, by zachowywał się jak mała dziewczynka i *vice versa*, jeśli tylko użyjemy strzykawki z odpowiednią zawartością. Wystarczy zastosować nazistowskie zasady do technologii biochemicznej końca dwudziestego wieku[20].

Zacieranie ściśle określonej różnicy płci i liberalizacja norm z tym związanych to więc dla Moir i Jessela procesy nienaturalne, a zatem niepożądane. Niekiedy zjawiska te bywają demonizowane, zaś porównania z praktykami faszyzmu–nazizmu mogą nawet budzić grozę.

Kontrastem dla koszmaru „neutralności płciowej" są sielankowe opisy czasów sprzed rewolucji seksualnej z ich zdecydowa-

---

[19] Tamże, s. 182.
[20] Tamże, s. 94.

nym podziałem ról płciowych. Samo zestawienie takich dwóch wizji ma silny ładunek emocjonalny – ma wzbudzić nostalgię za przeszłością, a jednocześnie nadać negatywny wydźwięk wszystkiemu, co kojarzy się z nowoczesnością. W dyskursie *Płci mózgu* nowoczesność jest bowiem kojarzona z działaniami wbrew naturze i odwiecznemu porządkowi.

LINIE ARGUMENTACJI. OD OPISU DO OCENY

Jak już wspomniano głównym celem argumentacji perswazyjnej jest zmiana ładunku emocjonalnego związanego z danym pojęciem lub grupą pojęć. Celowi temu służy między innymi budowanie emocjonalnie nacechowanego kontekstu. Sama argumentacja może, ale nie musi mieć postaci logicznego rozumowania. Może być to ciąg luźnych wypowiedzi słownych stwarzający jedynie pozory logicznego wynikania[21]. Luźny styl i dygresyjność wywodów w *Płci mózgu* sprzyjają prześlizgiwaniu się po pojęciach, perswazji, a nawet manipulacji.

Zobaczmy zatem, jak przebiega linia argumentacji w *Płci mózgu*. Często początek wywodu stanowi opis istniejącego *status quo* w dziedzinie społecznej czy kulturowej, który jest wyjaśniany poprzez odniesienie do biologicznego wymiaru człowieka. Następnie autorzy przechodzą do rozważań ogólnych na temat ludzkiej biologii. Podpierając się wynikami badań naukowych, wyodrębniają typy osobowe związane z płcią, a następnie wywodzą z nich normy dotyczące ról społecznych. Ponieważ posługują się wynikami badań z dziedziny nauk przyrodniczych, normy te nabierają dość ostrego charakteru. Dzieje się tak, ponieważ wyższy stopień ścisłości cechujący nauki przyrodoznawcze niepostrzeżenie, choć w sposób nieuprawniony, przenosi się na poziom

---

[21] T. Pawłowski, dz. cyt., s. 159.

społeczno-kulturowy. Jednostki, które odbiegają od proponowanego przez Moir i Jessela modelu, są arbitralnie określane jako zaburzone czy nienormalne; na przykład chęć opieki ojca nad dzieckiem wynika z tego, że w okresie płodowym mężczyzna ten cierpiał na nadmiar kobiecych hormonów[22].

Powyższe mechanizmy można zaobserwować w rozdziale *Kobieta i mężczyzna w pracy*. Istniejący *status quo* – przewaga kobiet na niższych stanowiskach i nierówności w wynagrodzeniach – tłumaczony jest uwarunkowaniami biologicznymi, takimi jak odmienna budowa mózgu czy gospodarka hormonalna, pomija się zaś kontekst kulturowy czy społeczny. Opisując strukturę zatrudnienia, Moir i Jessel stawiają tezę, że obecny (tj. z wczesnych lat 80. ubiegłego wieku) podział zatrudnionych „odpowiada ich naturalnym predyspozycjom"[23]. Przewaga mężczyzn na stanowiskach kierowniczych i niższe zarobki kobiet są objaśniane jako wynik działania uwarunkowanych biologicznie preferencji: Moir i Jessel twierdzą, że kobiety nie odnoszą sukcesów materialnych i zawodowych, bo to dla nich nieistotne[24], zaś dysproporcje płacowe wynikają z faktu, że kobietom „mniej zależy na pieniądzach"[25]. Zdaniem autorów *Płci mózgu* uwarunkowania biologiczne (tj. budowa mózgu i gospodarka hormonalna) całkowicie tłumaczą zjawiska społeczno-ekonomiczne zachodzące na rynku pracy, łącznie z dysproporcjami płacowymi. Ponadto z wywodu zaprezentowanego w tym rozdziale wynika, że nawet sfera wyborów etycznych: wyznawanych wartości, tego, co jest dla kogoś istotne, nie stanowi wyniku autonomicznych decyzji mężczyzn i kobiet, lecz skutek działania ich hormonów czy budowy mózgu.

[22] A. Moir, D. Jessel, dz. cyt., s. 201–202.
[23] Dz. cyt., s. 264.
[24] Dz. cyt., s. 265.
[25] Dz. cyt., s. 229.

Poza aspektem opisu, który ma objaśnić istniejącą sytuację, pojawia się także aspekt normatywny, związany z powinnościami przypisanymi danej płci. Opisane powyżej zjawiska społeczne stają się dla autorów przesłanką do wniosków o charakterze ogólnym, dotyczących społecznych ról płci. Moir i Jessel piszą, że mężczyźni wiele poświęcają, aby odnieść sukces, a kobiety nie, ponieważ „większość z nich jest po prostu tak skonstruowana"[26], a „męski model sukcesu wymaga cech, do których mózg kobiecy nie jest przystosowany"[27]. Jak wynika z powyższych cytatów, sukces zawodowy i finansowy jest uznawany za kategorię typowo męską, a kobiety, które do niego dążą, nie mogą być uważane za w pełni kobiece. Widać więc, że autorzy przechodzą płynnie od opisu wybranego przez nich aspektu rzeczywistości do ustalania norm – wzorcowej męskości i kobiecości. Takie przejście nie jest jednak uprawnione. Z faktu, że istnieje jakieś zjawisko, czy też, że zachodzi jakaś relacja, nie wynika, że tak właśnie powinno być.

O CO CHODZI AUTOROM PŁCI MÓZGU?

Płeć mózgu Anne Moir i Davida Jessela nie jest jedynie zbiorem wyników badań naukowych, ale przede wszystkim głosem w dyskusji na temat biologicznego zdeterminowania ról społecznych związanych z płcią, lub szerzej – tożsamości człowieka. Autorzy zajmują w niej stanowisko skrajnego biologicznego determinizmu. Jednakże, pomimo obecności elementów naukowych, na przykład cytowanych wyników badań, książka ma przede wszystkim perswazyjny, a w dopiero w drugiej kolejności informacyjny charakter. W celu uwiarygodnienia swojego stanowiska Moir i Jessel stosują

---

[26] Dz. cyt., s. 230.
[27] Dz. cyt., s. 236.

różne zabiegi typowe dla argumentacji perswazyjnych. Przede wszystkim pewne pojęcia, takie jak „różnica płci" są afirmowane, inne zaś, na przykład „równość płci", „nowoczesność" czy „feminizm" – dewaloryzowane. Autorzy odwołują się do zachowań ze świata zwierząt, spuścizny ewolucji, wprowadzają wymiar temporalny, stosują też wyraziste opisy i porównania, między innymi porównanie postulatu równości płci do praktyk faszyzmu czy nazizmu. Ponadto dla Moir i Jessela naturalne predyspozycje danej płci określają jej powinności, na przykład fakt, że kobieta ma lepsze wyposażenie do opieki nad dzieckiem, pociąga za sobą konkluzję, że właśnie ona powinna to robić.

Jak zauważa wspomniany wyżej Tadeusz Pawłowski, perswazja może być stosowana przez autorów nieświadomie (na przykład kiedy autor nie zdaje sobie sprawy z emocjonalnego wydźwięku użytych przez siebie wyrażeń) bądź świadomie[28]. Z lektury tekstu wynika, że mamy do czynienia z drugim z tych przypadków. Autorzy wyrażają swoje opinie, zajmują stanowiska w światopoglądowych sporach i umiejętnie dobierają do nich wyniki badań naukowych oraz argumenty. Jeśli jest to więc perswazja świadoma, warto dokonać jej oceny oraz zastanowić się, do jakich postaw i poglądów autorzy chcieliby przekonać czytelnika.

Już pobieżna lektura tekstu pokazuje, że *Płeć mózgu* zawiera wyrazisty program społeczno-obyczajowy. Przede wszystkim widać w nim niechęć do jakichkolwiek społecznych zmian, za wyjątkiem zmian przywracających to, co było dawniej. Idealizacja przeszłości, to jest czasów sprzed rewolucji obyczajowej, niechęć do postępu i nowoczesności wskazują na konserwatywną orientację autorów. *Płeć mózgu* podaje więc ciąg postulatów

---

[28] T. Pawłowski, dz. cyt., s. 247.

i argumentów za przywróceniem tradycyjnego modelu rodziny. Jednakże w modelu tym mieści się dodatkowo męska agresja i poligamia. Są one ukazane jako naturalne i nieuchronne, a zatem do pewnego stopnia usprawiedliwione. Jednocześnie Moir i Jessel otwarcie postulują cofnięcie procesów emancypacyjnych kobiet, a w miejsce równouprawnienia proponują zgodne z naturą „społeczeństwo seksistowskie".

Nie zamierzam tu oceniać programu postulowanego przez autorów, chciałabym jednak poddać ocenie sposób, w jaki Moir i Jessel próbują przekonać do niego czytelnika. Pomimo że autorzy *Płci mózgu* nie ujawniają ważnych przesłanek, a w ich wywodach znajduje się wiele określeń i zdań o charakterze perswazyjnym, przedstawiają je jako logiczne rozumowania oparte na naukowej prawdzie. Rzecz jasna, dziennikarze mają prawo do snucia wywodów o perswazyjnym i retorycznym charakterze. Problem z *Płcią mózgu* tkwi jednak w tym, że książka ta rości sobie prawo do naukowej prawdy. Dzieje się tak, ponieważ autorzy umiejętnie wykorzystują autorytet nauk przyrodniczych, aby uczynić własne stanowisko wiarygodnym i niepodważalnym. Nie przedstawiają swojej koncepcji człowieka jako jednej z wielu propozycji, tak jak uczyniłby to na przykład filozof uprawiający antropologię filozoficzną.

Niezaprzeczalnymi wadami *Płci mózgu* są także jednostronność i wybiórczość. Oczywiście, pisząc książkę o charakterze popularnonaukowym należy dokonywać selekcji informacji, a nawet pewnych uproszczeń. Można też opowiedzieć się po jednej ze stron sporu o naturę człowieka. Nierzetelne jest jednak pomijanie albo wręcz dyskredytowanie znaczącego obszaru badań i refleksji w danej dziedzinie. W przypadku *Płci mózgu* chodzi o zlekceważenie całego obszaru refleksji nad kulturowym i społecznym uwarunkowaniem ludzkich zachowań.

SKĄD SIĘ BIERZE „PŁEĆ BIOLOGICZNA"?

Naturalistyczna koncepcja płci, prezentowana przez dyskurs socjobiologiczny, nie jest jedyną możliwością. Na przeciwległym
biegunie sytuują się koncepcje kulturalistyczne (w tym większość
feministycznych), które podkreślają wagę czynników pozabio-
logicznych. Do czynników tych należą, między innymi, środowisko kulturowe i społeczne czy proces socjalizacji. Kulturalizm
nie neguje istnienia czy wagi czynników biologicznych, jednakże
podkreśla, między innymi, że całość ludzkiego poznania, w tym
poznanie natury, odbywa się przez pryzmat kultury[29]. Z tego też
powodu my, ludzie, nie jesteśmy w stanie posiąść obiektywnej
wiedzy na temat tego, czym jest natura.

Tak też interpretuję kontrowersyjną tezę Judith Butler, że to
płeć biologiczna jest konstruowana na podstawie płci kulturowej[30]. Butler zwraca uwagę, że cechy wpojone w procesie socjalizacji uważane są za naturalną ekspresję płci biologicznej. To, co
uważa się za „naturalne", jest jednak wytworem socjalizacji, a więc
kultury. Idąc za powyższym rozumowaniem, można więc dojść do
wniosku, że w porządku poznania płeć kulturowa jest nadrzędna
w stosunku do biologicznej, między innymi dlatego, że na temat
tej ostatniej nie jesteśmy w stanie nic pewnego stwierdzić.

Choć Moir i Jessel przedstawiają swoją koncepcję płci (w tym
także płci kulturowej czy społecznej) jako nic więcej ponad naturalną ekspresję naszego biologicznego dziedzictwa, w *Płci mózgu*
daje się zaobserwować opisany przez Butler mechanizm nadawa-

---

[29] A. Pobojewska, *Jedna natura – wiele kultur, jedna kultura – wiele natur*,
[w]: *Między sensem a genami*, wyd. zbior. pod red. B. Tuchańskiej, Wydawnictwo
naukowe PWN, Warszawa 1992, s. 180.

[30] J. Butler, *Uwikłani w płeć*, Wydawnictwo Krytyki Politycznej, Warszawa
2008 oraz J. Butler, *Critically queer*, [w:] *Bodies that Matter: the Discoursive Limits
of 'Sex'*, Routledge, Chapman & Hall Inc, Londyn 1993.

nia płci biologicznej cech wziętych z płci kulturowej. Moir i Jessel wielokrotnie wychodzą właśnie od zjawisk społeczno-kulturowych, a dopiero później dochodzą do prawd „naukowych". Taki schemat jest widoczny między innymi w przytoczonym powyżej opisie rynku pracy. Paradoksalnie, choć zamiarem autorów *Płci mózgu* było wykazanie, że płeć kulturowa i społeczna to naturalne przedłużenie płci biologicznej, ich tok myślenia wskazuje na to, że dokonują oni operacji odwrotnej. Moir i Jessel ustalają bowiem płeć biologiczną na podstawie pewnego (tradycyjnego) wzorca płci kulturowej. Problem w tym, że nie postrzegają swojej koncepcji tożsamości płciowej jako jednej z wielu propozycji, lecz uważają ją za jedynie słuszną i obiektywnie prawdziwą, bo ugruntowaną w nauce i w biologii człowieka. Choć już w pierwszym rozdziale autorzy przyznają, że nasze mózgi rozwijają się aktywnie w relacji na to, czego doświadczają[31] – a doświadczenia te mogą się różnić w zależności od kultury – myśl ta nie zostaje rozwinięta. Szkoda, bo taka postawa, połączona ze zmysłem obserwacji mogłaby doprowadzić Moir i Jessela do zupełnie odmiennych wniosków dotyczących płci.

KONSERWATYWNA NOSTALGIA PO SEKSMISJI

Pozostaje jednak pytanie, dlaczego dyskurs socjobiologiczny zdobył w Polsce tak szeroką popularność. Skąd wzięła się nostalgia za konserwatywną obyczajowością, którą publikacje takie jak *Płeć mózgu* uprawomocniały paranaukowymi argumentacjami?

Agnieszka Graff w eseju *Patriarchat po seksmisji*[32] analizuje stan świadomości Polaków w dziedzinie tożsamości płciowej i ról

---

[31] A. Moir, D. Jessel, dz. cyt., s.77.

[32] A. Graff, *Patriarchat po seksmisji*, [w:] A. Graff, *Świat bez kobiet. Płeć w polskim życiu publicznym*, Wydawnictwo WAB, Warszawa 2001, s. 14–32.

społecznych w okresie po upadku komunizmu. Graff ukazuje, że okres PRL-u był w świadomości zbiorowej czasem symbolicznej kastracji i upodlenia mężczyzn. Pozbawieni możliwości robienia interesów i błyskotliwej kariery zawodowej (oprócz etycznie wątpliwej kariery partyjnej) polscy mężczyźni zostali oddelegowani do sfery domowej, na przykład upokarzającego domowego majsterkowania. Kobiety zaś „polowały" i „zdobywały", czyli robiły zakupy. Zajmowały się więc tym, co Wilson na mocy natury przypisywał mężczyznom. W ten sposób tradycyjne role społeczne płci uległy odwróceniu, co jednak, jak dowodzi Graff, nie spotkało się z pełną aprobatą społeczeństwa. Niezgodę na taki stan rzeczy i tęsknotę za starym porządkiem najdobitniej wyraził film Juliusza Machulskiego *Seksmisja*, w którym symbolem komunistycznego absurdu i znienawidzonej władzy stały się rządy kobiet. Skrajna emancypacja kobiet stała się więc metaforą nienormalności i komunistycznego totalitaryzmu. Zachodzi tu więc pewna zbieżność z *Płcią mózgu*: Moir i Jessel uznają równy status mężczyzn i kobiet za sprzeczny z naturą i porównują z totalitaryzmem – tutaj polskiemu czytelnikowi po *Seksmisji* nasunie się totalitaryzm komunistyczny.

Można więc postawić tezę, że nostalgia za konserwatywnym podziałem ról płciowych nie wyłoniła się tuż po wolnościowych przemianach, lecz była obecna wcześniej, a jeśli zgodzimy się z powyższymi obserwacjami Agnieszki Graff, to *Płeć mózgu* może okazać się pozycją wspierającą odrodzony, postseksmisyjny konserwatyzm.

GENDER W EDUKACJI

Anna Dzierzgowska, Joanna Piotrowska, Ewa Rutkowska

RÓWNOŚCIOWE PRZEDSZKOLE. PORADNIK DLA NAUCZYCIELI. JAK STOSOWAĆ ZASADĘ RÓWNEGO TRAKTOWANIA KOBIET I MĘŻCZYZN (FRAGMENTY)

KONSEKWENCJE STEREOTYPÓW PŁCIOWYCH

By naprawdę zrozumieć mechanizmy stereotypu i być na nie wrażliwym, nie wystarczy przeczytać kilka mądrych książek i dowiedzieć się, że stereotyp i wynikające z niego uprzedzenia i dyskryminacja są złe. Do wyjaśnienia naszej idei programu wychowania przedszkolnego wrażliwego na płeć najlepszy wydaje się cytat z Konfucjusza „Słyszałem i zapomniałem, widziałem i zapamiętałem, zrobiłem i zrozumiałem". Tak też trochę jest z edukacją uwzględniającą perspektywę płci – nie wystarczy usłyszeć czy wiedzieć, że stereotypy i dyskryminacja istnieją, trzeba też tego doświadczyć czy też odwołać się do własnych doświadczeń, by w pełni pojąć, czym one są i jak można im przeciwdziałać.

Stereotyp ma to do siebie, że jest bardzo silny i trwały, i bardzo odporny na zmianę. Ponadto, nawet jeśli jesteśmy skłonni przyznać, że dyskryminacja ze względu na płeć istnieje w pewnych obszarach, to o wiele trudniej będzie nam dostrzec i stwierdzić, że same byłyśmy dyskryminowane, czy też że potraktowałyśmy kogoś stereotypowo. Nic w tym dziwnego. Wszyscy – dorośli, rodzice i wychowawcy, kobiety i mężczyźni – jesteśmy tak mocno uwikłani i osadzeni w stereotypowych rolach przypisanych płciom, że często nie zdajemy sobie sprawy, że wynika z tego odmienny sposób traktowania przez nas dziewczynek i chłopców oraz że sami reprodukujemy stereotypy płci. Dlatego właśnie zaczynamy od przedstawienia konsekwencji stereotypów płciowych, które są najbardziej widoczne w społeczeństwie.

Najjaskrawszym przykładem tego, do czego prowadzi powielanie stereotypów płciowych, jest zjawisko przemocy związanej z płcią. Statystyki są porażające: ponad 90 procent osób doświadczających przemocy domowej to kobiety, zaś około 95 procent sprawców to mężczyźni. Dziewczętom i kobietom zagraża także przemoc seksualna – przy czym jeśli chodzi na przykład o gwałty, w 91 procentach przypadków kobieta znała wcześniej sprawcę, był to ktoś bliski: mąż, partner, przyjaciel, ktoś z rodziny lub najbliższego otoczenia. Tymczasem w Polsce pojęcia takie jak *date rape* (gwałt na randce) są praktycznie nieznane. Dziewczęta z reguły nie są uczone, jak się bronić – przeciwnie, przekaz, jaki niesie ze sobą zwłaszcza kultura masowa, uczy je, że powinny być atrakcyjne i seksualnie dostępne[1]. Policja zauważa, że tylko 16 procent gwałtów jest w ogóle zgłaszanych. Tylko kilka procent trafia do sądów[2].

Jak interpretować te dane? Czy mówią one, że kobiety „z natury" są słabe i skazane na los ofiary, a mężczyźni „z natury" nie potrafią panować nad swoimi seksualnymi popędami i nad agresją? Jesteśmy innego zdania. Uważamy, że największy

---

[1] J. Piotrowska, A. Synakiewicz, *Dlaczego dziewczęta są agresywne? Szkoła wobec problemu przemocy ze względu na płeć*, Społeczny Monitor Edukacji, grudzień 2010, www.monitor.edu.pl.

[2] E. Rutkowska, *Genderowe podstawy przemocy wobec dziewcząt*, [w:] *Przeciwdziałanie przemocy i przemocy seksualnej wobec dziewcząt. Poradnik dla nauczycielek i nauczycieli*, Fundacja Feminoteka, Warszawa 2009.

wpływ na postawy i zachowania dorosłych kobiet i mężczyzn ma wychowanie i przekaz kulturowy. Dopóki wychowanie opierać się będzie na stereotypowych wyobrażeniach kobiecości i męskości, mali chłopcy nie będą mieli okazji nauczyć się okazywania emocji i panowania nad nimi, a małe dziewczynki nie dowiedzą się, jak bronić się przed krzywdą. Trzeba to zmienić!

Badania pokazują także, że odmienne traktowanie chłopców i dziewczynek, wspieranie zdolności stereotypowo przypisanym płciom, ma olbrzymie znaczenie i wpływ na ich późniejsze wybory i decyzje dotyczące chociażby edukacji czy pracy. Statystyki pokazują, że na uczelniach o kierunkach humanistycznych jest znaczna przewaga dziewcząt, a na kierunkach tak zwanych ścisłych – chłopców. Nie byłoby w tym nic złego, gdyby nie fakt, że zawody tak zwane kobiece są postrzegane jako mniej prestiżowe i są niżej opłacane, zaś tak zwane męskie cenione i wynagradzane są lepiej. W dzisiejszym polskim społeczeństwie kobiety i mężczyźni są już równi wobec prawa. Jednak rzeczywista równość możliwości wciąż nie została zrealizowana. Kobiety mają więcej niż mężczyźni trudności, chcąc godzić życie zawodowe z życiem osobistym. Są coraz lepiej wykształcone, ale nadal statystycznie mniej zarabiają. Rzadziej obejmują ważne stanowiska, wiążące się z władzą i prestiżem, częściej pracują w zawodach kojarzonych z „opiekuńczością" (jeśli pracujesz w przedszkolu lub uczysz nauczania początkowego i czytasz te słowa, na 99,9 procent jesteś kobietą).

Im wyższe stanowisko – tym różnica w płacach między kobietami i mężczyznami jest większa. Na najwyższych stanowiskach, takich jak prezes firmy, różnica ta sięga 30 procent.
Nie ma (...) wątpliwości, że kobiety zajmują w zachodnim społeczeństwie rolę podrzędną. W polityce, na wyższych szczeblach

administracji państwowej, w szkolnictwie wyższym, w przemyśle i biznesie, w sądownictwie, w policji, a nawet w pewnych dziedzinach przemysłu rozrywkowego, sztuce i sporcie (lista ta nie ma końca) mężczyźni są płcią dominującą. Z drugiej strony większość gorzej płatnych i podrzędnych rodzajów pracy wykonują kobiety. (...) Mężczyźni posiadają większość własności i kontrolują większość bogactw[3].

Zakładamy, że wszyscy – nauczycielki, rodzice, dorośli – chcemy, by nikt – dziecko ani dorosły – nie doświadczał przemocy i nie był gorzej traktowany na rynku pracy, w edukacji i w innych obszarach. Wychowujemy dzieci i celem zarówno rodziców, jak i nauczycielek przedszkolnych jest, by miały szczęśliwe dzieciństwo i udane dorosłe życie. Jeśli chcemy zatem, by dzieci – chłopcy i dziewczynki – miały takie same szanse w dorosłym życiu, ważne jest, żeby nauczyciele już na wczesnym etapie edukacji wiedzieli, że małe dzieci są szczególnie podatne na przyswajanie stereotypów. Pomaganie dzieciom we wzajemnych relacjach, zwalczanie dyskryminacji czy nawet przezwisk, może stać się istotną częścią przedszkolnych doświadczeń.

ZROZUMIEĆ STEREOTYP
Stereotyp jest sposobem na kategoryzowanie i przypisywanie ludziom cech. Zgodnie z teorią rozwoju poznawczego Piageta między 3. a 6. rokiem życia dzieci są na etapie wyobrażeń przedoperacyjnych, co oznacza, że skupione są głównie na tym, co mogą zobaczyć. Są zatem także podatne na tworzenie stereotypów płci. Między 4. a 7. rokiem życia zaczynają zdawać sobie

---

[3] D. Fontana, *Psychologia dla nauczycieli*, przeł. M. Żywicki, Zysk i S-ka, Poznań 1998.

sprawę z tego, że płeć pozostaje stałą cechą, bez względu na zmianę ubrania czy zachowania. Dzieci dostrzegają zachowania nauczycieli i także na tej podstawie uczą się, co mogą chłopcy, a co dziewczynki[4].

Nierówne traktowanie ze względu na płeć w środowisku szkolnym zostało na przestrzeni ostatnich dziesięcioleci dokładnie opisane. Badania prowadzone w szkołach (na poziomie podstawowym i ponadpodstawowym) pokazały, że chłopcy są bardziej nieposłuszni i hałaśliwi, podczas gdy dziewczynki mają niższe poczucie własnej wartości. Chłopcy dominują w klasie i odgrywają w niej role liderów, zaś dziewczynki zajmują mniej znaczące pozycje. W przeważającej większości to chłopcy częściej niż dziewczynki zabierają głos w klasie i skupiają na sobie uwagę nauczycieli. Trzeba jednak zauważyć, że to oni są także częściej niż dziewczęta upominani, przeważnie w formie krytykowania lub dyscyplinowania. Badania pokazują także, że chłopcy angażują się w działania, które mają na celu sprowokowanie albo zaatakowanie dziewcząt, łącznie z zaczepkami słownymi i wykorzystywaniem fizycznym[5].

Jeśli przeniesiemy się na grunt przedszkolny, zobaczymy podobną sytuację jak w szkołach: chłopcy są bardziej hałaśliwi i aktywni fizycznie od dziewcząt, a także zapewniają sobie więcej przestrzeni niż one. Chłopcy często zaczepiają dziewczęta drażniąc się z nimi i im przeszkadzając. Tak jak w środowisku szkolnym, tak i w przedszkolach, to chłopcy dominują i przewodzą grupie, a dziewczynki odgrywają pomniejsze role. Dziewczęta częściej trzymają się blisko pracowników/nauczycieli przedszkol-

---

[4] A. Levitch, S. Gable, *Reducing stereotyping in the preschool classroom*, http://bit.ly/1rvndYC.

[5] E. Bayne, *Gender Pedagogy in Swedish Pre-Schools: An Overview*, http://bit.ly/1nY1Sb8.

nych, zachowując się jak małe asystentki-pomocnice przy różnych czynnościach, takich jak na przykład sprzątanie po zabawie i tym podobne. Chłopcy skupiają na sobie większą uwagę personelu przedszkolnego niż dziewczęta. Okazało się także, że personel przedszkolny wymaga więcej od dziewcząt niż od chłopców i w większym stopniu kontroluje i instruuje te pierwsze. Tak jak w szkołach, zachowanie, które jest zgodne z tym przypisanym danej płci, jest postrzegane bardziej pozytywnie niż to, które od tej normy odstaje[6].

Wiele z powyższych wniosków sprowadza się do stwierdzenia, że istnieje wyraźny wzorzec zachowań chłopców: zdobywają oni dla siebie więcej przestrzeni i skupiają na sobie uwagę nauczycieli. Stąd też dziewczęta i chłopcy w środowisku przedszkolnym zdobywają, mimo iż warunki fizyczne są dlań jednakowe, odmienne doświadczenia.

Warto podkreślić, że ta odmienność doświadczeń wynika z istnienia silnych stereotypów nie tylko na temat kobiet, ale także na temat mężczyzn. Chłopiec od najmłodszych lat jest uczony, że nie powinien być „babą", ma więc unikać „babskich" zachowań, zainteresowań, postaw i cech osobowych. Ponieważ kobiety są stereotypowo postrzegane jako delikatne, czułe, uległe, pasywne i nastawione na związki, mężczyzna swoją męskość ma demonstrować jako zaprzeczenie tych cech. Od mężczyzny oczekuje się, że powinien polegać tylko na sobie, a proszenie kogoś o pomoc jest niemęskie. Płacz go kompromituje (chłopaki nie płaczą), a okazywanie złości – dowartościowuje. Stereotypy zawierające zakazy dotyczące zachowań związanych z okazywaniem uczuć wpływają na emocjonalne funkcjonowanie mężczyzn, zwykle utrudniając im otwartą komunikację interperso-

---

[6] Tamże.

nalną. W szerszym kontekście taki obraz utrudnia korzystanie przez mężczyzn z przysługującym im praw ojca, opiekuna dzieci.

W naszych głowach wciąż funkcjonują niezliczone stereotypy dotyczące kobiet i mężczyzn i wyrastające z nich uprzedzenia. Niekiedy tak głęboko w nas zakorzenione, że sami i same nie zdajemy sobie sprawy z tego, jak silnie wpływają na nasze zachowanie – także na zachowanie wobec dzieci, dziewczynek i chłopców, którymi się opiekujemy.

W Szwecji, jednym z krajów, gdzie szczególnie silnie kładzie się nacisk na równość płci, nauczyciele i nauczycielki w przedszkolach poddali obserwacji własne zachowania wobec dzieci. Wyniki okazały się zaskakujące:

Jeszcze kilka lat temu Stenman uśmiałaby się na wieść, że w jej przedszkolu inaczej podchodzi się do chłopców, a inaczej do dziewczynek. Ale w 2004 roku, w ramach rządowego programu na rzecz równości płci, pojawiła się w Järfälla badaczka specjalizująca się w problemach dotyczących gender (płci społecznej). Przez kilka miesięcy rejestrowała kamerą zajęcia, obserwowała poranne przybycie dzieci, towarzyszyła im w południowym posiłku. Wnioski, jakie wyciągnęła, zdumiały wychowawców: okazało się, że bezwiednie traktowali dziewczynki i chłopców w zupełnie różny sposób.

Tym ostatnim poświęcali dużo więcej uwagi – to oni zajmowali średnio dwie trzecie czasu przeznaczonego na dziecięce wypowiedzi. Podczas rozmów z przedszkolakami wychowawcy akceptowali fakt, że chłopcy przerywają swoim koleżankom, za to one miały grzecznie czekać na swoją kolej. Poza tym sami zwracali się do dzieci na dwa sposoby: do chłopców kierowali krótkie, rozkazujące zdania, dziewczynkom wyjaśniali każdą rzecz dłużej i precyzyjniej. W czasie posiłków różnice stawały się wręcz karykaturalne.

Na nakręconym w 2004 roku filmie widzimy trzy-, czterolet-
nie dziewczynki podające grzecznie szklanki z mlekiem i talerze
z ziemniakami swoim niecierpliwym kolegom. Ten podział ról
narzucili niechcący wychowawcy. – Nie uświadamialiśmy sobie
– uśmiecha się Barbro Hagström, jedna z wychowawczyń – że
tylko dziewczynki prosiliśmy, by pomagały nosić i podawać dania.
Nigdy nie zwracaliśmy się z tym do chłopców[7].

A zatem: jeśli wszystkiego, co najważniejsze, dzieci uczą się
w przedszkolu, pytanie, które sobie stawiamy brzmi: jak sprawić,
żeby nie nauczyły się stereotypowego myślenia o dziewczynkach i chłopcach, kobietach i mężczyznach? Jak doprowadzić do
tego, żeby chłopcy, którzy chcą bawić się lalkami, nie byli z tego
powodu wyśmiewani, a dziewczynki, które kochają liczyć, nie
nabrały przekonania, że i tak w matematyce zawsze będą gorsze
niż chłopcy? Jednym z najważniejszych celów, które stawia sobie
pedagogika wrażliwa na płeć, jest właśnie przełamanie w dzieciach wizji świata, w której pewne rzeczy robią tylko chłopcy,
a pewne tylko dziewczynki i zachęcenie dzieci do kwestionowania przypisanych ról[8].

---

[7] A. Chemin, *Równość płci od przedszkola*, http://bit.ly/1rvsejX.
[8] S. Hasbar, *Równość zaczyna się w przedszkolu*, http://bit.ly/1l1sN13.

Jaś Kapela

WYSADZANIE DZIECI
PRZEZ EKSPERTÓW PAN

„«Równościowe przedszkole» wysadza dzieci z biologicznej płci
– uważają eksperci z Zespołu Edukacji Elementarnej Komitetu
Nauk Pedagogicznych PAN", można było przeczytać na pierwszej
stronie dziennika „Rzeczpospolita"[1]. Aż trudno w to uwierzyć.
W końcu termin „płeć biologiczna" odnosi się do różnic anatomicznych między kobietami i mężczyznami. Co więc tym dzieciom w tych przedszkolach robią? Operacje organów płciowych?
Podają środki hormonalne? Majstrują przy chromosomach? Jeśli
coś takiego się dzieje, to chyba eksperci powinni dzwonić na policję, a nie wydawać opinie. W końcu płeć to poważna sprawa,
a przedszkola chyba nie są najlepszym miejscem do wykonywania operacji medycznych.

Jako że dobro dzieci zawsze leżało mi na sercu, postanowiłem
przyjrzeć się sprawie bliżej. Rzeczywiście pani dr hab. prof. APS Józefa Bałachowicz wydała opinię[2] na temat poradnika *Równościowe przedszkole. Jak uczynić wychowanie przedszkolne wrażliwym
na płeć*[3]. Nazwisk innych ekspertów PAN nie poznajemy, ale mam

---

[1] Artur Grabek, Wysadzanie dziecka z płci, http://bit.ly/1lkBF22.

[2] Opinia programu autorstwa Pań Anny Dzierzgowskiej, Joanny Piotrowskiej,
Ewy Rutkowskiej pt. *Równościowe przedszkole. Jak uczynić wychowanie przedszkolne
wrażliwym na płeć*, http://bit.ly/1gKf1zG.

[3] Fragment poradnika można znaleźć na s. 240 niniejszego przewodnika.
Całość: http://bit.ly/1jvp38f.

nadzieję, że wkrótce się nam ujawnią, skoro opinia została wydana ponoć również w ich imieniu, a nie tylko jednej pani doktor.

Głównym zarzutem jest, że „przedstawionego do opinii opracowania nie można zakwalifikować jako «program edukacji przedszkolnej»". Jest to niewątpliwie cenna i błyskotliwa uwaga, zważywszy że wspomniany poradnik ma charakter pomocy dydaktycznej skierowanej do nauczycieli, o czym zresztą autorki piszą we wstępie. Wydawanie opinii, że poradnik dla nauczycieli nie jest programem edukacji przedszkolnej, być może jest potrzebne w obecnym niezwykłym pomieszaniu języków.

W końcu czytamy w prasie, że genderyści chcą znieść różnice między mężczyzną i kobietą, więc kto wie, może chcą też znieść różnice między pomocą dydaktyczną dla nauczycieli a podręcznikiem dla przedszkolaków.

Oczywiście gdy recenzuje się książkę dla dorosłych, łatwo serwować zarzutami, że może być ona za trudna dla dzieci. I Bałachowicz z przyjemnością to czyni. Mam jednak wrażenie, że autorki kierujące swoją pozycję do nauczycieli miały prawo sądzić, że są oni wyposażeni w pewną wiedzę na temat edukacji przedszkolnej i nie muszą pisać podręcznika. Ale może jednak powinny, skoro nawet eksperci z Zespołu Edukacji Elementarnej Komitetu Nauk Pedagogicznych PAN mają problemy z rozróżnianiem płci biologicznej i płci kulturowej. Bo chyba już mogę zdradzić sekret, że wysadzanie dzieci z płci nie dotyczy różnic anatomicznych, tylko kulturowych.

Na czym to wysadzanie miałoby polegać, pani profesor niestety nie pisze. Trzeba więc sięgnąć do źródła. Autorki poradnika proponują na przykład, żeby wspólnie z dziećmi się zastanowić, dlaczego chłopcy częściej bawią się samochodami, a dziewczyny lalkami albo dlaczego wśród polityków jest więcej mężczyzn niż kobiet. Pada też propozycja „zaproszenia przedstawiciela /

przedstawicielki nietypowego dla danej płci zawodu". Czy rzeczywiście dziewczynka, która zobaczy kobietę żołnierza, zostanie wysadzona z płci i nigdy już nie zdoła wrócić do swojej naturalnej roli matki i kochanki? Czy chłopiec, który spróbuje bawić się lalkami, już nigdy nie zechce wrócić do piłki nożnej? Strasznie słaba musi być ta płeć biologiczna według pani Bałachowicz, skoro przedszkolne zabawy mogą dzieci z niej wysadzić.

Jak donosi „Rzeczpospolita": „Program wzbudza kontrowersje, gdyż w ramach uświadamiania dzieciom równości płci autorki proponują, by chłopcy przebierali się w dziewczęce stroje, zakładali peruki. I odwrotnie, dziewczęta zakładały ubrania chłopięce". Rzeczywiście ta propozycja spotkała się z przerażeniem nawet dziennikarki „Gazety Wyborczej" Dominiki Wielowieyskiej. Zauważmy jednak, że pomimo braku edukacji równościowej mamy już obecnie w naszym społeczeństwie sporą grupę mężczyzn przebierających się w sukienki, którym nie przeszkadza to zachowywać się agresywnie, stanowczo i dominująco, jak na prawdziwych mężczyzn przystało. Może więc nie ma się czego bać? Z drugiej strony można się jednak zastanowić, czy przebieranie chłopców w sukienki jest skutecznym sposobem uświadamiania dzieciom, na czym polega równość płci, skoro noszący stale sukienki panowie jakoś sobie tego nie uświadomili.

Moim ulubionym zarzutem jest jednak ten: „Istotnym uchybieniem proponowanych nauczycielom treści wychowania jest utożsamianie wprowadzania idei wychowania równościowego w przedszkolu z wychowaniem apłciowym". To piękne, bo w poradniku *Równościowe przedszkole* słowo „płeć" pojawia się już na pierwszej stronie, a następnie jest odmieniane przez wszystkie przypadki. Dużo się też mówi o chłopcach i dziewczynkach, mężczyznach i kobietach. Niestety tego samego nie można powiedzieć o zatwierdzonej przez MEN podstawie programowej wychowania przedszkolnego[4]. Słowo „płeć" w nim nie pada ani razu. Nie ma też dziewczynek ani chłopców. Są dzieci. Zwracają zresztą na to uwagę autorki poradnika równościowego: „Podstawa napisana jest charakterystycznym, ślepym na płeć językiem: mówi o «dziecku» i «nauczycielu». W intencji autorów i autorek taki język ma być językiem neutralnym, pod owym «dzieckiem» kryć się mają zarówno dziewczynki, jak i chłopcy. Małe dzieci określane są rodzajem nijakim, tak jakby nie miały w ogóle płci". Kto tu zatem propaguje wychowanie bezpłciowe?

Na koniec chciałbym oddać jeszcze raz głos ekspertce PAN: „Uwrażliwienie nauczycieli na powielanie zachowań stereotypowych wobec płci wychowanków, budowanie u nich świadomości mechanizmów dyskryminacji, a w konsekwencji – unikanie w pracy z dziećmi reprodukcji stereotypów związanych z płcią, kształtowanie pozytywnych doświadczeń dzieci w toku wychowania, rozwój indywidualnych zdolności niezależnie od płci, jest niezwykle cenne. Realizacja takich celów ma pozytywny wymiar zarówno społeczny, jak też indywidualny; zabezpiecza sprawiedliwe i demokratyczne stosunki społeczne oraz umożliwia pełną samorealizację jednostki".

Trudno się z tym nie zgodzić. Dlatego martwi, że według danych ministerstwa edukacji taki program jest realizowany tylko w siedemnastu placówkach w skali kraju. Potrzebujemy więcej równościowych przedszkoli, a także podręczników do równościowej edukacji. Jedna cienka książeczka dla nauczycieli to zdecydowanie za mało. Bo inaczej dalej będziemy się opierać na stereotypach, że walka z dyskryminacją ze względu na płeć wysadza dzieci w kosmos.

---

[4] Podstawa programowa wychowania przedszkolnego dla przedszkoli, oddziałów przedszkolnych w szkołach podstawowych oraz innych form wychowania przedszkolnego, http://bit.ly/1gKf1zG.

Z Martą Rawłuszko rozmawia Jaś Kapela

NIE BYŁO ŻADNEGO ODWOŁANIA SŁÓW GIERTYCHA

Jaś Kapela: W raporcie *Wielka nieobecna – o edukacji anty-dyskryminacyjnej w systemie edukacji formalnej w Polsce* na-uczyciele mówią, że w ich szkołach nie ma problemu dys-kryminacji. Z drugiej strony tłumaczą, że elementy edukacji antydyskryminacyjnej są częścią nauczanych przez nich przed-miotów. Skoro dyskryminacji nie ma, a są elementy edukacji antydyskryminacyjnej, to może nie ma problemu?

Marta Rawłuszko: Ten raport pokazuje kilka rzeczy. Jeśli chodzi o nauczycieli i nauczycielki, to pierwszą reakcją często było za-przeczenie, czyli wersja, że dyskryminacja nas nie dotyczy. W dal-szej rozmowie okazywało się jednak, że każdy potrafi przytoczyć zdarzenia z życia szkoły czy tematy poruszane z uczniami i uczen-nicami, które wprost odnoszą się do uprzedzeń, nierównego trak-towania. Nauczyciele mówią o dyskryminacji niekoniecznie języ-kiem podobnym do organizacji pozarządowych, ale problem na pewno istnieje i jest widoczny dla osób, które pracują w szkołach. Padały przykłady związane z niepełnosprawnością, biedą czy po-chodzeniem etnicznym. Wskazywano, że trudnym tematem jest rozmowa z uczniami i uczennicami o homofobii. Gotowość do powiedzenia, z czym jest problem, faktycznie jednak jest dość nikła. Mieliśmy sporo kłopotów w ogóle z zebraniem nauczycieli do tych wywiadów, choć zaproszenia były kierowane z dużym wyprzedzeniem, potwierdzane wielokrotnie telefoniczne, z udzia-

łem w badaniu wiązała się odpłatność. Część szkół w ogóle od-
mówiła udziału w badaniu. Ich niechęć interpretowaliśmy jako
strach przed ujawnieniem niekompetencji. Mogłoby się okazać, że
mimo iż szkoła ma jakieś obowiązki, *de facto* oni czy one o nich nie
wiedzą i ich nie realizują. Podobnie jest zresztą z poziomem centralnym. Jak się zapyta MEN o dyskryminację w szkołach, to się
dostaje odpowiedź: nauczyciele przeciwdziałają dyskryminacji,
bo tak jest zapisane w podstawie programowej, nasze podręczniki są wolne od stereotypów, ponieważ sprawdzają je eksperci,
którzy muszą to sprawdzać i tak dalej. Ale tak naprawdę, jeśli
spojrzeć na cały system kształcenia nauczycieli, to widać, że są
zostawieni sami sobie. Nikt nie wspiera ich w tym, żeby mogli
zrozumieć zjawisko dyskryminacji i nauczyć się reagować na nie
w sposób, który zapewniałby im komfort, ale przede wszystkim
chronił prawa dziewczynek i chłopców.

Czyli na problem odpowiadają jedynie organizacje pozarządowe?
Decydenci zajmujący się polityką oświatową nie uważają, że
szkoła to miejsce, które ma dawać wiedzę o tym, czym jest dyskryminacja, i umiejętności, jak jej przeciwdziałać. Nie zauważają
też, że to jest pewien połączony zbiór zagadnień. Są więc bardzo różne działania, ale wyrywkowe. Mamy elementy nauczania
o Holokauście albo działania związane z wielokulturowością, ale
brakuje jednej ramy, która mówi: do szkoły w Polsce chodzą różni
uczniowie i uczennice i wszystkim należy się prawo do równego
traktowania, ochrona przed przemocą i prześladowaniem. Badanie „Wielka nieobecna" pokazało też, że szkoła dyskryminacją
zajmuje się na zasadzie interwencji, prowadzonej wtedy, kiedy
komuś wyda się za stosowne reagować. Trudno jednak mówić
o regularnej, uporządkowanej edukacji na ten temat czy wy-
pracowanych przez szkoły sposobach reagowania. Dodatkowo

nauczycielom języka polskiego wydaje się, że o równym traktowaniu się mówi na historii, historycy myślą, że to jest temat lekcji WOS, nauczyciele WOS widzą to natomiast na języku polskim i tak dalej. Jeżeli coś się dzieje, to są to pojedyncze działania. Z jednej strony mamy nauczycieli i nauczycielki, którzy robią coś z własnej woli, zgodnie ze swoimi zainteresowaniami, poczuciem obowiązku i misji; realizują działania antydyskryminacyjne, na przykład z pomocą Amnesty International, w ramach szkolnych klubów praw człowieka. Z drugiej strony mamy organizacje pozarządowe, które identyfikują ten problem i proponują warsztaty, zajęcia czy różne materiały, na przykład scenariusze lekcji. Jednak ciągle jest tak, że to raczej organizacja pozarządowa prosi szkołę o kontakt. Rzadko bywa na odwrót, że to szkoła zgłasza się po wiedzę czy wsparcie.

Czyli tam, gdzie brak prężnie działających NGO-sów czy bardziej zaangażowanych nauczycieli, działań antydyskryminacyjnych po prostu nie ma?
Tak. Do tego organizacje pozarządowe często działają pod warunkiem, że uzyskają finansowanie. A w Polsce z finansowaniem działań antydyskryminacyjnych nigdy nie było zbyt dobrze. Jeśli nie ma środków, to NGO-sy tego nie robią albo robią to nieodpłatnie, co uniemożliwia dotarcie do mniejszych miejscowości lub zrobienie tego na większą skalę tak, aby systemowo próbować rozwiązywać problem.

Ale Unia wymaga od nas prowadzenia polityki antydyskryminacyjnej, wprowadzania gender mainstreamingu i tak dalej. Idą na to pieniądze. Ktoś to więc musi robić.
Tak, są pieniądze, ale to nie takie proste. Zasada gender mainstreamingu w projektach europejskich przełożyła się w pewnym

momencie na działania szkoleniowe związane z równością, tyle że skierowane do osób dorosłych. Były to szkolenia na temat równości płci, najczęściej w kontekście rynku pracy czy realizacji projektów. Rzadko kiedy przekładało się to na edukację równościową w szkołach, możliwe, że duża część tych szkoleń w ogóle nie odnosiła zasady równości do edukacji i oświaty. Z poradnika *Równościowe przedszkole* skorzystało kilkanaście, może kilkadziesiąt placówek w skali całego kraju. To promil potrzeb, zważywszy że zgodnie z rozporządzeniem MEN z lipca zeszłego roku każde przedszkole i każda szkoła powinny prowadzić działania antydyskryminacyjne. Potencjalnie jest to bardzo dobry zapis. Problem polega na tym, że szkoły nie wiedzą, jak to robić. Nauczyciele są sfrustrowani, bo obarcza się ich czymś, co jest dla nich z sufitu, bo często w ogóle nie widzą tego problemu, a jak widzą, to nie wiedzą, jak się z nim zmierzyć. To dla nich wymóg do spełnienia, dołożony bez potrzebnego wsparcia systemowego.

Ministerstwo nie przygotowało dla nich żadnych wskazówek, oficjalnych materiałów?
Ośrodek Rozwoju Edukacji opracował publikację. Jest skierowana do wizytatorów kontrolujących placówki i zawiera bardzo ogólny rozdział o przeciwdziałaniu dyskryminacji. To zdecydowanie za mało w obecnej sytuacji. Poza tym w publikacji zabrakło odwołania do bardziej praktycznych opracowań. ORE ma do dyspozycji takie publikacje jak *Kompas. Edukacja o prawach człowieka w pracy z młodzieżą* czy *Kompasik. Edukacja na rzecz praw człowieka w pracy z dziećmi. Kompas* został wydany jeszcze przed tym, jak ministrem edukacji był Roman Giertych. Były osoby wyszkolone do tego. Publiczna oświata zapomina o swoim doświadczeniu, w ogóle z niego nie korzysta. A to są świetne publikacje! Można

by przynajmniej powiedzieć nauczycielom: weźcie je, czytajcie i tym się inspirujcie.

Przed Giertychem odbywały się szkolenia równościowe w szkołach?
Odbywały się szkolenia równościowe dla nauczycieli i nauczycielek.

I nikt tego nie przywrócił? Żyjemy ciągle z dziedzictwem LPR-u?
Tak. Nie było żadnego odwołania słów Giertycha, który zwolnił Mirosława Sielatyckiego, dyrektora Centralnego Ośrodka Doskonalenia Nauczycieli, zarzucając mu wydanie *Kompasu* – publikacji mówiącej o prawach człowieka, w tym prawach osób homoseksualnych. Nie znalazł się lider czy liderka na stanowisku ministra, który by powiedział, że bierze za to odpowiedzialność i że ma inną wizję szkoły – zapewniającą równą ochronę przed przemocą i dającą dzieciom wiedzę, co mają zrobić, gdy same doświadczają dyskryminacji albo widzą, że dotyka ona ich koleżanek i kolegów. Nie było ministra czy ministry, która by powiedziała, że to dla niej ważne, że równe traktowanie każdego bez względu na jakąkolwiek przesłankę to zasada konstytucyjna, która odnosi się też do oświaty. Działania są wyrywkowe, a nie systemowe.

Jak taka systemowa edukacja antydyskryminacyjna mogłaby wyglądać?
Zajęcia z edukacji antydyskryminacyjnej dla osób, które pracują w szkołach. Nie tylko dla nauczycieli i nauczycielek, ale również dla osób zarządzających. Na początku chociaż dla tych, którzy chcą, żeby mogli się szkolić w ramach regularnej oferty Ośrodka Rozwoju Edukacji i regionalnych ośrodków doskonalenia. Uporządkowanie standardu kształcenia nauczycieli. Obecnie to kilkadziesiąt godzin, nie ma w ogóle szans, żeby poruszyć temat dyskryminacji.

Wyeliminowanie dyskryminacyjnych treści z podręczników, szersze uwzględnienie treści dotyczących nierówności i przeciwdziałania dyskryminacji. Ale zacząć trzeba od uznania, że to jest ważne. MEN cały czas twierdzi, że nie ma problemu. Dopiero przyznanie, że jest problem, może sprawić, że klocki ułożą się w spójną całość i nie zatrzymamy się na rzeczach fasadowych, działaniach pozornych.

Gdy nie mając ram programowych i wykształconych kadr, bierzemy się za problem dyskryminacji, może z tego wyniknąć jeszcze większe zamieszanie. Pewien urząd miasta zorganizował szkolenia genderowe, na których ponoć tłumaczono, że płeć to coś, co można dowolnie zmieniać, jak komuś przyjdzie ochota. Są szkolenia równościowe prowadzone przez nieprzygotowane osoby, które korzystają z rynku i możliwości zarobkowania. Nie chciałabym jednak dyskredytować szkoleń w całości. Działań edukacyjnych nie wymyśliła Unia Europejska; były prowadzone o wiele wcześniej przez osoby zaangażowane w środowiska feministyczne, w ruch prawnoczłowieczy, ruchy emancypacyjne, LGBT. Współcześnie UE nadała temu pewne ograniczone ramy i finansowanie. Ale w związku z tym, że pojawiało się finansowanie, pojawił się też rynek takich usług, który nie podlega żadnej kontroli merytorycznej. Jeśli przy zamówieniach publicznych decyduje najniższa cena, to szkolenia może prowadzić prawie każdy, byle tanio.

Nie ma żadnych standardów?
Staramy się je wprowadzać. Opublikowaliśmy *Edukację antydyskryminacyjną i jej standardy jakościowe*, gdzie mówimy, jakie wymogi powinna spełniać osoba, która prowadzi tego typu zajęcia. Ale to znowu działanie organizacji pozarządowej. Jesteśmy zbyt słabym partnerem, aby narzucić tego rodzaju standardy administracji publicznej czy biznesowi.

Towarzystwo Edukacji Antydyskryminacyjnej zabrało głos w dyskusji na temat poradnika *Równościowe przedszkole*, który został zmiażdżony przez profesor Józefę Bałachowicz z Zespołu Edukacji Elementarnej działającego przy Komitecie Nauk Pedagogicznych PAN. Podobno poradnik „wysadza dzieci z płci biologicznej".

Głównym problemem tej recenzji jest to, że stosuje kryteria oceny przeznaczone dla programów nauczania przedszkolnego do publikacji, która programem nauczania przedszkolnego nie jest, co zresztą same autorki piszą we wstępie. Choć podpisała się pod nią tylko profesor Bałachowicz, została ona potwierdzona autorytetem Komitetu Nauk Pedagogicznych PAN. Nigdy wcześniej nie zdarzyło się, żeby PAN wypowiadał się o edukacji równościowej w szkole, a teraz, w kontekście politycznej nagonki na tak zwany gender, wykorzystano jego autorytet, żeby podważyć dorobek nielicznych osób aktywnie zajmujących się tym tematem, prowadzących warsztaty, pracujących z dziećmi. Jednocześnie Komitet PAN zrobił to, oficjalnie niby popierając równość, twierdząc, że równość płci jest dla środowiska naukowego bardzo ważna, edukacja powinna być wolna od stereotypów i tak dalej. To manipulacja, jeśli mówimy, że coś jest bardzo ważne, a jednocześnie negujemy dorobek osób, które to robią, i nie przedstawiamy alternatywy.

Czy teraz wszyscy zaczną się bać, że edukacja równościowa to „promocja homoseksualizmu"?
Niewątpliwie istnieje problem z uznaniem każdej sytuacji dyskryminacji za równorzędną. Są tematy bezpieczne i tematy tabu. Po stronie organizacji pozarządowych zajmujących się różnymi grupami obserwujemy w ostatnim czasie działania koalicyjne, ale po stronie MEN widać wybiórczość. Dwa lata temu Koalicja na rzecz Edukacji Antydyskryminacyjnej postulowała przy okazji

Międzynarodowego Dnia Praw Człowieka, żeby MEN napisał do szkół, że prawa człowieka i przeciwdziałanie dyskryminacji to jest ważny temat. MEN to zrobił, list na swoich stronach opublikowały wszystkie kuratoria, ale wśród przesłanek dyskryminacji nie było orientacji seksualnej i niepełnosprawności. Podejrzewam, że to nie przypadek. Postępując w ten sposób, dajemy przyzwolenie na przykład na dyskryminację ze względu na orientację seksualną.

Podręcznik Teresy Król *Wędrując ku dorosłości* do wychowania do życia w rodzinie jest pełen tego rodzaju treści dyskryminacyjnych i stereotypów.

Z inicjatywy KPH, 32 organizacje pozarządowe wystąpiły do MEN z apelem o ponowną recenzję tego podręcznika lub jego wycofanie, zarzucając mu uprzedzenia i powielanie treści niezgodnych z obecnym stanem wiedzy naukowej. To oczywiście problem, że taka książka została dopuszczona do użytku, nie powinno to mieć miejsca. Ale też nie demonizowałbym podręczników. Wierzę w nauczycieli. Wielu z nich korzysta tylko z własnych materiałów, wiem, że często dotyczy to właśnie wychowania do życia w rodzinie czy edukacji seksualnej w ogóle. W przypadku innych przedmiotów, nawet jeśli w podręczniku jest jakiś zapis stereotypowy czy dyskryminacyjny, to przygotowany nauczyciel czy nauczycielka umie zająć się tym tematem. Skomentować, sproblematyzować, przegadać. Wierzę w ich krytyczne myślenie.

A to prawda, że nauczyciele zajmujący się edukacją równościową są zastraszani?

Jeśli chodzi o Rybnik, wiem, że ktoś rozrzucał wokół przedszkola ulotki „Chłopak, dziewczyna, normalna rodzina", były telefony, mejle. Według mnie to jest zastraszanie. Przy okazji listu otwartego do przewodniczącego Komitetu Nauk Pedagogicznych PAN oraz późniejszego listu otwartego środowiska naukowego pedagogów dostawaliśmy głosy, że są osoby, które nas popierają, ale boją się podpisać. Bo są przed doktoratem, przed habilitacją i za zaangażowanie obywatelskie, zwłaszcza dotyczące równości płci, mogą ich spotkać reperkusje. Są więc sytuacje, kiedy ktoś boi się podpisać imieniem i nazwiskiem pod swoimi przekonaniami w obawie przed utratą pracy na uczelni czy innymi trudnościami. To jest też dość dziwne w kontekście tego, czym jest pedagogika i jakie ma cele.

Jak konkretnie, w praktyce, może wyglądać edukacja antydyskryminacyjna?
To mogą być warsztaty w małej grupie. Każdy z nas jest w stanie podać sytuację, w której sam doświadczył dyskryminacji albo widział dyskryminację czy przemoc dotyczącą kogoś innego. To tworzy przestrzeń, żeby te doświadczenia nazwać, porozmawiać o nich. Zobaczyć, jak ten mechanizm działa, jaką rolę pełnią tu stereotypy i uprzedzenia, jakie są konsekwencje nierówności dla osób, które ich doświadczają, ale też dla innych grup i społeczeństwa w ogóle. To wszystko można pokazywać na konkretnych przykładach, sytuacjach, przywołując dane. To także określona wiedza – o historii ruchów emancypacyjnych, o prawach człowieka, o różnorodności społeczeństwa i o społecznych nierównościach, o łamaniu praw. Wreszcie, to ćwiczenie umiejętności reagowania, wiedza o tym, co można zrobić w pojedynkę, ale też wspólnie z innymi. To mogą być osobne zajęcia, ale też to temat, który można poruszać przy okazji lekcji języków i literatury, historii, wiedzy o społeczeństwie, podczas lekcji wychowawczych. To nie jest problem, aby na zajęciach z wiedzy o społeczeństwie zapytać, jakie grupy w Polsce nie mają dostępu do równych praw, które zgodnie z konstytucją są im gwarantowane. A na zajęciach wychowawczych uczyć się reagowania w sytuacji, kiedy widzimy seksizm, rasizm, mowę nienawiści i tak dalej.

A nie jest tak, że nauczyciel – żeby mieć autorytet, żeby dzieci nie wchodziły mu na głowę – musi być w jakiś sposób ponad nimi? Może czasem potrzebujemy odrobiny nierównego traktowania?
Większa władza nie musi się automatycznie wiązać z nierównym traktowaniem innych. Władza to także możliwość działania, sprawczość i odpowiedzialność. Na przykład za grupę, na przykład za tych, którzy mają gorzej, których dotyka niesprawiedliwość. Władza to jest coś, co powinno się wiązać z odwagą cywilną – odwagą wykorzystania swojego wpływu nie tylko dla swoich potrzeb czy interesów, ale również po to, żeby stanąć w obronie osoby, która tej władzy nie ma. Ale tu wchodzimy w wielki temat wartości, jakie panują w polskiej szkole.

Potraktowanie działań antydyskryminacyjnych na poważnie zmusiłoby do całkowitej reformy polskiego systemu edukacji?
Na pewno. Ale musimy brać pod uwagę to, co jest realne. Całkowita reforma, skoro nie możemy się nawet doprosić o uznanie tego problemu za ważny, wykracza poza horyzont tego, co realne. Musimy się gdzieś spotkać. Organizacje pozarządowe mają różne strategie działania, nasze podejście polega na szukaniu kontaktu, wspólnego gruntu.

Podstawy do takiego spotkanie mamy w konstytucji czy różnych przepisach unijnych. Dlaczego więc nie udaje się spotkać?
Myślę, że nie ma woli po drugiej stronie. Spotkanie się z organizacjami pozarządowymi, a tym bardziej realizowanie polityki na rzecz równości, nie jest priorytetem administracji publicznej ani polityków. Wykorzystuje się dorobek NGO-sów tylko wtedy, gdy akurat jest potrzebny. Konferencja zorganizowana przez Towarzystwo Edukacji Antydyskryminacyjnej w 2011 roku „Edukacja dla równości – równość w edukacji" została wymieniona

w rządowym raporcie w ramach Powszechnego Przeglądu Praw Człowieka ONZ jako jedno z głównych osiągnięć polskiego rządu w obszarze edukacji. Pominięto nas jako organizatorów. Poprosiliśmy MSZ o wyjaśnienia, po dwóch pismach dostaliśmy odpowiedź, że to faktycznie ich pomyłka. Inny przykład: jest Krajowy Program na rzecz Równego Traktowania. Powstał na podstawie dużego raportu, którego opracowanie zlecono Instytutowi Socjologii UJ. Jednym z głównych źródeł diagnostycznych jest nasza *Wielka nieobecna*. To świetnie, że raport TEA został wykorzystany. Zdecydowanie gorzej było z uwzględnieniem postulatów dotyczących działań, które rząd powinien podjąć w oświacie.

Jesteście po prostu dyskryminowani.
Unikałabym odmieniania tego słowa przez wszystkie przypadki. Równe szanse i dyskryminacja są teraz na ustach wszystkich. Nie, nie jesteśmy dyskryminowani. Jesteśmy po prostu słabszym partnerem. Mamy mniejszą władzę, mniejszy dostęp do zasobów, mniejsze bezpieczeństwo prowadzenia naszych działań, musimy walczyć, żeby zapewnić ich trwałość. W dużym stopniu opieramy się na pracy wolontariackiej. Takie są realia działania sektora pozarządowego. Nie mamy też autorytetu środowiska akademickiego, które w przeważającej części nie wykazuje zainteresowania postulowaniem konkretnych zmian dotyczących edukacji równościowej. Na pewno nie jest to interes polityczny.

Bo lepiej nie zauważać problemu.
W jednej z warszawskich szkół przeprowadzono badania wśród dzieci, nauczycieli i rodziców. Pytano, z jakich powodów uczniowie doświadczają dyskryminacji. Wyszło, że kluczowe przesłanki to wygląd zewnętrzny, sytuacja materialna i wyniki w nauce, następnie niepełnosprawność i orientacja seksualna. Ale jesz-

cze ciekawsze było, jak skalę dyskryminacji oceniali uczniowie, jak nauczyciele, a jak rodzice. Otóż najwięcej przypadków zgłaszały dzieci, to były różnice na poziomie kilkudziesięciu procent między skalą zjawiska dostrzeganą przez uczniów i uczennice a tą definiowaną przez nauczycieli i rodziców. Grupa, która ma największą wiedzę o tym zjawisku i najczęściej go doświadcza, ma jednocześnie najmniejszą władzę, żeby reagować. Jest pozostawiona sama sobie. Dla mnie to jest głęboko nie fair, ale też sporo wyjaśnia w kontekście pytania, dlaczego nie mamy edukacji antydyskryminacyjnej w szkołach.

Może coś optymistycznego na koniec?
Optymistyczne jest to, że Koalicja na rzecz Edukacji Antydyskryminacyjnej, która istnieje od 2011 roku, cały czas się rozwija, że wspólny i coraz silniejszy głos formułują bardzo różne organizacje i środowiska. I to, że praca organizacji pozarządowych jednak stopniowo przekłada się na decyzje podejmowane w systemie edukacji. Zapis o działaniach antydyskryminacyjnych w szkołach to jest w jakimś sensie sukces osób zaangażowanych w ruchy emancypacyjne i prace NGO. Nie oczekuję, że wszystko zmieni się z dnia na dzień. Ale nie stoimy w miejscu. Tak silny atak na gender i edukację równościową to też sygnał, że jakaś zmiana już zaszła. Ona oczywiście nie dokonała się w systemie oświaty, tylko w indywidualnych postawach Polaków i Polek. Dokonały się zmiany prywatnych wzorców związanych z rodziną, seksualnością, stosunkiem do Kościoła katolickiego. Mam nadzieję, że w przyszłości będzie to miało przełożenie na politykę oświatową państwa.

MOŻLIWA JEST SZKOŁA WALCZĄCA O RÓWNOŚĆ

Monika Szlosek: Pojęcie gender od dłuższego czasu jest bardzo popularne. Czym właściwie jest gender w edukacji?
Mariola Chomczyńska-Rubacha: Używanie terminu „gender" jest skrótem myślowym. W zasadzie pozostawienie tego terminu w formie rzeczownika niesłusznie go personifikuje. Tymczasem w naukach społecznych, gdzie można znaleźć jego genezę, istnieje termin „gender studies", czyli nurt badań nad kulturowymi uwarunkowaniami płci, czy inaczej bycia kobietą i mężczyzną. Są to zatem badania naukowe zmierzające do zrozumienia, jakie znaczenia społeczeństwo nadaje kobiecości i męskości i co z tego wynika dla ich życia: praw, obowiązków, zakresu wolności i tak dalej. Tym wszystkim dociekaniom towarzyszą standardy, do których odnosi się wyniki naukowych diagnoz. W społeczeństwie demokratycznym, jakim jesteśmy, jednym z tych standardów jest zasada równości obywateli. I teraz lepiej już można zobaczyć rolę edukacji, o którą Pani pyta. Jest ona formą praktyki społecznej, która w oparciu o najnowszą wiedzę naukową na temat płci kulturowej (pochodzącą głównie z gender studies), przekazuje informacje i uczy postaw dzieci i młodzież wobec kobiet i mężczyzn, opartych na akceptowanej w naszym społeczeństwie zasadzie równości. Podobnie jak uczy postaw otwartości i równego traktowania ludzi starych i młodych, pochodzących z różnych narodowości, wyznań i tak dalej.

Czy problematyka gender w edukacji jest podejmowana przez polskich badaczy?

Jeśli spojrzeć na tę kwestię z dystansu, to należałoby stwierdzić, że dla większości badaczy i badaczek w naukach społecznych jest to problematyka egzotyczna i marginalna. Wiele osób zajmujących się nauką żywi przekonanie, że uprawianie badań naukowych nie ma płci, z definicji ma być neutralne i obiektywne. Tymczasem istnieje sporo dowodów na to, że traktowanie płci w badaniach naukowych jedynie jako kategorii demograficznej zniekształca i zubaża ich rezultaty, a tym samym deformuje obraz świata społecznego, jaki się z nich wyłania. Weźmy przykład badań nad rozwojem moralnym kobiet i mężczyzn. Autor sztandarowych badań w tym zakresie Lawrence Kohlberg[1] badał głównie mężczyzn i ekstrapolował uzyskane wyniki na populację kobiet. Opracowanie stadiów rozwoju moralnego na podstawie badania rozumowania moralnego mężczyzn zaowocowało w nauce skutkami różnego rodzaju. Po pierwsze przyjęto nieświadomie założenie, że badanie rozumowania moralnego mężczyzn wystarcza do orzekania, jak rozumują ludzie i *de facto* wyznacza uniwersalny standard dla takiego rozumowania. W nauce zabieg taki określany jest jako przyjmowanie perspektywy androcentrycznej (męskocentrycznej). Potwierdzanie w kolejnych badaniach różnic w rozwoju moralnym kobiet i mężczyzn na niekorzyść kobiet przez wiele lat interpretowano jako dowód ich niższości intelektualnej. Dopiero Carol Gilligan[2], naukowczyni i notabene uczennica,

---

[1] L. Kohlberg, *Essays on Moral Development. Volume II. The Psychology of Moral Development*, Harper&Row, New York 1984.

[2] C. Gilligan, *In a different voice. Psychological theory and women`s development*, Harvard University Press, Cambridge 2003.

a potem współpracowniczka Kohlberga, zakwestionowała teoretyczne i metodologiczne podstawy badań starszego kolegi. Po pierwsze zwróciła uwagę na androcentryczne nachylenie podstaw teoretycznych rozwoju moralnego u Kohlberga, który konstruując swój model oparł się na etyce sprawiedliwości. Tymczasem, jak wykazała Gilligan, kobiety, podejmując decyzje moralne, częściej niż etyką sprawiedliwości, kierują się etyką troski, osiągając analogicznie wysokie do mężczyzn stadia rozwoju moralnego w przypadku, gdy narzędzia badawcze uwzględniają specyfikę doświadczenia kobiet.

Wracając jednak do Pani pytania o zainteresowanie badaczy i badaczek problematyką gender w edukacji, wypada stwierdzić, że systematycznie, choć powoli wzrasta liczba studiów krytycznych nad szkołą i innymi instytucjami edukacyjnymi uwzględniających perspektywę płci i rodzaju. Zakładanie „genderowych okularów" pozwala dostrzec szkolną codzienność w nowym świetle. Dzięki temu coraz więcej wiadomo, w jaki sposób instytucje edukacyjne uczestniczą w transmisji tradycji, norm i wartości odnoszących się do ról i relacji płciowych oraz statusu i władzy, które są zadomowione w patriarchalnym systemie społecznym. Wiadomo również, w jaki sposób szkoła nieświadomie wzmacnia stereotypy i nierówności. Wiemy coraz więcej na temat roli podręczników, lektur, materiałów dydaktycznych jako nośników ukrytego programu. Prowadzenie badań wrażliwych na rodzaj pozwala zidentyfikować rzeczywiste relacje między uczennicami i uczniami, nauczycielkami i nauczycielami oraz nierówności i różnice we władzy między nimi. Zastosowanie narzędzi analizy genderowej do programu nauczania, podręczników, interakcji nauczyciel–uczniowie, technik nauczania, form oceniania i tak dalej stanowi nieocenione narzędzie poznawania ukrytego programu szkoły.

Czym jest ukryty program szkoły?

Twórca tego pojęcia Philip Jackson[3] przez ukryty program rozumie to, co szkoła wpaja, uczy, daje młodym ludziom, mimo że to „coś" wcale nie zostało zaplanowane. Innymi słowy ukryty program obejmuje to wszystko, co zostaje przyswojone podczas nauki szkolnej obok oficjalnego programu. Przy czym słowo „ukryty" nie oznacza tu, że ktoś (na przykład władze oświatowe) celowo i świadomie próbuje wprowadzić kogoś innego (na przykład nauczycieli, rodziców) w błąd, ukrywa coś przed kimś, lecz wskazuje jedynie na to, że jest to program, który pojawia się jako niezamierzony efekt uboczny programu oficjalnego. Weźmy pierwszy lepszy przykład z brzegu. Każdy wie, jak wygląda aranżacja przestrzeni w typowej klasie szkolnej. Mamy na ogół trzy rzędy ławek zwróconych w stronę biurka nauczyciela i tablicy. Z wielu powodów takie ustawienie ławek wydaje się racjonalne i funkcjonalne. Niesie jednak równocześnie za sobą wiele „ukrytych" informacji" dotyczących statusu i władzy uczniów i uczennic oraz nauczycielek i nauczycieli. I tak swoboda poruszania się po klasie zarezerwowana jest tylko dla nauczycieli, tylko oni mają kontakt wzrokowy ze wszystkimi dziećmi, tylko oni mają „władzę" decydowania, kto może zabrać głos i czy to, co mówi jest „na temat". A jaka „nauka" płynie do uczniów z faktu, że siedzą do siebie tyłem? Skoro słuchanie i rozmawianie z kolegami i koleżankami jest zabronione albo mocno reglamentowane i obwarowane szeregiem dodatkowych reguł, to łatwo można wydedukować – właśnie z „ukrytego programu" – że od swoich rówieśników i rówieśniczek nie mogą się niczego wartościowego dowiedzieć, lub, że rolą ucznia i uczennicy nie jest zbyt dużo mówić tylko słuchać. To tylko banalny przykład pokazujący, w jaki

---

[3] P. Jackson, *Life in Classrooms*, Teachers College Press, New York–London 1990.

sposób można analizować ukryte przekazy, które są obecne w szkolnej codzienności. A przecież na szkolną codzienność składa się tłok i wynikająca z niego konieczność czekania na swoją kolej, ale też konieczność zrobienia czegoś wyjątkowego, jeśli chcielibyśmy zyskać uwagę innych, rutyna, która sprawia z jednej strony, że szkolne życie jest przewidywalne i bezpieczne, ale z drugiej strony, że jest nudne i monotonne, świadomość bycia ustawicznie ocenianym, co prowokuje raczej do zakładania maski niż bycia sobą i wiele innych specyficznych jedynie dla szkoły reguł życia, które skłaniają uczniów do wypracowania niekiedy bardzo wyrafinowanych strategii przetrwania. Ktoś słusznie może skonstatować, że efektem przystosowania się do życia w szkole jest pewien rodzaj sprytu i cwaniactwa, konformizmu i ukrywania prawdziwych myśli i uczuć, interesowności, maksymalizowania zysków i minimalizowania kosztów. Już same nazwy uczniowskich strategii przetrwania oddają dobrze ducha „nauki" wyniesionej z działania ukrytego za codziennością programu szkoły: strategia „dobrego wojaka Szwejka" czy strategia „niewolnika w koloniach". Szkolna codzienność to jednak niejedyny obszar działania ukrytego programu szkoły. Niespożyte zasoby ukrytych przekazów na temat świata, dominujących wartości, hierarchii i władzy, reguł życia społecznego, wizji człowieka, ról płciowych i tak dalej, czekają na „odczytanie" z podręczników. Jaka wizja świata wyłania się z podręczników? Czyje wersje rzeczywistości i człowieka są podtrzymywane, a czyje głosy są marginalizowane lub przemilczane? Oto kilka przykładów. Gdybyśmy przeciętnego ucznia poprosili choćby o bardzo powierzchowne scharakteryzowanie starożytnej Birmy, omówienie najnowszej historii Kenii czy osiągnięć cywilizacyjnych Argentyńczyków, to mogłoby się okazać, że uczniowie nawet nie potrafią zlokalizować ich na mapie. Podobną ignorancją uczniowie i uczennice mogliby się wykazać na temat kultury i religii Arabii Saudyjskiej, Indii, Chin, Izraela. Nawet historie mniejszości, które żyją w Polsce (Romowie, Tatarzy, Żydzi, Łemkowie, prawosławni, protestanci) są pomijane w podręcznikach. Nieobecność tego rodzaju treści stanowi dobrą pożywkę do ulegania stereotypom i uprzedzeniom oraz pojawiania się nietolerancji i ksenofobii przy zetknięciu z inną kulturą, rasą, religią. Podobne analizy można prowadzić z punktu widzenia niemal wszystkich grup społecznych zróżnicowanych ze względu na rasę, wiek, sprawność, stosunek do wiary, płeć i tak dalej. Ta ostatnia kategoria, czyli płeć, stanowi główny przedmiot badań określanych przez Panią jako problematyka gender w edukacji. Sztandarowym przykładem dominacji męskiej perspektywy w budowaniu obrazu kultury są na przykład podręczniki do historii. Historia jest „opowiadana" z męskiego punktu widzenia. Wojny, traktaty, rozejmy, walka o władzę zawęża perspektywę widzenia dziejów ludzkości do wersji historii politycznej i niemal całkowicie eliminuje udział i rolę kobiet w jej tworzeniu. To symboliczne odebranie głosu i wydziedziczenie kobiet z historii stanowi dobry przykład dewaluowania ich obecności i znaczenia w społeczeństwie.

Jak w takim razie wygląda obraz kobiety i mężczyzny w polskim podręczniku?

Kategoria płci i rodzaju w polskich podręcznikach doczekała się już wstępnych analiz. Możemy zatem pokusić się o w miarę syntetyczną charakterystykę relacji między kobietami i mężczyznami oraz nierówności i różnic we władzy między nimi. Z badań podręczników wyłania się obraz tradycyjnego, patriarchalnego społeczeństwa, w którym każda z płci przyporządkowana jest do innych sfer; kobiety do sfery prywatnej, a mężczyźni do sfery publicznej. Przy czym nie są to sfery równoważne pod względem prestiżu i władzy. Władza w podręcznikowych wersjach świata należy do mężczyzn. To oni pełnią funkcje kierownicze, podejmują decyzje i dysponują pieniędzmi. Kobiety występują w rolach pracownic biurowych i często, na przykład w podręcznikach do przedsiębiorczości, przedstawiane są jako niekompetentne. Zarabiają mniej niż podręcznikowi mężczyźni. I tak w zadaniach matematycznych kobiety robią zakupy spożywcze, natomiast mężczyźni kupują samochody, sprzęt komputerowy i techniczny, inwestują w mieszkania i tym podobne. W podręcznikach mamy też do czynienia z tradycyjnym, patriarchalnym modelem relacji rodzinnych, eksponującym niższy status kobiet, którym przypada rola usługowo-opiekuńcza zarówno wobec dziecięcych, jak i dorosłych członków rodziny. Podręcznikowi mężczyźni rzadziej niż kobiety przedstawiani są w rolach rodzinnych, a jeśli już, to jest to rola charyzmatycznego, dobrotliwego i sprawiedliwego przewodnika po świecie kultury. Na przykład podręczniki do wychowania do życia w rodzinie prezentują dom jako miejsce odpoczynku dla mężczyzn i pracy dla kobiet. Niewiele można znaleźć przykładów rodzin partnerskich, w których matka realizuje się zawodowo, wykonując prestiżowy zawód. Podręcznikowe dzieci obojga płci odtwarzają tradycyjny porządek płci, podział zadań, ról i aktywności. Dziecięce bohaterki, podobnie jak ich dorosłe odpowiedniczki, cechuje brak ambicji i zainteresowań. W przypadku mężczyzn i chłopców dominującymi cechami są: ambicja, ciekawość, niezależność i kreatywność.

Z takich podręczników korzystamy od wielu lat. Uczyły się z niego całe pokolenia dzieci. Czy nie jest trochę tak, że czepiamy się bez powodu?
To prawda, z podobnych podręczników, a często z takich samych, korzystały poprzednie pokolenia. Jednak z faktu, że sek-

sizm i stereotypy mają się jeszcze zbyt dobrze w naszym społeczeństwie wynika, że nie było to wcale takie korzystne. Warto też wziąć pod uwagę, że społeczeństwa się rozwijają, a wartości będące podstawą kultury podlegają zmianom. Pozycja kobiet nieustannie, od ponad stu lat, się zmienia. Uzyskałyśmy prawa wyborcze, a ich nie miałyśmy, możemy studiować na uniwersytetach, a nie mogłyśmy. Te zmiany nastąpiły wbrew ówczesnym stereotypom. Tak więc trudno byłoby zaakceptować sytuację, że w podręczniku do współczesnej historii przekazuje się stereotypy mówiące o niezdolności kobiet do pełnienia funkcji obywatelskich. Mamy więc powody do krytycznej analizy stereotypowych treści w programach nauczania, które muszą podążać za zmianami społecznymi, nie mówiąc już o tym, że mogłyby je pobudzać.

Jakie są konsekwencje korzystania z takich podręczników?

Po pierwsze, podręczniki wzmacniają nierówności społeczne ze względu na płeć. Po drugie, osoby dyskryminowane w tych podręcznikach mają obniżone poczucie własnej wartości, nie wierzą w swoje siły. Po trzecie, połowa nominalnych odbiorców podręczników jest w nich nieobecna, co wpływa na spadek ich osiągnięć (kazus matematyki i fizyki, których podręczniki posługiwały się, i jeszcze się częściowo posługują, językiem androcentrycznym). Po czwarte, następuje pokoleniowa reprodukcja statusu płci dyskryminowanej, co służy zwrotnie uzasadnianiu słuszności podstaw tej dyskryminacji, na przykład „sami widzimy, że dziewczęta mają słabsze oceny z fizyki – są więc mniej do niej uzdolnione, za co odpowiada budowa ich mózgu". Warto dodać, że punktem wyjścia tej analizy był wykluczający dziewczęta język podręczników do fizyki, jako fakt, a doszliśmy do ograniczeń ich mózgu, co jest już artefaktem.

Można uznać, że polska szkoła przepełniona jest stereotypami i seksizmem?

Stereotypy są w niej obecne w interakcjach, rytuałach, programach nauczania, programach wychowawczych, tak jak są obecne w codziennym życiu większości ludzi. Konsekwencją takiej sytuacji jest z kolei seksizm jako postawa wobec dziewcząt, choć także, acz rzadziej, wobec chłopców. Ta kwestia jest dość skomplikowana w przypadku szkoły, a zwłaszcza w przypadku różnych poziomów szkół. Otóż bywa, że specyfika oczekiwań szkoły wobec uczniów lub uczennic sprzyja antydyskryminacyjnym działaniom nauczycieli. Na przykład oczekiwanie, by dzieci były grzeczne i podporządkowane dyscyplinie, w szkole podstawowej ogranicza akceptację nauczycieli dla agresywności chłopców, którą łatwo wytłumaczyć stereotypem męskości. Takich efektów można znaleźć więcej, choć ich równościowy charakter nie jest rezultatem zamierzonego działania szkoły, a raczej pojawia się przypadkowo, jako efekt uboczny innych oczekiwań. Niestety można powiedzieć, że szkoła nie jest miejscem, w którym ktoś świadomie i odpowiedzialnie ogranicza postawy seksistowskie.

Kto w takim razie ma wpływ na treści zamieszczane z podręcznikach?

Treść programów nauczania i podręczników jest wypadkową interesów wielu środowisk, a często bywa, że jakiegoś dominującego politycznie środowiska. Niezależnie od tego jednak treści kojarzone z płcią są tak silnie zdeterminowane przez stereotypy, że często niezależnie od intencji autorów bywają dyskryminujące. Tak więc można odwrócić to pytanie i mówić o tym, kto powinien odpowiadać za eliminację treści dyskryminujących. Bez wątpienia, na mocy podpisanych przez Polskę porozumień międzynarodowych – MEN, ale także czujność organizacji pozarządowych jest cennym impulsem dla działań instytucji rządowych.

Czy ministerstwo edukacji zdaje sobie sprawę z tego, jakie treści są dopuszczane do szkół?

Ministerstwo edukacji, podobnie jak cała klasa polityczna, w tym aktualnie rządzący, bardzo opornie próbuje realizować ideę równości płci. Od kilku lat treści nauczania obecne w podręcznikach muszą być oceniane przez recenzentów-ekspertów pod kątem zgodności z zasadami polityki antydyskryminacyjnej, także ze względu na płeć. Sama miałam okazję szkolić w MEN rzeczoznawców podręczników szkolnych w zakresie rozpoznawania przejawów dyskryminacji ze względu na płeć w podręcznikach. Ministerialna machina zaczyna więc działać, choć sprawa nie jest prosta. Nie zawsze wystarczą przepisy i szkolenia. Podstawowym problemem podczas prowadzonych przeze mnie szkoleń było uświadomienie rzeczoznawcom, że dane treści są dyskryminujące. Napotykałam na silny opór ich świadomości, nie mówiąc o motywacji do takiego demaskatorskiego działania. Tak więc, nawet jeśli ministerstwo zdaje sobie sprawę z obecności treści szkodliwych w podręcznikach, nie gwarantuje to automatycznie poprawy sytuacji. Działa tu sporo czynników pośredniczących, mogących zaburzać realizację zasady równości płci w podręcznikach szkolnych.

Jak w polskiej szkole w praktyce wygląda zasada równego traktowania?

Bardzo różnie w różnych miejscach. Nie znam wyczerpującej diagnozy tego stanu. Widzę jednak bardziej ogólny problem jako specyficznie polski i jednocześnie niebezpieczny dla idei równości w edukacji. Mam na myśli tendencję do traktowania sfery publicznej jako emanacji indywidualnych wartości, połączonej z brakiem poszanowania dla praw publicznych, praw innych ludzi. Na tej zasadzie działa na przykład klauzula sumienia u ginekologów. Bardzo kontrowersyjna kwestia, zwłaszcza gdy zaczyna mieć związek z bezpieczeństwem zdrowotnym pacjentek. Podobnie bywa w szkołach, gdy dyrekcja zawiesza wszędzie symbole jednej religii. Często tłumaczy się to wyznaniem religijnym większości, choć jest to wbrew konstytucyjnej zasadzie neutralności światopoglądowej sfery publicznej. Otóż istota demokracji nie polega na „rządach większości", lecz na poszanowaniu praw wszystkich obywateli bez względu na ich rasę, narodowość, płeć, wiek czy wreszcie status mniejszości i tak dalej. I tego, zdaje się, jeszcze dobrze w Polsce nie rozumiemy. Ofiarą nierozumienia tych kwestii pada między innymi idea równości płci. Zbyt często szkoła jest naznaczona symbolami dominującej grupy, jakby była jej własnością. Dobrym przykładem były histeryczne i niestety skuteczne reakcje części rodziców na realizację idei równości płci w przedszkolach jednego ze śląskich miast czy też cyniczna kanonada polityczna księdza Dariusza Oko, czy posłanki Beaty Kempy.

Czy nauczyciele mają odpowiednią wiedzę i narzędzia do stosowana zasad równego traktowania?
Nauczyciele i nauczycielki są w dość trudnym położeniu, ponieważ mają identyczne doświadczenia socjalizacyjne jak reszta społeczeństwa. Wzrastali w większości przypadków w świecie stereotypów związanych z płcią. Z drugiej jednak strony są przygotowywani do realizacji programu nauczania i wychowania. Jeśli w tym programie występują cele związane z równością, muszą dokonać przewartościowania własnych doświadczeń. I to jest trudne, bo bywa, że – tak jak ostatnio w Polsce – różne grupy wy-

wierają na nich presję antyrównościową, ingerując tym samym w zasadę ich autonomii zawodowej. Równocześnie jednak działają organizacje dające im wsparcie merytoryczne. Nie pozostają więc sami na tym poligonie równościowym.

Anna Dzierzgowska, Joanna Piotrowska i Ewa Rutkowska napisały „Równościowe przedszkole. Jak uczynić wychowanie przedszkolne wrażliwym na płeć". Co sądzi Pani o tym podręczniku?

Wokół tego poradnika narosło sporo nieporozumień powstałych po recenzji, jaka została napisana na zlecenie Komitetu Nauk Pedagogicznych PAN. W ocenie użyto kryteriów typowych dla programu nauczania, podczas gdy materiał ten został napisany jako poradnik. Różnica między poradnikiem i programem nauczania powinna być – jak się zdaje – jasna, przynajmniej dla profesjonalnych recenzentów. Nie zawsze jest. Pani również przed chwilą użyła terminu podręcznik. Otóż jest to poradnik, czyli propozycja pomysłów na wprowadzenie do zajęć dydaktycznych idei równości płci. Zresztą bardzo ciekawa propozycja i oparta na znanej w dydaktyce i psychologii rozwoju zasadzie decentracji poznawczej. Polega ona na przyjmowaniu zewnętrznych wobec „ja" punktów widzenia w ocenie innych. Tak więc chłopiec, przemieszczając się na wysokich obcasach może doświadczyć bólu kończyn, jaki towarzyszy dziewczętom, gdy chodzą w takich butach. Nie może natomiast z tego powodu stać się dziewczynką, jak sądzą krytycy poradnika. Tak, uważam, że jest to bardzo interesujący materiał, napisany przez osoby mające duże doświadczenie w realizowaniu zasady równości płci. Jest przeznaczony dla nauczycieli i nauczycielek, czyli ludzi mających duże doświadczenie w prowadzeniu zajęć dydaktycznych. Z obu punktów widzenia jest bezpieczny.

Czy wyżej wymieniony poradnik mógłby być powszechnie stosowanym narzędziem?

Nie musi być powszechnie używany, ale nie ma też przeciwwskazań by był. Jeśli ktoś potrzebuje takiego wsparcia merytorycznego w swojej pracy nauczycielskiej, może z niego korzystać. I taka zresztą była idea autorek.

Na kim powinniśmy się wzorować? Czy są jakieś kraje, które stosują zasadę równego traktowania w edukacji?

Przede wszystkim powinniśmy wzorować się na krajach, które odpowiedzialnie przestrzegają podpisanych przez siebie konwencji oraz funkcjonującego prawa. Szkoła jest miejscem ścierania się różnych interesów politycznych, ideologicznych, ekonomicznych i kulturowych. Ma to również miejsce w krajach troszczących się o ideę równości obywateli i obywatelek. Jednak coraz rzadziej dotyczy to równości właśnie. W Polsce jeszcze nie zdajemy sobie w pełni sprawy z wartości tej idei na poziomie abstrakcyjnym. Ale potrafimy już ją odczuwać na poziomie działania. Coraz trudniej już znaleźć przeciwnika likwidowania barier dla niepełnosprawnych, umożliwiania im równego udziału w życiu społecznym, wbrew ich zdrowotnym ograniczeniom. Nasze życie społeczne i edukacja stopniowo, choć ciągle zbyt powoli, otwierają się także na przestrzeganie zasady równości płci. Jest to jednak trudne, ponieważ stereotypy związane z płcią są ukryte w najdalszych zakamarkach myślenia o człowieku i społeczeństwie.

Czy możliwa jest w Polsce równa szkoła?

Tego nie wiem. Być może to utopia, podobnie jak wizja równego społeczeństwa. Szkoła wszak jest jego organizacją. Sądzę jednak, że możliwa jest szkoła walcząca o równość. Jej nastawienie na emancypację w tym zakresie jest też dobrym treningiem równościowej wrażliwości dla dzieci i młodzieży. Podobnie jak bez zła nie byłoby dobra, tak bez nierówności nie byłoby równości. Szkoła jednak może być postrzegana jako miejsce likwidowania nierówności przynoszonych przez dzieci i rodziców z różnych środowisk społecznych. Z całą pewnością w społeczeństwie demokratycznym możemy tego od niej oczekiwać.

Lucyna Kopciewicz

PONIŻANIE – SZKOLNA PRZEMOC WOBEC DZIEWCZĄT

W niniejszym tekście opiszę jeden ze szkolnych mechanizmów dyskryminacyjnych, który konstruuje „prawidłową dziewczęcość". Przedmiot analiz stanowią zebrane w latach 2003–2009 szkolne wspomnienia młodych kobiet, relacjonujące zdarzenia dla nich trudne, poniżające lub degradujące. Jak wynika z opisów, najczęstszym mechanizmem „regulowania dziewczęcości" na etapie szkolnym jest przemoc ze względu na płeć, a jej egzekutorami – pozostają zarówno nauczycielki, jak i nauczyciele[1].

Problematyka nauczycielskiego poniżania na gruncie socjologii wychowania nie jest nowym „odkryciem". W drugim tomie *Socjologii wychowania* F. Znaniecki odniósł się do problemu „dodatniej i ujemnej oceny czynów" jako repertuaru stosunków wychowawczych. Nadanie czynowi wzniosłości społecznej przez ocenę dodatnią nazywa Znaniecki sublimacją społeczną (uwzniośleniem), natomiast proces przeciwny określa mianem humilizacji (poniżania). Opisuje też, jak wychowawcy „humilizują

---

[1] W niniejszym studium nie analizowałam tych form przemocy w relacjach rówieśniczych. Tekst pierwotnie ukazał się w książce *Czytanki o edukacji. Dyskryminacja* pod redakcją Doroty Obidniak, Związek Nauczycielstwa Polskiego, Warszawa 2011.

dążności hedonistyczne" młodzieży w sferze zachowań seksualnych, wyglądu zewnętrznego i tym podobne[2].

Analiza zebranych relacji przekonuje, że socjopedagogiczny opis mechanizmów „regulowania dziewczęcości" (procesów normalizowania i naturalizowania) jest niepełny, brak w nim bowiem pogłębionych analiz procesów rozgrywających się w przestrzeni komunikacyjnej. Z tego względu ważnym wątkiem prezentowanych analiz jest temat nauczycielskiej „mowy nienawiści", poniżających aktów mowy i ich cielesnych, niejęzykowych, konsekwencji[3]. Poniżające nazwanie, jak je definiuje Judith Butler, to typ mowy, w której wyraża się sprawczość języka: jego władza krzywdzenia, możność zaatakowania tożsamości (werbalna napaść, porównywalna do niespodziewanego ciosu w twarz), a także władza „odbierania mowy".

Analiza zebranego materiału empirycznego (pisemne relacje badanych kobiet oraz uzupełniający wywiad otwarty) przekonują, że można mówić o kilku specyficznych typach nauczycielskich represji stosowanych wobec dziewcząt. W dalszej części tekstu będę je określała mianem formacji dyskursywnych – czyli zorganizowanych sposobów mówienia i działania, kierowanych do uczennic oraz ich klasowych koleżanek i kolegów.

Analizy pisemnych i ustnych relacji związanych z sytuacjami poniżania uczennic przez ich nauczycielki i nauczycieli przekonują, że mimo różnorodnych form i częstotliwości zdarzeń oraz zmiennego przedmiotu poniżania, ich struktura jest zawsze taka sama. Wszystkie opisane sytuacje rozegrały się w szkołach

---

[2] F. Znaniecki, *Socjologia wychowania*, t. 2, *Urabianie osoby wychowanka*, Warszawa 1973, s. 200.

[3] Por. J. Butler, *Walczące słowa. Mowa nienawiści i polityka performatywu*, Warszawa 2010.

publicznych. Ze względu na przedmiot poniżania wyróżnione zostały następujące formacje dyskursywne[4].

„JAK SPOD LAMPY". DYSKURS NORMALIZACYJNY

Najczęstszą formacją dyskursywną, do której odnoszą się badane w swoich relacjach pisemnych i ustnych, jest dyskurs normalizacyjny. Jego istotą jest swoista prewencja w zakresie dziewczęcej atrakcyjności seksualnej. Dziewczęta – zarówno gimnazjalistki, licealistki, jak i uczennice szkoły zawodowej – często konstruują swój wizerunek w oparciu o dominujące na gruncie mody młodzieżowej kody atrakcyjności seksualnej. Jednak uleganie socjalizacyjnym naciskom, zwłaszcza tym związanym z seksualizacją wizerunku, staje się podstawą szeregu działań korekcyjnych podejmowanych przez nauczycielki i nauczycieli. Najczęściej działania te sprowadzają się do niezwykle dosadnych słownych komentarzy – ocen dziewczęcego wizerunku. Nauczycielki i nauczyciele zdają się upodmiotowiać kobiety, ale tak nie jest. Choć bowiem usiłują wyrugować taką formę dziewczęcej troski o siebie, która polegałaby na skonstruowaniu „ja" jako przedmiotu męskiego pożądania, nie robią tego, by wykreować w nich inny rodzaj troski o siebie. Rzeczywistą istotą praktyk normalizacyjnych jest tu troska o męską część klasy. Bardzo często powodem represjonowania jest prośba o „nieprowokowanie chłopców" czy „nierozpraszanie chłopców podczas lekcji".

Kategorią spinającą wspomnienia badanych kobiet jest „prostytutka". Nauczycielki i nauczyciele odnoszą się do wizerunku „kobiety upadłej". Jednak nie po to, by zanegować so-

---

[4] Odwołuję się do niewielkiej części zgromadzonego materiału empirycznego, w postaci wypowiedzi i relacji badanych dziewcząt. Bogatszy materiał prezentuję w książce: L. Kopciewicz, *Nauczycielskie poniżanie. Szkolna przemoc wobec dziewcząt*, Warszawa 2011.

cjalizacyjny nakaz podobania się mężczyznom (co kwestionuje choćby krytyka feministyczna), a jedynie po to, by czasowo zahibernować dziewczęcą seksualność i odłożyć ją na „później". Prostytutka jest zatem figurą sugerującą granicę prawomocnej dziewczęcości (pojmowanej jako przyzwoitość) i dziewczęcości nieprawomocnej („brudnej").

Margines przyzwoitego podobania się chłopcom jest wytyczony przez ciało pedagogiczne niezwykle restrykcyjnie – powodem etykietowania jest nie tylko strój, ale przede wszystkim makijaż. Co ciekawe, dosadne naznaczanie dziewcząt przez nauczycieli i nauczycielki nie wywołuje u świadków tych zdarzeń poczucia niestosowności, zażenowania czy zastraszenia, ale śmiech:

– Słyszałam różne przytyki pod moim adresem – że tylko mi rury brakuje. Nauczyciele mówili, że skończę pod latarnią. (wywiad 8)

– Pamiętam dokładnie. To była matematyka. Zostałam wezwana do odpowiedzi. Czułam szydercze spojrzenie mojej matematyczki. Obejrzała mnie od góry do dołu, po czym parsknęła śmiechem. Nie wiedziałam, o co chodzi do momentu, kiedy wstała, stanęła obok mnie i głosem pełnym nienawiści wysyczała: „Spójrzcie na nią! Zupełnie jak spod lampy!" Wybiegłam z klasy i się rozpłakałam. Potem uciekłam do domu.
– Jak się wtedy czułaś?
– Beznadziejnie, wszystkie oczy były skierowane na mnie. Słyszałam niemiłe szepty. Nie wiem, co się działo, bo wybiegłam z klasy...
– A czy potem coś robiłaś, żeby ta nauczycielka zostawiła cię w spokoju?
– Noce przepłakałam, ale postanowiłam, że się nie dam. Czasami nawet wbrew wszystkim do tego mojego złotego makijażu zakładałam złote szpilki. (wywiad 4)

– Pan od historii powiedział mi bardzo dosadnie i przy wszystkich w klasie, że wieczorem chyba pracuję w burdelu, bo wyglądam, jakbym właśnie wróciła z pracy.

– Jak się wtedy czułaś?

– Jak szmata, ale nie dałam poznać po sobie, tylko się śmiałam. Na przerwie byłam cała roztrzęsiona i spaliłam dwie fajki…

– A jak zareagowała klasa?

– Też się śmiali… (wywiad 20)

Przytoczone fragmenty odnoszą się do najbardziej typowych sytuacji represjonowania uczennic. Struktura represji w każdej z nich jest taka sama – uczennica jest widoczna, oddzielona od reszty klasy (stoi przy tablicy, biurku nauczycielskim podczas odpowiedzi), bacznie obserwowana podczas przyjęcia „imienia" prostytutki. Obserwuje ją zarówno nauczyciel/nauczycielka, jak i reszta klasy. Nadanie poniżającego „imienia" jest dotkliwe, ponieważ odbywa się na forum publicznym, zazwyczaj bez uprzedzenia. W sytuacjach represjonowania uczennica i klasa są zazwyczaj „wzięci" z zaskoczenia. Celem represji – użycia etykiety prostytutki na forum publicznym (w żadnej z relacji nie pojawia się nauczyciel/nauczycielka zwracająca uczennicom uwagę dyskretnie lub dosadnie, ale bez świadków) – jest porównanie nieprawomocnej tożsamości dziewcząt do tożsamości jawnogrzesznicy. Natomiast śmiech koleżanek i kolegów można nazwać „śmiechem kamienowania". Sytuacje te przypominają publiczne rozebranie, odarcie młodej kobiety z godności, na którą nie zasłużyła, „mając grzech wypisany na twarzy"[5]. Ko-

---

[5] Por. J. Okely, *Uprzywilejowane, wyćwiczone i ułożone. Szkoły z internatem dla dziewcząt*, [w:] *Gender. Perspektywa antropologiczna*, red. R. Hryciuk, A. Kościańska, Warszawa 2007.

lejny fragment wywiadu potwierdza słuszność tej interpretacji. Badana wskazuje bowiem, iż – jako jawnogrzesznica – nie może przekroczyć progu „miejsca świętego":

– Bardzo często wyśmiewano mój wygląd. Jak byliśmy na wycieczce w Krakowie, to pani nie pozwoliła mi wejść do kościoła Mariackiego. Powiedziała, że wyglądam jak dziwka w tym makijażu. Byłam wściekła za takie poniżenie, za to, że musiałam zostać na zewnątrz. Ze złości odłączyłam się od grupy i sama zwiedziłam sobie Kraków. Wiem, że wychowawczyni oberwało się od dyrektora...
– Dowiedział się, jak się do ciebie zwróciła?
– Nie wiem, chodziło o to, że zostawiła mnie samą, bez opieki.
– Jak się poczułaś?
– Wtedy jeden raz poczułam lekką satysfakcję, a poczucie upokorzenia czułam wielokrotnie. (wywiad 57)

W kontekście ostatniej z przytoczonych relacji trzeba zauważyć, iż współczesne „jawnogrzesznice" – mimo że doznają upokorzeń – przeważnie nie mają zamiaru modyfikować swojego wyglądu. Z tego względu zazwyczaj nie zwracają się o pomoc instytucjonalną, przypuszczając, że w instytucji szkoły nie zyskają sojusznika w walce o zachowanie godności (raczej namowę lub nakaz zmiany wyglądu):

– Raz byłam wysłana do pedagoga szkolnego. Powiedziała mi, że mam nie stwarzać problemów i się nie malować – zmyć makijaż i paznokcie, żeby nie denerwować nauczycielki. (wywiad 57)

Co więcej, kadra nauczycielska, wychowawcy i dyrekcje szkół są przedstawiani przez badane jako grupa, która zabezpiecza własne interesy i sposoby widzenia, bagatelizując uczniowskie problemy (co zresztą potwierdza rada udzielona przez szkolnego pedagoga, zwłaszcza jej kuriozalne uzasadnienie). Z kolei te z badanych, które zwracają się do rodziców z prośbą o pomoc w rozwiązaniu szkolnego problemu, zyskują pewność odnośnie własnych racji i prawa do wolnej kreacji wizerunku:

– Rozmawiałam z rodzicami i wychowawcą. Rodzice byli wzywani do szkoły z powodu mojego wyglądu, ale przekonałam ich, że jestem wolnym człowiekiem i mam prawo do takiego wyglądu. (wywiad 2)
– Często rozmawiałam z rodzicami, zwłaszcza z mamą. Mówiłam, jak jest mi przykro i jak mnie takie traktowanie boli. Rodzice mówili, że najważniejsze, żebym była sobą. Mama radziła, żebym się nie przejmowała. Kilka razy interweniowała w mojej sprawie u dyrektora szkoły, niestety na próżno. (wywiad 10)

Jak już wspominałam, bardzo wiele ze zidentyfikowanych praktyk podejmowanych jest ze względu na „dobro chłopców". W niemal każdym z opisywanych przypadków nauczycielki/nauczyciele wprowadzają „perspektywę chłopców" do komentarzy – pytając czy dziewczętom „nie jest wstyd, że się w taki sposób chłopcom pokazują", „co sobie chłopcy pomyślą" (wywiad 2, 4, 20). Zatem dyskurs normalizacyjny podejmowany jest z punktu widzenia chłopców, a nauczycielki i nauczyciele wchodzą w rolę rzeczników ich bliżej niesprecyzowanych interesów. Trzeba zauważyć, iż rzeczywistym celem dyskursu normalizacji jest nie tyle modyfikacja praktyk tworzenia wizerunku przez nastolatki, ile przyuczanie dziewcząt do patrzenia na siebie z męskiej perspektywy (dokładniej z perspektywy sprawczyni, która prowokuje mężczyzn do aktów seksualnej przemocy). Rzecz jasna, nauczycielki i nauczyciele nie są tu wyłącznym źródłem, z którego płyną przekazy o nadrzędności „męskiego oka" w praktykach „tworzenia siebie" przez kobiety[6]. Niemniej jednak język „prowokowania" jest bardzo niebezpiecznym socjalizacyjnym przekazem, tak w stosunku do dziewcząt, jak i chłopców. Bowiem przekaz ten czyni dziewczęta wyłącznie odpowiedzialnymi za męskie zachowania seksualne, natomiast chłopców z góry rozgrzesza z wszelkich „niekontrolowanych" reakcji na kobiece „prowokacje". Przekaz ten jest szczególnie niebezpieczny, ponieważ odbywa się na forum publicznym. Zatem i dziewczęta, i chłopcy zyskują natychmiastową wiedzę na temat istniejącego „układu sił". Uwewnętrznienie męskiej perspektywy powoduje, że badane nabywają umiejętności patrzenia na siebie przez pryzmat figury seksualnej prowokatorki.

„ROZPUSZCZONA PANIENKA". DYSKURS KLASOWY

Inną formacją dyskursywną dość często odnajdywaną w szkolnych wspomnieniach badanych kobiet jest dyskurs klasowy. Analiza tych relacji wskazuje, że nauczycielki i nauczyciele działają z pozycji sugerującej wyższy kulturowy standard (dystans względem mody, pewien trwały styl), której to kompetencji uczennice (przez swoje bezkrytyczne oddanie modzie) są pozbawione. O braku kompetencji kulturowych świadczy akceptacja każdej, nawet najbardziej ryzykownej i kiczowatej, propozycji stroju i makijażu. W przeciwieństwie do dyskursu normalizacji, nauczycielki i nauczyciele przemawiający z pozycji klasowych akceptują zjawisko mody młodzieżowej (może po prostu traktują je jako nieunikniony element szkolnych relacji, znają ją – mają orientację w aktualnej ofercie. Prawdopodobnie sami korzystają z rynku mody

---

[6] Por. Z. Melosik, *Tożsamość, ciało i władza w kulturze instant*, Kraków 2010; P. Bourdieu, *Męska dominacja*, Warszawa 2004.

i przypisują sobie kompetencje arbitrów. Celem ich interwencji jest deprecjonowanie dwóch form bezguścia – tandety biedoty i kiczu nowobogackich. Swoje działania traktują zatem jako część niewymaganej od nich, swoiście pojmowanej misji kulturalnej i cywilizacyjnej. Represjonowanie przybiera tu najczęściej postać wyśmiewania uczennic i ich sposobów ubierania się. Podobnie jak w przypadku represji normalizacyjnych, nauczycielki i nauczyciele formułują publiczny komentarz (najczęściej żart, choć nie jest to regułą) na temat wybranego elementu stroju, pozwalając reszcie klasy na przyłączenie się do grona oceniających.

Na gruncie dyskursu klasowego uczący nie przemawiają już z pozycji rzeczników chłopców, ale uniwersalnej estetyki, piętnując kicz, brak gustu i bylejakość. Nie odwołują się do poczucia przyzwoitości, które byłoby naruszane przez dominujące kody dziewczęcości, ale do poczucia „dobrego smaku". Dlatego też zamiast figury prostytutki, pojawia się figura „taniego bezguścia", które w pewnym zakresie znaczeniowym nawiązuje do klasowej oraz seksualnej degradacji (ze względu na „taniość"). Trzeba też zaznaczyć, iż interwencje nauczycielek i nauczycieli w znakomitej większości bazują na założeniu, iż wyższa kompetencja kulturowa jest pochodną materialnego statusu:

– Jedna nauczycielka nabijała się ze mnie przy całej klasie, jak tylko pojawiłam się w szkole w czymś nowym. Wszyscy wtedy mieli ubaw na lekcji. Czekali, aż ona zacznie. Kiedyś kupiłam sobie długą sukienkę, a ona powiedziała mi, że wyglądam jak babcia. Cała klasa w śmiech! Nie wiem, czemu im to tak przeszkadzało.
– Jak się wtedy czułaś?
– Głupio. Poczułam, że jestem jakaś dziwna. Zaczęłam się zastanawiać, czy faktycznie wyglądam jak babcia, i co to w ogóle znaczy wyglądać jak babcia? Takie myśli.

– A czy powiedziałaś komuś o tym? Na przykład wychowawcy?
– Nie, po co? On by powiedział, żebym mu nie zawracała głowy takimi bzdurami. (wywiad 16)

– Moja wychowawczyni podczas wycieczki szkolnej – dziewczyny mi opowiadały – pytała ludzi na ulicy, czy widzieli dziewczynę wyglądającą jak wiewióra, która ma fatalnie pofarbowane włosy i wygląda jak oćmo. Chodziło o mnie, bo ja się wtedy zgubiłam. Potem na godzinie wychowawczej spytała mnie przy całej klasie, czy ja nie mam oczu albo moja babcia, i czy ktoś wreszcie może mi zwrócić uwagę, jak fatalnie wyglądam. I próbowała mi nawet dać kasę na farbę, wciskała mi ją! (wywiad 24)

W przypadku kilku interwencji nauczycielskich można przypuszczać, iż mamy do czynienia z wyraźnym konfliktem pokoleniowym. Członkowie ciała pedagogicznego, jako ludzie „starej daty", zdają się nie rozumieć współczesnej mody, kierowanej do młodych dziewcząt. Mielibyśmy tu zatem do czynienia z konfliktem na osi zachowawczość/ awangarda. Jednak to nie wszystko. W każdym bowiem przypadku istota interwencji sprowadza się do zabiegu zdeklasowania poprzez ubiór – do sugerowania niższego statusu lub przynależności do niższej „klasy kulturowej":

Na lekcji matematyki zostałam wezwana do tablicy. Miałam na sobie luźną bluzkę i korale. Nauczycielka powiedziała, żebym lepiej wróciła na miejsce, bo w takim stroju nadaję się tylko do wycierania tablicy, a nie do odpowiadania przy niej. (relacja 17)

Nauczyciele i nauczycielki przemawiają z pozycji uniwersalistycznej koncepcji estetyki, broniąc tego, co „ładne" (stonowane i miejskie) przed tym, co brzydkie (krzykliwe i „wiejskie"). Dyskurs klasowy nie odnosi się do zjawiska seksualizacji dziewczęcego wizerunku, a jedynie do pewnej estetycznej koncepcji szkolnego stroju (stonowanego, raczej skromnego i niekolorowego). Wszystkie elementy, które wykraczają poza tę konwencję (duże kwiaty, różowe podkolanówki, luźna bluza i korale) są traktowane jako oznaki deklasujące, synonim kiczu, plastikowej, „odpustowej" (jarmarcznej) i infantylnej skłonności estetycznej. Innymi słowy, piętnowana jest niedojrzała, „tania" wersja dziewczęcości.

Jednak dyskurs klasowy realizuje się także w odmiennym układzie warunków, to znaczy tam, gdzie sposób ubierania uczennicy sugeruje wyższy (niż nauczycielski) status ekonomiczny. Z kilku (nielicznych) relacji wynika, że nauczycielki i nauczyciele są wrażliwi na ten „niezwykły" układ, jednak bynajmniej nie zamierzają rezygnować (przynajmniej w szkołach publicznych) z uprzywilejowanej pozycji „arbitra elegancji". Nauczycielki i nauczyciele przemawiają z pozycji „starej, konserwatywnej klasy średniej", która piętnuje „nuworyszy", co prawda zasobnych w kapitał ekonomiczny, ale ubogich w kapitał kulturowy. Z tego względu ostentacyjne „obnoszenie się z własnym bogactwem" i pokazowa konsumpcja stają się, w opinii nauczycielek/nauczycieli, synonimami „płytkiego stylu życia" nowobogackich, którym ciało pedagogiczne przeciwstawia prawdziwie kulturową orientację „być zamiast mieć":

Niestety u mnie w szkole tak było, że jak jesteś lepiej i drożej ubrana, to będziesz gorzej traktowana. Bardzo często mówiono mi, że jestem rozpuszczoną panienką z dobrego domu, której przewraca się w głowie. Mama mówiła, żebym się nie przejmowała, bo to nie ma sensu. To już była klasa maturalna, a ja wiedziałam, jakie mam ambicje i na co mnie stać. Nie przejmowałam się zaściankowymi nauczycielkami i dobrze na tym wyszłam. (relacja 15)

– Mój nauczyciel sztuki mówił przy całej klasie, wymownie na mnie patrząc, że dobrego gustu nie można kupić za pieniądze, że żal mu takich, co niby mają wszystko, ale ani krzty dobrego gustu.

– Czy jakoś zareagowałaś, powiedziałaś o tym w domu?

– Tak, rodzice zawsze wiedzieli.

– A może próbowałaś coś zmienić w swoim wyglądzie?

– Tak, ale obojętnie, co bym zrobiła i jak się ubrała, to i tak nauczyciele mnie tępili, bo mojemu ojcu dobrze się wiedzie. Po jakimś czasie, po kolejnej akcji, ustaliliśmy z rodzicami, że nowy semestr zacznę już w prywatnej szkole. Chociaż moja mama zawsze chciała, żebym chodziła do zwykłej szkoły, jak wszyscy. (wywiad 63)

Czasami uczennicom udaje się zdemaskować podstawy dyskursu klasowego, sprowadzając kulturowe roszczenia nauczycielskie (przemawianie z pozycji wyższej kultury i klasy) do dostrzegalnych różnic w zakresie materialnego położenia. Owe roszczenia do wyższego statusu mają maskować więc zawiść związaną z niemożnością prowadzenia równie ostentacyjnej konsumpcji dającej się zauważyć w ubraniowym kodzie i zawiedzione ambicje. W tym znaczeniu nauczycielki i nauczyciele trafiają na silne przeciwniczki, które nie tylko nie przyjmują do wiadomości nauczycielskiego punktu widzenia, nie tylko nie korygują niczego we własnym wizerunku, ale obnażają niebezinteresowność nauczycielskiej krytyki i jej klasowe uwarunkowania.

Z wypowiedzi i pisemnych relacji badanych można wyczytać pewien kanon szkolnego wyglądu dziewcząt. Kanon ów tworzy specyficzny *dress code*, który sprowadza się do nierzucania się w oczy. Ubiorowi uczennic przypisane jest bowiem pewne sprawstwo. Poprzez strój manifestują proszkolne nastawienie, gotowość do podporządkowania się regułom oraz specyficzną koncepcję dziewczęcości, która zakłada „bycie przezroczystą" –

nieprzenoszenie znaczeń związanych z fizyczną atrakcyjnością oraz niemanifestowanie materialnego statusu (tak tandety widocznej w strojach „biedoty", jak kiczu w ubraniach dziewcząt nowobogackich). Obie kwestie są, jak się okazuje, istotnymi informacjami o umiejscowieniu społecznym dziewcząt. Idealny ubiór szkolny nie powinien dać się odczytać jako informacja o uklasowionej istocie dziewczęcości.

„MOJA PRACOWNIA – MOJE ZASADY". DYSKURS PODDAŃSTWA

Mimo, że kolejna z formacji dyskursywnych dość swobodnie łączy się z innymi, sądzę, że należy ją wyróżnić jako specyficzną konstelację nauczycielskiej wiedzy–władzy. Istota tej formacji sprowadza się do sprywatyzowania przez nauczycielki i nauczycieli przestrzeni klasy szkolnej i traktowania jej w kategoriach przestrzeni prywatnej, własnej. Nie znaczy to niestety, że zaczyna ona funkcjonować w konwencji domowego ogniska i kojarzonego z nim ciepła. Przeciwnie, staje się domeną feudalnego władcy, którego przekonania, osobiste preferencje, prywatne sposoby postrzegania świata, a nawet kaprysy stają się obowiązującym prawem.

O ile w przypadku dwóch wyżej opisanych formacji dyskursywnych nauczycielki i nauczyciele przemawiają w imię interesów ponadindywidualnych, „wyższych" – stają się rzecznikami chłopców lub uniwersalnej (a *de facto* klasowej) estetyki, o tyle w przypadku dyskursu poddaństwa ciało pedagogiczne przemawia z punktu widzenia własnych interesów. Tę pozycję dyskursywną oddaje dobrze stwierdzenie – „szkoła to ja. Pracownia to mój teren i ja tu ustalam warunki". Taką sprywatyzowaną konstrukcję szkolnej przestrzeni ilustruje niżej przedstawiony fragment relacji:

W pierwszej klasie liceum ubierałam się na czarno, nosiłam glany, kolczyki w nosie, kilka w uszach. Nauczyciel matematyki na każdej lekcji robił mi przykre uwagi. Mówił: „takie kolczyki to mają krowy na pastwisku, a nie uczniowie na mojej lekcji" albo „w takich buciorach to można w kamieniołomach pracować, a nie wchodzić do mojej klasy". Poza tym pytał, po co przyszłam do liceum, bo matura – jeśli oczywiście ją zdam – i tak mi nic nie da, bo z takim wyglądem nic nie osiągnę. (relacja 55)

Warunkiem możliwości dyskursu poddaństwa jest zdobycie przez nauczyciela/nauczycielkę małego poletka władzy. Przypisują oni sobie kompetencję władców absolutnych, komunikując wprost, jakie zachowania (wersje stroju) są niedopuszczalne na ich terenie lub informują bez ogródek, „co lubią", a czego „nie tolerują", nie ukrywając, że sami są źródłem owych uregulowań. Nie zadają sobie trudu, by maskować osobiste preferencje koncepcją jakiegoś „dobra wyższego", wyraźnie wiążąc system obostrzeń w zakresie wizerunku uczennic z przekonaniem typu: „ja tak chcę, więc tak ma być". Nauczycielski profesjonalizm jest tu wyraźnie ograniczony, gdyż miarą skuteczności działania pedagogicznego jest narzucenie własnej koncepcji porządku. Jednak przeciwnie do władców feudalnych nauczycielka lub nauczyciel muszą samodzielnie egzekwować uczniowskie poddaństwo. Inaczej niż koledzy i koleżanki przemawiające z innych miejsc i pozycji, nie ograniczają swych działań represyjnych do werbalnej agresji czy odesłania uczennicy do domu, by się przebrała lub stawiła w szkole z rodzicem. Nierzadko przechodzą natomiast do działania, naruszając sferę uczniowskiej cielesności – szarpią za włosy, popychają, wsadzają głowę pod zlew, oblewają wodą, ścierają makijaż. Są więc zarówno prawodawcami, jak i egzekutorami narzucanego przez siebie prawa. Z relacji badanych wynika, iż pozycja „feudalnych" nauczycieli i nauczycielek jest bardzo silna, a pozostali koleżanki i koledzy (wychowawczynie, pedagodzy szkolni czy członkowie zespołu dyrekcyjnego) obawiają się podejmowania interwencji nawet wówczas, gdy nadużycie nauczycielskiej władzy nie budzi wątpliwości.

Dyskurs poddaństwa jest niewątpliwie zakorzeniony w *machopedagogizmie* i przekonaniu o jego skuteczności. Jak zauważa Kerry H. Robinson, efektywność w opanowaniu (zdyscyplinowaniu) klasy jest jedną z podstawowych miar nauczycielskiego sukcesu w oczach kolegów i koleżanek z pokoju nauczycielskiego, co powoduje, iż kultura i etos szkolnej dyscypliny obracają się wokół pewnego rodzaju męskich zachowań, utożsamianych z efektami porównywalnymi do tych, które zapewnia stosowanie siły fizycznej. Chodzi tu przede wszystkim o strach i posłuszeństwo, innymi słowy – poddaństwo. Jak zauważa Robinson, popychanie, wymierzanie klapsów i potrząsanie są postrzegane jako akceptowalne metody zarządzania klasą i egzekucji posłuszeństwa[7]. Nic więc dziwnego, że to nauczyciele–mężczyźni uosabiają ideał dobrego, skutecznego lub „prawdziwego" pedagoga. Pedagogiczna kultura *macho* z jej wzorami dyscyplinowania oraz nastawieniem na rywalizację, pewność siebie, udowodnienie przewagi nad innymi (słabszymi), z wzorami opartymi na werbalnej i fizycznej agresji, w szkolnym wydaniu okazuje się jednym z najistotniejszych powodów marginalizacji nauczycielek. Zgromadzony materiał empiryczny pozwala na stwierdzenie, że kultura *macho* okazuje się niemal jedyną atrakcyjną propozycją, jeżeli chce się sprostać wymogom pedagogicznej skuteczności:

---

[7] K.H. Robinson, *Classroom discipline: power, resistance and gender, Gender and Education* 1992, nr 4, s. 273–287.

To było w szkole średniej. Pani dyrektor, z którą mieliśmy lekcję, wyrzuciła mnie z klasy. Właściwie wyglądało to tak, że złapała mnie za włosy i sama wyprowadziła z sali. Wyszła ze mną i zawlokła do toalety. W toalecie włożyła mi z całej siły głowę do zlewu i wrzeszcząc kazała zmywać twarz. Kilka razy sama mi przejechała ręką po twarzy, a potem się darła, że mam dokończyć. Zaczęłam płakać, a ona tylko krzyczała, że to ona tu ustala warunki. Pytała, za kogo ja się mam. Właściwie tak naprawdę całe zajście było dla mnie niezrozumiałe, bo wcale nie miałam mocnego makijażu. Wiele dziewczyn miało mocniejszy.

– Powiedziałaś komuś o tym zdarzeniu?

– Nie, nikomu. Zrobiła to przecież osoba najwyżej postawiona w szkole. Nie myślałam o tym, żeby komuś powiedzieć. Chyba i tak z góry czułam przegraną. Moja wychowawczyni też do najżyczliwszych nie należała. Sama pewnie by mnie jeszcze zwyzywała, że pani dyrektor miała rację. Nawet kiedyś była taka sytuacja, że wyzwała jedną dziewczynę na lekcji, no ale to było mniej drastyczne. (relacja i wywiad 32)

– Sytuacja miała miejsce w gimnazjum, miałam wtedy piętnaście lat. Nasza nauczycielka sztuki nie tolerowała makijażu u dziewcząt. Ja się jeszcze wtedy nie malowałam. We wrześniu wróciłam z wakacji, które spędziłam z rodzicami w Grecji. Wróciłam dość mocno opalona, a ta opalenizna podkreślała kolor ust. Na lekcji sztuki pani miała taki rytuał, że każda z dziewczyn musiała podchodzić do biurka pani z pracą, wtedy ona najpierw sprawdzała, czy nie ma makijażu, a potem dopiero oglądała pracę. Kiedy podeszłam nauczycielka spojrzała na mnie i powiedziała: „co ty masz na tej twarzy? Idź to natychmiast zmyj". A ja w szoku odpowiedziałam, że nie mam żadnego makijażu. A pani na to „nie kłam, nie oszukasz mnie, ślepa nie jestem, proszę natychmiast to zmyć!". Wyszłam i chodziłam trochę po szkole. Jak wróciłam, to ona znowu sprawdziła moją twarz i oburzona powiedziała: „nie zmyłaś tego"! Wówczas ja jej powiedziałam, że nie jestem niczym posmarowana i starłam dłońmi usta i policzki i pokazałam czystą rękę. Pani nic nie powiedziała, a klasa miała ubaw.

– Powiedziałaś o tym rodzicom?

– Nie, ja ją nawet rozgrzeszyłam z tego, pomyślałam, że to moja wina, że za bardzo się opaliłam na tych wakacjach. Mogłam ją jakoś uprzedzić, że słońce tak na mnie działa.

– A nie mogłaś iść do wychowawcy, wtedy jak cię wyrzuciła?

– Nie, wszyscy wiedzieli, jakie są zasady u tej pani. (wywiad 44)

Nauczycielki narzucające własne reguły i rytuały nie tylko naruszają nietykalność osobistą uczennic, ale przede wszystkim – dogłębnie wierzą we własną nieomylność, żądając od ofiar represjonowania rzeczy niemożliwych (kilkukrotne żądanie zmycia makijażu, którego nie ma) lub skazując na śmieszność i upokorzenie. Oczywiście w momencie ewidentnej pomyłki nie zamierzają przyznać, że popełniły błąd. Konsekwencje autorytaryzmu nie sprowadzają się jedynie do narzucenia zbioru osobistych preferencji nauczycielskich jako szkolnych reguł (mistyfikacja). Ważniejsze skutki to uznanie arbitralnych zasad za bezdyskusyjne i niezmienne (skuteczność narzucania twardego prawa) oraz przyuczenie ofiar do szukania winy w sobie. Uczennice są przekonane, że ponoszą całkowitą odpowiedzialność za przekroczenie zasad, nie mogą jednak odkryć, że są to mocno sprywatyzowane wizje szkolnych porządków. To pociąga za sobą również narzucenie niezwykle dyskusyjnych środków zaradczych.

W tym kontekście można zadać kilka pytań. Dlaczego uczennice nie poszukują żadnego wsparcia w instytucji? Dlaczego nie zgłaszają tych sytuacji szkolnym władzom? Dlaczego ich rodzice nie podejmują interwencji w ich sprawie, mimo iż nie mają zastrzeżeń do wizerunku własnych córek? Wydaje się, że powodem tego ostatniego jest obawa przed nasileniem represji wobec dziewcząt. Rodzice najprawdopodobniej nie postrzegają instytucji jako przyjaznego środowiska, a jej zasad jako racjonalnych. Nie proponują córkom posłuszeństwa i zmiany wizerunku dla „świętego spokoju", ale strategię obstawania przy swoim. Irracjonalnych i nieżyciowych szkolnych zasad zmienić się nie da, ale można je ignorować – tak brzmi istota rodzicielskiego przekazu. W tym znaczeniu rodzice uczą dziewczęta strategii radzenia sobie przez nieingerowanie w sferę stanowienia zasad (negocjowanie).

„DREDY?! – SKOŃCZYSZ NA DWORCU". DYSKURS REGULACYJNY

Istotą dotychczas scharakteryzowanych formacji dyskursywnych były represje wymierzone w zseksualizowany lub uklasowiony dziewczęcy wizerunek. Można zatem przypuszczać, że nauczycielki i nauczyciele z większą sympatią i zrozumieniem odniosą się do tych frakcji mody młodzieżowej, które otwarcie kwestionują kody seksualnej atrakcyjności dziewcząt (podobania się, bycia seksualnym „wabikiem"). Niestety, nic takiego się nie dzieje. Przeciwnie, wizerunek otwarcie kwestionujący nakaz podobania się (chłopcom) jest jeszcze silniej zwalczany niż wizerunek nastawiony na „prowokowanie chłopców" (jak głosi jeden z elementów nauczycielskiej krytyki). Istotą dyskursu regulacyjnego jest „wytwarzanie płci" (specyficznej wersji płci). Proces ten sprowadza się do wymuszenia na uczennicach powrotu do jednoznacznego stroju dziewczęcego. Istota interwencji i represji polega tu na nakłanianiu dziewcząt do maskarady – do odgrywania dziewczęcości za pomocą odpowiednio dziewczęcych ubrań.

Represjonowane są natomiast te praktyki tworzenia wizerunku, których istotą jest zakłócanie „porządku płci" i jednoznaczności odczytania tej społecznej kategorii. Czyli kody ubraniowe, które są udramatyzowanym lub ironicznym „komentarzem" na temat dominujących znaczeń gender oraz kody, których istotą jest „semantyczny nieporządek", zakłócenie czy wręcz blokowanie istniejących reprezentacji.

Styl kwestionujący dominujące znaczenia dziewczęcości (bycie ładną i seksualnie pociągającą) bazuje na przekonaniu o możliwości skonstruowania pozycji międzypłciowych (co zresztą jest strategią wizerunkową wielu współczesnych gwiazd muzycznych) i umiejscowienia siebie w owej przestrzeni „bycia pomiędzy" kategoriami. Nauczycielki i nauczyciele, w większości pozbawieni kompetencji interpretacyjnych w zakresie kultury popularnej (w tym młodzieżowej), przeczuwają zapewne problem „granicy" kategorii płci, reinterpretowanej w tych wizerunkach. Problem ten odnoszą wyłącznie do kodu subkulturowego, a ten z kolei intuicyjnie lokują w pobliżu kategorii „przestępczość"[8]. Odczytanie wizerunkowego przekazu sprowadza się więc do kategorii „dewiacja" i „przestępczość", a celem interwencji staje się sprowadzenie uczennicy na drogę „prawa". Trzeba również zaznaczyć, że wiedza nauczycielek i nauczycieli na temat subkultur i subkulturowego stylu jest niezwykle powierzchowna, bowiem niemal każde odstępstwo od dziewczęcego wizerunku odnoszą do kategorii „satanizm". Represjonowanie wizerunku uczennic sprowadza się do praktyk publicznego komentowania, wyśmiewania stroju lub wyglądu, publicznego sugerowania przynależności do sekty, naruszania godności przez nazywanie uczennic „dzikusami", „brudasami", „złodziejkami" lub „narkomankami":

---

[8] Ch. Barker, *Studia kulturowe. Teoria i praktyka*, Kraków 2005, s. 438.

Nauczyciele mówili, że ubieram się jak mężczyzna, że jestem brudasem, bo ubieram się na czarno. Mówili, że mam niechlujny wygląd, bo miałam dziury w koszulkach. Często błędnie wiązali mój wygląd z satanizmem. Uważali, że skoro tak wyglądam, to muszę palić papierosy. Mówili, że tacy ludzie jak ja kończą na dworcach. (relacja 5)

Jak pierwszy raz pojawiłam się w szkole w dredach, to mi pani od matematyki powiedziała, że jestem złodziejką i nie myję włosów. To mi się wydaje teraz śmieszne, ale wtedy się rozpłakałam przy całej klasie. (relacja 19)

Nauczycielki i nauczyciele, próbując uregulować funkcjonowanie „odmieńca", wyznają teorię „zarażania wyglądem". Ubiór i makijaż są przez nich traktowane jako wyraz ukrytej istoty, zdeprawowanej i do cna zepsutej, która – jak wirus – rozniesie się na innych. Porównania odmienności do choroby nie są tu przypadkowe. Istnieje obawa przed realnym zarażeniem „zdrowej części" klasowej społeczności. W niżej przedstawionym przykładzie choroba została przywleczona z dużego miasta do małego miasteczka, zaś nauczyciel obawia się najwidoczniej „wybuchu epidemii":

– Najczęściej były komentowane moje kolczyki – jeden w języku, drugi w brwi oraz dodatki do ubioru – czerwony krawat oraz hd-eki z czerwonymi sznurówkami. Nauczyciel historii mówił, że przyjechała taka z wielkiego miasta i się panoszy. A na lekcji matematyki nauczyciel powiedział, że jeśli się nie zmienię, to on pomyśli, że zabijam kury gdzieś w polu i odprawiam czarne msze. Poczułam się wtedy upokorzona. Czułam odrazę do miejsca, w którym jestem. Odpowiedziałam nauczycielowi, że to bardzo stereotypowe myślenie. Na co on bardzo się zdenerwował i powiedział, że takie jak ja, którym odpowiada noszenie łachmanów i biżuterii w nadmiarze, powinny wracać, skąd przyjechały i siać zarazę u siebie. (wywiad 3)

„Sianie zarazy" odnosi się najprawdopodobniej do burzenia jakiejś wersji lokalnego porządku estetyczno-moralnego, którego trzeba bronić przed „obcym", najeźdźcą z „wielkiego miasta". Obcy jest nie tylko znakiem innego porządku, ale zapowiedzią innych standardów moralno-estetycznych. Zatem represje są wyrazem ochrony lokalnej tożsamości i standardów gender, które ją fundują. W wielu przypadkach „odmieniec" może „zarażać" skłonnością do *cross-dressingu*, czyli noszenia ubrań określonych jako właściwe dla niewłasnej płci. Trzeba przypomnieć, że niektóre z praktyk *cross-dressingu* są traktowane jako oczywiste i neutralne (na przykład noszenie spodni przez kobiety), ale praktyka ta nie powoduje zwiększonej tolerancji dla przejmowania innych elementów stroju. Nauczycielki i nauczyciele w dalszym ciągu pilnują symbolicznej granicy płci, która nie powinna być przekraczana. Androginizacja wizerunku jest zatem traktowana jako dewiacja. Wszystkie identyfikacje międzypłciowe są nielegalne:

– Nauczyciele czepiali się, że noszę szerokie spodnie, męskie koszule czy czapki z daszkiem, że chyba kartofle noszę w tych spodniach, że wyglądam jak chłopak. Na chemii jak raz czegoś nie wiedziałam, babka powiedziała, że ja chyba rozum w tych spodniach schowałam, bo w głowie go nie mam.
– Jak się wtedy czułaś?
– Jak głąb, zrobiła ze mnie głupka i pośmiewisko przy całej klasie. Poza tym skomentowała mój wygląd, a to przecież moja sprawa, a nie jakiejś X. (wywiad 21)

Innym typem prewencji jest de-homoseksualizacja klasowej przestrzeni[9]. Praktyka ta polega na zidentyfikowaniu i nazwaniu „odmieńca", wyłuskaniu go ze zdrowej tkanki, a następnie metodycznym poniżaniu. Co ciekawe, wszystkie podejrzenia o seksualną odmienność (bo kadra nauczycielska nie dysponuje pełną informacją na temat intymności uczennic, działa więc po omacku, raczej na podstawie pogłosek, plotek i domniemań) są interpretowane jako niemoralne manifestowanie homoseksualnej orientacji. „Podejrzewanym" o odmienną seksualność uczennicom wmawiano gorszość i niższość, a ponadto odmawiano prawa do osiągania sukcesów w nauce czy sporcie. Rzecz jasna, podobnie jak w innych przypadkach, praktyki represjonowania przeważnie miały miejsce na forum publicznym:

> – Ja się nie obnosiłam z moją orientacją seksualną, tylko niektórzy moi znajomi o tym wiedzieli. Uważałam, że to jest moja osobista sprawa. Na lekcji angielskiego mieliśmy zadanie, żeby napisać wypracowanie o swojej sympatii. Anglistka wzięła mnie do odpowiedzi i ja zaczęłam opowiadać o moim niby-chłopaku. A ona przerwała mi wpół zdania i kazała powiedzieć prawdę. Powiedziała, żebym przestała kłamać i powiedziała, kim jestem. I wtedy wszyscy się na mnie patrzyli i zaczęły się różne przytyki.
> – Co zrobiłaś?
> – Nic nie powiedziałam. (wywiad 51)

Przekroczenie nauczycielskiej władzy jest w tym przypadku ewidentne. Nauczycielce nie chodzi o ćwiczenie umiejętności posługi-

[9] B. Lis, *Zabiegając o odmienną edukację. Homofobiczny dyskurs i „aseksualna" szkoła*, [w:] *Koniec mitu niewinności? Płeć i seksualność w socjalizacji i edukacji*, red. L. Kopciewicz. E. Zierkiewicz, Warszawa 2009, s. 72.

wania się poprawną angielszczyzną. Szkolne zadanie zostało przez nią potraktowane jako pretekst do przymuszenia uczennicy, by ta „przyznała się do winy", publicznie wyznała „swój grzech", „powiedziała prawdę". Zakaz mówienia, z którym jest konfrontowana, nie przekreśla jednak sposobu odczuwania atmosfery wokół własnej osoby jako nieprzyjaznej i niesprawiedliwej.

W przypadku represjonowania „odmieńców" wielokrotnie ujawniają się takie ignoranckie postawy pedagogów szkolnych:

– Pedagog starał się mnie przekonać, że lepiej by było, gdybym
była taka sama jak inni, a nie ubierała się jak odmieniec. (wywiad 3)

W kontekście nauczycielskich praktyk „zawracania" odmieńców z drogi „dewiacji" warto przywołać stwierdzenie Tomka Kitlińskiego na temat polskiej szkoły. Kitliński uważa, że w Polsce (w tym również w „demokratycznej" szkole) mamy w dalszym ciągu do czynienia z głęboko niedemokratyczną hegemonią takosamości[10]. Bazą tego dyskursu jest awersja względem wszelkiej różnicy, która nie jest postrzegana jako warunek możliwości demokracji, ale w dalszym ciągu jawi się jako zapowiedź narzucenia jakiegoś „obcego", z gruntu złego i niemoralnego, systemu wartości, praktyk i poglądów[11].

„WIELKIE CYCE – DOJCE". DYSKURS SAMICZY

Próba znalezienia trafnej nazwy dla kolejnej formacji dyskursywnej nie jest łatwa z uwagi na niesłychany, w mojej opinii, przedmiot represjonowania. O ile w przypadku dotychczas scha-

---

[10] T. Kitliński, *Rozważania o kwestii gejowskiej. Prostodusznie, bez Sartre'a i po polsku*, [w:] *Homofobia po polsku*, red. Z. Sypniewski, B. Warkocki, Warszawa 2004, s. 278.

[11] B. Lis, dz. cyt., s. 72.

rakteryzowanych formacji można go określić mianem „nadbudo-
wy" (czyli różnych możliwości kulturowej aranżacji i kodowania
dziewczęcości), o tyle w przypadku obecnej formacji represjo-
nowaniu podlega sama płeć. Nauczyciele i nauczycielki odnoszą
się bowiem do „faktów biologicznych" – piętnują dziewczęcą fi-
zjologię, wyśmiewają zmiany pojawiające w sferze ich cielesności. W opisywanych praktykach trafiamy na paradygmatyczną
postać mowy nienawiści, która jest ewidentną językową formą
dyskryminacji. Mowa nauczycielska jest tu działaniem represyj-
nym[12] – wykpieniem kobiecej fizjologii (funkcji ciała) poprzez
odniesienie jej do „samiczości" (publiczne podkreślanie związku
kobiecości i zwierzęcości) i nieczystości (wartościowanie funkcji
ciała jako źródła zepsucia).

Być może jest to też ślad „mądrości ludowej" nakazującej
stosowanie przemocy wobec dojrzewających dziewcząt w celu
kontrolowania seksualności: najprawdopodobniej dochodzi do
rytualnego upokarzania młodych kobiet, którego celem jest
przyzwyczajenie do sytuacji podrzędności, na którą skazują nie
siły społeczne, ale zmieniające się kobiece ciało. Praktyka ta
przypomina inicjacyjne okaleczanie dziewcząt jako kulturowe
wykluczenie rzeczywistego ciała, pogardę i wstręt dla kobiecej
autonomicznej seksualności i podmiotowości[13]. Tradycyjnymi
egzekutorkami inicjacyjnego okaleczania dziewcząt były kobiety.
W zebranych relacjach również pojawiają się tylko nauczycielki:

– Moja nauczycielka wuefu bez przerwy mi dogryzała, że mam
wielkie cyce, „dojce" – jak mówiła. Wyzywała nas od dziwek, „cy-

---

[12] J. Butler, dz. cyt., s. 85.
[13] K. Szczuka, *Kopciuszek i maskarada kobiecości*, [w:] *Siostry i ich Kopciuszek*,
red. E. Graczyk, M. Graban-Pomirska, Gdynia 2002, s.269.

catych panienek". Kazała ćwiczyć w białych obcisłych spodenkach gimnastykę artystyczną, nawet podczas okresu. Miałyśmy być smukłe i dziewicze, jak mówiła.

– Jak reagowały uczennice?

– Wszystkie milczały. Wszystkie bały się odetchnąć, jak wrzeszczała. Ja sama zresztą czułam się fatalnie, jak wrzeszczała na inne dziewczyny. Było mi strasznie wstyd, ale do głowy mi nie przyszło, żeby się odezwać. Jak zbliżał się wuef, to chciało mi się wymiotować, niektóre dziewczyny mdlały – to był horror.

– A próbowałaś zainteresować kogoś, na przykład rodziców?

– Kilka razy rozmawiałam z mamą o tych sytuacjach, ale jakoś głupio było mi mówić, że nauczycielka śmieje się z moich piersi. To było żenujące!

– Czyli twoja mama nie wiedziała o tym, że nauczycielka robi uwagi na temat twojego ciała?

– Nie, niestety nie.

– A wychowawczyni?

– Kilka razy skarżyłyśmy się jej, ale za każdym razem mówiła, że to niemożliwe, chyba przesadzamy i zwalała winę na okres dojrzewania. To była chyba taka solidarność nauczycielska, bo nie kiwnęła palcem w tej sprawie. (wywiad 33)

Wspólnym mianownikiem wielu relacjonowanych zdarzeń jest represjonowanie szczególnej kondycji płciowego podmiotu (menstruacja, oznaki fizycznego rozwoju i dojrzewania). Cechą wspólną tych spektakularnych aktów jest reakcja świadków – zazwyczaj kompletna cisza, („klasę zamurowało"). Śmiech, jeśli w ogóle ma miejsce, pojawia się jako odległe echo. Inną wartą określenia cechą jest zawiązanie się pewnej wspólnoty uczennic, które „po cichu" wyrażają oburzenie względem represji. Wydaje się, że praktyki te można objąć wspólną kategorią przemocy ze względu na płeć, która w ustawodawstwach wielu krajów jest traktowana jak przestępstwo. Istotą tych działań są wrogie lub obraźliwe zachowania wobec danej osoby jedynie ze względu na jej płciową przynależność[14].

Ważnym aspektem tej definicji jest nieobecność aspektu seksualności, do którego odnosiłby się akt poniżania. Jednak trzeba wspomnieć o innych istotnych ustaleniach zawartych w tej definicji. Przemoc ze względu na płeć jest rozpatrywana niemal wyłącznie w stosunku do osób dorosłych i zidentyfikowana w środowisku pracy. Za przemoc ze względu na płeć uznaje się wszelkie wrogie, pogardliwe i prześmiewcze uwagi, wygłaszane publicznie na temat osoby jako reprezentanta lub reprezentantki danej płci, nie zaś na temat jej indywidualnych działań. W szkolnej przestrzeni nie brak i takiej formy przemocy. Natomiast te, które objęłam nazwą „dyskursu samiczości", odnoszą się do represjonowania ze względu na szczególną biologiczną kondycję podmiotu, co trzeba podkreślić – wyłącznie kobiecego, ze względu na funkcje cielesne.

„KOBIETA JEST DO ŁÓŻKA". DYSKURS SEKSUALNEGO UPRZEDMIOTOWIENIA

Ostatnia ze zidentyfikowanych formacji dyskursywnych odnosi się do spektrum represji o podtekście seksualnym. Jednak pojęcie represji trzeba tu bardzo dokładnie wyjaśnić, bowiem tylko w niektórych przypadkach uczennice interpretują nauczycielskie zachowania jako jednoznacznie krzywdzące. Bardzo często przeczuwają, że zachowania te nie były do końca

---

[14] L. Brannon., *Psychologia rodzaju. Kobiety i mężczyźni: podobni czy różni*, GWP, Gdańsk 2002, s. 419; *Kobiety, mężczyźni i społeczeństwo*, red. C. Renzetti i D. Curran, Warszawa 2005, s. 179–183.

„czyste", choć nie miały w sobie śladu agresji (często nawet były to zachowania, które dają się zinterpretować jako przyjazne). W bardzo wielu przypadkach „podtekst seksualny" został również „ubrany" w żart, co bardzo utrudnia jednoznaczną ocenę zdarzenia. Istotą owej formacji jest odniesienie się przez nauczycieli do uczennic jako bytów seksualnych. Bogaty repertuar praktyk obejmuje zarówno dosadne komentarze na temat ciała w kontekście seksualnej atrakcyjności (bądź jej braku), publiczne ocenianie potencjalnej atrakcyjności ciała, flirtowanie, komentarze na temat seksualności danej osoby (publiczne snucie domysłów na temat tej sfery jej życia), proponowanie korzyści w związku z seksualnością, dotykanie z intencją seksualną[15]. W każdej z relacjonowanych sytuacji sprawowanie nauczycielskiej władzy rozciąga się na sferę dziewczęcej seksualności i zostaje wykorzystane w stosunku do podporządkowanych nauczycielowi młodych (niekiedy bardzo młodych – gimnazjalistki) dziewcząt.

> – Pan Maciek lubił żartować, ale te żarty szokowały czternastoletnie dziewczyny. Potrafił się nas zapytać: „Do czego jest kobieta?" I sam sobie odpowiadał: „Kobieta jest do łóżka". To jednak nie robiło na nas aż takiego wrażenia, ale niektóre zachowania – owszem. Potrafił zajść dziewczynę od tyłu i znienacka strzelić jej z gumki od stanika. Innym razem siadał dziewczynie na kolanach – niby dla żartów, albo siadał z dziewczyną na jednym krześle, bo niby tak lepiej pracuje się na komputerze. Mówił, że musi się trochę poprzytulać. Dziewczynom zawsze było strasznie niezręcznie, a te zachowania bawiły chłopaków i to było chyba jeszcze gorsze. Mówił też, że nie mógłby pracować w liceum, bo by tam

---

[15] L. Brannon, dz. cyt., s. 420.

„eksplodował" i pewnie by go wyrzucili z pracy. W sumie to on był miły, młody i na luzie. Raz włożył mi linijkę, taką drewnianą, do spodni. Czułam się strasznie upokorzona!

– A czy wy, dziewczyny, dałyście komuś znać o tych zachowaniach?

– Nie, nie powiedziałyśmy nikomu.

– Dlaczego?

– Nie wiem. Chyba nie byłyśmy pewne, co ten nauczyciel ma na myśli. (wywiad 38)

– Pan od wuefu podczas gry w koszykówkę, kryjąc przeciwnika, niby przypadkiem dotykał nas. Ale robił to zdecydowanie częściej niż trzeba. Niechcący poklepywał nas po tyłku, podszczypywał, dotykał biustu. Wygłaszał uwagi na temat mojego ciała na przykład: „Kacha ma jędrny tyłeczek" albo „nie martw się, nad małym biustem można popracować".

– A czy próbowałaś coś z tym zrobić?

– Raz powiedziałam mu, żeby trzymał się ode mnie z daleka, a on na to, że wychowanie fizyczne wymaga bliższego kontaktu, że jestem przewrażliwiona i chyba źle go zrozumiałam. I powiedział, że wuef służy temu, żeby się z zahamowań wyleczyć. W sumie, to nie wiem, może on miał rację? Przecież nie działo się nic złego, on był uprzejmy, sympatyczny i ogólnie nie narzucał się, nie robił jakichś propozycji. Ale ja wolałam unikać bliższych kontaktów z tym panem.

– Dlaczego?

– Bo to było jednak dziwne. (wywiad 39)

W zgromadzonym materiale empirycznym rozmaite formy poniżania dotyczyły zawsze dziewcząt, które się czymś „wyróżniły" (strojem, mocnym makijażem, ufarbowanymi włosami, kolczykiem w nosie, dużym biustem lub plamą krwi na spodniach).

Można było odnieść wrażenie, że represje nie dotykają tak zwanych „szarych myszek". Jednak w obecności nauczycieli preferujących „pozornie upodmiotowione" relacje z uczennicami „szare myszki" nie mogą czuć się bezpiecznie. Mogą bowiem stać się przedmiotem nauczycielskich kpin:

– Nasz nauczyciel zaniżał oceny dziewczynom, które nie noszą się wyzywająco.
– To znaczy?
– Nie noszą dużych dekoltów i krótkich spódniczek. On jest przemiły dla dziewczyn, które przychodzą do szkoły jak na imprezę, a resztę dziewczyn obraża i upokarza.
– A jak to wygląda?
– Wciąga w to chłopaków. Na przykład mówi mi: „za odpowiedź masz trzy, a za wygląd trzy minus" i do dziennika wpisuje trzy minus. Wtedy klasa, a szczególnie chłopacy, śmieją się i rzucają w moim kierunku komentarze: „masz za małe cycki!". W innych klasach też tak jest. Raz jak jedna dziewczyna źle napisała sprawdzian, to pan powiedział „nie dość że nie dorosła fizycznie, to i w inteligencji są braki".
– Możemy wrócić do tej sytuacji, którą opisałaś? O co chodzi z tą „skromną dziewczynką"?
– On mnie wtedy wziął do odpowiedzi. I jak szłam, to powiedział, że to dziwne, że do ogólniaka przyjmują takie „skromne dziewczynki". Potem mnie pytał, ale byłam dobrze przygotowana – nie mógł mnie zagiąć. Wtedy powiedział: trzy. I dodał: nic dziwnego, niedorozwój obejmuje nie tylko umysł, ale całą postać waszej koleżanki. Klasa się śmiała, a ja poszłam na miejsce i usiadłam. On do mnie: „nikt dziewczynce nie kazał usiąść", więc wstałam – byłam bezradna. Nie jestem z natury pyskata, więc nic nie powiedziałam. On mówił, że mam przemyśleć, czy dobrą szkołę wy-

brałam, czy jest tu miejsce dla mnie, bo urodą ani wiedzą to ja nie grzeszę. I dodał, że mam się spotkać po lekcjach z dziewczynami, żeby mi wyjaśniły, jak dbać o siebie. Innym dziewczynom, takim gwiazdom, powstawiał piątki, chociaż nic nie umiały i jeszcze sobie z nimi żartował.

– Czy rodzice o tym widzieli?

– Tak, moja mama. Chciała pójść do szkoły, do dyrektora. Prosiłam, żeby tego nie robiła. Przecież i tak nie zwolniliby tego nauczyciela, a ten mściłby się na mnie. U dyrektora mówiłby, że to są żarty, a ja ich nie zrozumiałam.

– A jak się czułaś na jego lekcjach?

– Strasznie. Czekałam, żeby lekcja jak najszybciej się skończyła i żeby tylko się do mnie nie odezwał. (wywiad 47)

W relacjonowanym przypadku uczennica miała sporo „dobrych powodów", żeby utrwalać zmowę milczenia, choć nie była jej beneficjentką, a ewidentną ofiarą.

W przypadku tej formacji dyskursywnej dochodzi do stworzenia wyjątkowo niekorzystnego środowiska uczenia się. Narzucane są liczne ograniczenia, co powoduje napięcie emocjonalne i unikanie kontaktów z nauczycielem (których oczywiście wyeliminować nie można). Jak zauważają Renzetti i Curran, relacje te powodują powstanie nieprzyjemnego i deprymującego środowiska nauczania, co niewątpliwie wpływa na osiągnięcia w nauce i rozwój osobisty[16].

Omówione w tekście wyniki badań wskazują jednoznacznie, że szkoła jest miejscem płciowej normalizacji, dyscyplinowania i regulacji, których podstawą jest „poprawna" i „przyzwoita" (ta ostatnia nie zawsze) koncepcja dziewczęcości. Przez nauczy-

---

[16] *Kobiety, mężczyźni i społeczeństwo*, dz. cyt., s. 184.

cielskie praktyki dyscyplinarne przemawia bardzo zachowawcza koncepcja gender. Zdecydowanej większości opisywanych zdarzeń nie można określić mianem incydentów. Przeciwnie, ze względu na ich strukturalne podobieństwo można przypuszczać, że kieruje nimi podobna logika. Jest zatem bardzo prawdopodobne, że przez zidentyfikowane typy represji „przemawia" raczej mechanizm płciowej socjalizacji (który wstępnie można nazwać mechanizmem „korekcyjnym") niż „zły dzień" nauczyciela czy nauczycielki.

Niewątpliwie wspólnym elementem wspomnień szkolnych dziewcząt jest publiczny charakter represji, które były wobec nich podejmowane. Najczęściej miejscem poniżania jest przestrzeń klasy szkolnej, rzadziej szkolny korytarz. Wszystkie opisane sytuacje rozgrywają się w obecności koleżanek i kolegów, którzy w specyficzny sposób stają się – wraz z nauczycielem/nauczycielką – osobami współrepresjonującymi. Są bowiem zapraszani do udziału, „wciągani" w sytuację. Można również przypuszczać, że śmiech grupy jest dla nauczycielki/nauczyciela „testem prawdy" i ostateczną miarą skuteczności podjętego przedsięwzięcia. Znalezienie wspólników (zazwyczaj jest to męska część klasy) i kooperacja uczniowsko-nauczycielska czyni poniżenie skutecznym – dogłębnie raniącym. Zaledwie w kilku przypadkach nauczyciel/nauczycielka zdecydowali się na działanie w pojedynkę, bez poszukiwania uczniowskiego wsparcia. Innym łączącym elementem jest wyłaniająca się wspólnota doświadczeń represjonowanych dziewcząt (wspólny plan emocjonalny). Poczucie upokorzenia, poniżenia, silne emocje o charakterze negatywnym – szok, przerażenie, panika, bezsilność oraz wspólnota emocji cielesnych – niemożność wydobycia głosu, strach, płacz, drżenie ciała lub często – chwilowe „obezwładnienie" i „utrata gruntu pod nogami".

Kolejnym wspólnym aspektem opisywanych sytuacji jest brak reakcji rodziców, wychowawców i szkolnych pedagogów. Co więcej, mimo iż poniżenia nieodmiennie rozgrywają się przy świadkach, nie zaś w zaciszu gabinetów, ofiarom rzadko przychodzi do głowy podjęcie jakichś strategii obronnych, zaangażowanie w nie rodziców (są jedynie powiadamiani przez córki o zdarzeniach) czy szkolnych władz. W tym kontekście trzeba zapytać o typ i sprawstwo podmiotu, współkonstytuowanego przez szkolne mechanizmy socjalizacyjne i „raniące nazwania".

Praktyki normalizacji, dyscyplinowania i regulacji dziewczęcości są podejmowane z punktu widzenia konserwatywnej koncepcji estetyczno-moralnej, która utrwala specyficzną wersję społecznego porządku (w tym porządku płci). „Prawidłowa" dziewczęcość wpisuje się w szkolną wersję ładu, gdzie hierarchia ważności osób i ważności płci, jednolitość i „wtapianie się w tło" to najważniejsze wartości. „Prawidłowa" dziewczęcość jest bowiem elementem paradygmatu proszkolności, synonimem bezwarunkowej podległości szkole, podporządkowania się regułom narzucanym przez nauczycielki i nauczycieli oraz niedyskutowania z władzą (milczenia). Dziewczęta znajdują się w przedziwnej sytuacji zakładniczek – są oczywistym „elementem konstrukcyjnym" szkolnego ładu i równie oczywistym jego zagrożeniem. Praktyki poniżania natomiast nie tylko odzwierciedlają stosunki społecznej dominacji, ale same stają się jej nośnikiem. To właśnie dzięki poniżaniu potwierdza się struktura społeczna i właściwe jej relacje władzy.

Iza Desperak

DŻENDER NA LIMANCE

Zajęcia z dżender prowadzę z nieformalną grupą Łódź Gender od dziewięciu lat. Przedtem jeszcze ćwiczyłam trochę na student-kach i studentach, więc mogę pochwalić się już dziesięcioletnim stażem. Zajęcia obrosły metodologią, podręcznikiem, rozrosły się do poziomu zaawansowanego i szkoleń trenerskich. To dzieci i młodzież są jednak pierwotnym ich adresatem, bo to w młodym wieku nasiąkamy stereotypami, które prowadzić będą do uprze-dzeń i dyskryminacji. O płci warto z młodymi rozmawiać, bo na ten temat akurat ani szkoła, ani rodzice rozmawiać nie chcą i nie potrafią. I nie chodzi tu wcale o edukację seksualną.

Okres dojrzewania to czas, gdy chłopcy i dziewczęta sły-szą, że stają się lub staną dorosłymi, czyli mężczyznami i kobie-tami. Poczucie własnej płci staje się czymś ważnym i niekiedy niepokojącym. No i chłopcy i dziewczęta, którzy niegdyś bawili się często w jednopłciowych grupach, zaczynają interesować się sobą nawzajem. A nawet jak w koedukacyjnej szkole płeć przeciwna nie wzbudza aż takiego zainteresowania, kultura masowa i otoczenie podsuwają odpowiednie wzorce, zarówno właściwego zachowania się, jak i zdobycia uwagi płci przeciw-nej. Dziewczyna powinna mieć chłopaka albo przynajmniej powodzenie, chłopak zaś powinien z przekąsem dyskutować o „dupach" i robić wrażenie hiperdoświadczonego w tej te-matyce. Dotychczasowi sąsiedzi z ławki zaczynają należeć do obcego egzotycznego plemienia, o którym we własnym gronie teoretyzuje się, powtarzając to, co podsuwa nam otoczenie, kultura masowa i mądrość ludowa.

Gdy pracuję z dorosłymi, trudno się do nich przebić, bo chcieliby robić coś poważniejszego niż rysowanie kredkami, od którego zawsze zaczynam. Możemy sobie podyskutować, ale zapewne wyjdziemy z zajęć z tym samym zestawem przekonań, z jakimi do nich przystąpiliśmy. Dorośli niechętnie też angażują się w ćwiczenia warsztatowe, woleliby jakiś wykład. Dzieci i młodzież, nauczone przez szkołę wykonywania poleceń bez zastanawiania się nad ich celowością, chwytają za kredki i czekają tylko aż skończę wyjaśniać, co mają zrobić, by rzucić się w wir aktywności. Technika warsztatu ma tę ogromną zaletę, że inaczej niż podczas lekcji, która musi przebiegać zgodnie ze scenariuszem i zakończyć się osiągnięciem założonych celów, warsztat prowadzi nie do końca wiadomo dokąd. Choć prowadzący też często mają szczegółowy scenariusz, inwencja leży w równym stopniu po stronie uczących się. To oni wyznaczają hierarchię ważności poruszanej tematyki lub zmieniają kierunek dyskusji pytaniem pozornie „od czapy", którego nie można jednak pozostawić bez odpowiedzi. Są takie kwestie, których staramy się nie poruszać w pracy grupowej, jak choćby bycie ofiarą przemocy. Nie chcemy, by uczestniczący w nich młodzi ludzie obnażali się przed rówieśnikami, by stać się ofiarą wyśmiewania lub nawet prześladowań. Staramy się stworzyć przestrzeń dla indywidualnego kontaktu, by móc omówić kwestie intymne, a gdy niepokoimy się czymś, o czym dowiedzieliśmy się w trakcie, staramy się przekazać to opiekunom i nauczycielom w takiej formie, by młodym ludziom nie zaszkodzić. Częściej jednak musimy podczas zajęć z młodzieżą reagować na pytania niezupełnie związane z dżender, wynikające z braku rzetelnej edukacji seksualnej. Zaczynamy zaś od rysowania, bo młodzi ludzie często nie dysponują nienacechowanym negatywnie słownictwem, które w trakcie omawiania prac dopiero zastępujemy określeniami nieobrażającymi nikogo – co jest jednym z założeń i warunków warsztatów.

Oczywiście prowadząca czy prowadzący powinni panować nad warsztatem i grupą. W przypadku gimnazjalistek czy uczennic ostatnich klas podstawówki nie jest to wcale proste, zwłaszcza gdy zajęcia prowadzimy w pobliżu bałuckiej Limanki. Jedenastolatki są wyszczekane, część z nich ignoruje polecenia nauczycielki opiekującej się grupą, niektóre sprawdzają, na ile mogą sobie pozwolić z nową panią. Dziewczynki dzielą się same na te, które są grzeczne i posłuszne oraz zbuntowane. Te drugie mają nieco bardziej wyrazistą odzież i zrobione długopisem tatuaże z inicjałami chłopaków, same są też głośne i bezczelne. Podobno, gdy pójdą do gimnazjum, większość będzie właśnie taka, na razie te potulne operują ścisłym podziałem na przyzwoite dziewczyny i te inne, niegodne szacunku, noszące miniówy i „dekoldy". Co z nimi się stanie w gimnazjum i potem? Niektóre z grupy zbuntowanych spotykam parę dni później w krzakach z papierosem albo i skrętem, więc być może ich szkolna kariera nie będzie najłatwiejsza. A może to inne dziewczyny, też zbuntowane, wyglądające tak samo bez względu na to, do której szkoły chodzą?

Dziewczynki z Limanki i okolic są dużo bardziej otwarte niż ich starsze koleżanki z bardziej renomowanych szkół. W liceum, gdy mowa o kwestiach płci, twarze robią się martwe, oczy niewidzące, a usta recytują jak mantry to, że każdego trzeba tolerować. Jedenastolatki z Limanki wiedzą, co to prezerwatywa i że istnieją lesbijki, po sprawdzeniu, że ja też o nich słyszałam, porzucają ten temat. Rozmawiamy po kolei wokół tych samych tematów co zawsze ze wszystkimi grupami. Jako ćwiczenie dodatkowe przygotowałam jednak fragmenty komiksu, który mam od niedawna. Tekst napisała Hanna Samson, rysowała Agata „Endo" Nowicka, tytuł brzmi *Moc jest z nami, dziewczy-nami,* a tematem jest reakcja na przemoc seksualną. Nie sądzę, by temat ten poruszył moje kursantki, ale gdyby jedna–dwie zareagowały, powinnam porozmawiać z ich wychowawczynią. Reagują wszystkie.

Gremialna reakcja dziewczyn to podjęcie tematu jako znanego NAM wszystkim. Nie, nie twierdzę, że wszystkie są ofiarami gangu pedofilów. Przemoc seksualna – to brzmi ostro, ale na co dzień przybiera formy po pierwsze nienazwane – ani tak, ani inaczej – i spotykające się z przyzwoleniem wszystkich. Chło-pięce zabawy w ciągnięcie za warkocze – to chyba jeszcze nie to. A strzelanie przez siedzącego w następnej ławce z gumki od stanika siedzącej przed nim dziewczyny? Doświadczenie moje, kobiet o pokolenie młodszych i jedenastolatek ze szkoły na Bału-tach. Inne doświadczenie, które mnie na szczęście ominęło wraz z modą na spodnie – biodrówki – to strzelanie z wystających nad nimi stringów. Czy przemocą seksualną jest zagrodzenie dziew-czynce drogi do szatni przez kolegę połączone z przyparciem jej do ściany? A gdy chłopaków jest kilku i są starsi? A co wtedy, gdy dobrzy koledzy w takiej zabawie żądają za oswobodzenie buzia-ka? A co, gdy mówią o tym, że im się podoba? A gdy proponują zejście do szkolnej piwnicy, by dziewczyna „każdemu dała, bo widać, że to lubi"?

Wszystkie uczestniczki zajęć mają takie lub podobne do-świadczenia. Jednak nie rozmawiały o tym przedtem między sobą, widać, że to pierwsza próba publicznego zmierzenia się z tym tematem. Gdy już to wiem, podsuwam następną kartkę do kolorowania – bohaterka naprawdę znajduje się w niebezpie-czeństwie. Następnie dziewczyny dostają puste kartki – mają na-rysować, co było dalej. Moim celem jest sprawdzenie, czy mają jakieś sposoby radzenia sobie z takimi sytuacjami, ewentualne podzielenie się doświadczeniami i wypracowanie przez grupę nowych rozwiązań. Niestety, dziewczyny proponują rozwiązania dalekie od rzeczywistości – a więc same by sobie nie poradziły. Jedna grupa liczy na rodziców, którzy przyjdą do szkoły i poskarżą nauczycielce. „A co, jeśli ten chłopak jest z innej szkoły?". Nie chcę gasić ich zapału i wiary w rodziców, którzy częściej złość skierują na córkę jako współwinną lub będą wstydzić się za nią i nie pójdą z tym do szkoły. Inna grupa wierzy w sprawiedliwość i strach przed policją, wierzą że za dotknięcie dziewczyny bez jej zgody chłopak trafi za kratki. „A ilu trafiło?" – pytam. I wyjaśniam, że nawet w przypadku gwałtu to nie jest oczywiste, a dziewczyny nawet nie pytają, co to jest gwałt. Większość grup rysuje fantastyczne scenariusze, gdzie na ratunek uwięzionej bohaterce przybywa superman, często w przebraniu znajomego lub przyszłego wymarzonego chłopka. No, bo jak on ją już uratuje, to na pewno będą razem. Ratunek oferuje też tajemniczy płyn z krainy Gumisiów. Jedna z grup rysuje niestety bliski prawdopodobieństwa scenariusz – bohaterka zajścia wprawdzie nie zostaje zgwałcona, ale i tak na skutek traumy popada w depresję lub nawet popełnia samobójstwo.

Potem rozdaję skserowane strony z prawdziwym zakończeniem komiksu, gdzie ratunek przychodzi od innych dziewczyn, tworzących coś w rodzaju drużyny samoobrony i korzystającej ze wsparcia straży miejskiej. Czy to jest możliwe? Czy tak mogłaby się ta historia skończyć? Czy lepiej liczyć na księcia z bajki, który wyłoni się z tła, by uratować bohaterkę, czy na inne dziewczyny? I nie zapomnijcie pozbierać kredek.

„Dziewczyny z Limanki" to brzmi nieźle, lepiej niż „dziewczęta z Nowolipek". Te z Limanki nie różnią się niczym od tych z Kilińskiego, Piotrkowskiej czy Jana Pawła. Być może są trochę bardziej obeznane z otwartym mówieniem o pewnych sprawach, a dyrekcja szkoły nie boi się ewentualnego oskarżenia rodziców o przymusową seksualizację czy indoktrynację ich córek. Być może są bardziej niż ich koleżanki narażone na przemoc seksualną, być może są od nich jedynie bardziej otwarte i chętne do współpracy. Zajęcia dotykające tego tematu to tylko margines tego, co na co dzień robimy – trenerki i trenerzy równościowi – na zajęciach z gender. Łódź jest pierwszym miastem, które odważyło się na wprowadzenie w szkołach publicznego programu edukacji seksualnej. Mam nadzieję, że następnym krokiem będzie wprowadzenie do łódzkich szkół edukacji równościowej, jak widać naprawdę potrzebnej.

Anna Studnicka-Cieplak

ZAMIAST STRASZYĆ „SEKSUALIZACJĄ", ZAUWAŻMY FAKTYCZNĄ PRZEMOC SEKSUALNĄ

Od kiedy rozmowę o edukacji seksualnej zastąpiliśmy straszakiem „seksualizacji", zapominamy o priorytetach: ochronie dziecka i jego zdrowym rozwoju. Dzieci dostają w szkole rozproszone fragmenty wiedzy – jest nieobowiązkowe „wychowanie do życia w rodzinie" oraz lekcje biologii czy wychowania fizycznego, na których zdarzy się przemycić treści dotyczące seksualności. W większości przypadków jednak częściej niż z edukacją mamy do czynienia ze skutecznym kamuflowaniem tematów dotyczących ciała, płci (biologicznej i kulturowej) oraz dojrzewania.

Zmiana, którą proponuje ministra edukacji Joanna Kluzik--Rostkowska: wybór ścieżki edukacyjnej zgodnej ze światopoglądem rodziców, jest ryzykowna i w praktyce może uczynić wiele szkód. Może powtórzyć się przygoda z gender – niewielka, ale głośna grupa będzie straszyć „pluszową pochwą", nie wiedząc, co tak naprawdę dzieje się na zajęciach. A co się dzieje?

„WDŻ TO NUDA"

Zacznijmy od wychowania do życia w rodzinie (WDŻ). To jedyna lekcja, poza religią i etyką, z której można zrezygnować. Zaczyna się w piątej klasie szkoły podstawowej, kończy dopiero na szczeblu ponadgimnazjalnym. Rodzic lub opiekun, który napisze oświadczenie, że dziecko nie będzie uczęszczać na zajęcia, może zakończyć temat edukacji seksualnej na kilka lat. I to się dzieje, bo wielu rodziców twierdzi, że w ramach WDŻ namawia się dzieci do seksu przed ślubem albo stosowania antykoncepcji.

Na lekcji, przynajmniej w teorii, powinny być poruszane kwestie antykoncepcji – razem z zastrzeżeniem, że jej wybór ma być świadomy i zgodny z wartościami jednostki. Niestety, jeszcze do niedawna część podręczników zrównywała metody naturalnego planowania rodziny z antykoncepcją. Zresztą prowadzący zajęcia często sami rezygnują z przekazywania uczennicom i uczniom treści zawartych w podręcznikach. Z powodu własnych uprzedzeń lub dla wygody nad podręczniki przedkładają wiedzę potoczną. Bardziej obawiałabym się więc, że młody człowiek nie pozna metod antykoncepcji wcale, niż że zostanie do niej „namówiony", zanim świadomie zdecyduje się na inicjację seksualną.

Więcej informacji na nurtujące ich tematy, które w wieku nastu lat nie wiążą się z planowaniem rodziny, dziewczęta i chłopcy słyszą od rówieśników lub odnajdują w sieci (rzadziej już weryfikują tę wiedzę, bo prawie nikt ich nie uczy krytycznego odbioru treści). Oczywiście wielu nauczycieli potrafi rozmawiać otwarcie z młodzieżą. To jednak nie przypadek, że zazwyczaj słyszę od gimnazjalistek, że „na WDŻ nuda".

W raporcie Pontonu[1], opracowanym na podstawie rozmów z młodymi ludźmi w ramach telefonu zaufania, czytamy: „Podczas tegorocznych wakacji niemal co czwarte zgłoszenie poruszało temat seksualności. Łączna liczba 118 zapytań stawia seksualność na podium w zestawieniu najpopularniejszych kategorii. Młodzi ludzie

---

[1] *Samotność w sieci. Podsumowanie wyników raportu z wakacyjnego telefonu zaufania Grupy Edukatorów Seksualnych Ponton*, http://bit.ly/1jwltL1.

rzadko mają dostęp do rzetelnej wiedzy w zakresie własnej seksualności". Seks to temat, który absorbuje ich bardziej niż przemoc, uczucia i relacje. W sumie nic w tym dziwnego, skoro nikt z nimi o tym nie rozmawia. Ewentualnie w tajemnicy.

Osobnym problemem są rodziny, gdzie występuje przemoc seksualna. W wielu domach, gdzie dochodzi do wykroczeń seksualnych wobec nieletnich, reakcją rodziców jest „ochrona" przed edukacją. Dzięki takiej „ochronie" jest mniejsza szansa, że na jaw wyjdą problemy, a nauczyciel rozpozna niepokojące symptomy. Choćby przypadkowo, w ramach WDŻ. Dochodzi więc do zwielokrotnienia przemocy: rodzic lub opiekun, który stosuje przemoc lub ma świadomość, że dziecko jest jej ofiarą, odcina mu możliwość obrony.

W przeciwieństwie do WDŻ wychowanie fizyczne jest w szkole obowiązkowe. Tu kontakt z ciałem jest nieunikniony. Dzieci i młodzież w szatniach i na sali gimnastycznej doświadczają cielesności, na etapie dojrzewania zazwyczaj budzącej kompleksy. To akurat powinno być dla nauczycieli oczywiste. A jednak: podczas WF-u nie podejmuje się tematów związanych z wyznaczaniem granic intymności czy zmianami ciała na etapie dojrzewania. Przegapia się świetny moment, żeby porozmawiać choćby o higienie osobistej.

Biologia? Poznajemy części ciała, w tym narządy płciowe. I na tym program się kończy, zostawiając dzieci z wieloma pytaniami. „Okej, mam plemniki, ale po co, skoro w wieku 13 lat nie są mi potrzebne do rozmnażania się?". „Czy życie seksualne to «wprowadzanie prącia do pochwy w ramach kopulacji», jak mówi się na biologii? Nauczyciele, co jest zupełnie zrozumiałe, mają do omówienia wiele innych tematów, ale może gdyby nie musieli się obawiać, że ktoś oskarży ich o seksualizację dzieci, to te zajęcia dawałyby więcej możliwości?

STRACHY NA LACHY

Straszymy „słoneczkiem" – czyli tym, że dziecko nie potrafi odróżnić zabawy od gwałtu. Straszymy pedofilem – kimś „nie wiadomo skąd", choć w 80 procentach przypadków dziecko zna sprawcę[2]. Straszymy masturbowaniem się dzieci przed kamerą internetową (ale kto i kiedy w ogóle rozmawia z dziećmi o masturbacji?).

Dzieci i młodzież nie wiedzą, jak powinno się zapobiegać nadużyciom i jak je zgłaszać[3]. Aż 25 procent kobiet i 8 procent mężczyzn doświadczyło w dzieciństwie molestowania. Należy pamiętać, że takich przypadków jest więcej, ale nie wychodzą na światło dzienne.

Z „Ogólnopolskiej diagnozy problemu przemocy wobec dzieci" z 2013 roku wynika, że 7 na 10 dzieci doświadczyło w swoim życiu przemocy. Wykorzystywanie seksualne z kontaktem fizycznym spotkało w 2012 roku 6 procent dzieci i młodzieży. Bez kontaktu fizycznego (ekspozycja czynności seksualnych, niechciane treści seksualne, robienie zdjęć) – aż 9 procent. Jest to w dużym stopniu wypadkowa braku wiedzy o tym, jak rozpoznawać zagrożenia i reagować na czyny sprawcy.

Do przemocy dochodzi również między dziećmi. Dr hab. Jacek Pyżalski zbadał przykłady przemocy w sieci, czyli *cyberbullyingu*. Zadał dzieciom i młodzieży pytanie: „Czy kiedykolwiek zdarzyło Ci się, że wysłałeś przez internet lub telefon coś, co miało być żartem, a skończyło się krzywdą drugiej osoby?". Prawie 40 procent gimnazjalistów odpowiedziało twierdząco.

Czy i tutaj mamy się doszukiwać winy mitycznej „seksualizacji"? Brak rzetelnej i kompleksowej edukacji seksualnej wydaje się przyczyną dużo bardziej prawdopodobną.

---

[2] *Ile dzieci w Polsce jest krzywdzonych?*, http://bit.ly/1hffmp2.

[3] *Jak chronić dzieci przed wykorzystywaniem seksualnym? Poradnik dla rodziców i profesjonalistów*, http://bit.ly/1fKF31u.

Faktyczne akty seksualizacji, do jakich dochodzi w polskich szkołach i na podwórkach, to używanie wulgarnych określeń na temat osób i ich części ciała, seksistowskie żarty, rozpowszechnianie plotek, aluzje i gesty, łaskotanie, klepanie. W taki sposób w Polsce dziewczynki i chłopcy są „oswajani" z seksem – z dala od „ideologii gender". W pustce po nieistniejącej edukacji seksualnej.

Z Małgorzatą Kot rozmawia Jakub Dymek

BOIMY SIĘ ROZMAWIAĆ O SEKSIE

Jakub Dymek: Jak jednym zdaniem opisać stan edukacji seksualnej w Polsce?
Małgorzata Kot: Można to opisać jednym słowem: zły. Edukacji seksualnej w Polsce właściwie nie ma, a na pewno nie ma edukacji rzetelnej, opartej na nauce, powszechnej – z wielu przyczyn. Po pierwsze dlatego, że mamy przedmiot wychowanie do życia w rodzinie (WDŻwR), przedmiot, który jest zideologizowany i prowadzony często przez osoby do tego nieprzygotowane. Podręczniki zawierają mnóstwo stereotypów, prezentują nierówne traktowanie mężczyzn i kobiet, zawierają treści homofobiczne. W Polsce panuje przeświadczenie, że dzieci już mają wiedzę na ten temat lub powinny się wszystkiego dowiedzieć od rodziców. Oczywiście rodzice czy opiekunowie powinni być pierwszą instancją, od której młodzi ludzie czerpią wiedzę o seksie – ale tak się nie dzieje. Jak wynika z naszego raportu *Skąd wiesz? O edukacji seksualnej w polskich domach* w 44 procentach domów polskich o seksualności się nie rozmawiało. Dlatego, że seks – mówienie o nim, edukowanie – jest tabu. Mamy wiele zahamowań, choćby najbardziej podstawowych – na poziomie językowym. Szkoła spycha obowiązek edukowania na rodziców, rodzice przerzucają odpowiedzialność na szkołę, a młodzież jest pozostawiona sama sobie i poszukuje informacji tam, gdzie jest ona najłatwiej dostępna – czyli w internecie.

**„Młodzież nie ma pewnych i rzetelnych źródeł wiedzy o seksie"
– wynika z waszego raportu.**
To prawda. Zaczynając od szkoły: nie ma podręczników, które
byłyby dla młodzieży atrakcyjne, a przy tym zawierały rzetelną
wiedzę. W ramach WDŻwR jedynym wzorcem relacji jest małżeństwo z dzieckiem; małżeństwo, w którym podstawową rolą
kobiety jest urodzenie tego dziecka, zajmowanie się nim i domem. W tych podręcznikach nawiązywanie relacji seksualnych
przed ślubem jest potępiane, a młodzież jest wtedy w czasie
burzy hormonalnej i nie myśli jeszcze o zakładaniu rodziny. Jako
jedyną metodę antykoncepcji przedstawia się metody naturalnego planowania rodziny, a antykoncepcja „po stosunku" jest
opisywana jako środek wczesnoporonny, co jest sprzeczne ze
stanem wiedzy naukowej.

**Ale co to znaczy „nie ma podręczników"? Nie ma podręczni-
ków zatwierdzonych przez ministerstwo? Nikt ich nie pisze,
nie wydaje? Nie ma ich w ogóle?**
Istnieją podręczniki rzetelne, napisane przez specjalistów – tylko te
nie są akredytowane przez MEN. Na przykład dlatego, że w komisji zatwierdzającej materiały do WDŻwR są osoby duchowne czy
osoby sprzeciwiające się prawom osób LGBT. Naszym zdaniem
takie osoby nie powinny być ekspertami do spraw edukacji seksualnej, jako że są nastawione wyłącznie na jeden przekaz – konserwatywny i katolicki. Inne podręczniki, które były proponowane
ministerstwu wielokrotnie, nie przeszły z oczywistych względów
– na przykład nie traktowały homoseksualności jako zboczenia lub
mówiły o różnych związkach, nie tylko małżeńskim.

**Czyli jednak mamy do czynienia z jakąś formą edukacji czy
przysposobienia, tyle że trudno nazwać ją edukacją seksualną?**

Raczej oswajaniem z heteroseksualną, patriarchalną rodziną nuklearną?

W podręcznikach, które są obecnie dopuszczone przez MEN (tylko dla gimnazjów, nie ma podręczników dla szkół podstawowych ani ponadgimnazjalnych) mówi się o przyjaźni, relacji małżeńskiej, miłości, ale pod tym wszystkim leży przekonanie, że jedynym, idealnym i słusznym modelem jest model heteroseksualnej rodziny. Kobieta jest przedstawiana jako ta, która ma zajmować się ogniskiem domowym. W jednym z podręczników możemy nawet przeczytać, że gdy matka odda dziecko do żłobka, będzie się ono źle rozwijać czy wręcz zostanie uszkodzone na całe życie...

Inna kuriozalna historia z podręczników to historia dziewczyny, która prowokuje do gwałtu swoim strojem – jest to podtrzymywanie kultury gwałtu, zrzucanie odpowiedzialności za gwałt na ofiarę, a nie ma ani słowa o sprawcy.

Podkreślić trzeba również to, o czym wspomniałam na początku: WDŻwR prowadzą często osoby do tego nieprzygotowane. W naszym badaniu o stanie edukacji seksualnej w polskich szkołach młodzież wypowiadała się bardzo krytycznie o prowadzących, którymi często byli księża, katecheci/katechetki, nauczyciele innych przedmiotów mówiący o tym, że prezerwatywa to wymysł szatana albo że należy wejść do wody z octem, żeby wypłukać plemniki. Rząd w swoim sprawozdaniu z wykonania Ustawy o planowaniu rodziny przyznaje, że spośród 14 758 nauczycieli aż 3722 nie ma odpowiedniego przygotowania do prowadzenia zajęć WDŻwR.

Jedną z odpowiedzi Pontonu na ten stan rzeczy jest Wakacyjny Telefon Zaufania. Na czym polega jego działanie?

Wakacyjny Telefon Zaufania to sezonowa doraźna pomoc telefoniczna i SMS-owa dostępna dla młodzieży codziennie przez całe

wakacje, w godzinach 19–21. W ciągu roku telefon zaufania dostęp-
ny jest przez jeden dzień, w piątki, ale latem dzwoni do nas więcej
młodzieży. To jest ten czas, kiedy wielu młodych ludzi wyjeżdża,
czas pierwszych miłości. To wtedy często dochodzi do inicjacji
seksualnej, do nawiązania pierwszych relacji – młodzież nie zawsze
wie, jak się wtedy zachować, jak zabezpieczyć. Nastolatki nie mają
wiedzy na temat antykoncepcji i dzwonią na przykład po stosunku
bez zabezpieczenia lub tuż przed i pytają, jak się zabezpieczać. To
gatunek pytań bardziej odpowiedzialnych – dzwoni para i chce się
czegoś dowiedzieć. Jednak duża część pytań to telefony przerażonej
młodzieży po fakcie, kiedy doszło do ryzykownej sytuacji.

Mamy również rokrocznie kilkanaście zgłoszeń nastoletnich
ciąż, są to sytuacje dramatyczne. Wielokrotnie zdarza się, że
dzwoni dziewczyna, którą chłopak zostawił albo nie wie o ciąży,
a ona boi się powiedzieć rodzicom, boi się zostać wyrzucona
z domu czy potępiona przez nich. Czasem rozważa samobójstwo – bo przecież nie powie rodzicom, nie dokona aborcji. Są też
telefony od osób, które doświadczają przemocy seksualnej i nie
wiedzą, jak mogą znaleźć pomoc – i wydaje im się, że łatwiej ze
sobą skończyć. Nie możemy pozostać wobec tego obojętni. To
są sytuacje skrajne, ale my widzimy samotność młodzieży, to,
że młodzi ludzie nie mają z kim porozmawiać i nie mają od kogo
uzyskać wsparcia. Dzwoni młodzież, która nie wie nawet, jak
odezwać się do drugiej osoby, jak zagadać, poderwać – brakuje
im podstawowych umiejętności komunikacyjnych oraz umiejętności asertywnych zachowań, by nie zgadzać się na aktywności,
na które nie mają ochoty. Wakacyjny Telefon Zaufania odpowiada na osamotnienie nastolatków, brak wsparcia ze strony szkoły
czy domu rodzinnego. W jednym roku zdarza się nawet ponad
tysiąc zgłoszeń, co pokazuje, że mimo dostępności nowocze-
snych technologii młodzież wciąż nie ma niezbędnej wiedzy.

Co o stanie edukacji seksualnej mówią te telefony?

Potwierdzają nasze obserwacje, że edukacji seksualnej *de facto* nie ma. Młodzież nie ma podstawowych informacji, nie dyskutuje się z nią. Nie wie, jak rozpocząć relację seksualną, nie zdaje sobie w ogóle sprawy, czym jest zdrowa relacja, a gdzie zaczyna się przemoc i wymuszanie. Nie rozmawia się z młodzieżą, czym jest orientacja seksualna, czym są stereotypy seksualne. Brakuje wiedzy na temat antykoncepcji, na WDŻ przekazywany jest pogląd, że „ktoś, kto uprawia seks przed ślubem, jest grzeszny i zły", a dziewczyny, które się zdecydowały na inicjację – mniej lub bardziej odpowiedzialnie – są stygmatyzowane. W szkole można usłyszeć, że dziewczyna, które rozpoczęła życie seksualne przed ślubem jest jak „zepsuty owoc" i „nikt nie będzie jej chciał". Oprócz tego jest też problem homofobii, której nikt w szkole – ani na WDŻwR, ani na innych zajęciach, choćby wiedzy o społeczeństwie – nie nazywa po imieniu: wykluczaniem, krzywdzeniem osób homoseksualnych. A o tym, że młodzież ma jakieś prawa w zakresie seksualności, że istnieje coś takiego jak Deklaracja Praw Seksualnych, dokument przecież przyjęty przez Polskę, w ogóle nie ma mowy.

Z waszego raportu wynika jednak nie tylko to, że nie mówi się o sprawach uznawanych za „kontrowersyjne", jak homoseksualność, ale też o najbardziej podstawowych dla rozwoju młodych kobiet i mężczyzn faktach, jak menstruacja czy zachowanie ciała w okresie dojrzewania. Czy sfera tabu jest naprawdę tak wielka, czy coś się zmienia?

Pozytywnym sygnałem jest coraz większa gotowość do rozmowy ze strony rodziców. Osobiście odebrałam w czasie mojej pracy kilka takich wiadomości: „My też chcielibyśmy porozmawiać". Oni chcą wiedzieć więcej, ale nie mają pojęcia, jak ten temat ugryźć. Wstydzą się i krępują, bo z nimi przecież też nikt na ten temat nie rozmawiał – trudno się więc temu dziwić. To pierwsze pokolenie rodziców, które zaczyna mieć świadomość, że to ważny temat i – choć przyznaje to z trudem – że ich dziecko jest istotą seksualną, że będzie uprawiać seks lub już to robi. Pozytywne jest też to, że rodzice chcą brać sprawy w swoje ręce i nie zdawać się tylko na szkołę. Coraz więcej osób zauważa też stereotypy i problem przedstawiania płci w mediach. Choć nie brakuje i głosów histerycznych czy krytycznych wobec edukacji seksualnej w ogóle.

Jak one brzmią?
Pojawiają się głosy mówiące, że Polska to kraj katolicki i Ponton krzywdzi dzieci, przekazując im wiedzę na temat seksu. Za tym idzie postulat, aby zakazać edukacji seksualnej w ogóle. Z taką krytyką jak obecnie nie mieliśmy dotychczas do czynienia. Widać strach i przerażenie osób, które postrzegają edukację seksualną jako zagrożenie dla patriarchalnego ładu. Działamy już dziesięć lat, a wciąż spotykamy się z tym, że potępiana jest nie tylko edukacja seksualna, ale nawet poruszanie tematyki miesiączki, czyli zwyczajnej profilaktyki zdrowotnej.

Jak więc obecnie wygląda edukacja czy rozmowa w ramach rodziny?
Kiedy już rodzice zaczynają rozmowy, to jest to przede wszystkim straszenie i moralizowanie, grożenie „Jak zajdziesz w ciążę, to wyrzucimy cię z domu", „Szanuj się". Obecne są też niewybredne żarty dotyczące cielesności, wypowiadane najczęściej przez ojców, na przykład „O, rośnie ci biust". Młodzież mówi o tym, że była karana za masturbację, jedna dziewczyna opisała tragiczną sytuację, gdy powiedziała o ciąży rodzicom i została zwyzywana.

Z kolei z ankiety, którą właśnie analizujemy, wynika, że rzesza kobiet po 20. roku życia nie była nigdy u ginekolożki czy ginekologa.

Jakie są społeczne skutki braku zinstytucjonalizowanej edukacji seksualnej czy w ogóle braku troski u zdrowie seksualne?
Brak świadomości skutkuje zakażeniami chorobami przenoszonymi drogą płciową. Młodzież wie tylko, że gdzieś tam jest jakiś HIV/AIDS, wierzy, że wirus przenoszony jest przez komary oraz że przecież HIV nie dotyczy ich, tylko homoseksualistów czy narkomanów. Mamy też do czynienia z tysiącami ciąż nieletnich (według statystyk GUS co dziesiąty poród to poród nastolatki) i na ten problem patrzy się z perspektywy jednostkowej, kwitując takie sytuacje komentarzami typu „To na pewno dziewczyna z rodziny patologicznej". A przyczyna leży w niewiedzy i braku asertywności, co prowadzi do rozpoczęcia życia seksualnego za wcześnie i w sytuacji braku zgody, bo presja rówieśnicza, partnerska i medialna jest zbyt duża. W relacjach młodych ludzi mamy także do czynienia z przemocą i sytuacjami tragicznymi, z którymi młodzież nie umie sobie poradzić. Młoda osoba często nie ma rozeznania, jaka relacja jest zdrowa, a jaka przemocowa i zgadza się na aktywności, na które nie czuje się gotowa, poddaje się szantażowi emocjonalnemu. Z jednej strony seks i seksualność są wciąż tabu, a z drugiej mamy do czynienia z wszechobecną zachętą do aktywnego seksualnie życia – styl życia przesiąknięty seksem jest promowany przez media.

Z tej sytuacji wynika chyba coś jeszcze, mianowicie to, że młodzież, która nawet jeśli nie ma odpowiedniej wiedzy, ma kompetencje cyfrowe, doskonale wie, jak posługiwać się smartfonem czy komputerem i podchodzi do seksu w całkowicie nowy, zapośredniczony przez media sposób. Z tego

wynika na przykład *sexting*, umożliwione przez urządzenia mobilne wysyłanie i publikowanie swoich intymnych zdjęć, co wywołuje panikę mediów, jakiej świadkami jesteśmy na przykład obecnie w Wielkiej Brytanii. W tej sytuacji należy chyba w edukacji seksualnej uwzględnić aspekt technologii?

Nowe zagrożenia takie jak *sexting*, *grooming* (uwodzenie dzieci), *cyberbullying* (znęcanie się) wynikają z tego samego: braku podstaw i tego, że z dziećmi nie rozmawia się o tym, jak korzystać z technologii. Młodzi ludzie, wykorzystując internet czy Facebooka, są na przykład w stanie szantażować się nawzajem. Rok temu po naszym wsparciu na telefonie zaufania dziewczyna zgłosiła się na policję po tym, jak były chłopak groził, że roześle jej prywatne zdjęcia. Zdjęć, MMS-ów, filmików jest coraz więcej, a świadomość pozostaje na tym samym poziomie. Osoby, których zdjęcia zostały upublicznione, są często dodatkowo piętnowane przez rodzinę i otoczenie. A skąd w ogóle u młodego chłopaka pomysł, że można kogoś szantażować za pomocą zdjęć? Tu znów chodzi o to, że o tym się nie rozmawia, nie uczy stawiania granic i szanowania granic drugiej osoby. Łatwiej zakazać, założyć filtry, blokady internetu, niż porozmawiać.

Ale do tradycyjnego problemu tabu czy wstydu i wynikającej z nich blokady w rozmowie dochodzi też problem przepaści w wiedzy o internecie i sposobach używania technologii między obecnymi dziadkami i rodzicami a pokoleniem wchodzącym w dorosłość.

To prawda, ale nowe technologie są tylko kolejnym środkiem przekazu, a komunikacja o szacunku, akceptacji, zaufaniu, asertywności powinna się odbywać niezależnie od poziomu kompetencji cyfrowych. Problemem jest też specyficzna miejskocentryczność – wydaje się nam, że wszyscy lub prawie wszyscy już korzystamy z komputera, a tak nie jest. Z naszych badań wynika, że z najtragiczniejszymi brakami w edukacji mamy do czynienia na wsi i w małych miejscowościach, wśród chłopców, którzy nie dostają żadnej wiedzy i edukacji.

Czy w bardziej równościowym społeczeństwie, w bardziej partnerskich okolicznościach, problem w komunikacji byłby mniej drastyczny?
Należałoby zacząć od podmiotowego traktowania dziecka jako istoty, która nie jest niczyją własnością, ale może myśleć, odczuwać, mieć własne doświadczenia i wartości. Problemy komunikacyjne zawsze były i będą, ale być może w partnerskim układzie byłoby łatwiej. Podejście partnerskie, mimo wstydu i całego tego bagażu, umożliwia dużo więcej niż standardowe „Utrzymuję cię, więc jesteś moją własnością", tylko daje przestrzeń do wymiany opinii i na różne doświadczenia.

Ponton jest bardzo krytyczny wobec roli, jaką dla ludzi wchodzących w dojrzałość seksualną pełni pornografia. Ten temat przewija się na waszej stronie, na blogu, w raportach. Dlaczego?
Pornografia pokazuje przede wszystkim zafałszowany obraz seksualności, relacji seksualnych, w których kobieta jest zadowolona z gwałtu, która zgadza się na przemoc, szereg technik seksualnych i ma wielokrotne orgazmy. Genitalia w pornografii są zoperowane, a ciała nienaturalne. W filmach tych aktorzy i aktorki nie używają zabezpieczenia. Tego rodzaju fałszywe obrazy wpływają na młodzież, która nie wie jeszcze, jak naprawdę wygląda seks. Takie inspiracje mogą prowadzić do przemocy seksualnej – chłopak może uważać, że dziewczyna powinna robić wszystko to, co robią kobiety na filmach, a dziewczyna, że musi od razu mieć orgazm. Młodzież w ogóle jest zszokowana, że ciało pachnie, że

nie każdy jest wydepilowany, że ciało wydziela specyficzne wydzieliny, a genitalia nie mają takich rozmiarów jak te na filmach. „Edukacja" przez pornografię sprawia, że nastolatki otrzymują szkodliwy i nieprawdziwy obraz seksu.

Ale to są przynajmniej dwa problemy, które nie muszą być ze sobą bezpośrednio związane. Kompulsywna potrzeba dostosowania się do popkulturowych norm dotyczących ciała – i tu istnieje kontinuum między czasopismami lajfstajlowymi, telewizją, reklamą a pornografią – i faktyczna przemoc seksualna, za którą wini się porno. A przecież pornografia nie jest konsumowana w społecznej próżni, w świecie, gdzie nie istnieje patriarchat, instrumentalne traktowanie kobiet czy mechanizmy sprowadzenia seksu do usługi. Obwinianie wyłącznie porno z pominięciem tych wszystkich czynników brzmi jak droga na skróty.

Nie chcemy iść na skróty, ale musimy się do tego odnosić, bo temat pornografii pojawia się w telefonach do nas. Zwracamy uwagę na to, ponieważ porno jest jednym z obszarów, z którego młodzież czerpie wiedzę. Oczywiście nie można zapominać o tym, że pornografia jest konsumowana w danej rzeczywistości społecznej, w której do czynienia mamy z seksualizacją, uprzedmiotowieniem kobiet, byciem „sexy" jako podstawową wartością osoby i takim obrazom medialnym również się sprzeciwiamy. Według nas ani kultura masowa z naseksualizowanymi treściami, ani pornografia nie powinny być sposobem edukowania młodzieży.

Ale czy to, że porno jest właśnie konsumowane w taki sposób, jak mówisz, nie wynika z braku edukacji seksualnej? Dlatego, że podstawowy sposób, w jaki młodzi ludzie są socjalizowani do oglądania porno, jest na przykład elementem męskiej, heteroseksualnej wspólnoty, w ramach której sprawy seksu i kobiecej przyjemności łatwiej obśmiać, bo przecież nie będzie się o nich poważnie rozmawiać.

Rzeczywiście to, jak pornografia jest konsumowana po raz pierwszy, to straszna sytuacja, gdzie seks jest tabu, ale porno jednak się ogląda. I ojciec nie da wprawdzie synowi prezerwatywy ani z nim nie porozmawia, ale za to włączy mu film pornograficzny.

I to niestety jest umocowane w tym męskim świecie, gdzie chłopcy prędzej czy później muszą się zetknąć z pornografią. A byłoby lepiej, gdyby najpierw mieli za sobą rozmowę o podstawach. Nie jestem zwolenniczką oglądania porno w ramach edukacji seksualnej, ale nie udawajmy też, że go nie ma. To tak, jakby udawać, że w mediach nie ma przekazów na temat seksu. A schematy atrakcyjności rodem z mainstreamowych mediów powielają też matki, które wprowadzają córki w te mechanizmy. Przydałaby się refleksja nad tym, jakie wzorce są powielane w mediach. Brakuje pytania „Czy to są wzorce, jakie chcę przekazywać swojemu dziecku?" i dyskusji z młodzieżą, która pozwoli podejść krytycznie do przekazów medialnych.

Na koniec chciałbym cię prosić, żebyś znów jednym zdaniem podsumowała przyczynę sytuacji, którą opisujesz – braku edukacji seksualnej w Polsce.

Tabu seksualności. To jest główny problem. Boimy się rozmawiać.

Wakacyjny Telefon Zaufania – akcja edukacyjno-poradnicza dla nastolatków, która jest inicjatywą Grupy Edukatorów Seksualnych Ponton. W czasie wakacji młodzi ludzie mogą codziennie, w godz. 19–21, dzwonić lub wysyłać SMS-y pod numer 507 832 741 i uzyskać poradę dotyczącą dojrzewania, zdrowia, seksualności, relacji, antykoncepcji czy przemocy seksualnej.

POLSKA WOJNA
GENDEROWA

ZAGROŻENIA RODZINY PŁYNĄCE Z IDEOLOGII GENDER – LIST PASTERSKI NA NIEDZIELĘ ŚWIĘTEJ RODZINY

Umiłowani w Chrystusie Panu! Siostry i Bracia!

Każdego roku w Oktawie Narodzenia Pańskiego przeżywamy Niedzielę Świętej Rodziny. Kierujemy myśl ku naszym rodzinom i podejmujemy refleksję na temat sytuacji współczesnej rodziny. Dzisiejsza Ewangelia ukazuje, jak Rodzina z Nazaretu w trudnych sytuacjach starała się odczytać i wypełnić wolę Bożą. Taka postawa stawała się dla niej źródłem nowej siły. Jest to dla nas ważna wskazówka, że także dzisiaj posłuszeństwo Bogu i Jego woli jest gwarantem szczęścia w rodzinie.

Błogosławiony Jan Paweł II, do którego kanonizacji się przygotowujemy, przypomina, że prawda o małżeństwie jest „ponad wolą jednostek, kaprysami poszczególnych małżeństw, decyzjami organizmów społecznych i rządowych"[1]. Prawdy tej należy szukać u Boga, ponieważ „sam Bóg jest twórcą małżeństwa" (GS 48; HV 8). To Bóg stworzył człowieka mężczyzną i kobietą, czyniąc ich niezastąpionym dla siebie darem. Rodzinę oparł na fundamencie małżeństwa złączonego na całe życie miłością

---

[1] Jan Paweł II, *Przemówienie do Rady Sekretariatu Generalnego Synodu Biskupów*, z dnia 23.02.1980.

nierozerwalną i wyłączną. Postanowił, że taka właśnie rodzina będzie właściwym środowiskiem rozwoju dzieci, którym przekaże życie oraz zapewni rozwój materialny i duchowy.

Chrześcijańska wizja objawia najgłębszy, wewnętrzny sens małżeństwa i rodziny. Odrzucanie tej wizji prowadzi nieuchronnie do rozkładu rodzin i do klęski człowieka[2]. Jak pokazuje historia ludzkości, lekceważenie Stwórcy jest zawsze niebezpieczne i zagraża szczęśliwej przyszłości człowieka i świata. Nieliczenie się z wolą Boga w rodzinie prowadzi do osłabienia więzi jej członków, do powstawania przeróżnych patologii w domach, do plagi rozwodów, do tak zwanych „luźnych" czy „wolnych" związków praktykowanych już od młodości, często za zgodą czy przy milczącej akceptacji rodziców. Powoduje też brak otwarcia się małżonków na dar życia, czego owocem są negatywne demograficzne skutki. Z niepokojem obserwujemy coraz większe przyzwolenie społeczne na te zjawiska.

Zrozumiałe jest zatem, że muszą budzić nasz najwyższy niepokój również próby zmiany pojęcia małżeństwa i rodziny narzucane współcześnie, zwłaszcza przez zwolenników ideologii gender (czyt. dżender) i nagłaśniane przez media. Wobec nasilających się ataków skierowanych na różne obszary życia rodzinnego i społecznego czujemy się przynaglieni, by z jednej strony stanowczo i jednoznacznie wypowiedzieć się w obronie małżeństwa i rodziny, fundamentalnych wartości, które je chronią, a z drugiej przestrzec przed zagrożeniami płynącymi z propagowania ich nowej wizji.

Spotykamy się z różnymi postawami wobec działań podejmowanych przez zwolenników ideologii gender. Zdecydowana większość nie wie, czym jest ta ideologia, nie wyczuwa więc żad-

---

[2] Zob. tenże, *Rozważanie przed modlitwą niedzielną*, z dnia 20.02.1994.

nego niebezpieczeństwa. Wąskie grono osób – zwłaszcza nauczycieli, rodziców i wychowawców, w tym także katechetów i duszpasterzy – próbuje poszukiwać konstruktywnych sposobów jej przeciwdziałania. Są wreszcie i tacy, którzy widząc absurdalność tej ideologii uważają, że Polacy sami odrzucą proponowane im utopijne wizje. Tymczasem ideologia gender bez wiedzy społeczeństwa i zgody Polaków od wielu miesięcy wprowadzana jest w różne struktury życia społecznego: edukację, służbę zdrowia, działalność placówek kulturalno-oświatowych i organizacji pozarządowych. Przekaz medialny tych treści skupia się głównie na promowaniu równości i przeciwdziałaniu przemocy, przy jednoczesnym pomijaniu niebezpiecznych dalekosiężnych skutków tej ideologii.

1. CZYM JEST IDEOLOGIA GENDER I DLACZEGO JEST ONA TAK GROŹNA?

Ideologia gender stanowi efekt trwających od dziesięcioleci przemian ideowo-kulturowych, mocno zakorzenionych w marksizmie i neomarksizmie, promowanych przez coraz bardziej radykalizujące się ruchy feministyczne oraz rewolucję seksualną zapoczątkowaną w 1968 roku. Gender promuje zasady całkowicie sprzeczne z rzeczywistością i tradycyjnym pojmowaniem natury człowieka. Twierdzi, że biologiczna płeć ma charakter jedynie kulturowy, że z biegiem czasu można ją sobie wybrać, a tradycyjna rodzina jest przeżytkiem i obciążeniem społecznym. Według gender homoseksualizm jest wrodzony, zaś geje i lesbijki mają prawo do zakładania związków będących podstawą nowego typu rodziny, a nawet do adopcji i wychowywania dzieci. Promotorzy tej ideologii przekonują, że każdy człowiek ma tzw. prawa reprodukcyjne, w tym prawo do zmiany płci, do *in vitro*, antykoncepcji, a nawet aborcji.

Gender w swojej najbardziej radykalnej formie traktuje płeć biologiczną jako rodzaj przemocy natury wobec człowieka. Według niej „człowiek zostaje uwikłany w płeć", z której powinien się wyzwolić. Negując płeć biologiczną, człowiek zyskuje „prawdziwą, niczym nieskrępowaną wolność" i może wybierać tzw. płeć kulturową, która uwidacznia się wyłącznie w zewnętrznych zachowaniach. Człowiek ma ponadto prawo do spontanicznej zmiany dokonanych już w tym zakresie wyborów w obrębie pięciu płci, do których zalicza się: gej, lesbijka, osoba biseksualna, transseksualna i heteroseksualna.

Niebezpieczeństwo ideologii gender wynika w gruncie rzeczy z głęboko destrukcyjnego charakteru zarówno wobec osoby, jak i relacji międzyludzkich, a więc całego życia społecznego. Człowiek, pozbawiony stałej tożsamości płciowej, gubi bowiem sens swego istnienia, nie jest w stanie odkryć i wypełnić zadań stojących przed nim w jego rozwoju osobowym, rodzinnym i społecznym, także zadań dotyczących prokreacji.

2. W JAKIE OBSZARY WPROWADZANA JEST IDEOLOGIA GENDER?

Ideologia gender jest wprowadzana do Polski na różnych płaszczyznach życia społecznego. Dokonuje się to najpierw poprzez prawodawstwo. Tworzone są dokumenty pozornie służące ochronie, bezpieczeństwu i dobru obywateli, które zawierają elementy mocno destrukcyjne. Przykładem jest Konwencja Rady Europy przeciwko przemocy wobec kobiet, która, choć poświęcona istotnemu problemowi przemocy wobec kobiet, promuje jednak tzw. „niestereotypowe role seksualne" oraz głęboko ingeruje w system wychowawczy, nakładając obowiązek edukacji i promowania, m.in. homoseksualizmu i transseksualizmu. W ostatnim półroczu powstał nawet projekt tzw. ustawy „równościowej", poszerzającej katalog zakazu dyskryminacji, m.in. ze względu na „tożsamość i ekspresję płciową". Przyjęcie projektu ogranicza w konsekwencji wolność słowa i możliwość wyrażania poglądów religijnych. Ktokolwiek w przyszłości ośmieli się skrytykować propagandę homoseksualną, będzie narażony na konsekwencje karne. Stanowi to zagrożenie także dla funkcjonowania mediów katolickich oraz zakłada właściwie konieczność wprowadzenia autocenzury.

W kwietniu 2013 roku zostały opublikowane standardy Światowej Organizacji Zdrowia (WHO) w odniesieniu do edukacji seksualnej, prowadzące do głębokiej deprawacji dzieci i młodzieży. Promują one m.in. masturbację dzieci w wieku przedszkolnym oraz odkrywanie przez nie radości i przyjemności, jakie płyną z dotykania zarówno własnego ciała, jak i ciała rówieśników. Elementy tych tzw. standardów są aktualnie wdrażane – powtórzmy: najczęściej bez wiedzy i zgody rodziców – np. w projekcie „Równościowe przedszkole", współfinansowanym przez Unię Europejską. Autorki „Równościowego przedszkola" proponują między innymi, by w ramach zabawy chłopcy przebierali się za dziewczynki, dziewczynki za chłopców, a reszta dzieci zgadywała, kim są i tłumaczyła, dlaczego tak uważa. Projekt ten zawiera wiele innych podobnych kontrowersyjnych propozycji.

Takie standardy promowane są także w ramach szkoleń, warsztatów dla nauczycieli i wychowawców czy projektów realizowanych w szkołach, placówkach wychowawczych i na uczelniach. Na wielu uniwersytetach w Polsce niemal nagle powstały kierunki studiów na temat gender (gender studies, czyt. dżender stadis). Kształci się na nich nowych propagatorów tej ideologii i głosi, że rodzina jest już przeżytkiem i nie ma znaczenia, czy dziecko jest wychowywane przez gejów czy lesbijki, bo jest w takich strukturach równie szczęśliwe, rozwijając się tak samo dobrze, jak dziecko wychowywane w tradycyjnej rodzinie. Przemilcza się natomiast badania, których wyniki wskazują na negatywne czy wręcz tragiczne skutki w życiu osób wzrastających w tego typu środowiskach: na tendencje samobójcze, zaburzenia w poczuciu tożsamości, depresje, wykorzystywanie seksualne czy molestowanie.

Gender sięga również obszaru kultury. Zgodnie z założeniami jej ideologów w treści filmów, popularnych seriali, sztuk teatralnych, programów telewizyjnych czy wystaw są włączone – przy wykorzystaniu najnowszych technik manipulacyjnych – postacie i obrazy służące zmianie świadomości społecznej w kierunku przyjęcia ideologii gender.

Na polu medycyny mamy do czynienia z działaniami promującymi prawo do aborcji, antykoncepcji, zapłodnienia *in vitro*, chirurgicznej i hormonalnej zmiany płci, a także stopniowego wprowadzania „prawa" do eutanazji oraz do eugeniki, czyli możliwości eliminowania osób chorych, słabych, upośledzonych, które – zdaniem ideologów gender – są „niepełnowartościowe". Wynika z tego, że człowiek w ogóle się już nie liczy, a ukrytym motywem są ostatecznie korzyści ekonomiczne.

Bardzo sprytnie pomija się fakt, że celem edukacji genderowej jest w gruncie rzeczy seksualizacja dzieci i młodzieży. Rozbudzanie seksualne już od najmłodszych lat prowadzi jednak do uzależnień w sferze seksualnej, a w późniejszym okresie życia do zniewolenia człowieka. Kultura „użycia" drugiej osoby dla zaspokojenia własnych potrzeb prowadzi przecież do degradacji człowieka, małżeństwa, rodziny i w konsekwencji życia społecznego. W następstwie takiego wychowania, realizowanego przez młodzieżowych edukatorów seksualnych, młody człowiek staje się stałym klientem koncernów farmaceutycznych, erotycznych, pornograficznych, pedofilskich i aborcyjnych. Poza tym zniewolenie seksualne często łączy się z innymi uzależnieniami (alkoholizm, narkomania, hazard) oraz z krzywdą wyrządzaną samemu sobie i innym (pedofilia, gwałty, przemoc seksualna). Taka edukacja to nic innego jak demontaż rodziny. Deprawacyjna działalność edukatorów seksualnych oparta o manipulacje jest możliwa, ponieważ większość rodziców, wychowawców, nauczycieli nie słyszała o działalności tego typu grup albo też nie widziała stosowanych przez nich materiałów edukacyjnych.

3. CO ROBIĆ WOBEC IDEOLOGII GENDER?

Wobec ideologii gender niezwykle ważnym zadaniem jest uświadamianie zagrożeń, które z niej płyną oraz przypominanie podstawowych i niezbywalnych praw rodziny, przyjętych m.in. 30 lat temu przez Stolicę Apostolską w Karcie Praw Rodziny. Konieczne jest podjęcie działań, które przywrócą małżeństwu i rodzinie należne im miejsce, pozwolą rodzicom egzekwować ich prawo do wychowywania dzieci zgodnie z własnymi przekonaniami i wartościami, zapewnią dzieciom możliwość integralnego rozwoju w domu i w szkole oraz pozwolą przedstawicielom nauki na przeprowadzanie i ogłaszanie wyników rzetelnych badań, pozbawionych presji ideologicznej.

Kościół stojący na straży dobra każdego człowieka ma nie tylko prawo, ale i obowiązek upominać się o naturalne Prawa Boże w życiu społecznym. Nie może więc milczeć wobec prób wprowadzania ideologii niszczącej antropologię chrześcijańską i zastępowania jej głęboko destrukcyjnymi utopiami, które niszczą nie tylko pojedynczego człowieka, ale i całe społeczeństwo. Nie mogą też pozostawać tu bezczynni chrześcijanie zaangażowani w politykę.

Zwracamy się zatem z gorącym apelem do przedstawicieli ruchów religijnych i stowarzyszeń kościelnych, aby odważnie podejmowali działania, które będą służyć upowszechnianiu prawdy o małżeństwie i rodzinie. Bardziej niż kiedykolwiek potrzebna jest dzisiaj edukacja środowisk wychowawczych. Trzeba koniecznie uświadamiać rodzicom, nauczycielom, osobom odpowiedzialnym za kształt polskiej szkoły, jak wielkie zagrożenie idzie wraz z ideologią gender. Trzeba to czynić tym bardziej, że niejednokrotnie nie mówi się rodzicom wprost o tym, że ta ideologia jest wprowadzana do danej placówki oświatowej, a związane z nią treści „ubiera się" w pozornie niegroźne i interesujące metody i formy, np. zabawy.

Apelujemy także do instytucji odpowiadających za polską edukację, aby nie ulegały naciskom nielicznych, choć bardzo głośnych środowisk dysponujących niemałymi środkami finansowymi, które w imię nowoczesnego wychowania dokonują eksperymentów na dzieciach i młodzieży. Wzywamy instytucje oświatowe, aby zaangażowały się w promowanie integralnej wizji człowieka.

Wszystkich wierzących prosimy o żarliwą modlitwę w intencji małżeństw, rodzin oraz wychowywanych w nich dzieci. Prośmy Ducha Świętego, aby udzielał nam nieustannie światła rozumienia i dostrzegania niebezpieczeństw oraz zagrożeń, przed jakimi staje dziś rodzina. Módlmy się także o odwagę bycia ludźmi wiary i odważnymi obrońcami Prawdy. Niech w podejmowaniu tego trudu wzorem do naśladowania oraz pomocą duchową będzie Święta Rodzina z Nazaretu, w której wychowywał się Syn Boży – Jezus Chrystus.

W tym duchu udzielamy wszystkim pasterskiego błogosławieństwa.

Podpisali: Pasterze Kościoła katolickiego w Polsce

Tekst do wykorzystania duszpasterskiego, zgodnie z decyzją biskupa diecezjalnego, w Niedzielę Świętej Rodziny, 29 grudnia 2013 roku.

Za zgodność:
+ Wojciech Polak
Sekretarz Generalny KEP

Z Magdaleną Radkowską-Walkowicz rozmawia
Tomasz Stawiszyński

CZEMU SŁUŻY STRASZENIE „IDEOLOGIĄ GENDER"?

Tomasz Stawiszyński: Gender – śmiertelne zagrożenie dla Kościoła?
Magdalena Radkowska-Walkowicz: Śledząc debatę na ten temat w ostatnich tygodniach, można odnieść takie wrażenie. Pytanie: dlaczego i dlaczego teraz? Czy chodzi tylko o PR-owe przykrycie afery pedofilskiej, jak sądzą niektórzy? Jest to zapewne element jakiejś większej całości. Aborcja, homoseksualizm, a ostatnio *in vitro* – są to przecież tematy związane z kwestią gender i od dawna się nad nimi dyskutuje. Na pewno chodzi tutaj o umacnianie patriarchalnej władzy, o zachowanie ustalonych ról kulturowych. Interesujące z mojej perspektywy jest to, że atak Kościoła na gender trafia jednak na podatny grunt, że nie jest to tylko problem Kościoła instytucjonalnego.

Właśnie – dlaczego to działa?
Trafia przede wszystkim na podatny grunt medialny. Tak działają media. Mam tu na myśli zarówno media tradycyjne – prasę czy telewizję – które budują mocne, pozornie symetryczne spory, bo ich przedstawicielom i twórcom wydaje się, że tego chce odbiorca. Ale to także kwestia internetu. Kiedy badałam problem *in vitro*, bardzo wyraźnie to widziałam – i w przypadku gender jest podobnie: internet nie musi budować przestrzeni pluralizmu opinii, ale może – i tutaj tak jest – wzmacniać opozycyjność i ujed-

nolicać wypowiedzi. Technika „kopiuj–wklej" odgrywa ogromną rolę w tego typu przekazie: informacja wielokrotnie powtarzana legitymizuje sama siebie.

Ale co ważniejsze, straszenie „ideologią gender" wpisuje się w pewne niepokoje społeczne. Bardzo dobrze to było widać w dyskusji o finansowanym przez Unię programie „Równościowe przedszkole", który – jak przeczytałam na portalu WPolityce.pl – „w całej rozciągłości służy zdyskryminowaniu chłopców na rzecz dziewczynek i szerzeniu genderyzmu w Polsce" i ma „odzierać chłopców z ich godności". Jednym z punktów tego programu są przebieranki. I to nagle wiele osób zaniepokoiło i zbulwersowało. Nie tylko hierarchów Kościoła i publicystów prawicowych, ale także rodziców – było to widoczne na wielu forach poświęconych sprawom dzieci.

O czym to świadczy?

Przede wszystkim o tym, że wielu członków naszego społeczeństwa cały czas nie akceptuje i nie rozumie równościowych dyskursów i polityk. Że kontestowanie dotychczasowych, stereotypowych ról płciowych wcale nie jest oczywistością, jak chciałybyśmy to widzieć z perspektywy akademickiej. I że niektórzy dobrze i bezpiecznie czują się w starych układach genderowych. Męskość w tej retoryce nie powinna być kwestionowana. Nie powinno się podawać w wątpliwość roli mężczyzny, ojca, który – cytuję za Frondą, „według planów Pana Boga to był ktoś, kto zdobywa pożywienie dla całej rodziny, jest jej żywicielem, więc jest najważniejszy". „Tak przecież został stworzony świat. Kobieta została powołana do pomocy mężczyźnie" – dlaczego to zmieniać?

Ale cała ta dyskusja pokazuje też bardzo ciekawy paradoks: z jednej strony krytycy pojęcia gender twierdzą, że płeć jest czymś stabilnym, oczywistym, naturalnym i jasnym, z drugiej – boją się, że chłopiec, który założy sukienkę, będzie miał problem ze swoją tożsamością.

Ale gdyby naprawdę wierzyli w trwałość tożsamości płciowej, w ogóle nie powinni widzieć w tego typu akcjach problemu. Jeżeli ktoś ma stabilną tożsamość płciową, to założenie sukienki nic nie zmieni. A im bardziej mówimy, że mężczyźni sukienek zakładać nie powinni, tym bardziej potwierdzamy, że płeć jest dla nas kategorią niejasną i niestabilną. Sama ta dyskusja i jej temperatura pokazują więc, że rozpoznanie płynności ról związanych z płciami jest słuszne. Gdyby to nie był problem, nikt by się nie sprzeciwiał. Mam wrażenie, że jest to niedyskursywna, niewerbalizowana wprost pewność, że mamy tutaj do czynienia z czymś niepewnym.

No ale wiadomo, że dzieci można zdeprawować...
Czyli jednak płeć nie jest trwała i zależna jedynie od chromosomów? W tym wszystkim ważna jest seksualność – widać również, jak mocno w naszej kulturze definiujemy płeć właśnie poprzez nią. Rozmawianie o tym, co jest męskie, a co nie; jak chłopiec może się ubrać, a jak nie – to już jest postrzegane jako rozmowa o seksie. Tak, tu chodzi też o seksualizację dziecka – i pewnie tego boją się rodzice. O dziecko, które ma być wolne od wszystkiego, co związane z seksualnością. To oczywiście nie jest postawa konsekwentna, bo kultura konsumpcyjna, w której dojrzewają współczesne dzieci, odwołuje się w dużej części do tej sfery i jakoś nie budzi to już takiego oporu.

Marek Jurek powiedział kiedyś – cytuje go Hanna Samson w swojej ostatniej książce – „Szanujemy kobiety w ich naturalnych rolach".

I znów pojawia się kategoria natury. Natura jest świetną legitymizacją i dlatego współcześnie dyskursy konserwatywne, ale nie tylko one, tak lubią się do niej odwoływać – do natury jako czegoś oczywistego, jako natury rzeczy, ale też w znaczeniu biologiczności. Natura ma być ostateczną instancją, niezmienną i nieomylną.

Tadeusz Bartoś twierdził, że w tym lęku przed gender jest coś zasadnego. Że mamy tu do czynienia z konfrontacją dwóch różnych wizji człowieka i kultury.
Zapewne tak i dlatego ta retoryka przeciwników jest tak mocna, a wróg tak demonizowany. Ta strategia sprawdziła się już przy okazji debaty o aborcji i *in vitro*. Ale nie zgodzę się tutaj z większością osób wypowiadających się w mediach w obronie terminu gender i genderowych programów, że jest to jedynie akademickie rozpoznanie, kategoria wypracowana przez nauki społeczne, a więc nie powinniśmy jej z akademii wynosić. Nie, nauka nie jest neutralna, nie funkcjonuje w społecznej próżni. To, że powstało takie rozpoznanie – że płeć kulturowa jest i to ona, a nie biologia, wyznacza nam pozycje w społeczeństwie – ma ogromne konsekwencje społeczne i polityczne. Pozwala zdekonstruować tradycyjną rolę kobiety, zredefiniować rozmaite związane z płcią powinności i obowiązki. To jest właśnie polityczna emancypacja. Pamiętajmy jednak też, że jeżeli coś jest kulturowe, jak płeć, to wcale nie znaczy, że jest trywialne i łatwo podważalne. Weźmy choćby kategorię narodu, którą tak często przywołuje polska prawica – jest to kulturowy konstrukt, ale dla konserwatystów niepodważalny.

Ale w jaki sposób odpowiadać Kościołowi, skoro strategia powtarzania, że mamy do czynienia z naukową koncepcją nie jest

szczególnie skuteczna? Ksiądz Oko ze swoimi agresywnymi bredniami triumfuje w kolejnych medialnych spektaklach.

Mam wrażenie, że właśnie nie powinniśmy odwoływać się do akademii i pokazywać, że tylko z jej perspektywy wolno nam mówić o gender, bo wcale tak nie jest. Przecież to kwestia kultury i obyczajowości. Mówimy po prostu o tym, że to nie kobieta musi zmywać naczynia, że mężczyzna może to robić, że kobieta także może przeżywać przyjemność seksualną, że mężczyzna będzie umiał zajmować się dzieckiem, a kobieta zarabiać pieniądze. Bo przeciw czemu właściwie buntują się ci, którzy twierdzą, że gender to „dewastacja człowieka i rodziny"? Właśnie przeciwko zrelatywizowaniu ról.

Tylko o to im chodzi?

W ogóle to chyba chodzi o rolę i miejsce Kościoła katolickiego w Polsce i umacnianie jego pozycji. O prawo nadawania znaczeń i wyznaczania moralnych powinności. A droga do tego wiedzie właśnie przez rodzinę i ingerencję w sferę prywatną.

To podatny grunt, bo polskie społeczeństwo jest bardzo konserwatywne.

Nie tylko polskie... I potrzebuje jasnych granic. To świetnie widać w sklepach z zabawkami, mamy tam taki jasny podział: różowo po stronie dziewczynek i czarno od broni po stronie chłopców.

Nie ma nic pomiędzy.

Nie ma szarości, tu nie można być trochę chłopcem, a trochę dziewczynką. Są dwie płcie i dwa typy zachowań, upodobań. A trzecia płeć? O niej w ogóle w tej debacie się nie mówi, a przecież odkrycie gender jest związane właśnie z odkryciem przez antropologię, że w innych kulturach istnieje trzecia, a może i czwarta płeć – na przykład hidżra w Indiach, *berdache* wśród Indian Ameryki Północnej. Można się zastanowić, czy w kulturze europejskiej takiej roli nie odgrywają właśnie księża. I nie dlatego, że są to mężczyźni chodzący w strojach przypominających suknie, ale dlatego, że nie odgrywają przeznaczonych w naszej kulturze dla mężczyzn ról płciowych, nie spełniają się jako ojcowie i nie reprodukują, a swojej męskości nie potwierdzają za pomocą seksualności. W pewnym sensie więc księża sami są dowodem na to, że XX i XY to nie wszystko, że to nie biologia tworzy ostateczną płeć, ale kultura, która nadaje znaczenia, negocjuje biologiczne predyspozycje, rozdaje role.

Ale w sumie dlaczego to w naturze szuka się ostatecznego uprawomocnienia ról społecznych? Przecież dziś łatwiej zmienić naturę, czymkolwiek by była, a niedługo być może będziemy ingerowali w życie na poziomie molekularnym. Ale zmienić to, co skonstruowane społecznie i utrwalone w kulturze? To dużo trudniejsze. Może więc odwołanie się do historii i kultury będzie lepszym gwarantem zachowania społecznego *status quo*?

Paweł Wiktor Ryś

ANTYGENDEROWY KATECHIZM

Słuchając od kilku miesięcy o „ideologii gender" jako pedofilii, kazirodztwie, seksualizacji dzieci, totalitaryzmie, aborcji i eutanazji naraz, można by pomyśleć, że to efekt rozbudzonej fantazji rodzimej prawicy i Kościoła katolickiego. Żeby bowiem gender mógł być wrogiem, należało go stworzyć na nowo. W owym stwarzaniu lwią część pracy wykonała jednak – niejako za polskich antygenderowych krzyżowców – niemiecka socjolożka Gabriele Kuby. To w jej książce *Globalna rewolucja seksualna. Likwidacja wolności w imię wolności* (wyd. polskie 2013[1]) przeczytać możemy o tym wszystkim, co na lokalnym podwórku zmusza nas do przecierania oczu ze zdumienia.

Mamy więc u Kuby: „ideologię genderową", „genderystów", seksualizację w przedszkolach, przejęcie międzynarodowych organizacji (UE, ONZ, WHO) przez „gender-ideologów", zniesienie płci pod przykrywką równouprawnienia, genderowe ugrupowania dążące do zalegalizowania pedofilii, zoofilii, kazirodztwa. Dalej: powiązania „genderystów" z klinikami aborcyjnymi i koncernami antykoncepcyjnymi, usankcjonowanie genderowej wizji świata na konferencjach w Pekinie i Kairze, kary więzienia dla przeciwników gender, totalitaryzm genderowy, dążenie do zniszczenia Kościoła, rodziny, społeczeństwa. I tak dalej, do wyczerpania listy.

---

[1] G. Kuby, *Globalna rewolucja seksualna. Likwidacja wolności w imię wolności*, przeł. D. Jankowska, J. Serafin, Wydawnictwo Homo Dei, Kraków 2013.

Nie będzie przesadą stwierdzenie, że 90 procent anty-genderowych wypowiedzi, wykładów, odczytów (w tym „List Pasterski na Niedzielę Świętej Rodziny") jest oparte czy wręcz przepisane z tej książki. Książki będącej nie tylko całkowitą dez-interpretacją kategorii gender, ale również niesamowitym po-mieszaniem pojęć, intelektualnym miszmaszem.

ANTYGENDEROWY KONSTRUKTYWIZM

Gender jest niesprawiedliwy, tożsamy ze zniesieniem płci biolo-gicznej. Gender jest zły, przyjdzie zniszczyć rodzinę. Gender jest podstępny, kradnie nam wolność. Tyle w gruncie rzeczy możemy się dowiedzieć z tego dzieła o teoretycznych założeniach badań nad płcią kulturową. Poza naprędce zarysowaną (i przerysowa-ną) teorią Judith Butler brak tu, chociażby pobieżnego, omówie-nia elementarnych pojęć. Brak, krótkiej nawet, historii badań. Brak wzmianki o tak podstawowych dla kierunku postaciach, jak Margaret Mead, Robert Stoller czy Anne Oakley.

Ta tendencja do przemilczania faktów wydaje się właściwie zrozumiała. Przy rzetelnej analizie badań nad płcią społeczno--kulturową szybko okazałoby się, że stanowiska esencjalistyczne, umiarkowane, a nawet (od biedy) niektóre odnogi konstrukcjoni-zmu nie tylko nie wykluczają się, ale wręcz uzupełniają z myślą chrześcijańską i katolicką. Ale to, że Kuby, choć krucjatę przeciwko gender zainicjowała całkiem skutecznie, badaniami nad nim się właściwie nie zajmuje – już wiemy. O czym więc jest ta książka?

Dzieło Kuby poświęcone jest temu, co autorka nazywa globalną rewolucją seksualną. Rewolucją, która odbywa się na naszych oczach, ale która swoimi początkami sięga ateizacji i „seksualizacji" społeczeństwa podczas rewolucji francuskiej. Mamy tu więc pełny przekrój, od jakobinów, przez psychoana-lityków, marksistów, bolszewików po goszystów i hipisów – według Kuby poprzedników „genderystów". Mamy streszczenia myśli i działalności między innymi Marksa, Engelsa, Freuda, Kołłontaj, Kinseya i Moneya – „prekursorów gender". Mamy w końcu refleksję na temat antykoncepcji, aborcji, *in vitro*, praw mniejszości seksualnych, edukacji seksualnej. To wszystko wraz z eugeniką (która objawia się w osobie amerykańskiej feministki Margaret Sanger), eutanazją, pornografią na doczepkę oraz ostrymi przyprawami takimi jak pedofilia, kazirodztwo, zoofilia zostaje przez Kuby wrzucone do jednego kotła. Podgrzać, zamieszać, dodać pieprzu (w postaci groźby totalitaryzmu) i mamy papkę „ideologii gender".

Jak nazywamy – dość niesmaczną – technikę, którą stosuje autorka? Nazywamy ją manipulacją. Jej, jakże trafny, opis znajdziemy w samej książce: „W manipulacji pojęcia stają się fałszywymi etykietami: zawierają co innego, niż w rzeczywistości znaczą". Tak jest. Przy czym termin gender oznacza u Kuby nie tylko coś zupełnie innego niż w rzeczywistości, ale obejmuje również wszystko to, co dla Kościoła jakoś niewygodne czy trudne. Gender to diabeł doskonały, to powołany *ad hoc* synonim na całe zło.

Owa semantyczna beztroska zdaje się tu kluczowa. Książka Kuby opiera się bowiem w dużej mierze na ekwiwokacji – błędzie logicznym polegającym na używaniu tego samego słowa w coraz to innych znaczeniach, sprawiając jednocześnie wrażenie, że cały czas konotuje ono to samo. Gender raz znaczy totalitaryzm, zaraz pedofilię, a cały czas chodzi o, mającą charakter teorii spiskowej, koncepcję seks-rewolucji.

Weźmy na przykład definicję orientacji seksualnej zawartą w tak zwanych Zasadach Yogyakarty: „Orientacja seksualna to zdolność każdej osoby do rozwinięcia głębokiego uczuciowego, emocjonalnego i seksualnego pociągu oraz intymnych i seksualnych związków z osobami innej płci lub tej samej płci, lub różnych płci". Kuby na to: „Ta definicja, zauważmy, nie wyklucza żadnego rodzaju preferencji i aktywności seksualnych, takich jak pedofilia, kazirodztwo [...] czy zoofilia". Jak przebiega rozumowanie autorki? Otóż z braku notacji o potępieniu konkretnych parafilii wyciąga ona wniosek, że ów dokument to ich promocja. Jest to tak zwany błąd formalny w myśleniu, w którym wyprowadzony wniosek wcale nie wynika z przesłanek danego wnioskowania.

Dlaczego jednak pedofilia? Dlaczego kazirodztwo? A dlaczego na przykład nie (idąc tym tokiem myślenia można tu wpisać wszystko) nekrofilia? Nie są to w tym wypadku, niestety, pytania retoryczne. Dobór dewiacji, a także ich kolejność na liście nie są bowiem przypadkowe. Otóż Zasady Yogyakarty mają przeciwdziałać homofobii. Kuby jest zaś zwolenniczką tezy (którą u nas głosi choćby ksiądz Dariusz Oko – entuzjastyczny recenzent książki[2]) o dążeniu homoseksualistów do legalizacji współżycia z dziećmi.

„WYWROTOWE" PRZEKSZTAŁCENIA

Autorka *Globalnej rewolucji seksualnej* równie swobodnie traktuje fakty, jak dobór argumentów. Choć akurat co do tych *ad personam* wydaje się całkiem przekonana. Marksizm? „Marks miał bardzo powikłane życie prywatne. Jego dwie córki i zięć popełnili samobójstwa". Psychoanaliza? „Freud fałszował swoje opisy naukowe, był uzależniony od kokainy, utrzymywał stosunki z siostrą swojej żony". Studia genderowe? „Judith Butler jest lesbijką. Najwidoczniej odczuwa ona dwupłciowość jako więzienie, ograniczenie wolności, dyskryminację narzuconą przez naturę".

---

[2] Por. D. Oko, *Genderrewolucja*, „Polonia Christiana" 2013, nr 31 (marzec – kwiecień). Recenzja dostępna także pod adresem: http://bit.ly/O49fNx, data dostępu: 19 marca 2013.

Konstatację tej ostatniej o tabu incestu jako źródle kulturowego rozróżnienia płci Kuby kwituje jako postulat zniesienia kazirodztwa. Takich przesunięć, „wywrotowych" przekształceń, znajdziemy znacznie więcej. Podobnie zresztą jak błędów merytorycznych. Przykłady? Według Kuby Freud jest przedstawicielem psychologii głębi (sic!), autorka *Sexual Politics* nazywa się Miller zamiast Millett, zaś demoniczna Butler urodziła się 1954, a nie – jak w rzeczywistości – w 1956. Ktoś powie, że to czepianie się szczegółów, drobnostek. Przeinaczenia te są jednak symptomatyczne. To właśnie luźne podejście do faktów pozwala pani socjolog na taką dowolność w budowaniu argumentów przeczących logice. To dlatego zapis o budzącej się seksualności dziecka czyta się jako przyzwolenie na kazirodztwo, a postulaty podważania normatywnych wzorców płci kulturowej jako nawoływanie do zmiany płci biologicznej.

INSPIRUJĄCA LEKTURA

Z polskiego punktu widzenia książka Kuby może interesować przede wszystkim dlatego, że czyta się ją jak gotowy wzorzec i zarazem słownik antygenderowej krucjaty, którą obserwujemy. Lektura *Globalnej rewolucji seksualnej* uświadamia, dlaczego księdzu dr hab. Dariuszowi Oko gender myli się z pedofilią, kazirodztwem, „seksmaniakami", a pani prof. dr hab. Marii Ryś (*Cywilizacja miłości vs. gender*)[3] z eugeniką, aborcją, antykoncepcją i eutanazją. Tłumaczy przyczyny popularności filmu pewnego norweskiego komika, a także wskazuje, co zainspirowało ks. prof. Tadeusza Guza (*Zagrożenia ideologii gender*)[4] do szukania związków pomiędzy gender i protestantyzmem.

---

[3] http://www.youtube.com/watch?v=uXM_5bv2Wp8.

[4] http://www.youtube.com/watch?v=M3jaYW5Nx9o.

Książka Kuby „wyjaśnia" skąd ks. prof. Paweł Bortkiewicz (*Czy gender to dewastacja człowieka i rodziny?*)[5] czerpał wiedzę o Butler i skąd przepisał cytat o „materializacji" płci. Wyjaśnia, dlaczego arcybiskup Henryk Hoser (*Ideologia gender a prawda o człowieku*)[6] jako prekursorkę gender wymienia nie Mead, ale Sanger i dlaczego uważa, że dla przedstawicieli „nowych ideologii" seksualność jest podstawowym aktem człowieka. Wyjaśnia, jakim cudem czołowym „genderystą" dla Beaty Kempy stał się John Money. Wreszcie opowieść Kuby o kazamatach uzmysławia, skąd w arcybiskupie Michaliku wezbrały nagle marzenia o internowaniu.

Można by powiedzieć, że to jeszcze o niczym nie świadczy, że kilka wypowiedzi to jeszcze nie głos Kościoła i tak dalej. Można by, gdyby nie „List Pasterski na Niedzielę Świętej Rodziny". List ten (zwłaszcza wersja rozszerzona) to Kuby w pigułce, Kuby dostosowana do polskich warunków.

Wszystko tu przepisane: od charakterystyki knowań „genderystów" („ideologia gender bez wiedzy społeczeństwa i zgody Polaków od wielu miesięcy wprowadzana jest w różne struktury życia społecznego" […]), przez „opis" założeń teoretycznych (gender odrzuca biologię; głosi, że płeć można wybrać; głosi, że homoseksualizm jest wrodzony i tak dalej), po rzekome skutki praktyczne (zniszczenie rodziny i społeczeństwa; seksualizacja dzieci; pedofilia; eugenika; eliminowanie osób „niepełnowartościowych"; aborcja; uzależnienie od koncernów pornograficznych).

Do niedawna można było się jeszcze łudzić, że antygenderowa krucjata jest polskim wymysłem, a inwencja w końcu

---

[5] http://www.youtube.com/watch?v=iotLZT7Gj_A.
[6] http://www.youtube.com/watch?v=HXbgSfw_Eac.

zawiedzie naszych krzyżowców. Dziś widzimy, że inspiracja przyszła ze zgniłego Zachodu, a polscy antygenderyści są wiernymi uczniami niemieckiej socjolożki. To pocieszające, że tak dobrze znają źródła, że są w stanie cytować je niemalże w całości i to z pamięci. Ale fakt, że cytują *Globalną rewolucję seksualną*, jest akurat marnym pocieszeniem.

Izabela Morska

GLOBALNY SPISEK I OBRONA KONIECZNA

REGNERUS KONTRA LUNACEK

W Parlamencie Europejskim odbyło się czytanie raportu Ulrike Lunacek o dyskryminacji osób LGBT w krajach Unii. Stosunkiem głosów 394 za, 176 przeciw i 72 wstrzymujących się parlament przegłosował rozpoczęcie prac nad dokumentem dotyczącym „przeciwdziałania homofobii i dyskryminacji ze względu na orientację seksualną i tożsamość płciową". Wokół tego raportu skupiło się z końcem stycznia epicentrum paniki genderowej w Polsce. Tygodnik „Wprost"[1], podsycając histerię za pomocą analogii: raport o dyskryminacji = dążenie do przywilejów = spisek, zachęcał do przyłączenia się do protestu. Oczywistym się stało, że jeśli Polacy dyskryminację przyjmą do wiadomości, to zgodzą się tym samym na homomałżeństwa, a wtedy zginą. Wiadomo – trzeba się bronić.

Katolicka Agencja Informacyjna podgrzała atmosferę, na pół godziny przed reklamowanym przez „Wprost" protestem w obronie dzieci (działania są przemyślane i zgrane w czasie jak zamach na Kutscherę) publikując wywiad[2], którego udzielił

---

[1] *Unia wprowadzi w Polsce małżeństwa gejów? „Wszystko jest sprytnie ukryte"* dostęp: 18.03.2014, http://bit.ly/1dTEguz.

[2] *Ks. prof. Mazurkiewicz: NIE dla „małżeństw homoseksualnych" nie ma nic wspólnego z dyskryminacją*, http://bit.ly/1dTEiTo dostęp: 18.03.2014.

ksiądz profesor Piotr Mazurkiewicz z Papieskiej Rady ds. Rodziny. Wywiad warto polecić każdemu, kto lubi wyobrażać sobie, że polski episkopat działa samowolnie, wbrew „reformatorskim tendencjom" Franciszka.

Mazurkiewicz stawia rzecz jasno: gender to homo, a celem jest spisek. „W walce o «małżeństwa homoseksualne» chodzi nie tyle o prawa osób homoseksualnych, co o realizację postulatów ideologii «gender». (...) Chodzi o to, by osłabić rodzinę, która w naturalny sposób jest nośnikiem wartości konserwatywnych".

„Rzeczpospolita" natomiast wykonała solidny wysiłek, by zdyskredytować Lunacek za pomocą tak zwanego Raportu Regnerusa[3]. Przy okazji dokonała własnego naukowego odkrycia: bycie homo jest zaraźliwe (sprawdziłam: Regnerus nie używa słowa *contagious*). Napisał o tym szerzej Jakub Dymek[4], warto więc tylko dodać, że raport, z początku zaprezentowany w USA i na świecie jako prawda na temat gejowskich i lesbijskich rodzin, okazał się dokumentem na temat heteroseksualnych rodzin, w których żona lub mąż mieli romans z osobą tej samej płci, tworząc w ten sposób lub potęgując niestabilne środowisko do wychowania dzieci. Dane dotyczące przemocy, gwałtu i molestowania są w tych rodzinach wysokie – do 31 procent. W dodatkowych wyjaśnieniach Regnerus uznaje za prawdopodobną narrację, że „przemocy dopuścił się biologiczny ojciec" – tym bardziej że 33 procent respondentów „mieszkało z biologicznym ojcem w czasie, gdy nastąpił pierwszy incydent" – oraz że matka następnie opuszcza prześladowcę i jakiś czas później ma romans

---

[3] M. Regnerus, *How different are the adult children of parents who have same-sex relationships? Findings from the New Family Structures Study*, „Social Science Research" 2012, nr 41, s. 752–770, http://bit.ly/1hhsLkS dostęp: 18.03.2014.

[4] J. Dymek, *Zaraźliwa homofobia „Rzeczpospolitej"*, http://bit.ly/1dSwShn, dostęp: 18.03.2014.

z kobietą. Przemoc może też nastąpić w rodzinie zastępczej, ze strony wychowawcy, nauczyciela lub księdza, przy niewiedzy matki, która zmaga się z biedą. Ale jej dziecko w raporcie zostaje zaklasyfikowane jako „dziecko lesbijki, które padło ofiarą przemocy ze strony rodzica/dorosłego". Regnerus nigdy nie pyta o sprawcę przemocy. A respondenci, którzy wychowali się jako dzieci zaplanowane w rodzinach jednopłciowych, stanowią poniżej jednego procenta respondentów.

Regnerus (który, niczym episkopat, a to odżegnuje się od swojej publikacji, a to pojawia się przed sądami stanowymi, by zeznawać na niekorzyść małżeństw jednopłciowych)[5] nie nadąża ze sprostowaniami. Zaprotestował[6] przeciwko wykorzystaniu jego raportu do rozpatrywanego w Rosji prawa, na mocy którego rząd mógłby odbierać dzieci gejom i lesbijkom. Dane z raportu, przekłamane i zawyżone, pojawiły się w ukraińskiej proreżimowej gazecie[7], a wyjaśnienie, napisane przez Regnerusa (w odpowiedzi na list zaalarmowanego ukraińskiego naukowca), że przeinaczono jego badania, przyszło zbyt późno, by zmniejszyć panikę, którą posłużył się reżim, żeby zniechęcić Ukraińców do Unii. Raport wciąż maszeruje przez świat[8]. Poza USA cytowano go w Anglii, Walii, Francji, żeby zablokować ustawy o małżeństwach jednopłciowych, w Rosji z wiadomym skutkiem, oraz w Chorwacji – w celu dopisania zakazu małżeństw jednopłciowych do konstytucji.

---

[5] Z. Jones, *Gay Parenting: After The Regnerus Debacle, Where Are The Apologies?*, http://bit.ly/1i1bj1Y, dostęp: 18.03.2014.

[6] M. Regnerus, *A Russian Lawmaker Is Misusing My Gay Parenting Study*, http://bit.ly/107dzfD dostęp: 18.03.2014.

[7] А. Гурензай, *Впервые опубликованы шокирующие научные факты о семьях гомосексуалистов*, http://bit.ly/O4aFaC, dostęp: 18.03.2014.

[8] http://www.regnerusfallout.org/the-impact.

Wrażenie robi solidne przygotowanie bardzo zróżnicowanych działań. Wystąpienia Beaty Kempy i profesor Pawłowicz w polskim sejmie można by potraktować jako rodzaj niekończącego się spontanicznego happeningu. Ale już polskiego tłumaczenia Raportu Regnerusa, dołączonego do artykułu w „Rzeczpospolitej", nie można było przygotować z dnia na dzień. Towarzyszący mu komentarz[9] przedstawiający sytuację w amerykańskiej psychologii tak, jakby w efekcie równorzędnego konfliktu pomiędzy Amerykańskim Towarzystwem Psychologicznym (APA) a obrońcami terapii konwersyjnej, czyli nakierowanej na zmianę orientacji seksualnej, APA, zdyskredytowane, przegrywało, też wymagał sporego nakładu pracy. Tymczasem w USA coraz częściej podkreśla się nieetyczność i szkodliwość społeczną terapii reparatywnych[10].

GWIAZDA BELGIJSKIEJ TEOLOGII

Z kolei książeczka autorstwa niejakiej Marguerite A. Peeters, *Gender – światowa norma polityczna i kulturowa. Narzędzia rozpoznawania* (wydanie francuskie 2012; wydanie polskie: tłum. ks. Leszek Worniecki, SAC) ukazała się nakładem Wydawnictwa Sióstr Loretanek w Warszawie z końcem 2013 roku, jako ważna i równie starannie przygotowana publikacja.

Przedmowę do wydania polskiego napisał abp Henryk Hoser (i datował 26 lipca 2013 roku). Informuje tam czytelników, że „nowe legislacje są wynikiem zaplanowanej i skutecznie wprowadzanej strategii, opracowanej przez inżynierów społecznych i ekspertów będących na usługach globalnego projektu politycznego, który posługuje się wypracowaną ideologią o obco brzmią-

[9] A. Margasiński, *Dorosłe dzieci wychowywane przez homoseksualnych rodziców*, Kwartalnik Naukowy „Fides et Ratio" 2013, nr 4(16), s. 139–151, http://bit.ly/1g6Od7K, dostęp: 18.03.2014.
[10] http://bit.ly/1g6OfME.

cej nazwie gender". Czy chodzi o legislacje antydyskryminacyjne? Zapewne. Jest ukryta prawda, jest spisek. Jego celem – kontrola nad światem. Kto ma ją sprawować? Hoser nie precyzuje. Wspomniani eksperci to grupa niedouczonych pseudonaukowców: „brakuje im precyzji, aparatu krytycznego, ciągłości historycznej i perspektywicznej przenikliwości". Co to samej ideologii, to „już wykazuje [ona] objawy przedwczesnego starzenia; jest «kolosem na drewnianych nogach» i «domem zbudowanym na piasku»". Nie wiadomo, po co polski episkopat miałby tracić czas na walkę ze zjawiskiem, które potrafi wykończyć się samo. Po co spędzać bodaj około roku (przygotowanie książki Peeters do druku, tłumaczenia Raportu Regnerusa i jego stosownej recepcji, listu episkopatu, wykładu księdza Oko, zgranie tego wszystkiego w czasie wraz z gradacją oskarżeń i inwektyw typu „gorsze od marksizmu", „zbrodnicze" i tak dalej podczas trwającej kolejne pół roku kampanii), żeby walczyć z garstką adiunktów, którym brakuje aparatu krytycznego? Jak ów niedoskonały byt miałby przejąć kontrolę nad światem, też nie wiadomo. Może działa tu zasada inflacji. Może kopernikańska: zły pieniądz wypiera lepszy. Może to Hollywood. A może to magia.

BUTLER DLA UBOGICH

Drugi wstęp, który napisał ksiądz Tadeusz Guz, profesor KUL, wyjaśnia, jak w dyskursie antygenderowym polskiego episkopatu pojawiła się w charakterze straszaka Judith Butler. Bo jak twierdzi ksiądz profesor Wierzbicki w liście z 18 stycznia 2014: „Charakterystyka gender w Liście pasterskim odpowiada z grubsza poglądom i działaniom nawiązującym do myśli Judith Butler (...)"[11]. Ale kto w ogóle Butler przeczytał? Trudno uwierzyć, że ludzie,

[11] http://bit.ly/1jXlSo6.

których stan umysłu sprawia wrażenie, jakby wszystkie fenomeny niezwiązane z seksem lub zbrodnią wypadały niczym meteory z orbity ich uwagi, skupili się na tyle, by przebrnąć przez rozdział o matrycy heteroseksualnej, czyli przez drobiazgowe i mozolne odczytanie Lévi-Straussa i Kanta. Ale w liście pasterskim występuje „Butler" uproszczona przez Marguerite A. Peeters, niedocenioną dotąd gwiazdę teologii i filozofii z Brukseli.[11]

Cytowane przez Sławomira Sierakowskiego[12] ulubione przez biskupów zestawienie faszyzm–komunizm–ateizm też znajduje w tej małej publikacji eksperckie uzasadnienie. Guz zestawia d'Holbacha (filozofa francuskiego Oświecenia, którego prace zainspirowały rewolucję francuską) z Marksem, Engelsem, Leninem, Stalinem i Hitlerem, by stwierdzić, że gender może doprowadzić do dużo gorszych klęsk. Po czym wyraża wdzięczność Marguerite A. Peeters i jej walce „o zachowanie niepowtarzalnie godnej i personalnej płciowości człowieka". Trafiła się nam zatem przetłumaczona na polski broszura nieznanej autorki, która – z poparciem stolicy apostolskiej – ma szansę stać się jedną z najbardziej wpływowych książek.

REBUS ROZWIĄZANY: GENDER TO HOMO
Jak w dobrym kryminale, nadal nie wiadomo, gdzie jest ten reżim, ta dyktatura, przed którą nas trzeba bronić. Wyjaśnia to ostatecznie dopiero autor przedmowy do wydania w języku francuskim, kardynał Robert Sarah[13], Przewodniczący Papieskiej Rady Cor Unum, której zadaniem jest pełna koordynacja katolickich dzieł charytatywnych. Sarah zajmuje funkcję przewodniczącego od 2010 roku, a wstęp do Peeters datowany jest

---

[12] S. Sierakowski, *Gender Kościoła polskiego*, s. 8.
[13] M. A. Peeters, *Le Gender, une norme mondiale?*, Mame, Paris 2013.

na 24 sierpnia 2012 roku. Z Franciszkiem, wybranym 13 marca 2013, łączy Sarah troska o los biednych ludzi i narodów. Kardynał przede wszystkim wyraża „ogromną wdzięczność" Peeters za jej „cierpliwą, precyzyjną i ścisłą analizę". Pierwszym słowem jego przedmowy jest „Dziękuję".

Sarah, podobnie jak autorzy polskich przedmów, ostrzega przed „potężnym lobby" walczącym „o brak rozróżnienia płci". Zapoznaje też czytelników z pojęciem *queer*, czymś „znacznie gorszym", bo chodzi mu o „zmianę kultury i zburzenie tradycyjnych zasad". Ostatecznie jednak przeciwnikiem jest „moralna dekadencja Zachodu", której mylnie się zdaje, że „prawa homoseksualistów są prawami człowieka" i chce narzucać to przekonanie biednym krajom.

Te biedne kraje i mieszkających w nich biednych ludzi (będących wszak w centrum uwagi Franciszka) ta jawna eskalacja promocji praw LGBT obraża, bo łączy się z „jawną i skandaliczną pogardą dla dobra biednych w krajach i kulturach niezachodnich". Refleksji nad tym, że w biednych krajach też są osoby LGBT, którym jest jeszcze gorzej, brak. „Czy biedni nie mają praw?" – pyta Sarah. To szantażowanie bogatszych biednymi, szczucie biednych na bogatszych, to założenie, że bieda i homofobia muszą być nierozłączne, znajduje swoje odbicie w populistycznym adresacie polskiej kościelnej i parlamentarnej wojny z gender. Biedni, jako „własność" Kościoła (tu pomocny staje się wywiad z Rubenem Dri o Franciszku[14]), przydają się, bo stają się elementem nacisku.

Sarah pisze z pasją i bez osłonek: gender to homo, a homo to gender. „Stosowanie w stosunku do par homoseksualnych terminów «małżeństwo» i «rodzina», które zawsze zakładają

---

[14] *Franciszek zmienia tylko fasadę Kościoła. Z Rubenem Dri rozmawia Artur Domosławski*, http://bit.ly/1gIYEUW, dostęp: 18.03.2014.

stosunek do różnic płciowych i otwarcie na prokreację, jest semantycznym nadużyciem".

Widać, gdzie kończy się obecnie poparcie dla lewicy i biednych ludzi – krytyka kapitalizmu to po prostu krytyka mitycznego zachodniego zepsucia. Jest też akapit o zbrodni przeciw ludzkości: „Homoseksualizm jest nonsensem w odniesieniu do życia małżeńskiego i rodzinnego. Promowanie go, w imię praw człowieka, jest co najmniej szkodliwe. Natomiast narzucanie go jest zbrodnią przeciwko ludzkości". Straszliwość tego oskarżenia – w rzeczy samej oskarżania ofiar – w najbardziej radykalnej wersji znajduje swe odbicie w stopniowaniu: komunizm–faszyzm–gender–coraz to straszliwsze zbrodnie.

POSTKOLONIALIZM PO WATYKAŃSKU

Sarah umieszcza kwestię „gender jako zniszczenia" w dyskursie postkolonialnym. Tak oto: „Promowanie różnorodności «orientacji seksualnych» na ziemiach Afryki, Azji, Oceanii czy Ameryki Południowej prowadzi świat do całkowitej antropologicznej i moralnej dewiacji, ku dekadencji i zniszczeniu ludzkości!". Europa Wschodnia nie zostaje wymieniona, bo dwa lata temu Afryka musiała być ważniejsza.

Zakładając, że istnieje coś takiego jak „filozofia afrykańska" (bo Afryka to państwo), kardynał pisze: „Myśl afrykańska nie może dopuścić do swego ponownego skolonizowania. Po okresie niewolnictwa i kolonizacji przybywamy tam ponownie, by upokarzać i niszczyć Afrykę, narzucając jej gender". Namiętność motywująca następstwo akapitów przypomina pasję ugandyjskich pastorów krzyczących do oniemiałej publiczności, że homoseksualizm to „Zło! Zło! Zło!". Konwencja jest batalistyczna: „wytoczono przeciwko nam potężne mechanizmy". Jeśli wytoczono, to przecież trzeba się bronić.

Kardynał Sarah niedawno doczekał się afrykańskiej odpowiedzi: kenijski pisarz Binyavanga Wainaina w dokumencie wideo *We Must Free Our Imagination*[15] odpowiada tak (w wolnym tłumaczeniu, zachęcam do obejrzenia oryginału): „W Afryce z punktu widzenia kolonizatorów międzyludzkie relacje zawsze były postrzegane jako *queer*. Afrykanie w nocy szli tańczyć i kto wie, co jeszcze uprawiali razem. Prawa «zakazujące sodomii» w poszczególnych koloniach były wyrazem niepokoju, że podbite ludy kryją w swych zwyczajach coś, co mogłoby stanowić zarzewie buntu, jakiś wyraz niepodporządkowania kolonizacji – nienormatywną seksualność. Obecne akcje przywracania tych praw kolonialnych, jak podpisany z początkiem 2014 roku zakaz małżeństw homoseksualnych w Nigerii[16], są niezgodne z duchem wolnych Afrykańczyków".

TU UCISZAĆ, TAM ROZBUDZAĆ PANIKĘ

Szukając najwcześniejszych śladów kreowania potwora gendera, natrafiłam na mowę biskupa Wojciecha Polaka tuż przed świętami Bożego Narodzenia 2012[17]. Trudno więc do intencji Sekretarza Konferencji Episkopatu Polski w kwestii zorganizowanej przez niego pospiesznie konferencji z Małgorzatą Fuszarą[18] zaliczyć coś więcej niż konieczność uciszenia paniki wśród naukowców i liberalnych katolików z kręgu „Tygodnika Powszechnego". Wykorzystywany przez Polaka zakres metafor pochodzi wprost

---

[15] http://www.youtube.com/watch?v=8uMwppw5AgU.

[16] *Nigeria: Halt homophobic witch-hunt under oppressive new law*, http://bit.ly/1d6bd8y, dostęp: 18.03.2014.

[17] *Bp Wojciech Polak: Gender niszczy koncepcję rodziny i społeczeństwa*, http://bit.ly/1hCCMpp.

[18] D. Wielowieyska, P. Wroński, *Kościół chce spokojnie rozmawiać o gender*, http://bit.ly/1jCt8tL, dostęp: 18.03.2014.

z broszury Peeters. Jej praca to matryca i zbiór cytatów dla listu pasterskiego, wypowiedzi Beaty Kempy, jak również organizatorów rozmaitych akcji mających na celu zastraszanie rodziców. Także zacytowanie „Judyty" Butler przez radnego z Łap, jego autentyczna chęć uchronienia nas przed terrorem, który wymuszał będzie zmianę płci, jego rozpaczliwy ostatni krzyk – przepowiednia, że „grozi nam rewolucja antropologiczna!"[19] – to właśnie myśl Peeters w pigułce.

Gdyby w grudniu 2013 episkopat rozpoczął systematyczną kampanię skierowaną przeciwko gejom i lesbijkom (to znaczy, gdyby spróbował zniechęcać ludzi do Biedronia, Raczka, Poniedziałka, Witkowskiego, Kostrzewy), mogłoby dojść od razu do silniejszego oporu społecznego. Tak wysoki poziom złorzeczenia konkretnym osobom, często lubianym, wydałby się Polakom nieludzki i niedorzeczny. Złorzeczenia przeciwko abstrakcji trudno było jednak traktować poważnie.

Dopiero od wystąpienia księdza Oko w Sejmie datować można używanie słowa homoseksualizm jako synonimu gender, a towarzyszyły mu wszak opary absurdu. Jednak episkopat może uznać styczniową ofensywę – obronną oczywiście – za udaną.

INKUBY, ŚWIADKOWIE I KOBIETY PRZEBRANE ZA KRZYŻOWCÓW

Efekt styczniowego przyspieszenia wynikał po części stąd, że nakładały się na siebie dwa dyskursy. Jeden to watykański, wyłożony w przedmowach i wstępach, i w samej książeczce Peeters, ilustrowany w wypowiedziach poszczególnych polityków i bisku-

---

[19] *Czy ideologia gender godzi w podstawy rodziny?*, http://bit.ly/1hhtpPs dostęp: 18.03.2014.

pów[20]. Ten mówi o końcu świata, o apokalipsie, końcu cywilizacji (białego człowieka lub czarnego człowieka, w zależności od geopolitycznego kontekstu – europejskiego lub afrykańskiego) – jeśli dojdzie do zwycięstwa ideologii „gender". Drugi to dyskurs ewangelickich ekspertów związanych ze Światowym Kongresem Rodzin, wywodzących się z ruchów eks-gej, o którym pisałam wcześniej[21]. Ci podróżni eksperci najchętniej opowiadają o seksie – zakazanym, wyuzdanym i zdeprawowanym. Sami natomiast nie posługują się apokaliptycznymi wizjami. Nie grożą końcem świata. Zostawiają to lokalnym Kościołom.

Oba te dyskursy łączy patrzenie na homoseksualizm jako na skłonność, którą należy kontrolować i leczyć, tak jak leczy się alkoholizm, bo niekontrolowana zacznie grozić porządkowi społecznemu. Tempa dodaje tu panika – konieczność ochrony dzieci, a bajkowości – ludowa demonologia. Potwór gender to wszak nie kto inny jak barokowy inkubus[22], demon uwodzący mnichów i mniszki, zmieniający płeć na życzenie, po raz pierwszy wymieniony w *Młocie na czarownice*, i od tej pory, przez stulecia niezmiennie już cieszący się popularnością.

Jeśli Zespół Stop Ideologii Gender został powołany po to, żeby wzbudzić panikę społeczną w związku z raportem Lunacek, dając Beacie Kempie szansę na powtórzenie wiele razy przed kamerą: „Unia Europejska będzie molestować nasze dzieci", to jego funkcja powinna skończyć się na niedzielnym proteście.

Można się jednak spodziewać, że całość działań pod roboczym tytułem *Episkopat cum Kempa cum pornograficzny teatr*

---

[20] A. Dryjańska, *Znikający Episkopat*, http://bit.ly/1hhtra1, dostęp: 18.03.2014.

[21] Izabela Morska, *Niektórzy z nas boją się niektórych z was (2)*, http://bit.ly/1lrXcna, dostęp: 18.03.2014.

[22] M. Maćkowiak, *Demoniczny seks*, http://bit.ly/1glZf8V, dostęp: 18.03.2014.

księdza Oko zgodnie z wcześniejszą zapowiedzią będzie zmierzać do wprowadzenia własnych zmian legislacyjnych – zaprezentowanych jako konieczne, bo celem ich będzie zablokowanie w Polsce wprowadzenia nieuniknionych zaleceń unijnych wynikających z raportu Lunacek.

Do tego planu potrzebne będzie społeczne poparcie. Nad nim pracować będą dalej „Wprost" i „Rzeczpospolita", księża i katecheci, a także posłanka Kempa i ksiądz Oko, spotykając się z mieszkańcami małych miast. Tak zbudują elektorat z ludzi, którym gender kojarzy się z dżemderem. Można na jego temat dowcipkować – uwielbiam na przykład przemianowanie skądinąd niewinnego słoika dżemu truskawkowego na „dżemder" (produkcja: Pawłowicz, cukru na Oko 0%). Ale ten elektorat, cierpiący na kompleks wyższości i niższości zarazem, może okazać się wyjątkowo skuteczny. Dla wielu posłów poparcie ustawy, mającej wszak na celu dobro dzieci, może się stać kwestią politycznego przetrwania. Albo też łatwo będą sobie to potrafili wmówić.

Skłania mnie do takiej obawy wystąpienie abp. Stanisława Nowaka[23], na Jasnej Górze zachęcającego parlamentarzystów, aby „bronili człowieczeństwa", pierwsze bodaj, w którym reprezentant hierarchii kościelnej domaga się od parlamentarzystów aktywności na rzecz obrony Polski przed genderem. Nowak działa tu w zgodzie z rekomendacją abp. Hosera zawartą w wywiadzie rzece *Bóg jest większy*[24], gdzie na pytanie o udział księży w polityce Hoser odpowiada Królikowskiemu, że „Kościół zawsze będzie obecny i zawsze będzie oceniający: promujący lub krytykujący". Lecz działać będzie raczej pośrednio przez polityków,

---

[23] Abp Nowak: *Biseksualizm, transseksualizm, homoseksualizm, to wszystko jest chore*, http://bit.ly/1dTFd5Z, dostęp: 18.03.2014.

[24] *Bóg jest większy – Rozmawiają abp Henryk Franciszek Hoser SAC i Michał Królikowski*, Apostolicum, Ząbki 2013.

którzy jako wierni świeccy spełniają funkcje świadków „tego, co Kościół rozpoznaje jako dobro indywidualne i społeczne". Takim zgromadzeniem świadków jest Zespół Stop Ideologii Gender. Rola świadka jest więc rolą aktywną.

Nie posunę się chyba zbyt daleko w analogii, wskazując, że podobny zespół skutecznie przeprowadził ustawę zakazującą „propagandy homoseksualnej" w rosyjskim parlamencie. Jak w *déjà vu*, na czele Komitetu do Spraw Rodziny, Kobiet i Dzieci, stoi tam Jelena Mizulina, nazywana „moralnym krzyżowcem"[25]. Warto dodać, że gdy Mizulina poddała pod dyskusję w Dumie projekt ustawy o zakazie „propagandy homoseksualnej", Rosjanie nie przyjęli tej nowiny z pokornie opuszczonymi głowami. Przeciwnie. Sztuka satyry rozkwitła[26], zaczęły krążyć dowcipy. Było ich tysiące. Jakież było zdziwienie, że sztuka parodii nie przywróciła Dumie zagubionego rozumu. Rosjanie zaśmiewali się, pytając, czy wkrótce oral też zostanie zakazany, aż nagle absurd stał się prawną rzeczywistością.

EFEKTY KSZTAŁCENIA? TEGO OGNIA JUŻ NIC NIE UGASI
Dla poparcia społecznego ważne jest stworzenie edukacyjnej normy (stąd panika na punkcie edukacji równościowej). Uniwersytet Kardynała Stefana Wyszyńskiego w Warszawie zapowiedział już na ten semestr obowiązkowe konwersatorium na temat *Ideologia gender a ekologia ludzkiej seksualności*[27]. Na liście lektur książeczka Peeters zajmuje miejsce drugie. Tematy zajęć (Główne elementy ideologii gender; Ideologia gender

---

[25] L. Mills, *Russian lawmaker is Putin's conservative champion*, http://bit.ly/1ecaXqm, dostęp: 18.03.2014.

[26] M. Lipman, *The battle over Russia's anti-gay law*, http://nyr.kr/1pBdUCA, dostęp: 18.03.2014.

[27] http://bit.ly/1i1bGtv, dostęp: 18.03.2014.

a demografia i ekologia; Gender mainstreaming) zdają się na niej opierać. Kompetencje studentów dotyczą umiejętności określenia i uzasadnienia swojego stanowiska wobec ideologii gender. I niech no pełnomocniczka Kozłowska-Rajewicz upiera się dalej, że ideologia gender nie istnieje[28].

Ogół populacji może natomiast za pomocą platformy e-learningowej dokształcać się na „pierwszym interaktywnym kursie antygenderowym" u księdza Oko. Zakładając, że przygotowanie projektu e-learningowego potrafi zająć i pół roku, już co najmniej od września Katolickie Stowarzyszenie Dziennikarzy wiedziało, że gender zaatakuje i trzeba się będzie bronić. Materiały szkoleniowe to wybór tekstów autorów, których połączył wstęp do Peeters: Guz, Hoser. Ośrodkiem tej osi – Belgia, Francja, Polska – wydaje się w Polsce abp Hoser, z jego francusko-belgijską historią zawodową, o której opowiada w *Bóg jest większy*. Przypadkiem w tym samym czasie we Francji, przed głosowaniem w sprawie raportu Lunacek, podobnie straszono rodziców[29], że nowy program edukacyjny ma na celu „molestowanie dzieci".

Nie twierdzę jednak, że – jeśli mogę przewrotnie zacytować „Wprost" – coś jest tu „sprytnie ukryte". Nie widzę spisku. Przeciwnie, wszystko jest jawne i dość oczywiste: Konferencja Episkopatu Polski, Papieska Rada ds. Rodziny, Papieska Rada Cor Unum, Katolicka Agencja Informacyjna, Katolickie Stowarzyszenie Dziennikarzy wraz z jego oddziałem telewizyjnym nagradzającym zdjęcie *Tego ognia już nic nie ugasi*[30] i „Fronda" z ich

---

[28] *Kozłowska-Rajewicz: Gender to wymyślony wróg Kościoła. Lepiej mówić „równouprawnienie"*, vhttp://bit.ly/1jdSz2d, dostęp: 18.03.2014.
[29] *Rodzice nie chcą gender. Ruszył bojkot szkół!*, http://bit.ly/1maqcSv, dostęp: 18.03.2014.
[30] *Nagroda za „Najlepszą fotografię patriotyczną roku 2013"*, http://bit.ly/1gxogDg, dostęp: 18.03.2014.

„szkolną strażą antygenderową"[31], czyli siłą, którą będzie można wkrótce modelować, przekształcać i rozszerzać, mówią to samo: gender trzeba zdusić w zarodku, bo inaczej gender zniszczy Polskę. Trzeba się bronić. A ZNP może sobie protestować[32].

JAK WYŁĄCZYĆ TEN FILM?

Ciekawa jestem, gdzie ukrywa się to światowe lobby, przed którym ostrzega Hoser, Guz i Peeters, gdzie te macki, które zdołałyby wymazać seksualną histerię z naszej codzienności. Gdzie czarodziejskie zaklęcie, które pomogłoby przywrócić świat na powrót do stanu, w którym nikt nie słyszał o programowym wywiadzie Henryka Hosera *Gender groźniejsze od marksizmu*[33]? Ale ono istnieje. Nazywa się Artykuł 257:

> Kto publicznie znieważa grupę ludności albo poszczególną osobę z powodu jej przynależności narodowej, etnicznej, rasowej, wyznaniowej albo z powodu jej bezwyznaniowości lub z takich powodów narusza nietykalność cielesną innej osoby, podlega karze pozbawienia wolności do lat 3.

Warto nauczyć się czegoś od biskupów i świadków – mianowicie tego, że jeśli chce się zmiany, to trzeba wykazać wzrastające poparcie społeczne dla niej. Nie życzysz sobie już więcej słyszeć o potworze genderze? Masz dosyć opowieści o technikach seksualnych innych ludzi, które w ogóle nie powinny cię obcho-

---

[31] *Fronda.pl powołuje szkolną straż przeciw gender*, http://bit.ly/1hhtYZw, dostęp: 18.03.2014.

[32] *Chcesz się uczyć od ks. Oko? Wpłać 90 zł. Stowarzyszenie dziennikarzy poleca kurs antygenderowy Frondy*, http://bit.ly/PoNijw, dostęp: 18.03.2014.

[33] *Gender groźniejsze od marksizmu*, http://bit.ly/O4cdRX, dostęp: 18.03.2014.

dzić? Zaczynasz odnosić wrażenie, że obcy interesują się twoim prywatnym życiem w takim stopniu, że gdy podnosisz klapę od sedesu, przeżywasz moment paranoi, że z toalety łypnie na ciebie jakieś oko? Na imprezie kulturalnej, wykładzie, wernisażu, poczuwasz się do wdzięczności, bo przed wejściem stoi oddział policji w strojach antyterrorystów, żeby cię bronić przed paramilitarną bandą? Domagaj się aktywnie rozszerzenia zakazu mowy nienawiści o płeć i orientację psychoseksualną[34]. Kilka pierwszych procesów, a te i inne zjawiska znikną jak ręką odjął. To jest magiczna odtrutka, to antybiotyk.

Ewidentny pośpiech towarzyszący całej akcji bierze się zapewne i stąd, że zmienia się norma światowa, a koniec cywilizacji nie następuje. Tymczasem katolicy z całego świata zachęcają Franciszka, żeby potępił homofobię[35]. Nie będzie mógł w nieskończoność udawać, że ich nie słyszy. Tym bardziej że arcybiskup Canterbury właśnie to zrobił[36] w odniesieniu do Kościołów afrykańskich.

NIE DA SIĘ NARAZ ZGUBIĆ EUROPY I JEJ ODZYSKAĆ

Amerykańscy predatorzy rozsiewają homofobię w peryferyjnych krajach, żeby tak wzbudzona nienawiść rykoszetem zniszczyła Amerykę. Scott Lively wcale tego planu nie ukrywa[37]. Polscy biskupi gotowi są podważać kompetencje nauczycieli, zachęcać

---

[34] *Mowa nienawiści przestępstwem*, http://bit.ly/1l9U4OQ, dostęp: 18.03.2014.

[35] M. O'Loughlin, *Catholics Urge Pope Francis to Speak Out for LGBT Rights*, http://bit.ly/OuGkmE, dostęp: 18.03.2014.

[36] M. O'Loughlin, *Archbishop of Canterbury to African Churches: Respect Gays*, http://bit.ly/1pBe8cW, dostęp: 18.03.2014.

[37] A. Seitz-Wald, *Evangelicals Are Winning the Gay Marriage Fight – in Africa and Russia*, http://bit.ly/1g8Chsj, dostęp: 18.03.2014.

polityków do lekceważenia konwencji i odgrywania roli Rejtana, Wallenroda i piątej kolumny naraz w ustawionej w charakterze wroga (jeśli akurat nie daje dotacji) Unii Europejskiej.

Nieprzejednanie jest groźną bronią, bo rykoszetuje i odwraca się przeciwko tym, którzy nim walczą (sorry, za pomocą którego się bronią). Co będzie, gdy podjudzani biedni z Afryki, Azji, Oceanii i Ameryki Południowej w końcu zareagują? Zjednoczą się i od Półwyspu Iberyjskiego najadą na zdeprawowany Zachód, aby ten raczej zginął, niż dopuścił do homomałżeństw?

Przy takim rozwoju wypadków można zwyczajnie nie zdążyć z ostatnim elementem planu, czyli przeniesieniem Watykanu do Polski.

Z Elżbietą Korolczuk rozmawia Agata Szczerbiak

DYSKUSJA O GENDER TO ŁABĘDZI ŚPIEW KOŚCIOŁA

Agata Szczerbiak: Od wielu lat działasz na rzecz praw kobiet w Polsce, współorganizujesz warszawskie manify, uczysz na gender studies i prowadzisz badania poświęcone między innymi macierzyństwu. W jakim punkcie, twoim zdaniem, jest dzisiaj polski ruch feministyczny?

Elżbieta Korolczuk: To zależy, do czego go porównamy. Na tle amerykańskiego feminizmu czy ruchu feministycznego w zachodniej Europie lat 6o. i 7o. – które są dla nas punktem odniesienia, bo to tam zaszły głębokie i obejmujące całe społeczeństwo zmiany – wypadamy blado. Ale inaczej nie możemy wypaść. Tamten ruch był wypadkową fermentu całego społeczeństwa, który obejmował różne grupy społeczne i płcie.

Jeżeli patrzymy z perspektywy tego, co dzieje się w regionie, polski ruch kobiecy jest niezwykle aktywny, widoczny w sferze publicznej i odnosi ogromne sukcesy. Poza tym posługuje się różnymi strategiami: „partycypacyjnymi" i „transakcyjnymi" (jak to określili Petrova i Tarrow). Używamy różnych strategii zależnie od kształtu „struktury możliwości politycznych". Wychodzimy na ulice, lobbujemy poprzez instytucje, działamy we współpracy z pełnomocniczką ds. równego traktowania. Chodzimy do mediów, zajmujemy się robotą edukacyjną, oddolną, wspieramy działania na rzecz pomocy poszkodowanym przez pracodawców, a oprócz tego standard, czyli gender studies i działalność badawcza. Dla porównania: w Czechach praktycznie nie ma działań partycypacyjnych, ruch kobiecy jest zredukowany w dużej mierze do NGO-sów. W ciągu ostatnich 20 lat dwa czy trzy razy podjęto tam próbę zorganizowania demonstracji.

Dla mnie na przykład kwestia 35-procentowych kwot, czyli tego, co ostatecznie stało się z parytetem, jest jednak sukcesem. Nie tylko w sensie politycznym (choć na jego efekty trzeba będzie trochę poczekać), ale również w sensie zmiany sposobu myślenia i charakteru debaty. Jeszcze 10 lat temu idea równości na listach wyborczych była traktowana jako dziwactwo, coś nienaturalnego, co zniszczy podstawy chrześcijańskiej cywilizacji. Ostatecznie poparła ją większość społeczeństwa. Oczywiście ten sukces wynika nie tylko z działania ruchów feministycznych, ale też ogromnego rozczarowania polityką. Jednak ruch feministyczny był w stanie wykorzystać to rozczarowanie i zaproponować coś, co ludzie zaakceptowali.

Uważasz to za osiągnięcie ruchu feministycznego, a nie środowiska Kongresu Kobiet?
Według mnie ruch kobiecy obejmuje i Kongres Kobiet, i Porozumienie Kobiet 8 Marca, i grupy, które zajmują się na przykład prawami pracowniczymi. Możemy dyskutować, czy i na ile uczestniczki kongresu są feministkami, część z nich rzeczywiście się w ten sposób nie identyfikuje. Ale moim zdaniem one również są częścią ruchu kobiecego i feministycznego, bo większość ich postulatów ma charakter feministyczny. Nie ma co do tego wątpliwości.

To wszystko brzmi jak pasmo sukcesów...
Nie chciałam, żeby to tak zabrzmiało, ale nie chciałabym również popadać w defetyzm i twierdzić, że ruchu feministycznego w Polsce nie ma, że cały czas tylko się bronimy i siedzimy w okopach.

Nie podzielasz tej opinii?
Nie – ani jako uczestniczka ruchu feministycznego, ani jako socjolożka, która bada ruchy społeczne w Polsce. Mówię to też
z perspektywy osoby, która ma możliwość porównania sytuacji
w Polsce do tego, co dzieje się w innych krajach, ale też w obrębie
innych ruchów społecznych. Z badań, które prowadzę od kilku lat
na uniwersytecie w Södertörn, a obecnie także na uniwersytecie
w Göteborgu, wynika, że na tle aktywizmu społecznego w Polsce
ruch kobiecy, także ta część, którą można uznać za feministyczną, ma się jednak bardzo dobrze. Działamy i jesteśmy w stanie
osiągać sukcesy. To nie oznacza, że jest cudownie – oczywiście
nie jest i ogrom energii, jaką się wkłada w aktywizm, nie przekłada się do końca na konkretne efekty. Ale w ogóle w przypadku
ruchów społecznych wszędzie na świecie rzadko osiąga się im-
ponujące efekty w szybkim tempie.

**Z drugiej strony mija już 25 lat od przełomu '89 roku. Czy
rzeczywiście tak zwane środowiska kobiece zrobiły wszystko,
żeby wszyscy w tym kraju zrozumieli, że równość jest nam
naprawdę potrzebna, że warto o nią walczyć?**
Nie wiem, czy wszystko, pewnie nie, jak zawsze. Ale biorąc
pod uwagę warunki, w których funkcjonujemy, zrobiły bardzo
wiele. Często słychać głosy, że „środowiska feministyczne"
nie przekonały tak zwanych zwykłych kobiet, bo nie znalazły
odpowiedniego języka. Albo nie były w stanie przekonać do
siebie większości społeczeństwa. To jest narracja zdroworoz-
sądkowa, świetnie się sprzedaje, bardzo łatwo jest wydać taki
osąd, tylko że to jest pogląd, a nie analiza sytuacji. Nikt nie zrobił porządnych ogólnokrajowych badań poświęconych temu,
jak odbierane są konkretne postulaty feministyczne oraz sam
ruch, bardzo przecież zróżnicowany. Wizja tego, co ludzie myślą

o feministkach, opiera się często na czytaniu komentarzy na forach internetowych.

Co do postulatów, to niektóre z nich, jak dostęp do aborcji, są popierane przez blisko połowę społeczeństwa, inne, jak parytety, przez zdecydowaną większość. A gdyby zapytać, czy kobiety powinny być dyskryminowane tylko z powodu płci, okazałoby się, że ogromna większość jest zdecydowanie przeciwna, czyli mamy w Polsce szerokie poparcie dla feminizmu. Biorąc pod uwagę trendy globalne, polską politykę partyjną i to, co się dzieje w mediach, uważam, że ruchy kobiece osiągnęły stosunkowo dobrą pozycję – mimo wszystko są traktowane jako ważny głos w debacie.

Ale jak to ma się na przykład do obecnej „wojny dżenderowej"?
Biorąc pod uwagę tabloidyzację mediów, która osiągnęła nieprawdopodobny poziom, i upolitycznienie Kościoła katolickiego, ruchy kobiece zrobiły bardzo dużo, żeby zmienić debatę o równości. To między innymi dzięki działalności Porozumienia Kobiet 8 Marca i manifom nastąpiło przejście od mówienia w Dniu Kobiet o pięknych paniach, które dostawały rajstopy i tulipany, do informowania o tym, ile kobiety zarabiają, o tym, że są dyskryminowane na rynku pracy i częściej padają ofiarami przemocy.

Natomiast dyskusja na temat gender jest dla mnie łabędzim śpiewem Kościoła. Poziom emocjonalnego zaangażowania, pogubienia i propagandowej manipulacji to dla mnie dowód na to, że Kościół wie, że traci poparcie, i jest w stanie zrobić wszystko, żeby utrzymać swoją hegemoniczną pozycję. Ale ta strategia to kopanie sobie grobu, na którym, mam nadzieję, zatańczymy. Ilość kłamstwa, jaka wylewa się z kościołów, alienuje dużą grupę osób, które chciałyby czuć się z Kościołem związane, ale nie chcą Kościoła integrystycznego, zacietrzewionego, który mówi głosem Nycza czy Pieronka.

Czyli według ciebie postawa Kościoła wynika z tego, że równościowy projekt zaczyna mieć wpływ na rzeczywistość?
Tak, ale nie tylko. Moim zdaniem to wynik kilku różnych procesów. Z jednej strony to jest proces laicyzacji, który trwa w wielu rozwiniętych krajach, ale chodzi też o zmiany dotyczące funkcjonowania rodziny w Polsce. Zauważmy, że leitmotivem całej tej dyskusji jest kwestia rodziny. Że gender niszczy rodzinę...

...i polski naród.
Element nacjonalizmu w dyskursie kościelnym jest obecny właściwie w każdym obszarze, czy to dotyczy *in vitro*, aborcji, czy edukacji równościowej. Tylko że to jest kategoria, która traci w obecnym świecie znaczenie, jakie można było jej nadać w XIX wieku czy jeszcze w latach 80. XX wieku. W tym sensie Kościół odwołuje się do takich narracji i emocji, które są w stanie zmobilizować najbardziej konserwatywną część społeczeństwa.

A polskie społeczeństwo w praktyce nie jest, wbrew pozorom, tak konserwatywne, jak deklaruje. Pokazują to wszystkie badania socjologiczne – owszem, deklarujemy miłość do rodziny, przywiązanie do wartości konserwatywnych, ale w praktyce podejmujemy decyzje, które są już zupełnie oderwane od tych deklaracji: uprawiamy seks bez ślubu i niekoniecznie z jedną osobą, używamy środków antykoncepcyjnych (jeśli nas na to oczywiście stać), coraz więcej osób nie decyduje się na dzieci, które podobno tak wszyscy kochamy, coraz więcej dzieci rodzi się poza małżeństwem. Jak to się ma do deklaracji? Nijak. Polska hipokryzja działa w dwie strony, a ostatecznie większość ludzi wybiera to, co wymaga od nich mniej wysiłku.

Bo na postawy deklarowane wpływa kościelna indoktrynacja.
Właśnie. Kościół rzeczywiście za pomocą dyskusji o gender z jednej strony chce zablokować procesy związane z wejściem

do Unii Europejskiej, na przykład wprowadzanie *gender mainstreaming* czy edukacji równościowej, które na poziomie instytucjonalnym wprowadzają formalną równość jako uwzględnianie potrzeb i interesów kobiet i mężczyzn. A z drugiej strony – to reakcja na widoczność i siłę środowisk takich jak Kongres Kobiet, które nie pojawiły się przecież z księżyca, tylko na bazie wieloletniej działalności feministek. Ale jest to również reakcja na zmiany w obrębie rodziny, które Kościół ma nadzieję zahamować za pomocą wzbudzania lęku przed ostatecznym rozpadem cywilizacji.

I to jest dość ciekawe – według księży to nie ludzie decydują o tym, że coraz więcej dzieci rodzi się poza związkami sakramentalnymi, że jest coraz więcej związków, których Kościół nie zatwierdza, że tworzą się nowe formy rodziny, związki homoseksualne i tak dalej. Nie oni, tylko *gender make you do it* – „to gender sprawia, że to robicie". Jest w tym wiara, że jeżeli powstrzymamy gender, to wrócimy do ideału heteroseksualnej, nuklearnej rodziny, który notabene nigdy nie był ani jedyny, ani tak powszechny, jak się często myśli. Ten rodzaj narracji nie uwzględnia faktu, że to jednak konkretni ludzie ostatecznie wybierają takie, a nie inne formy funkcjonowania rodzinnego – nie dlatego, że są zindoktrynowani przez gender, tylko dlatego, że kontrola społeczna sprawowana przez Kościół, rodzinę i lokalne środowiska w nowoczesnym świecie już nie działa tak sprawnie. Nie jestem optymistką dlatego, że wierzę w linearną narrację postępu, bo nie wierzę – wydaje mi się, że jeśli w ogóle istnieje coś takiego jak postęp, to jest to raczej amplituda. Natomiast wierzę w to, że ludzie, jeżeli tylko mogą, wybierają rozwiązania łatwiejsze i przyjemniejsze.

Kilka lat temu Ewa Charkiewicz zarzucała części środowiska feministycznego, że „polski dyskurs feministyczny posługuje się bardzo uproszczoną siatką pojęciową. W jej skład wcho-

dzi formalna równość, dyskryminacja i stereotyp. Feminizm
w tym wydaniu to walka ze stereotypem. Zamknięcie feminizmu w tych ramach w żaden sposób nie podważa panującej
władzy, można być akceptowaną na salonach feministką, mieć
ciastko i zjeść ciastko". Jak się do tego odniesiesz?

Uważam, że Ewa Charkiewicz ma dużo racji. A przynajmniej
wtedy ją miała. Paradoksalnie, ona też nie uwzględniła i nie
uwzględnia do dzisiaj tych głosów, które mają o wiele bardziej re-
wolucyjny charakter i są zakorzenione w zupełnie innym rodzaju
krytyki, jak na przykład krytyka postkolonialna, ale nie przebijają
do mainstreamowych mediów, a często też nie są w stanie przebić się w dyskusji wewnątrz środowiska. Choć dla mnie równie
ważnym problemem jest to, że nie umiemy znaleźć języka, który
byłby językiem emocji, za pomocą którego bylibyśmy w stanie
przekazać, dlaczego to, co robimy, jest tak ważne. Nie potrafimy,
albo rzadko potrafimy przekonać ludzi, że to walka o sprawiedliwość, równość i brak przemocy są motorem naszego działania,
nie potrafimy też przekonać innych, jak ważne jest, by stały się
one motorem funkcjonowania naszego społeczeństwa.

Ale dlaczego nie jesteśmy w stanie tego przekazać?
Moim zdaniem dlatego, że nie ma takiej przestrzeni publicznej
w Polsce, w której moglibyśmy dyskutować i uznać, że nasze
racje są równe. *Öffentlichkeit* nie istnieje. Możemy jedynie próbować osiągać kompromisy, które nie będą zgniłymi kompro-
misami (jak aborcyjny). Moim zdaniem to nie jest specyfika
naszego ruchu kobiecego, ale ruchów społecznych w ogóle, nie
tylko polskich. Hasła, którymi posługiwano się w latach 60.
czy 70., nie dają się w oczywisty sposób przełożyć na dzisiej-
szą rzeczywistość społeczną czy polityczną i trzeba im nadać
odpowiednią formę.

W przypadku feminizmu wydawało się, że taką formą jest *gender mainstreaming*, który łatwo daje się wprowadzić w sferę instytucjonalną. I rzeczywiście język, którym posługuje się Kongres Kobiet, czyli język formalnej równości i walki ze stereotypami, który Ewa Charkiewicz krytykuje, jest skuteczny. Tylko że za pomocą takiego języka daje się wyodrębnić jedynie określony rodzaj problemów, wyrazić interesy czy potrzeby tylko pewnej określonej grupy kobiet, głównie tych należących do klasy średniej. Nie da się za jego pomocą wyrazić upokorzenia kobiet, które są zbyt biedne na aborcję, albo tych, które pracują za grosze i nie mogą za to przeżyć. Nie da się nim opowiedzieć czy zrozumieć za jego pomocą sytuacji kobiet, których byli mężowie nie płacą alimentów, a którym anonimowi internauci mówią: jak jesteś za biedna na dziecko, to się wysterylizuj. To język nienawiści i głębokiej pogardy związanej nie tylko z płcią, ale i z klasą, na który *gender mainstreaming* nie pomoże.

W takim razie, czy używanie tego języka służy sprawie?
Służy części sprawy. Nie sądzę, żeby istniał jakikolwiek uniwersalny język feministyczny, który trafi do wszystkich ludzi na Ziemi. I moim zdaniem my go wcale nie potrzebujemy. Potrzebujemy widoczności i słyszalności różnych głosów, potrzebujemy wewnętrznej debaty na temat relacji między feminizmem a neoliberalizmem, dyskusji dotyczącej tego, na ile feminizm jest i powinien być lewicowy. Moim zdaniem musi być lewicowy, bo inaczej nie ma żadnego sensu.

Chodzi ci o debatę wewnątrz środowiska?
Tak, ale ona częściowo rozlewa się na zewnątrz. Debata między Kongresem Kobiet a częścią środowisk lewicowych w obrębie feminizmu odbywa się częściowo w sferze publicznej, na przy-

kład w „Gazecie Wyborczej". To, co mnie irytuje i boli, to fakt, że osoby, które mają hegemoniczną pozycję w tej debacie, które mają dostęp do sfery publicznej, nie próbują podjąć tej rozmowy jako debaty ideologicznej, debaty o wartościach, strategiach, tylko traktują to często jako dyskusję personalną. I to jest cecha specyficzna polskich ruchów społecznych, polskiej sfery publicznej. Nie prowadzi się dyskusji światopoglądowych, tylko debaty o charakterze spersonalizowanym. Przedstawia się je w formie konfliktu między panią A i panią B, a nie sporu wizji feminizmu jako sprzymierzeńca neoliberalnych reform z wizją feminizmu jako opcji lewicowej, która powinna bronić przede wszystkich najsłabszych, w tym ekonomicznie najsłabszych.

Na czym miałaby polegać strategia emocjonalna, o której mówiłaś?
To jest dokładnie to, co próbowała zrobić Kasia Bratkowska, upolitycznienie doświadczenia i związanych z nim uczuć. Bratkowska mówiła o emocjach kobiet, które chcą lub muszą dokonać aborcji, i próbowała przebić się z tym indywidualnym doświadczeniem przez rytualny dyskurs przedstawiający aborcję jako zło konieczne albo zabijanie dzieci nienarodzonych. Niestety, problem polega na tym, że media z chęcią podchwyciły wątek osobisty i indywidualny, umieszczając całą dyskusję z powrotem w sferze prywatnej. Dyskusja skoncentrowała się na tym, czy Bratkowska jest w ciąży, czy nie, czy używała środków antykoncepcyjnych...

... oraz oczywiście na tym, czy dokona aborcji w Wigilię.
Więc osoby takie jak Dominika Wielowieyska poczuły się obrażone tym, że kobiety ośmielają się przeprowadzać aborcję w Wigilię, i na dodatek ogłaszać to publicznie. Ta strategia jest trudna do przeprowadzenia i niebezpieczna, bo to, z czym

mamy do czynienia w sferze publicznej i w mediach, to indywidualizacja problemów społecznych i emocjonalizacja problemów politycznych.

Chodzi też o to, żebyśmy jako osoby zaangażowane w ruch społeczny były w stanie przekazać ludziom, dlaczego to robimy i z jakiego powodu jest to takie ważne. Chodzi o przekazanie poczucia wspólnoty, które wiąże się z działaniem na rzecz zmiany i z byciem feministką. Nie robimy tego dlatego, że lubimy nieustannie walczyć z ludźmi typu pan Oko. Mamy z tego wiele pozytywnych emocji, na przykład poczucie bliskości z innymi ludźmi, robienia dobrej roboty, otwierania przestrzeni dla kobiet i mężczyzn, w której oni mogą być po prostu szczęśliwsi i przestać bać się tego, co powiedzą o nich inni.

Tylko nie wiadomo, jak to się dzieje, że jesteśmy wszyscy razem 8 marca, ale na co dzień zostajemy z poczuciem, że prawie na nic w tym kraju nie mamy wpływu.

Mamy wpływ. Choćby na to, co się dzieje w naszym otoczeniu. Identyfikując się od 20 lat jako feministka, wywieram wpływ na przykład w mojej rodzinie, w otoczeniu, wśród moich znajomych, przyjaciół.

Chodzi mi o wpływ na władzę, na politykę parlamentarną. O to, że co jakiś czas dowiadujemy się o różnych dziwnych i uwsteczniających pomysłach, czując się w tej sytuacji zupełnie bezbronne.

Te dwie przestrzenie są powiązane. W Polsce w ogóle jest problem z zaangażowaniem w kwestie publiczne czy działanie na rzecz innych, także dlatego, że mamy poczucie, że to jakiś rodzaj misji czy powołania, wielka rzecz, a tymczasem to po prostu życie.

Czego wymaga takie zaangażowanie?

Moim zdaniem wiary nie tylko w to, że jesteśmy w stanie zmienić coś na poziomie politycznym, na przykład ustawę antyaborcyjną. Musimy wierzyć też w to, że nasze działanie jest dla nas dobre, że coś nam dobrego na co dzień daje, po prostu. Jeżeli mamy to poczucie, jest nam o wiele łatwiej zaangażować się w długotrwałe i trudne działania, które mają przynieść konkretne efekty polityczne. Te dwa poziomy są ze sobą bezpośrednio powiązane. Wiem, jak to zabrzmi, ale moim celem, także jako feministki, nie jest przecież jakaś abstrakcyjna wartość pod tytułem „równość płci", tylko poczucie spełnienia, szczęścia. Mam wrażenie, że środowisko feministyczne podtrzymuje racjonalistyczną wizję ludzkiego funkcjonowania, w ramach której trzeba przekonywać innych do pewnego rodzaju światopoglądu obiektywnym językiem, na podstawie badań i tak dalej. Oczywiście musimy to robić, ale nie możemy zapominać o tym, że ludzie angażują się, bo czegoś potrzebują, bo coś czują, czegoś pragną. W tym sensie ruchy prawicowe są skuteczniejsze nie tylko dlatego, że operują uproszczoną wizją świata, ludzkiego funkcjonowania czy aintelektualnym aparatem pojęciowym...

...na przykład lękiem przed zmianą...

...ale również dlatego, że odwołują się do pozytywnych emocji, które wynikają z bycia razem. Oczywiście nie chcemy uruchamiać tego rodzaju wspólnoty, która wynika jednak przede wszystkim z poczucia zagrożenia i lęku, ale nie możemy o tym zapominać. Jeżeli mogłybyśmy się czegoś nauczyć z doświadczeń lat 60. czy 70., to być może właśnie tego, jak przekazać ludziom pozytywne emocje wynikające z działania na rzecz zmiany, z bycia razem.

Kolejna kwestia to problem języka przekazu, strategii medialnej. Przeprowadziłyśmy kiedyś dyskusję dotyczącą aborcji i zadałyśmy sobie pytanie: czy powinnyśmy próbować podobnych strategii, jakie stosuje druga strona, czy powinnyśmy odwoływać się do lęku? Czy jeśli oni mają na sztandarach szczątki płodu, to my powinnyśmy mieć kobiety, które zmarły wskutek nielegalnej aborcji w podziemiu? Moim zdaniem powinnyśmy. Można by przypomnieć w ten sposób na przykład historię młodej kobiety z Piły, której lekarze odmówili pomocy, bo uznali, że uskarżając się na bóle w ciąży, próbuje wymusić aborcję.

Tylko musimy zdawać sobie sprawę z tego, z jakimi niebezpieczeństwami to się wiąże. Taki przekaz łatwo może być pożarty i przeżuty przez tabloidy. Co gorsza, może jeszcze bardziej zawęzić pole debaty i używany w niej język już tylko do emocji, indywidualnych przypadków i tragedii, wskutek czego może zginąć w tym wymiar polityczny i społeczny całego problemu. To ogromne ryzyko, ale nie wiem, czy mamy inne wyjście.

Jeżeli tylko rodziny poszkodowanych godzą się na to, to moim zdaniem naszym obowiązkiem jest mówienie o realnych kosztach obowiązującego prawa, które te kobiety poniosły. Naszym obowiązkiem – feministek, które rzadko bywają ofiarami tego prawa ze względu na dostęp do różnych kanałów pomocy, sieć wsparcia i tym podobne – jest mówienie o tych kobietach, które tego wszystkiego nie miały. Po to to wszystko robimy. Żebym pomagać tym, którzy nie mają uprzywilejowanej pozycji, jaką my mamy w sensie ekonomicznym, wiedzy, wykształcenia.

To, jak to zrobić, jest pytaniem otwartym. Na pewno ostrożnie. Nie możemy wykorzystywać tych historii, tych osób, tragedii, nie możemy nimi manipulować tak jak środowiska „cywilizacji lęku" manipulują życiem kobiet. Ale jest to jeden z niewielu sposobów na to, by pokazać, czym jest to prawo, do czego ono prowadzi. Bo to, co próbowała pokazać Kasia Bratkowska, to jest właśnie ta potworna hipokryzja, w ramach której Dominika

Wielowieyska oburza się, że ktoś chce w Wigilię usunąć ciążę, a nie zastanawia się nad tym, co przeżywają kobiety, które chcą czy muszą to zrobić, ale nie mają pieniędzy, znajomych, kontaktów. One są sprowadzone do parteru przez uprzywilejowane paniusie, siedzące w swoim wygodnym foteliku i mówiące: „ach, poczułam się, jakby ktoś dał mi w twarz". Te osoby nie zastanawiają się, jak się czują kobiety, którym codziennie ktoś daje w twarz, nie pozwalając im podejmować podstawowych decyzji dotyczących ich życia ani polepszyć statusu ekonomicznego, żeby na przykład mogły sobie kupić to, na co panią Wielowieyską stać, czyli wolność. Dla dotychczasowego języka, jakim się posługiwałyśmy – naukowego, racjonalnego – właściwie nie ma miejsca w mediach. Trafia w próżnię.

Z Zuzanną Radzik rozmawia Agata Diduszko-Zyglewska

NAJLICZNIEJSZĄ GRUPĄ, KTÓRA UCIEKŁA Z KOŚCIOŁA NA PRZESTRZENI OSTATNICH 20 LAT, SĄ KOBIETY

Agata Diduszko-Zyglewska: Kościół katolicki rozpętał ostatnio dosyć histeryczną burzę wokół teorii gender. Czy sądzisz, że ten termin istniał w ogóle wcześniej w świadomości polskich katolików i katoliczek?

Zuzanna Radzik: Samo słowo, ponieważ jest obce, pozostaje pewnie niezrozumiałe dla wielu osób. Myślę, że jest tu pewien rozziew wynikający z różnic edukacyjnych. Są katoliczki, które skończyły uczelnie i siłą rzeczy słyszały słowo „gender" w pozytywnym kontekście, są takie, które pracują przy projektach unijnych, piszą wnioski jedną ręką i używają słowa *gender mainstreaming* codziennie w ramach pracy. To jest też kwestia pokoleniowa – jak ktoś skończył uniwersytet piętnaście lat temu, to są większe szanse, że nie słyszał tam tego słowa niż ktoś, kto skończył studia dwa lata temu.

Moje doświadczenie jest takie: gender jako postulat pewnej zmiany społecznej istniał na uczelni od wielu lat i nikt nie twierdził, że to coś złego. Podejrzewam, że większość kobiet, które mają podobne zaplecze społeczne do mojego, nie weźmie na poważnie tego, co teraz mówią na ten temat różni biskupi. One po prostu myślą: chłopaki, nie wiecie, o czym mówicie. Ale inni mają odruch posłuszeństwa: skoro biskupi mówią, że coś jest nie tak, to może rzeczywiście tak jest. Bo trzeba w tym miejscu chyba jednak dodać, że wśród większości aktywnych, zaangażowanych katolików postulat równościowy nie jest bardzo popularny.

Ta propagowana przez Kościół „tradycja" w istocie była tradycją wąskiej grupy ludzi w krótkim okresie nowożytnej historii, bo przecież sytuacja, kiedy zarobki jednej dorosłej osoby wystarczają na utrzymanie całej rodziny jest luksusowa. Czy współczesne kobiety katoliczki rzeczywiście świadomie pielęgnują ten nierealny dla większości z nich model rodziny?

Pytanie brzmi, kogo masz na myśli, pytając o kobiety katoliczki, bo jeżeli chodzi ci po prostu o kobiety ochrzcone, to reprezentatywne dla tej grupy są raczej kobiety, które nie chodzą do kościoła (ponieważ stanowią większość) niż te ze stowarzyszenia kobiet katoliczek. W Stanach Zjednoczonych mówią, że drugim wyznaniem po katolicyzmie są u nich byli katolicy. W Polsce jest podobnie.

Według kościelnych statystyk tylko około 30 procent ochrzczonych chodzi do kościoła.

Tak, a najliczniejszą grupą, która uciekła z Kościoła na przestrzeni ostatnich 20 lat są kobiety. Trudno się dziwić – jest to grupa, której różne rzeczy w Kościele mogą najbardziej doskwierać. Kiedy pisałam w „Tygodniku Powszechnym" o tym exodusie, wyraziłam nadzieję, że te, które decydują się odchodzić, będą odchodziły z hukiem; że przed odejściem powiedzą głośno o powodach swojej decyzji, żeby to zostało odnotowane. Ten proces często dotyczy młodych kobiet. Wchodzą w związki, rodzą dzieci – i stają choćby przed dylematami związanymi z antykoncepcją. Wiele z nich bez wahania jej używa, ale wtedy stają przed problemem, co robić w trakcie spowiedzi. Kłamać przez następne 30 lat aż menopauza je z tego wyzwoli?

Gdyby ktoś zrobił badania w tym kierunku, to nie wiem, czy nie wyszłoby, że właśnie stosunek do antykoncepcji to najbardziej obfitujący w straty osobowe obszar w Kościele. W każdym razie sama znam takie osoby i mam wrażenie, że jest to temat dyskutowany przez wiele katoliczek, którym nie jest obojętne, jak się ustosunkują do nauczania Kościoła. Ten rozziew między nauczaniem i praktyką widać teraz w spływających do Watykanu wynikach przedsynodalnej ankiety dotyczącej życia rodzinnego.

Kobiety są w Kościele uprzedmiotowione, ale jak przeczytałam ostatnio w tekście Małgorzaty Bilskiej w „Tygodniku Powszechnym", wynika to z rozziewu pomiędzy tym, co mówią biskupi a nauczaniem Kościoła. Bilska przywoływała prace podkomisji episkopatu powstałej dzięki wsparciu kardynała Wyszyńskiego, która w 1985 roku stworzyła Raport o Sytuacji Kobiet zawierający „do dziś niezrealizowane zalecenia duszpasterskie, na przykład: akcentować przede wszystkim człowieczeństwo kobiety, zawsze pełnowartościowe, niezależnie od tego, czy żyje samotnie, czy w małżeństwie; macierzyństwo ujmować w kategoriach wybranego posłannictwa, a nie instynktu; zapoznać duchowieństwo z nauką soboru i ostatnich papieży o kobiecie, w formacji seminaryjnej, a także poprzez publikacje i rekolekcje dla kapłanów dążyć do tego, aby ich wypowiedzi na temat kobiety były zgodne z tą nauką".
Najbardziej radykalne w tym raporcie były fragmenty pokazujące świadomość mechanizmów, które teraz są wypierane lub manipulowane przez antygenderowców. Niestety współczesna humanistyka jest raczej nieobecna na seminariach teologicznych, więc całe pokolenia księży i biskupów wyrosły bez kontaktu z tym, co się dzieje współcześnie w innych dziedzinach niż filozofia – i to raczej z pierwszej niż drugiej polowy XX wieku.

Czy to możliwe, że osoby z wyższej hierarchii kościelnej nie znają tego raportu i innych dokumentów dotyczących spraw kobiet wydawanych przez kolejnych papieży?

Na pewno wszyscy słyszeli coś o podstawowych dokumentach, ale bywają używane raczej wybiórczo. Można wziąć encyklikę *Mulieris dignitatem* Jana Pawła II i powiedzieć: papież mówi, że kobieta jest powołana do macierzyństwa. Wybiórcze cytowanie pozwala udowodnić taką tezę.

W Polsce brakuje niestety akademickiego środowiska teolożek, bo na wydziałach teologii pracują niemal sami mężczyźni, dlatego brakuje też kobiecej teologii, która istnieje na Zachodzie. Istnieje ona również w Afryce, w Ameryce Południowej (często opiera się na teologii wyzwolenia) i formułuje bardzo ciekawe, czasem także bardzo radykalne, refleksje na podstawie doświadczeń kobiecych.

Czy to znaczy, że kobiety nie studiują teologii? Ty sama jesteś absolwentką tych studiów.

Większość świeckich studiujących na teologii to kobiety, bo przecież po teologii można zostać katechetą, a nauczycielstwo to zawód sfeminizowany. Ale teologia to przede wszystkim szkoła zawodowa dla księży. Już miażdżąca większość doktoratów należy do mężczyzn, nie wspominając o profesorskich stanowiskach.

Jak wygląda program studiów?

Oprócz śpiewu liturgicznego i spowiadania miałam takie same zajęcia jak moi koledzy księża. To była naprawdę szkoła zawodowa. Lista tematów obejmowała języki, Biblię, współczesną teologię i naukę społeczną, prawo kanoniczne. Szeroko, ale czasem płytko. Zawsze kiedy mam na końcu języka, że księża jeszcze powinni się uczyć zarządzania parafią, menadżerstwa, psychologii czy ekonomii, to przypominam sobie, jak wygląda ten program.

Nie wymagajmy może, żeby księża uczyli się wszystkiego i znali na wszystkim. W Kościele brakuje nie tyle edukacji, co komunikacji i stosowania zasady pomocniczości, o której tyle uczono nas na katolickiej nauce społecznej. Byłoby dobrze, gdyby biskupi, kiedy piszą list w sprawie kobiet, nie robili tego w komisji złożonej z samych biskupów i wspartej nieliczną grupą doradców, w której są kolejni panowie i na samym końcu może dwie czy trzy panie – wszystkie blisko związane z diecezjami. Jest oczywiste, że biskupi nie mogą być ekspertami we wszystkich kwestiach, dlatego powinni obowiązkowo konsultować się z ekspertami.

W polskim Kościele wierni mają tendencję do postrzegania wyższej hierarchii kościelnej jako ludzi natchnionych szczególną wiedzą czy mądrością. Wynika to pewnie z tego, że jeszcze sto lat temu księża byli lepiej wykształceni niż większość wiernych. Teraz sytuacja wygląda inaczej, ale hierarchowie chętnie wchodzą w tę tradycyjną rolę...
To jest kwestia mentalności i sposobu zarządzania, bo przecież w tym samym Kościele katolickim z tą samą konstytucją hierarchii są kraje, gdzie świeccy są w o wiele większym stopniu włączeni w działania operacyjne: w biurach diecezji pracują nie tylko księża, ale też moje koleżanki teolożki. Kiedyś poznałam dziewczynę, która w amerykańskiej kurii zajmowała się sprawami małżeństw mieszanych; tym, jak małżeństwa chrześcijańsko--żydowskie albo chrześcijańsko-muzułmańskie mają wychowywać dzieci. Dla mnie jej historia była opowieścią z innej galaktyki. To było dziesięć lat temu i w Polsce dalej nie ma pomysłu, że kompetentni świeccy mogliby pracować w diecezjach za normalną godną pensję jako eksperci zajmujący się sprawami, do których trzeba konkretnej wiedzy.

To niestety syndrom odchodzenia polskiego Kościoła od samej idei Kościoła powszechnego, który obejmuje przecież nie tylko duchownych. Każdy katolik to podnosi: Kościołem są wszyscy, cała wspólnota.

Póki co rola świeckich jest najczęściej doradcza. Rady episkopatu składają się z biskupów i doradców. Doradcy mogą coś rekomendować, ale nie mają prawa głosu czy zawetowania czegokolwiek. Zmiana tej sytuacji jest oczywiście trudna – bo gdyby doradcy mieli odgrywać istotniejszą rolę, to kto i jak miałby ich wybierać? Nie wiem, czy cieszyłabym się z takiej reprezentacji jak panie z Akcji Katolickiej czy ze Stowarzyszenia Kobiet Katolickich, które jakiś czas temu stwierdziły w publicznej dyskusji, że kobieta nie może zostać papieżem, ponieważ menstruacja przyćmiewa funkcje intelektualne. Prawdziwe pytanie, to jak włączyć świeckich nie tylko w fasadowy sposób i nie tylko takich, którzy we wszystkim zgadzają się z hierarchią. Tu jednak mam wrażenie, że polski świecki katolik dość łatwo oddaje pole i chętnie staje się biernym usługobiorcą.

Ty jesteś katolicką feministką, ale czy w Polsce istnieje katolicki feminizm jako ruch, kierunek refleksji?
Ruch to zbyt duże słowo. Jest ileś kobiet, które nawzajem o sobie wiedzą – teraz bardziej je widać, w kontekście medialnej wrzawy wokół teorii gender. Pytanie, czy one zgodziłyby się, żeby je nazwano katolickimi feministkami, bo to znane zjawisko w Polsce, że kobiety mówią jestem za tym, za tym i za tym, ale nie jestem feministką! To jest różnorodne grono. Podejrzewam, że część z nich – w przeciwieństwie do mnie – uznaje postulat kapłaństwa kobiet za przesadę.

Co bardzo trudno zrozumieć ze świeckiego punktu widzenia. Opisywałaś na blogu akcję aktywistek, które w czasie ostat-

niego konklawe wypuściły na placu Świętego Piotra w Rzymie różowy dym, co zostało uznane w świecie katolickim za niezwykle radykalne działanie.

Tak, część mediów od razu uznała, że za akcją stoi Femen, bo nie byli w stanie przyjąć, że jakieś mniej radykalne kobiety mogą mieć poczucie, że kapłaństwo kobiet to coś naturalnego. Ta akcja wymagała zresztą od tych kobiet skomplikowanych zabiegów logistycznych, bo nie mogły przewieźć tego środka chemicznego do robienia dymu samolotem, więc nawiązały kontakt z pewnym teatrem w Rzymie. Potem miały trudności z odpaleniem tego sprzętu. Bo to wszystko było spontaniczne – one zwyczajnie się skrzyknęły, kupiły bilety za własne pieniądze i przyleciały tam. To były Amerykanki, Angielki i Kanadyjki. Chciały zrobić coś widocznego i udało im się. Ta ich akcja zapoczątkowała całą serię podobnych wydarzeń – ludzie postanowili wyrażać swój protest przeciwko sytuacji w Kościele poprzez wypuszczanie różowego dymu pod instytucjami kościelnymi.

Wierzę w siłę tego rodzaju happeningów, zwłaszcza w momencie, kiedy nikt nie zaprasza cię do stołu, żeby porozmawiać o danym problemie. Kiedy w ogóle nie ma mowy o rozmowie. Bo dopiero kiedy druga strona zobaczy w tobie partnera, można zacząć prowadzić kompetentną rozmowę.

Dlaczego formułowane przez kobiety pragnienie udziału we władzy i we współdecydowaniu w najbardziej kluczowych sprawach w instytucji, która ma wpływ na losy milionów ludzi, a zatem w połowie także kobiet, jest traktowane jako uzurpacja? Jak to możliwe, że takie ujęcie tematu jest akceptowane? Dlaczego kobiety się na to zgadzają?

Pamiętam, że kiedy studiowałam teologię i mówiono nam, że kapłaństwo kobiet jest wykluczone, to myślałam sobie:

a po co kobietom kapłaństwo? Ale wtedy też mówiłam o sobie: teolog, a teraz używam już słowa: teolożka i poprawiam wszystkich, którzy nazywają mnie inaczej. Jestem też pewna, że kapłaństwo kobiet nie jest niczym niemożliwym. Ale wciąż pamiętam siebie z czasu, kiedy nie postrzegałam tej kwestii jako problemu.

Myślę, że dużą rolę w dostrzeżeniu wartości i istotności kapłaństwa kobiet ma obcowanie z innymi grupami religijnymi, w których przywództwo kobiet jest obecne i nie jest niczym niezwykłym. Dla mnie bardzo istotne było doświadczenie kontaktu z liberalnym judaizmem, ze szkołami rabinicznymi, w których większość stanowią dziewczyny, świetne dojrzałe babki, 40-latki, 50-latki, które mają rodziny, odchowane dzieci. Kiedy prowadzą liturgię, gołym okiem widać, że akcentują i dostrzegają inne rzeczy. Kiedy słuchało się rabina, a potem jego koleżanki rabinki, to horyzont refleksji po prostu się poszerzał. Niestety w Polsce nie można tego doświadczyć ani sprawdzić, jak to działa, bo tutaj nawet luteranie wycofali się ze święcenia kobiet ze względów społecznych i ekumenicznych, czyli ze względu na reakcję katolików.

Słaba pozycja kobiet w Kościele wynika po części z tego, jaką w ogóle pozycję ma ruch kobiecy w Polsce. Polki boją się słowa feminizm – ono im się kojarzy z radykalizmem i frustracją – ale oczywiście chcą zarabiać tyle samo co mężczyźni, mieć prawa wyborcze i decydować o sobie.
Myśl o kapłaństwie kobiet wydaje się wielu kobietom radykalna, ale zapewne, gdyby je zapytać, czy nie chciałyby spowiadać się u kobiety, to przyznałyby, że byłoby to dobre – z wielu powodów. Myślę, że to kwestia wyobraźni i świadomości, że w ogóle można zgłaszać taki postulat.

Byłaś jesienią na międzynarodowej konferencji dotyczącej kapłaństwa kobiet. Pisałaś o organizacji Women's Ordination Worldwide, która próbuje wypracować zmianę w tej sprawie...

W odzewie na Sobór Watykański II, który wlał w chrześcijaństwo zachodnie ducha zmiany, pojawiła się pewna ilość organizacji, które zaczęły pracować nad większym włączeniem kobiet w życie Kościoła. Na Zachodzie zmieniły się też żeńskie zakony: w niektórych zakonnice zrzuciły habity, zaczęły się zwyczajnie ubierać i działać w nowych obszarach: ekologii, praw człowieka, działań ekumenicznych. W latach 70. te kobiety zaczęły myśleć o kapłaństwie kobiet. Po synodzie w Rzymie, w 1975 roku odbyła się pierwsza konferencja w tej sprawie, która zgromadziła około 200 osób. Chodziło im o to, żeby się policzyć i zacząć lobbować. Na początku biskupi nie wiedzieli, co z tym fantem zrobić, więc nie mówili, że to przegrana sprawa. Część tych teolożek, jak Elizabeth Schüssler Fiorenza czy Rosemary Radford Ruether, stała się potem ikonami ruchu i klasycznymi autorkami. To pierwsze spotkanie wzbudziło wielki entuzjazm – zresztą za rok w Stanach Zjednoczonych będzie hucznie obchodzona rocznica tamtego wydarzenia. Wtedy też konferencja przełożonych amerykańskich zakonów kobiecych opowiedziała się za wprowadzeniem kapłaństwa kobiet. Tak powstała amerykańska organizacja pozarządowa Konferencja na rzecz kapłaństwa kobiet (Women's Ordination Conference), która działa do dziś. Ruch zaczął się rozwijać na poważnie, a tymczasem papież Paweł VI wydał list o tym, że tylko mężczyźni mogą być kapłanami, bo tylko mężczyzna może działać *in persona Christi*.

Dlaczego tylko panowie mogą reprezentować Chrystusa?
Bo Chrystus był mężczyzną! To było takie bardzo proste przełożenie. Ten list rozsierdził teolożki. Elizabeth Schüssler Fiorenza

powiedziała wtedy, że chrystologia stała się androlatrią. Wiele teolożek podnosiło bezsens takiego postawienia sprawy. Skoro wybieramy jedną fizyczną, naturalną cechę Chrystusa jako decydującą, to dlaczego akurat płeć, a nie etnos czy kolor włosów. Dlaczego kluczowe nie jest na przykład to, że był Żydem. Może księżmi powinni móc zostawać tylko Żydzi? Teologicznie argument o płci Chrystusa jest bardzo słaby, a jednak wciąż bywa przywoływany.

Przy okazji opublikowania listu papieża wyciekła wtedy do prasy opinia Papieskiej Komisji Biblijnej. Otóż komisja stała na stanowisku, że nie ma żadnych biblijnych powodów, które uniemożliwiałyby kapłaństwo kobiet. W 1978 roku odbył się marsz na stolicę pierwszej katolickiej diecezji w Baltimore zorganizowany przez WOC. Na transparentach pojawiły się takie hasła jak *ordane us or stop baptizing us* – to jest w istocie bardzo głęboki teologiczny argument naklejony na zderzaku. Bo skoro możemy otrzymywać chrzest, to dlaczego potem pojawia się różnica? W latach 80. działania bezpośrednie nieco ucichły, chociaż te środowiska prowadziły w Stanach negocjacje z biskupami, a kluczowe teolożki wydały w tym czasie swoje książki. Ten moment oczekiwania i niepewności, w którą stronę pójdzie w tej sprawie Kościół, skończył się w 1994 roku, kiedy Jan Paweł II wydał dokument o święceniach *Ordinatio Sacerdotalis*, w którym napisał: oświadczam, że Kościół nie ma żadnej władzy udzielania święceń kapłańskich kobietom i to orzeczenie powinno być uznane przez wszystkich wiernych za ostateczne.

Czy wiadomo, dlaczego Jan Paweł II podjął taką decyzję?
Taka jest tradycyjna teologia, ale argument, którego użył, jest bardzo stanowczy, bo z jego słów wynika, że w spuściźnie, którą Chrystus zostawił Kościołowi, po prostu nie ma kapłaństwa kobiet,

więc my nie możemy sobie ot tak postanowić, że ono jest. To jest oczywiście kwestia tego, jak się interpretuje tę spuściznę. Diabeł tkwi w szczegółach. Wiele teolożek i teologów mówi, że owszem Jezus nie powołał kobiet, ale właściwie on w ogóle nie powołał nikogo do kapłaństwa. Dwunastu mężczyzn – tak jak dwanaście plemion Izraela – to jest ta analogia. To nie było dwunastu księży. Każdy kto zna historię rozwoju dogmatów i sakramentów, wie, że kapłaństwo stało się tym, czym jest obecnie, dużo później.

Ciekawe jest też to, że papież określił swoje stanowisko jako ostateczne – dla wielu katolików oznacza to nienaruszalne, nieomylne stanowisko. Jednak nawet bardzo konserwatywny kardynał, jezuita Avery Dulles, który był dogmatykiem, przyznał, że jego zdaniem ta wypowiedź nie ma tego miejsca w hierarchii ważności. Wypowiedzi, które mają być uznane za nieomylne, muszą spełniać precyzyjne wymogi – i według Dullesa, ta ich nie spełniała. Ale według niektórych innych dogmatyków owszem i uznają rozmowę za raz na zawsze zamkniętą.

Ten spór skutkuje takimi wypowiedziami jak ta jezuity Dariusza Kowalczyka, który powiedział, że Jezus nie chciał kapłaństwa kobiet. Ale można powiedzieć, że Jezus w ogóle nie chciał takiego kapłaństwa jak my znamy, bo on raczej nie wyobrażał sobie księży w koloratkach żyjących w celibacie. Kiedy rozmawiamy ze sobą jako teologowie, to musimy przyznać, że różne rzeczy i przekonania rozwijały się w czasie. Tak czy siak, ta wypowiedź papieża poważnie podcięła skrzydła kobiecemu ruchowi.

Czy ruch emancypacji kobiet w Kościele działa aktywnie także poza Stanami Zjednoczonymi?
Tak, w wielkie zaskoczenie wprawiły mnie podczas konferencji kobiety z Wielkiej Brytanii, które wymieniały się uwagami w rodzaju: musimy wzmocnić okręg Liverpoolu. A ja jako obserwator-

ka i dziennikarka byłam jedną z dwóch osób z Polski obecnych na konferencji. Poza mną była tam Polka, która mieszka w Brukseli. Myśl o lokalnych okręgach ruchu działającego na rzecz kapłaństwa kobiet wydała nam się czymś z pogranicza fantastyki.

Te wszystkie kraje łączy to, że działają w nich silne wspólnoty protestanckie, w których normalnie pracują pastorki. Dla anglikanów rok 1994 był bardzo istotny. Bo z jednej strony pojawił się ten dokument papieża w Kościele katolickim, a z drugiej zalegalizowano kapłaństwo kobiet w Kościele anglikańskim. Anglikańskie kapłanki powiedziały katoliczkom: pomożemy wam – i te ruchy kobiece w obu wspólnotach zaczęły się bardzo wspierać nawzajem.

Czemu była poświęcona ta jesienna konferencja?
Część kobiet, które tam przyjechały, działa w ruchu od lat 70., ale dla wielu innych to nowość. Dlatego była mowa o strategii informacyjnej – o portalach internetowych na temat kapłaństwa kobiet. Okazuje się, że istnieje nawet taki serwis po polsku. Wszyscy uznali za konieczne stworzenie hiszpańskiej wersji serwisu. Bo to, że cała ta dyskusja toczy się od lat po angielsku, staje się problemem, bo to wyklucza sporą grupę zainteresowanych.

Dyskutowano o tym, jakie są perspektywy w kontekście pontyfikatu Franciszka. Mieszały się tu nadzieje tych, które widzą, że dzieje się coś nowego, ze sceptycyzmem tych, które przetrwały już wielu papieży i dopóki nie zobaczą na własne oczy realnej zmiany, to nie uwierzą. Złość na to, co papież powiedział na pokładzie samolotu z Buenos Aires na temat kapłaństwa kobiet: że trzeba by było wypracować teologię kobiety. Tak jakby nie istniała teologia feministyczna. Poza tym: jak to teologię kobiety, a nie człowieka po prostu? To samo zrobił wcześniej Jan Paweł II: zajmijmy się kobietą. A może kobietą i mężczyzną jako człowiekiem?

Wszystkie kobiety, które obchodzi sprawa kobiet w Kościele patrzą uważnie na Franciszka. On robi różne rzeczy na przekór utartym przekonaniom – właśnie zlikwidował funkcję prałatów. Może pewnego dnia ogłosi, że szefową kongregacji zostanie siostra X. Ale wiadomo już, że jest przeciwny kapłaństwu kobiet. W wywiadzie tłumaczył to tym, że oznaczałoby to większą klerykalizację. To prawda. Jeżeli kobiety mogłyby zostawać księżmi, których rola pozostałaby niezmieniona, to tylko poszerzamy grupę, która ma specjalne prerogatywy, duży autorytet oraz władzę. Z moich rozmów z kobietami działającymi na rzecz kapłaństwa kobiet wynika, że część z nich nie chciałaby realizować swojego kapłańskiego powołania w formule, która obowiązuje teraz. One chciałyby zmiany w kierunku większego egalitaryzmu, większego włączenia świeckich, czyli właśnie odklerykalizowania. Bo w tej chwili to jest rażące: świeccy i kobiety są wykluczeni z władzy i decydowania o czymkolwiek.

Spotkałaś tam kobiety, które czują, że mają powołanie?
Spotkałam kobiety, które mają 70–80 lat i od 40 albo 60 lat czują, że mają powołanie. Nie mogąc być księżmi, znalazły sobie inne miejsce w Kościele, bo mówię o kobietach z krajów, gdzie możliwy udział świeckich w życiu Kościoła jest większy. Zostały na przykład duszpasterzami więzień czy szpitali. W ten sposób ich powołanie może się spełniać. Patrząc na nie, zastanawiałam się, który ksiądz, gdyby mu powiedziano: nie dostaniesz żadnych praw, święceń i innych gadżetów, zdecydowałby się na to, żeby przez całe życie być katechetą czy kapelanem więziennym. Te kobiety pokazują prawdziwość powołania przez dowód życia.

Spotkałam kobiety, które zjadły zęby na tej walce, wiele ryzykowały i niejeden biskup ma je na czarnej liście, ale one trwają, działają i wspierają się nawzajem. Jedna z nich, była zakonnica, została ekskomunikowana za to, że brała udział w święceniach kobiet na księży w separatystycznej organizacji Catholic Women Priests. Ona dalej chodzi do swojego kościoła, choć przyznaje, że dużo ją to kosztuje. Przychodzi w bluzie Women Ordination Worldwide. Nie może dostać komunii, ale zawsze podchodzi i dostaje błogosławieństwo – to taka formuła, popularna na Zachodzie, dla osób, które nie mogą z różnych przyczyn przyjąć komunii.

Wiele z tych kobiet powtarza: nie odeszłyśmy w 1994 roku, kiedy wiele kobiet poddało się i przeszło do anglikanów, więc nie odejdziemy i teraz: nikt nas nie wyrzuci z naszego własnego Kościoła. Kiedy Benedykt XVI przyjechał kilka lat temu do Wielkiej Brytanii, one oplakatowały piętnaście autobusów hasłami *ordane us!*

Znam też inną dziewczynę teolożkę, która miała podczas rekolekcji silne doświadczenie skłaniające ją do wyboru kapłaństwa. Nawet jej rekolekcjonista jezuita był pod wrażeniem. Była pewna, że nie może zostać zakonnicą, że to nie o to chodzi. Bardzo intensywnie włączyła się w ruch na rzecz kapłaństwa kobiet, ale przestała w nim działać jawnie w momencie, kiedy została administratorem parafii. Trafiła na ciężko doświadczoną parafię. Miała poczucie, że musi się wycofać z aktywności w ruchu, bo znalazła się w roli, która była realizacją jej powołania. Nie miała święceń, ale robiła dokładnie to samo, co każdy proboszcz. Wiedziała, że musi uważać, bo ona i jej proboszcz dostawali listy z ostrzeżeniami, że mniej życzliwi mają ich na oku. Ten ruch, do którego ona przynależy, nazywa się New Wine i część kobiet działa w nim niejawnie, bo są zakonnicami, byłymi zakonnicami i katechetkami.

Jak czują się teraz te kobiety, które poświęciły dziesiątki lat walce o prawa kobiet w Kościele? Nie udało im się osiągnąć zbyt wiele.

Wiele amerykańskich i kanadyjskich zakonnic, które wstąpiły do zakonu w latach 60., doświadczyły otwarcia Kościoła, kiedy demonstrowały razem ze świeckimi, walczyły o prawa człowieka – złapały wtedy wiatr w żagle i były przekonane, że Kościół się zmienia. Teraz jest rok 2014 i one mają poczucie, że na jakimś etapie utknęły. Ale jednak nastąpiła istotna zmiana, która staje się oczywista, kiedy słyszy się 80-letnią zakonnicę mówiącą: musimy zrobić strajk, co oni sobie wyobrażają, przecież jak przestaniemy chodzić do kościoła, to kto tam zostanie, mężczyźni tam tylko za ołtarzem stoją. One mówią tak ostro tylko dlatego, że przeszły tę całą drogę. Zaktywizowały się i kiedy zaczęły doświadczać wzmożenia patriarchalizmu, to okazało się, że potrafią zachować własne stanowisko.

Możesz podać przykład takiego stanowczego działania zakonnic?
To był przypadek sióstr zakonnych w Stanach, które poparły Obama Care. Biskupi sprzeciwili się reformie, bo w jej ramach ma być refundowana antykoncepcja. Wtedy jedno ze stowarzyszeń sióstr zakonnych (reprezentujące 80 procent amerykańskich zakonnic) powiedziało: ale my popieramy tę reformę, prowadzimy szpitale, jesteśmy pielęgniarkami i lekarkami – i po prostu lepiej wiemy, co się dzieje. W naszej ocenie ważniejsze jest to, że ludzie dostaną podstawową opiekę medyczną i nie będą potem zadłużeni do końca życia. To jest istotniejsze niż kwestia antykoncepcji.

Pomijam tu fakt, że wiele z tych zakonnic jest przeciwnych temu, co Kościół głosi na temat antykoncepcji. Zakonnice nie użyły tego argumentu. Trzymały się tego, że chodzi o życie ludzi i rozwiązanie masowego problemu. Reakcja była taka, że prasa dywagowała, kto jest teraz twarzą amerykańskiego Kościoła – biskupi czy zakonnice. To był silny konflikt autorytetów. Dzięki

tej sytuacji obraz zakonnicy katolickiej w kulturze popularnej uległ istotnej zmianie. Media zwróciły też uwagę na śledztwo Watykanu, w którym uznano, że zakonnice z Konferencji Kierownictwa Zakonów Żeńskich są zbyt radykalnie feministyczne (czy aby nie popierają antykoncepcji, aborcji, praw środowisk LGBT). A te zakonnice są często bezpośrednio zaangażowane w te sprawy, pracując w domach pomocy.

Ciekawy popkulturowy obraz zakonnicy pojawia się na przykład w serialu *Orange is the New Black*, który toczy się w więzieniu dla kobiet. Jedną z więźniarek jest zakonnica, która siedzi za udział w antynuklearnej demonstracji. Ten serial pojawił się już po tym, jak zakonnice poparły Obama Care, a do tego zrobiły w sprawie reformy imigracyjnej akcję *Nuns on the Bus*, w ramach której jeżdżą po kraju i robią pikiety w sprawie obywatelstwa dla emigrantów i pieniędzy na pomoc społeczną. Wykorzystały to, że w związku z zainteresowaniem Watykanu skupiły na sobie zainteresowanie mediów. Wsiadły do autobusu i powiedziały, uważamy, że to jest teraz najważniejszy temat społeczny w tym kraju. W efekcie mamy postać serialowej zakonnicy, superbabki, która walczy o słuszną sprawę i siostrę Simone Campbell, szefową kampanii *Nuns on the Bus*, występującą w popularnym talk-show.

Czy znasz polskie zakonnice, które mają równie wyraziste poglądy i są skłonne je wypowiadać?
Prawdę mówiąc nie znam wielu zakonnic. Te, które znam, są przez sąsiadów uważane za niekatolickie, tylko dlatego, że nie noszą habitów i prenumerują „Znak" i „Więź". One pewnie nie stanęłyby do walki o kapłaństwo kobiet, ale już sam ich inny styl, to, że nie mają poczucia, że muszą pochylić głowę, jak ksiądz mówi, czyni różnicę.

Czy zakonnice w Polsce mają przed sobą jakąś ścieżkę kariery, perspektywę rozwoju zawodowego, tak jak księża?

Może w ramach własnych zakonów, ale w instytucjach kościelnych niewielka jest przestrzeń dla osób bez koloratek. Może przełożone zakonne są w stanie kuluarowo załatwiać różne rzeczy. Jest siostra Chmielewska z medialnym wizerunkiem mocnej kobiety, która się wyjątkowo przebija. Ale ile mamy w telewizji dyżurnych zakonników i księży? A nie mamy żadnych dyżurnych zakonnic, do których przychodzą dziennikarze, żeby się dowiedzieć, co Kościół uważa o różnych sprawach. Nie mamy duszpasterek akademickich. Jest wiele funkcji, które mogłyby pełnić zakonnice, ale to się nie dzieje. Kiedy siostra zakonna została w Lublinie duszpasterką akademicką, to było dość niebywałe.

Mam koleżankę, która robiła doktorat, pracując w zakonie w kuchni. Nie było tak, że kiedy powiedziała swojej przełożonej: siostro, marzę o tym, żeby kontynuować naukę, to odpowiedź brzmiała: świetnie – tak jak to się dzieje w wypadku jej kolegów księży, którzy dostają stypendia i wolny czas, żeby móc pisać. Mogła to robić tylko zaocznie, nie zaniedbując swoich obowiązków w kuchni. Dzięki swojemu uporowi i ciężkiej pracy jest zapewne bardziej kompetentna niż niejeden z księży w jej dziedzinie, ale to jest niezwykła droga dla zakonnicy, bo nikt ich nie pyta, czy i czego chcą się uczyć. Zakonnice nie muszą nawet ukończyć studiów teologicznych, a ksiądz, żeby dostać święcenia, musi ukończyć przynajmniej seminarium i mieć magistra.

Katoliczki i zakonnice w Polsce nie przeżyły takiego rewolucyjnego momentu jak katoliczki i siostry zakonne w Stanach, momentu zmiany miejsca kobiety w społeczeństwie, na który trzeba jakoś odpowiedzieć.

Mam poczucie, że ta zmiana w polskim Kościele się nie dokona, jeśli nie wymuszą jej kobiety katoliczki...
Tak. Bo póki co polskie katoliczki, zarówno świeckie, jak i zakonnice, dzielą się swoimi bolączkami raczej między sobą. Nie są w stanie huknąć „uspokój się" bezpośrednio do księdza, z którym mają problem. Wciąż rzadko zabierają głos publicznie.

Pewnie dlatego zmniejsza się liczba powołań wśród kobiet.
Nie chcę brzmieć, jakbym nie doceniała pracy sióstr w kuchniach czy szkołach. Problem w tym, że te – powiedzmy sobie szczerze – stereotypowo kobiece role opiekuńcze i wychowawcze chyba przestają wystarczać jako ścieżka powołania. Kobiety mają też inne ambicje. Oczywiście te, które o tym mówią, dostają natychmiast odpowiedź, że w Kościele potrzebna jest pokora, więc jeśli powoduje nimi ambicja, to się nie nadają i tyle.

Rozumiem, że w wypadku mężczyzn to nie stanowi problemu.
Mężczyźni w Kościele oczywiście bardzo nie lubią sformułowań: ścieżka kariery czy prestiż. Twierdzą, że to w ogóle nie o to chodzi.

Wbrew faktom: uczą się, awansują, wtrącają do świeckiej polityki, bywają w mediach, żądzą tymi, którzy są niżej w hierarchii i dysponują pieniędzmi...
I wypowiadają się w sprawach dotyczących kobiet. Mam nadzieję, że obecna sytuacja, w której coraz więcej biskupów dosyć swobodnie i radykalnie wypowiada się na temat spraw kobiet, doprowadzi do tego, że kobiety zamiast po cichu odchodzić z Kościoła zaczną mówić: hej, chwileczkę, to jest także nasz Kościół.

Może jezuici ponieśli klęskę i nie douczyli mnie wszystkiego na studiach, ale jestem przekonana, że skoro jesteśmy równi w chrzcie, to nie ma powodu, żeby różnice biologiczne decydowały o tym, że kobiety nie mogą pełnić wszystkich funkcji w Kościele, w tym tej służebnej, jaką jest kapłaństwo – przynajmniej z definicji.

Gdyby w praktyce ta funkcja rzeczywiście miała charakter służebny, to czuję, że tylko kobiety byłyby księżmi...

Jesienią 2014 nakładem Wydawnictwa Krytyki Politycznej ukaże się książka Zuzanny Radzik pt. *Kościół kobiet.*

Ewa Graczyk

TEGO SIĘ NIE ROBI TEMU NARODOWI

JEZUICKIE KOLEGIA

Natrafiłam kiedyś, jako lektorka języka polskiego w Tuluzie, na pisaną przez francuskiego autora (nie pamiętam, niestety, jego nazwiska) historię Polski, w której oskarżał on jezuitów o to, że zakon ten w zacietrzewieniu walki z reformacją stał się głównym sprawcą najpierw degradacji, a potem katastrofy polskiej państwowości. Rozumowanie autora było proste i logiczne: przez blisko dwa wieki kolegia jezuickie uczyły szlacheckich chłopców – w przyszłości posłów sejmu i sejmików, członków warstwy mającej monopol na władzę – łaciny i bezwzględnej lojalności wobec Kościoła katolickiego wraz z ogromnym zadowoleniem z siebie i ze swojego wyjątkowego państwa. Stopniowe, trwające ponad dwa wieki ograniczanie horyzontów umysłowych w ten sposób formowanych młodych mężczyzn z dominującej kasty, przesądziło o ścieśnianiu się, a w konsekwencji także upadku polskiej kultury.

Autor mógł przesadzać, nie ulega jednak wątpliwości, że stworzona przez jezuitów monokultura edukacyjna była jedną z ważnych przyczyn upadku polskiego państwa i utraty niepodległości na 123 lata.

ATAK KOŚCIOŁA NA „IDEOLOGIĘ GENDER"

Analogia pomiędzy skuteczną akcją zakonu jezuitów w szlacheckiej Polsce a obecną kościelną aferą wokół „ideologii gender" wydaje się ważna, choć ma swoje granice. Kiedy polski Kościół walczy z „gender", skutki tej ofensywy są, tak jak kiedyś, opłakane, i znacznie wykraczają poza pierwszoplanową przecież i tak kwestię emancypacji i awansu kobiet i mniejszości seksualnych. Hierarchia kościelna zupełnie nie liczy się z tym, że taktyka straszenia „gender" stosowana wcześniej we Włoszech czy w Hiszpanii ma znacznie większą siłę rażenia, dużo bardziej destrukcyjne skutki w amorficznym postsowieckim kraju, jakim ciągle jeszcze jest Polska.

Jeśli bowiem zastanowimy się, co jest najważniejszą może bolączką, blokadą rozwoju polskiego społeczeństwa, to odkryjemy, że jest nią powszechne nierozpoznawanie własnego miejsca na mapie społecznego i klasowego zróżnicowania, wyłaniającego się na naszych oczach w procesie niezakończonej jeszcze transformacji ustrojowej. Ta stratyfikacja, hierarchia społeczna, przedstawia się Polkom i Polakom jako coś wyjątkowo mglistego, niewyrazistego, choć zarazem groźnego. W związku z tym mamy obecnie do czynienia z wyjątkową (nawet w skali zdezorientowanego, przesiąkniętego populizmem świata) wielością rozmaitych odmian fałszywych świadomości – z rozmaitymi iluzjami, nieadekwatnymi oczekiwaniami, odlotowymi fantazjami społecznymi i ekonomicznymi; z zajmowaniem punktu widzenia zamożnych triumfatorów przez wykluczonych, bezrobotnych i zbędnych; z nieustannym powrotem wypartego (wynikającym z historycznego straumatyzowania). Wszystko to co najmniej utrudnia racjonalne działanie, skuteczne samoorganizowanie się, a także sprzyja panicznym zachowaniom społecznym.

W Polsce funkcjonują właściwie tylko dwa powszechnie występujące stany skupienia społecznego (w znacznym stopniu raczej aspołecznego), dwa skupiska łączące osamotnione podmioty: rodzina nuklearna (zazwyczaj oparta na instrumentalizacji poświęcającej się kobiety jako żony i matki) oraz mityczna całość, naród polski. Pomiędzy majaczą jeszcze efemeryczne grupy rówieśnicze i inne nieformalne związki (często o strukturze mafijnej).

Funkcjonowanie w tego rodzaju formach zrzeszania się (czy raczej lepienia się) nie pozwala podmiotom na działanie, które w skuteczny sposób poznawałoby, interpretowałoby i projektowało rzeczywistość społeczną. Żadne z tych skupisk nie uruchamia, nie wzywa do działania politycznego w ramach polityki wewnętrznej, wewnątrz pojedynczego państwa. Są to z jednej strony wspólnoty-lepiszcza oparte na emocjach, mitach, fantazmatach, a z drugiej na konkretnych, personalnych interesach.

Nie żeby nie były one ważne, są niezwykle istotne, ale kiedy nie współistnieją ze strukturami innego typu, ze wspólnotami opartymi na jakimś nieoczywistym, rozpoznawanym jako wspólny interesie-problemie swoich członkiń i członków, wtedy skazują podmioty rozpoznające tylko rodzinę i ojczyznę (czasem jeszcze paczkę kumpli czy przyjaciółek) na bezradność społeczną, na egzystencję dzieci we mgle.

Kategoria gender i zbudowane wokół niej ruchy antydyskryminacyjne, takie jak feminizm, mogą w bardzo przekonywający sposób prezentować na sobie, jak działa, jak istnieje sensoproduktywne zróżnicowanie społeczne tego drugiego, rzadkiego w Polsce typu. Kategoria gender może, powinna wręcz, stawać się czymś w rodzaju skondensowanego scenariusza pozwalającego rozwijającym go jednostkom i grupom poznawać, przekonująco interpretować i zmieniać zgodnie ze swoimi nieoczywistymi interesami jakiś obszar rzeczywistości społecznej. Bez tej kategorii wiele zjawisk pozostałoby bez wyjaśnienia, a wiele konkretnych akcji nie byłoby możliwych.

Tryb postępowania, który uruchamia jej wprowadzenie, jest klarowny (choć trudny): dostrzegamy zróżnicowanie tam, gdzie dotąd nie widziano rozszczepienia; to, co wydawało się uniwersalne, postrzegamy teraz jako nierozpoznany obszar skupiania się rozmaitych partykularności, różnica (z grubsza rzecz biorąc pomiędzy kobietami a mężczyznami) okazuje się odmiennym ulokowaniem kobiety i mężczyzny w strukturze władzy (kobieta jako kobieta ma jej dużo mniej niż mężczyzna jako mężczyzna), od tego momentu dostrzegamy relacje siły tam, gdzie ich dotąd nie widzieliśmy i zyskujemy możliwość oporu wobec zastanej rzeczywistości. Scenariusz genderowy wprowadza czytelne, pozwalające działać interpretacje społecznych zjawisk, określając miejsce danego podmiotu w ramach pewnego konfliktu. Co ważne, scenariusz ten skonstruowany jest na różnicy niewojennej, nieeliminującej; mamy się inaczej, bardziej sprawiedliwie ułożyć, podzielić władzą, a nie nawzajem zabijać.

Kategoria gender może być impulsem do działań na obszarach innego typu zróżnicowań i konfliktów społecznych – do pewnego stopnia analogicznych, lecz w żadnym wypadku nie takich samych. Realizowany w praktyce scenariusz gender, gender jako *exemplum* politycznego działania, pozwala usłyszeć apel, niezwykle ważny dla polskiego społeczeństwa: instalujcie się wewnątrz – i wobec – wielu różnic, one także domagają się zobaczenia ich jako skondensowanych scenariuszy społecznego działania; domagają się uruchomienia ich politycznych mocy.

Klasa, rasa, etnia w polskich warunkach – amorficznych, błotnistych, przesiąkniętych powrotem wypartego, nawrotem historycznych koszmarów – okazują się trudne, ale i one działać mogą jako nie-paniczne, sensotwórcze „partytury".

SZUMY, ZLEPY, CIĄGI
Atak na „ideologię gender" polskich hierarchów kościelnych jest więc przede wszystkim wielkim zapędzaniem do stada, akcją

włączania do niezróżnicowanego lepiszcza; kościelny Franken-
stein Gender ma nas skleić w coś podobnego do siebie samego, ma z nas zrobić wspólnotę strachu: bezradną wewnętrznie,
lecz groźną na zewnątrz, niebezpieczną dla obcych. Mieszanina
stworzona z rozmaitych, przeinaczonych ze złą wolą, skaryka-
turyzowanych idei wziętych z dyskursów mniejszościowych,
z dyskursów społecznej zmiany może – czy nawet ma za zadanie – blokować samoorganizowanie się polskiego społeczeństwa
wokół jego zróżnicowanych, problematycznych interesów.

Może niekoniecznie prowadzi to od razu do utraty niepodległości, ale szkodzi na pewno.

Z Ewą Łętowską rozmawia Cezary Michalski

W POLSCE PRAWO SŁUŻY TYLKO SILNYM

Cezary Michalski: Jakie są przyczyny zmiany zachodzącej w polskim systemie prawnym i w świadomości ludzi stanowiących, proponujących i interpretujących prawo, w wyniku której na przykład profesor Andrzej Zoll, umiarkowany kiedyś w swoich poglądach prawnik, potrafi dziś w wywiadzie dla „Gazety Wyborczej" otwarcie, a nawet z pewną dumą powiedzieć, że jeśli uda się przeprowadzić nowelizację Kodeksu karnego proponowaną przez Komisję Kodyfikacyjną przy ministrze sprawiedliwości, będzie można kontrolować przypadki poronień, aby postawić kobietom zarzut dzieciobójstwa?

Ewa Łętowska: Ja byłam rzeczniczką praw obywatelskich, profesor Zoll też był rzecznikiem. Ja bym zatem wolała w związku z tą sprawą mówić raczej o stylu działania polskiej legislacji, nie personaliach. Mnie ta wypowiedź szokuje, wywiad uważam za wstrząsający, z uwagi na to, co z niego wynika, chyba bez świadomości autora wypowiedzi, bo czysto werbalnie i pozornie ten projekt wygląda bardziej elegancko, choć brutalnie w istocie. Ale tutaj indywidualne działania czy wypowiedzi są raczej konsekwencją niż przyczyną.

Konsekwencją czego, jakiego procesu?

Przede wszystkim nam się zmienił mainstream. Cały dyskurs publiczny niesłychanie nam się przesunął na prawo. Ja jeszcze pamiętam, jak w latach 90. pewien wiceminister zdrowia, za wypowiedź ewidentnie nacechowaną niechęcią wobec homoseksualistów, został natychmiast pozbawiony stanowiska. Teraz podobne wypowiedzi są na porządku dziennym i nic się nie dzieje. To jest konsekwencja kropelkowego odzyskiwania pola przez jeden typ argumentacji, jeden nurt ideowy, przesuwający całą scenę na prawo. Ale to jest stwierdzanie faktów, nie wiem, czy interesujące. Raczej oczywiste, pokazujące, jaką przebyliśmy drogę.

Interesujące jest to, w jaki sposób ta zmiana „atmosfery" oddziałuje na stanowienie, interpretowanie prawa, na orzecznictwo; na działania i zaniechania polskiego systemu prawnego. Widzimy tutaj bardzo jaskrawą ilustrację tezy, że świadomość, czyli nadbudowa nam się zmieniła, a prawo odbija nadbudowę. To jest trochę żartobliwe stwierdzenie...

W tym kontekście smutne...
Ale to jest prawda. To, co w polskim prawie, w dyskursie o prawie, dawniej było nie do pomyślenia, dziś zaczyna być lansowane jako „rozwiązanie kompromisowe". Przesunięcie w kierunku konserwatywno-prawicowym w sferze idei jest bardzo wyraźnie. Ja nad tym ubolewam, bo jest to kierunek nienowoczesny, jeśli idzie o prawo, a anachroniczny i niepokojący, jeśli chodzi o kształt i działanie polskiej demokracji. Ona rzeczywiście statuuje rządy większości, ale bez efektywnego zabezpieczenia praw mniejszości. Ba, kwestionuje aspiracje do tego dwubiegunowego ujęcia. Mogę tylko mieć satysfakcję, że niezależnie od tego, gdzie byłam, czy byłam rzecznikiem, czy sędzią, protestowałam, choćby zgłaszając werbalne separata. W kontekście rozmaitych rozwiązań prawnych z lat 90. mówi się często o „kompromisie"...

Na przykład w kontekście ustawy antyaborcyjnej...
...który miał ponoć pewne rzeczy ustabilizować i uspokoić. Tego kompromisu może w ogóle nigdy nie było. Ci, którzy mieli wówczas jeszcze nieco mniejsze poczucie siły, zagarniali to, co było możliwe. A dziś, kiedy mają poczucie większej siły, dążą do przesunięcia głębszego. W tej chwili problemem prawa w Polsce jest coraz mniej problem ścierających się ze sobą racji i argumentów, a coraz bardziej problem siły. Dla mnie jest niesłychanie wymowne, że na siedemnaście osób tworzących Komisję Kodyfikacyjną przy ministrze sprawiedliwości jest tylko jedna kobieta, nie licząc sekretarza komisji.

Ta kobieta jest profesorem Katolickiego Uniwersytetu Lubelskiego.
Jeśli my mówimy o partycypacji nie jako modzie, ale konieczności odzwierciedlającej różne poglądy, punkty widzenia, wrażliwości, interesy, na przykład obu płci, to akurat w Komisji Kodyfikacyjnej tego rodzaju męski skład przy podejmowaniu tak wrażliwych tematów wygląda po prostu na szyderstwo. Komisja Kodyfikacyjna jest ciałem oficjalnym, powoływanym przez prezesa Rady Ministrów w składzie personalnym zaproponowanym przez ministra sprawiedliwości. Jeśli tak, to mści się teraz sytuacja, której jesteśmy świadkami mniej więcej od dziesięciu lat, kiedy coraz częściej w różnego rodzaju ciałach pochodzących z nominacji zaniechano powoływania nawet dla pewnego *decorum* ludzi reprezentujących różne ideowe nurty czy środowiska. Ja pamiętam, że kiedy po Okrągłym Stole powoływano pierwszy skład Trybunału Konstytucyjnego, pilnowano, żeby to były nominacje nieodzwierciedlające nazbyt wyraziście jednego stanowiska, bo są różne poglądy reprezentowane w środowisku prawniczym, a nie żeby panowała zasada, że zwycięzca bierze wszystko. Po

raz pierwszy z zasadą, że zwycięzca bierze wszystko, mieliśmy do czynienia przy powołaniu nowego składu KRRiTV w 2006 roku. Później tego typu „przejęcia" widzieliśmy w najrozmaitszych gremiach. Profesorowie prawa też mają różne poglądy, powinniśmy to brać pod uwagę, a nie dopasowywać skład Komisji Kodyfikacyjnej do poglądów aktualnego rządu...

Albo ministra, bo akurat ten skład Komisji Kodyfikacyjnej odzwierciedla raczej poglądy poprzedniego ministra, Jarosława Gowina, niż całej Platformy Obywatelskiej, gdzie reprezentowane są przynajmniej poglądy od liberalnego centrum do konserwatywnej prawicy. Ale jest faktem, że w tej mozaice Donald Tusk uznał, iż Ministerstwo Sprawiedliwości „należy się konserwatystom".

Mnie jako prawnika i obywatela tego typu rozgrywki w ogóle nie interesują, ja ich nie muszę brać pod uwagę. Widzę natomiast brak jakiegokolwiek zróżnicowania poglądów, który doprowadził do sytuacji, gdzie wszyscy członkowie Komisji Kodyfikacyjnej zgodzili się na rozwiązania, które słusznie uważamy za szokujące. Ale znowu nie o to chodzi. Dla mnie jest zupełnie zdumiewające, jeśli po upublicznieniu sprawy od tego projektu Komisji Kodyfikacyjnej przy ministrze sprawiedliwości...

W której kluczową rolę odgrywa inny członek rządu, wiceminister Michał Królikowski...

...odcina się zarówno minister sprawiedliwości, jak i premier. Ja tu czegoś nie rozumiem, bo to przecież nie jest seminarium uniwersyteckie, gdzie dyskutuje się różnego rodzaju pomysły. Wówczas jest naturalne, że nikt nie ponosi za to żadnej politycznej odpowiedzialności. Ale Komisja Kodyfikacyjna realizuje kompetencje przyznane jej przez konkretne rozporządzenie, jej członkowie zostali powołani przez premiera na wniosek ministra sprawiedliwości. I teraz minister oraz premier od tego oficjalnego ciała się odcinają? Jak to jest możliwe?

Czy nie jest tak, że minister i premier się od tego odcinają, bo „to wyszło na jaw"? Inaczej cały proces zostałby po cichu doprowadzony do końca, gwarantując rządowi sympatię Kościoła i „konserwatywnego skrzydła PO".
Ja nie mogę tego akceptować. Oczywiście, że tak jest, ale ja nie mogę usprawiedliwiać tego „politycznymi potrzebami". Pan może to w ten sposób skomentować jako dziennikarz, ale ja nie mogę tego akceptować jako prawnik i jako obywatel.

Jednak widzi pani później kierunek tego nachylenia...
Prawo składa się z dwóch elementów, z siły i z racji. Obserwuję na przestrzeni ostatnich lat wyraźny zwrot ku sile. Po pierwsze sile w momencie stanowienia prawa – brak reprezentatywności poszczególnych gremiów w sensie pluralistycznego reprezentowania różnych poglądów, narastające awantury przy okazji obsadzania Trybunału Konstytucyjnego, brak reprezentatywności pod względem płci, monokultura prawna zależna od aktualnej polityki. Mamy nikłą kulturę polityczną, co prowadzi do zaprzeczenia demokracji deliberatywnej, ale to się przenosi poza politykę, do tych wszystkich ciał, które ją otaczają, łącznie z ciałami istotnymi dla stanowienia i egzekwowania prawa.

Ale jest też inny problem z polskim systemem prawnym. Na świecie jest tak, że jeśli mam rację, jeśli coś mi się należy, powinnam to dostać. W Polsce nikt o to nie dba, więc jeśli powinnam coś dostać, mam rację, coś mi się należy, to muszę sama iść do sądu i to przewalczyć. Zapłacić – za pomoc prawną, bo od lat nie potrafi się sprawy tej pomocy załatwić. A nawet jak wygram, to mi też nie zapłacą, tylko powiedzą: niech pani pójdzie do komornika i sobie wyegzekwuje sama. A komornik wcale nie pójdzie do mego dłużnika, tylko złapie jego imiennika, byle był wypłacalny. I to ma być efekt zrealizowanego prawa?! Czyli siła jako dominanta prawa występuje zarówno w jego stanowieniu, jak i w całym funkcjonowaniu. A to jest całkowite wypaczenie idei państwa prawa.

Ja o tym mówię z pewną goryczą, bo kiedy 25 lat temu zaczynałam działać jako Rzecznik Praw Obywatelskich i zapytano mnie, jakie jest moje *credo*, powiedziałam: moim *credo* jest, aby wizję prawa miecza – czyli wola klasy panującej urzeczywistniona sankcją przymusu państwowego – zastąpić taką wizją prawa, że obok miecza jest też tarcza, której można skutecznie przeciw mieczowi użyć.

Broniąc słabszych, broniąc tych, którzy nie należą do klasy panującej, do większości, do dominującej opcji ideowej albo religijnej?
Po 25 latach odpowiadam tak: tarcza może i jest, ale za ciężka, nieporęczna, dziurawa. Człowiek nawet jak ją ma, nie jest w stanie jej ruszyć z miejsca. My przecież ciągle nie mamy gotowej ustawy gwarantującej łatwiejszy i równy dostęp do pomocy prawnej. Cały czas zaostrzamy wymogi, jakie się stawia od strony proceduralnej w dostępie do sądu, a z drugiej strony nie dajemy ludziom pomocy prawnej. To jest znowu przechył w kierunku siły. Dlatego że mądrzejszy, sprawniejszy, bogatszy, w ten czy inny sposób silniejszy – da sobie radę. Biedniejszy, słabszy, mniej doświadczony, gorzej zorganizowany – rady sobie nie da. Postępujemy zgodnie z zasadą: jestem słaby, będę jeszcze słabszy, jestem biedny, będę jeszcze biedniejszy, jestem silny, prawo na straży mojej siły stanie, prawo moją siłę jeszcze bar-

dziej wzmocni. A nie takie jest przecież zadanie prawa. Tymczasem my tolerujemy takie funkcjonowanie prawa, co uważam za oburzające. Próba zmiany, którą teraz obserwujemy, jeśli chodzi o prawo karne, ujawnia to w tak jaskrawy sposób, że należy już głośno bić na alarm.

Kościół jako bardzo silna instytucja ma swoją reprezentację, która kobiety – gorzej zorganizowane, słabiej reprezentowane – odsuwa od stanowienia prawa w najbardziej kluczowych kwestiach dotyczących ich życia. Nie będą prawa współtworzyć, będą mu tylko podlegać.
To jest właśnie ta najbardziej niezdrowa, kropelkowa metoda wyrywania, zabierania różnych rzeczy słabym przez silnych. Słabym, a nawet całemu państwu czy całemu systemowi prawnemu. Przy ogólnej obojętności i oportunizmie u nas wszechobecnie panującym w społeczeństwie. Nie tylko w tym przypadku. Rozmawialiśmy już o Komisji Majątkowej. Przecież ta sprawa jest nadal niezałatwiona. Wykryto zupełnie oczywiste nadużycia, jednak żadna z gmin, która mogła skorzystać ze środków prawnych (są!), ze strachu tego nie robi. Ba, nikt nawet nie usiłował testować tego środka.

Ze strachu przed jedynym silnym w tym kontekście podmiotem, czyli przed Kościołem?
Natomiast ci ludzie, którzy w wyniku działań Komisji Majątkowej zostali – jako dzierżawcy, najemcy – wyrugowani ze swojej własności i ze swoich praw, żadnej satysfakcji nie otrzymali. Chociaż to, że im akurat, tym najemcom, dzierżawcom, odmówiono drogi prawnej, od początku było ekscesem darowanym silniejszemu przez usłużnych prawników-interpretatorów. Z jednej strony opowiadamy, że wszyscy są równi wobec prawa, a z drugiej

strony tolerujemy sytuację, kiedy ten miecz prawa mocniej lub słabiej uderza, w zależności od tego, w kogo bije.

Jakie są w Polsce realne ośrodki tej siły, do której system prawny oportunistycznie się dopasowuje? Rozmawiamy o Kościele, silnym zarówno w wymiarze ideowym, jak też jako podmiot dysponujący własnością, pieniędzmi. Ale są też inni silni. Na gruncie tak oportunistycznego systemu prawnego bogaty będzie uprzywilejowany w stosunku do kogoś, kto pieniędzmi nie dysponuje. Duży pracodawca w stosunku do rozproszonych i niezorganizowanych pracowników. Wszystkie uprawnienia może im odebrać przy całkowitej obojętności albo wręcz wsparciu systemu prawnego.

Do takich sił należą oprócz Kościoła także elity lokalne i oczywiście elity pieniądza. Widzimy w Polsce splot ideologii neoliberalnej, która eksponuje rolę rynku i rolę pieniądza, mówiąc: radź sobie sam, urynkowimy wiele dziedzin, jesteśmy wszyscy równi wobec prawa – ale mamy na myśli wyłącznie równość formalną, a nie materialną. Z jednej strony mamy nagą siłę, a z drugiej strony bardzo silną presją ideową. Fundujemy sobie w ten sposób system, który z nowoczesnym państwem prawa nie ma nic wspólnego.

Jakieś konkretne przykłady takiej „ideowej presji"?
16 grudnia brałam udział w publicznej debacie z Leszkiem Balcerowiczem. I przynajmniej w jednym punkcie on przyznał mi rację, z czego jestem zadowolona, bo jako dyskutant on nie jest skłonny do oddania racji. Mianowicie w jego książce, którą ostatnio wydał, *Odkrywając wolność*[1], znajduje się teza, że postulat

---

[1] L. Balcerowicz (wyb.), *Odkrywając wolność. Przeciw zniewoleniu umysłów*, Zysk i S-ka, Poznań 2012.

ochrony słabszego przez prawo jest proweniencji marksistowskiej. Tymczasem historycznie, jeśli chodzi o fakty, to nie jest
prawda. Zasada ochrony słabszego znalazła się w zachodniej tradycji prawa przed Marksem, ona ma inny, wcześniejszy rodowód.
I Balcerowicz przyznał mi rację.

**Przekonanie, że to jest zasada „marksistowska", miało ją
w jego rozumieniu etykietować i delegitymizować. Ale że to
jest zasada słuszna, wręcz konieczna, tego Leszek Balcerowicz
już pani nie przyznał?**
Aby uspokoić ludzi o bardziej liberalnych poglądach, trzeba jeszcze raz powtórzyć, że ochrona słabszego w prawie nie odbywa
się (i nie musi się dokonywać) w ten sposób, że daje się słabszemu więcej uprawnień, a ujmuje obowiązków. Albo że stosuje się
wobec niego jakąś inną miarę, która by go uprzywilejowywała
wobec silniejszego. Ochrona słabszego w prawie odbywa się
w taki sposób, że ułatwia się słabszemu dostęp do prawa, czy to
poprzez gwarancję pomocy prawnej, czy to poprzez informację,
dzięki której on się może lepiej obronić sam. To się nazywa *justice
access*. Obowiązek zagwarantowania słabszym pomocy socjalnej
albo opieki medycznej to są wszystko już prawa konstytucyjne,
ale nasz system prawny toleruje ich wypłukanie z efektywnej
treści. I nie ma jak tego egzekwować...

**Dopóki nie stoi za tym siła. A siła nie stoi: polityczna, spo-
łeczna, ideowa...**
Tyle że wówczas budujemy nową grupę słabszych, bez dostępu
do prawa, bez ochrony prawnej. I zbywanie tego wszystkiego
stwierdzeniem, że prawo nie powinno się w ogóle zajmować
ochroną słabszych, bo to „wynalazek Marksa", rzeczywiście jest

tym dodatkowym naciskiem typu ideologicznego, który w takich warunkach jak polskie, przy oportunizmie, przy słabości systemu prawnego, funduje nam system, który z państwem prawa nie ma wiele wspólnego. W tym systemie takie skandale, jak działania Komisji Kodyfikacyjnej, obsługiwanie różnych podmiotów silnych i obojętność na prawa obywateli pozbawionych siły – kobiet, ludzi wywłaszczonych w wyniku działania Komisji Majątkowej, ludzi niemających dostępu do opieki socjalnej, medycznej, bojących się iść do sądu pracy, bo to oznacza utratę pracy (nawet jeśli czasem wygraną w sądzie), wygrywających przetargi i potem bankrutujących przedsiębiorców zmuszanych do kalkulacji ceny pracy poniżej płacy minimalnej – to wszystko jest tylko konsekwencją porzucenia i kwestionowania zasady, że prawo powinno pomagać słabszym wyegzekwować to, co im się należy.

Mówiła pani o oportunizmie, ale jest też inne zjawisko. Opiszę je poprzez pewną analogię. Fundamentalistyczne grupy religijne w Turcji czy w USA (jedne są islamskie, drugie chrześcijańskie) posyłają „swoich ludzi" na najlepsze studia prawnicze, finansują im te studia, słusznie uważając, że stanowienie i interpretowanie prawa pozwala bardzo głęboko zmodyfikować kształt liberalnej demokracji, nawet bez jej formalnego zniesienia. W Polsce mamy już takich ludzi w instytucjach interpretujących prawo na potrzeby parlamentu czy rządu, którzy od początku uważają prawo po prostu za najskuteczniejszy instrument propagowania ich religii czy ideologii.
Tylko że wówczas jesteśmy już bardzo blisko idei, którą doskonale znam z czasów studiów. Był taki uczony radziecki, nazywał się Bratuś, który mówił wyraźnie: „Wszystko zależy od tego, kto prawem dysponuje". Ale jeśli taką ideą się kierujemy, będziemy mieli państwo, o jakim pisał Bratuś: państwo klasowe, państwo

jednej ideologii. Mnie taka idea przeraża. No a wynalazek szkół janczarów nie jest nowy. Teraz też takie ośrodki działają. Ale jest jeszcze inny niepokojący czynnik, który wpływa na to, że prawo nie redukuje różnicy pomiędzy silnymi i słabymi w Polsce. Deregulacja zawodów prawniczych bardzo obniżyła poziom usług prawnych. Czy to będzie działało w kierunku formowania elit, czy raczej wprowadzi do systemu prawnego ludzi, którzy za wszelką cenę będą się chcieli utrzymać na rynku? Także za cenę „niekontrowersyjności", nieprzeciwstawiania się silnym. W dodatku to także nie pomaga zasadzie wyrównywania dostępu do prawa przez silnych i słabych.

Bogaty, możny, silna instytucja – zatrudnią najdroższą elitę prawniczą, a słabszego będzie stać wyłącznie na najgorszego i najtańszego prawnika „po deregulacji"? Czyli gwarancja przegranej?

Ja w dyskusjach z neoliberałami często powtarzam: deregulacja, cudownie, rynek wam wyeliminuje złych uczestników rynku, cudownie. Tylko czyim kosztem? Jeśli w imię deregulacji zrezygnujemy ze sprawdzania, czy taksówkarz zna topografię miasta, to on się i tak po paru miesiącach jeżdżenia nauczy tej topografii, ale na koszt klientów, z którymi będzie krążył. To tylko przykład, w przypadku zawodów prawniczych koszty są jeszcze większe. I to jest nieprawda, że deregulacja zmniejsza te koszty. Ona je przerzuca z państwa na kogoś innego, na klienta, na obywatela. I to znów na obywatela najsłabszego, bo on będzie z usług najsłabszych prawników czy innych specjalistów korzystał. Koszty egzaminu dla taksówkarzy musi ponieść państwo. I taksówkarz, bo musi się nauczyć do egzaminu. Przy deregulacji koszty poniesie klient. To jedynie zmiana alokacji kosztów. A w przypadku prawników koszty społeczne w postaci obniżenia poziomu ochrony prawnej będą wyższe. I one się będą rozkładać asymetrycznie, bogatszy pozwoli sobie na lepszego prawnika, a biedniejszemu przypadnie prawnik, który się będzie wprawiał na jego przypadku.

Szczypta optymizmu na koniec? Jakiś przykład zerwania z oportunizmem? Bronienia słabszych, nawet jeśli oni nie mogą się zrewanżować?

Pojedyncze przypadki. To akurat nie są prawnicy, ale służba więzienna. Oni zaapelowali do pani rzecznik Lipowicz, zmobilizowali ją do działania i razem z nią przeprowadzili akcję, dzięki której ujawniono kilkaset osób odbywających karę pozbawienia wolności, które są ewidentnie dotknięte chorobami psychicznymi, a więc nigdy nie powinny były trafić do więzienia. W tej chwili trwa akcja przeglądania tych najdrastyczniejszych przypadków. Ale to są przykłady rzadkie, króluje oportunizm, który w obszarze prawa zawsze oznacza, że silni będą przez to prawo wzmacniani, a słabi nie będą przez to prawo chronieni.

Z Małgorzatą Fuszarą rozmawia Agata Szczerbiak

WYBORCY SPRZYJAJĄ KOBIETOM TRZY RAZY BARDZIEJ NIŻ PARTIE

Agata Szczerbiak: Już cztery lata temu twierdziła pani, że same kwoty na listach wyborczych nie wystarczą – potrzebny jest mechanizm wspierający kobiety, czyli suwak. Coś się zmieniło od tego czasu?

Małgorzata Fuszara: Nie. Dowody, że tak jest, są dwojakiego rodzaju. Po pierwsze, tak podpowiada doświadczenie innych państw. Same kwoty to mało, choć w wielu krajach europejskich po wprowadzeniu kwot rozszerzano je z czasem do parytetu. Ale nawet bez parytetu głównym uzupełnieniem była naprzemienność kobiet i mężczyzn na listach. W najostrzejszym wydaniu wygląda to tak, że osoby tej samej płci nie mogą ze sobą sąsiadować. Są też takie kraje, gdzie zasady dotyczą kształtowania pierwszych miejsc na listach. Po drugie, już teraz w Polsce mamy na listach więcej kobiet, spośród których można wybierać – ale rozmieszczane są tak, żeby ich jednak nie wybrać.

Wybierane są głównie jedynki. Trzeba mieć dobre miejsce na liście wyborczej.

Partie polityczne stosują wiele chwytów przy układaniu list. Kobiety umieszcza się na dalekich miejscach albo w środku list. Mogą być nawet jedynkami, ale w słabych powiatach, tam, gdzie jest niewiele głosów do podziału. Czasem wszystkie kobiety na listę trafiają z jednego słabego powiatu, a mężczyźni – z powiatów silnych. Bywa też tak, że kobiety zachęca się do startu w okręgach, o których wiadomo, że partia ma tam małe poparcie.

Problem w tym, że ustawą wszystkiego się nie załatwi. Jeśli ktoś ma złą wolę i chce kobiety wyeliminować, to znajdzie na to sposób. Proces wchodzenia kobiet do polityki i starań, by partie traktowały równość płci poważnie, jest długotrwały. Platforma Obywatelska przyjęła w wyborach parlamentarnych zasadę, że minimum jedna kobieta musi się znaleźć w pierwszej trójce i minimum dwie w pierwszej piątce, i w rezultacie wprowadziła do parlamentu niemal 35 procent kobiet, a więc odsetek podobny do obowiązkowej kwoty na listach wyborczych. Oczywiście trzeba mieć świadomość, że sukces takich działań jest możliwy w przypadku partii, które wprowadzają stosunkowo dużo osób do parlamentu. Bo już w przypadku tych, które mogą liczyć na 5 czy 7 procent głosów, liczą się tylko jedynki. Ustawowo nie da się na partiach wymusić, by umieszczały na jedynkach równie dużo kobiet co mężczyzn.

Widać kilka punktów wspólnych w pracy nad ustawą suwakową cztery lata temu i dziś. Znów pojawiają się argumenty o niekonstytucyjności projektu i gra ekspertyzami. Wydaje się, że w świadomości polityków zaszło niewiele zmian.

Oczywiście – w te zmiany bardzo silnie uwikłane są indywidualne interesy. Żeby było więcej kobiet na wysokich miejscach, musi być mniej mężczyzn na wysokich miejscach. To ostra gra o stanowiska. Partiom zawsze łatwiej (chociaż rzadko to w Polsce robią) stosować kwoty we władzach partyjnych – tam liczba członków jest elastyczna, można ją powiększać. Kiedy chce się wyrównać proporcje kobiet i mężczyzn, można poszerzyć grona zarządów. W ten sposób dopuszcza się kobiety do decyzji. Z punktu widzenia ustalonych porządków w klasie politycznej i establishmencie partyjnym kobiety zaczynają wnosić pewną zmianę. Dotychczasowi gracze są tym zaniepokojeni, bo nie chcą żadnych zmian.

Niedawno Platforma zmieniła skład zarządu, co przedstawiano jako otwarcie na kobiety. Ale liczba kobiet zwiększyła się tylko do 24 procent.
To jeden z przykładów na to, że te wielkie „otwarcia" są tylko małymi uchyleniami drzwi. Gdy zwiększa się liczbę kobiet w rządzie, to potem na ogół dba się już o to, żeby proporcje płci nie wróciły do poprzedniego stanu. Bo byłby to wyraźny sygnał negowania zasady równości. Być może z zarządami partii będzie podobnie.

Jak kwoty wpłynęły na polską politykę? Dotychczas mogliśmy obserwować ich działanie tylko w wyborach do sejmu.
Tak, a w tym roku zostaną zastosowane w wyborach do europarlamentu i wyborach lokalnych – poza tymi okręgami, gdzie obowiązuje system jednomandatowy. Kwoty doprowadziły do dwukrotnego zwiększenia odsetka kobiet na listach wyborczych. Wszystkie partie polityczne umieściły na listach wyborczych około 40 procent kobiet.

Średnio nawet 43,5 procent.
Tak, ale jeśli zaczniemy porównywać jedynki kobiece, okaże się, że było ich od 10 procent w Ruchu Palikota do 34 procent w PO.

Ponad 70 procent obecnych posłanek dostało się do sejmu z trzech pierwszych miejsc na liście.
Te średnie są mylące – są takie partie polityczne, jak Ruch Palikota czy SLD, które miały w programy wyborcze wpisany program równościowy i które starały się pokazać, że mają na listach

najwięcej kobiet. Jeśli jednak chodzi o przydzielenie im jedynek, okazywały się najbardziej seksistowskimi i antykobiecymi partiami.

Ale to właśnie Twój Ruch ułożył listy w tegorocznych wyborach do PE, zachowując parytet i naprzemienność. Platforma z tego zrezygnowała.
Są analizy, które pokazują, że kobiety będą na jedynkach w okręgach, w których Ruch Palikota nie ma żadnych szans na mandat. Kobiety startujące pod hasłami wolnościowymi przyciągają pewną część elektoratu. No i wtedy ten elektorat wybiera w pewnym sensie mężczyzn. One pomagają przekroczyć różne progi, żeby w ogóle zarejestrować listę, zwiększając liczbę głosów oddanych na daną partię. Ale w świetle niektórych danych w trzech okręgach, w których Twój Ruch będzie miał reprezentantów w PE, na pierwszym miejscu znajdą się mężczyźni.

Wróćmy do wyborów parlamentarnych w 2011 roku. To niezwykłe, że kwoty dały aż taki efekt – spowodowały wzrost liczby kobiet w sejmie z 20 do 24 procent.
Może to wstydliwy rekord, ale w parlamencie nigdy nie było tak wielu posłanek. Ale to się stało tak naprawdę dzięki temu, że tak dużo posłanek z PO weszło do parlamentu. Są partie, które wprowadziły mniej kobiet niż poprzednio. Dodatkowo zwraca uwagę rozziew między liczbą osób głosujących na kobiety a liczbą kobiet wprowadzonych. Tylko w PO jest tak, że odsetek głosujących jest zbliżony do odsetka wybranych posłanek. Czyli w skrócie: elektorat wybrał te kobiety. Natomiast w przypadku wszystkich innych partii, łącznie z PSL, które brak kobiet uzasadnia tradycyjnym elektoratem, co jest, jak wskazują badania, nieprawdą, odsetek głosujących na kobiety jest nawet trzy razy

większy (jak w przypadku Ruchu Palikota) niż liczba ostatecznie wprowadzonych kobiet do sejmu. Można powiedzieć, że elektorat sprzyja kobietom trzy razy bardziej niż partia polityczna.

A co z samymi kandydatkami – rzeczywiście trzeba było organizować na nie łapanki?
Oczywiście, że nie. To było dość zabawne, kiedy nawet z parlamentarnych trybun wygłaszano opowieści o tym, że trzeba będzie łapać kobiety, rekrutować żony, teściowe, matki. Ale gdy ustawa kwotowa została przegłosowana i Kongres Kobiet pytał partie, czy mają wystarczająco dużo kandydatek, nagle się okazało, że wszystkie świetnie sobie radzą. Znowu sprawdza się doświadczenie z innych krajów: partie, które wzbraniają się przed zwiększeniem liczby kobiet na listach, twierdzą, że nie ma kandydatek. Ale jak już muszą je wprowadzić na listy, to nagle się okazuje, że jednak je mają. Rozejrzeli się, zauważyli, wpisali na listę.

Przeciwnicy kwot mówią, że kobiet jest dużo na poziomie gmin. Startują tam, gdzie chcą, nie mieszają się do centralnej polityki. Realizują się na szczeblu lokalnym.
Na szczeblu lokalnym wcale nie ma u nas więcej kobiet niż na szczeblu centralnym. Ale rzeczywiście spotyka się – nawet w literaturze – tezy głoszące, że kobiety idą do polityki załatwiać pewne konkretne sprawy. Nie idą tam po własną karierę, wycofują się w momencie, kiedy daną sprawę załatwią albo kiedy się okaże, że jest nie do załatwienia. Szczebel lokalny jest jednak bardzo zróżnicowany. Są takie gminy i powiaty, które wprowadziły do rad nawet więcej niż 50 procent kobiet, ale są też takie, gdzie kobiet nie ma w ogóle. I tych ostatnich jest dużo więcej. Powiedzieć, że kobiety realizują się na szczeblu lokalnym, to powiedzieć nieprawdę.

Z badań, którymi kierowałam w Instytucie Spraw Publicznych, wynika, że między powiatami są duże różnice: jedne bardziej, inne mniej sprzyjają równości płci. Wyróżniłam na podstawie tych i wcześniejszych swoich badań trzy typy lokalnej kultury politycznej. Pierwszy to kultura męskiej przewagi. Tu obowiązuje ustabilizowany system męskiej władzy, który nie dopuszcza nikogo nowego. Drugi to kultura ślepa na płeć. Spotyka się ją zarówno tam, gdzie jest dużo kobiet, jak i tam, gdzie jest ich mało. Czasem jest tak, że sporo kobiet wchodzi do lokalnego silnego komitetu, któremu przewodzi mężczyzna. On rozdaje karty, kobiety się dostosowują, nie walczą o zmianę priorytetów, nie zmieniają agendy rozpatrywanych spraw. Trzecia to kultura sprzyjająca kobietom, ich udziałowi we władzy i równości płci. Ważne, by kobiety – z wyraźną liderką na czele – dostrzegały się nawzajem. Trochę na zasadzie, że widzi się podobnych do siebie. Z wielu badań wynika, że często w wyborach kierujemy się podobieństwem do siebie czy do tych, którzy stanowią większość. Mężczyźni czasem nie orientują się w kompetencjach kobiet, nie znają ich pracy; często znają je tylko z kontekstu prywatnego. Nie zawsze dlatego, że są mizoginami, raczej dlatego, że po prostu nie zdają sobie sprawy z ich umiejętności. W kulturze, w której kobiety zauważają inne kobiety, ich problemy są bardziej wyeksponowane. Istnieją już takie miejsca. Zastanawiam się, na ile można to przenieść na kulturę partii politycznych. Dziś w niektórych partiach z trudem przebija się teza, że równość jest czymś, na co trzeba zwrócić uwagę.

No właśnie – wydaje się, że w polskiej kulturze politycznej równość płci wciąż występuje jako kwestia światopoglądowa. Można w nią wierzyć albo nie, i robić swoje.
Na szczęście w Unii Europejskiej równość płci jest zasadą traktatową. Politykom należy o tym przypominać – to nie jest jakaś

fanaberia feministyczna, ale wynik ustaleń organizacji ponadnarodowej, do której przystąpiliśmy. Jeśli chodzi o kwestie szczegółowe, to sprawa wygląda trochę inaczej. Prawo wyborcze reguluje się na poziomie państwa.

A jak wygląda sytuacja na rynku pracy? Bo dane są przytłaczające. Kobiety zarabiają przeciętnie 88,2 procent tego co mężczyźni i zajmują tylko 36 procent wszystkich stanowisk kierowniczych.

Z jednej strony mamy do czynienia z dyskryminacją na rynku pracy, co jest łatwe do udowodnienia: kobiet dotyczy większe bezrobocie, mają niższe zarobki i zajmują niższe stanowiska. Z drugiej strony gospodarka jest najszerzej objęta regulacjami unijnymi, co oznacza, że teoretycznie łatwiej dochodzić swoich praw przed sądem. Nie możemy iść do sądu w sprawie nierówności w polityce, ale możemy iść w związku z rynkiem pracy. Gospodarka jest jednak bardziej skomplikowana; mamy sektor prywatny, sektor publiczny. Nierówność zależy od wielu czynników, w tym od aktualnej sytuacji na rynku. Łatwiej domagać się równości, kiedy rynek jest rynkiem pracownika. Bo kiedy jest rynkiem pracodawcy i dużego bezrobocia, pracownicy o swoje uprawnienia zwyczajnie nie walczą.

Coraz głośniej zaczyna się mówić o kwotach w zarządach spółek. Coraz więcej krajów przyjmuje takie regulacje. Znowu możemy powiedzieć, że to początek drogi, zwłaszcza jeśli patrzymy na Europę. W Polsce to w ogóle nieśmiały początek, ale myślę, że wszystko pójdzie w tym kierunku, że udział kobiet i mężczyzn w zarządach będzie się wyrównywał. Choć jeszcze nie przeszliśmy do takiego etapu, w którym mężczyźni demonstrują publicznie, że opiekują się dziećmi. A na przykład premier Blair brał wolne, gdy urodziło mu się dziecko. Minister w Skandynawii poszedł na urlop ojcowski, bo tam właśnie tak należy robić, to jest dobrze widziane. To jest ogromna, głęboka zmiana, która nie dotyczy tylko relacji między płciami, ale między życiem a pracą w ogóle. To zmiana modelu pracownika ukształtowanego według takiego modelu męskiego, który całkowicie koncentruje się na pracy. A życie nie polega przecież na tym, że dostosowujemy się do pracodawcy. Nasze priorytety mogą być zupełnie inne; pracodawca powinien zdawać sobie z tego sprawę i sprzyjać godzeniu ról zawodowych i rodzinnych.

GENDER W KULTURZE

Agnieszka Graff

NACJONALIZM[1]

„Naród" to konstrukcja ideologiczna oparta na przekonaniu
o kulturowej spójności pewnej odwiecznej ludzkiej wspólnoty
(twardy nacjonalizm postuluje też wspólnotę pochodzenia, wię-
zy krwi, czyli *etnos*). Jest to kategoria stosunkowo młoda (nacjonalizm jest dzieckiem nowoczesności, jego początki sięgają
końca XVIII wieku), a zarazem krucha, bo oparta na szeregu fikcji.
Odwieczne rzekomo tradycje, stanowiące o tożsamości danej
grupy, okazują się zwykle zaskakująco świeże, konstruowane *ad
hoc* w odpowiedzi na kryzys. Eric Hobsbawm ukuł pojęcie „tradycji wynalezionej", zaś Benedict Anderson w swojej klasycznej analizie nacjonalizmu pisał o „wspólnotach wyobrażonych".
W piśmiennictwie anglojęzycznym pojęcie *nationalism* funkcjonuje jako termin opisowy i nie ma charakteru wartościującego.
Podkreśla się jednak różnicę między nacjonalizmem roman-
tycznym, w tym herderowskim pojęciem narodu jako bytu or-
ganicznego, funkcjonującego w harmonii z innymi narodami, czy
poglądem Ernesta Renana, że „egzystencja narodu to codzienny,
nieustający plebiscyt", a nacjonalizmem późniejszym, w którym
dominuje szowinizm oraz idea nieuchronnej walki między narodami. W polskiej tradycji intelektualnej słowo „nacjonalizm" jest
zabarwione negatywnie, kojarzy się z tradycją endecką, ideologią

---

[1] Hasło jest częścią *Encyklopedii Gender,* opracowanej przez zespół IBL PAN,
która jesienią 2014 ukaże się nakładem wydawnictwa Czarna Owca.

szowinistyczną i megalomanią narodową, natomiast pozbawioną agresji wobec obcych miłość do ojczyzny określa się mianem „patriotyzmu"[2].

Kluczowe dla współczesnych badań nad nacjonalizmem prace teoretyczne i historyczne (powstałe w latach 8o. XX wieku książki takich autorów jak Benedict Anderson, Eric Hobsbawm, Ernest Gellner, a w Polsce Andrzej Walicki) obywają się w dużej mierze bez kategorii gender; autorzy odnotowują jedynie fakt, iż ideologie narodowe kreują specyficzny typ męskości, a kobiety pojawiają się w nich głównie na planie symbolicznym jako alegorie narodu. Przełomem była praca *Nationalism and Sexuality* (1985) George'a Mossego[3]. Autor postawił tezę o centralnym miejscu wyobrażeń o płci i seksualności w ideologii narodowej (głównie niemieckiej), porównał kilka kobiecych alegorii narodu, pokazując ich zmienność w zależności od kontekstu historycznego, a także opisał źródła i konsekwencje analogii między Żydem a homoseksualistą, obecnej od połowy XIX wieku w kulturze niemieckiej. Mosse dowodzi, że w kulturze europejskiej ideologia narodowa pozostała w ścisłym związku z rozwojem mieszczańskiego etosu „szacowności", to jest reguł rządzących ekspresją seksualności i emocji, podziałem ról w rodzinie. Badaczki feministyczne krytykowały pominięcie płci w głównym nurcie badań nad nacjonalizmem, twierdząc, że kategoria gender jest dla zrozumienia ideologii narodowych kluczowa. Obok mitów założycielskich, wizji wspólnego „charakteru" czy obawy przed grożącymi niebezpieczeństwami (napaści wroga czy rozpadzie

---

[2] Zob. esej Jana Józefa Lipskiego z 1981 r. *Dwie ojczyzny, dwa patriotyzmy*, [w:] J.J. Lipski, *Pisma polityczne. Wybór*, Wydawnictwo Krytyki Politycznej, Warszawa 2011.

[3] G.L. Mosse, *Nationalism and Sexuality. Middle Class Morality and Sexual Norms in Modern Europe*, University of Wisconsin Press, Madison 1985.

od środka), płeć jest istotnym spoiwem nacjonalistycznej wy-obraźni, służącym między innymi naturalizacji pojęcia narodu. Chodzi przede wszystkim o wspólną dla wielu nacjonalizmów wizję narodu jako kochającej się patriarchalnej rodziny, obrazy i narracje związane z męskością i sferą seksualności (homoero-tyzm i towarzysząca mu homofobia) oraz kobiece alegorie na-rodu (Matka Rosja, Brytania, Germania, Marianna czy Polonia). Stabilizującą funkcję pełni też usytuowanie kobiet poza dynami-ką zmian historycznych – obsadzenie ich w roli tego, co niezmien-ne gwarantuje ciągłość zbiorowej tożsamości.

Wczesne badania feministyczne nad splotem płeć–naród skupiały się głównie na specyficznej roli kobiet w dyskursie naro-dowym. W swojej fundamentalnej pracy *Woman–Nation–State* (1989)[4] Floya Anthias i Nira Yuval-Davis wymieniają pięć ról, w jakich kobiety pojawiają się w projektach narodowych: (1) jako biologiczne reproduktorki zbiorowości; (2) jako reproduk-torki granic pomiędzy grupami etnicznymi; (3) jako przekazicielki ważnych dla danej zbiorowości idei; (4) jako nośniki symbolicz-nych różnic między grupami etnicznymi czy narodami; (5) jako aktywne uczestniczki zmagań czy walk o narodową tożsamość. Autorki zauważają, że kobiety rzadko pełnią w dyskursie narodo-wym rolę pełnoprawnych bohaterek zdarzeń w historii zbiorowo-ści. Przypisuje im się raczej rolę pasywnych „nosicielek" kultury (ang. *bearers of culture*) – kobieta jest zatem jedynie nośnikiem treści, które dana społeczność postrzega jako cenne, ale które tworzą mężczyźni. Dzieje się tak na kilku poziomach: biologicz-nym (jako matki kobiety są „nosicielkami" narodowej substancji,

---

[4] F. Anthias, N. Yuval-Davis, *Women and the Nation State*, [w:] J. Hutchin-son, A.D. Smith (red.), *Nationalism: The Reader*, Oxford University Press, Oxford--New York 1989.

bo rodzą kolejne pokolenia narodu, przy czym większą wartość ma syn niż córka), kulturowym (idealizowana funkcja opiekuńcza matek i nauczycielek: kobieta czuwa nad domowym ogniskiem, przekazuje wartości patriotyczne, dba o ciągłość tradycji) i symbolicznym (wyobrażenia o narodzie jako kobiecej postaci wiele nam mówią o historii i aspiracjach danej grupy). Ostatnia z pięciu wymienionych wyżej funkcji to zatem swoisty wyjątek od reguły, jaką jest marginalizacja i instrumentalizacja kobiet w ideologiach narodowych, a także wymazywanie ich aktywności ze zbiorowej pamięci. Nie przypadkiem wywyższenie dotyczy jednak właśnie sfery symbolicznej. W ideologii narodowej mężczyźni żyją w czasie realnym i kreują zdarzenia; kobiety umieszczone są niejako poza czasem, ich funkcja wypływa bowiem z „natury". Pojawienie się „kobiet-wojowników" stanowi więc niejako zawieszenie reguł historii, znak, że zbiorowość znalazła się w stanie szczególnego zagrożenia. Kobiecą waleczność podziwia się, ale podkreśla także dramatyzm i wyjątkowość sytuacji, w której kobiety muszą okazać się waleczne. W polskim dyskursie publicznym narracja ta dotyczy między innymi uczestniczek powstania warszawskiego, a także bohaterek „Solidarności". Można się też zastanawiać, czy patriotyczne zaangażowanie XIX-wiecznych emancypantek oraz deklaracje (m.in. Elizy Orzeszkowej), że kobiety pragną wolności jedynie po to, by lepiej służyć ojczyźnie, nie były próbą przejęcia czy zredefiniowania dyskursu narodowego. Niektóre badaczki wskazują, że zmagania o niepodległość stanowią swoiste otwarcie dla emancypacji i wzmocnienia (*empowerment*) kobiet, zwłaszcza w początkowym okresie. Jako pierwsza pisała o tym Kumari Jayawardena[5] (1986), analizując rolę kobiet w wal-

---

[5] K. Jayawardena, *Feminism and Nationalism in the Third World*, London, Zed Books, New Delhi, Totowa 1986.

ce o wyzwolenie kolonii w Azji. Podobne wnioski płyną z prac dotyczących roli kobiet w zmaganiach narodowowyzwoleńczych w tak różnych kontekstach jak Polska, Izrael, Korea.

Większość badaczek jest jednak zgodna, że walka o sprawę narodową oznacza dla kobiet zawieszenie interesów własnej płci (roszczeń związanych z równością), a mobilizacja w okresie walki nie skutkuje ani powstaniem silnych organizacji feministycznych w okresie pokoju, ani tym bardziej przyjęciem feministycznej agendy przez nowe władze. Gdy kończy się czas walki, kobiety odsyła się na „ich" miejsce. Na skutek utożsamienia ciała kobiety z fantazmatycznym ciałem narodu zmagania o narodową tożsamość wiążą się zatem z jednej strony z uwzniośleniem kobiety wyobrażonej, z drugiej zaś z marginalizacją i instrumentalizacją kobiet realnych. W sytuacji kryzysu zbiorowej tożsamości, wojny czy gwałtownych przemian politycznych, nacjonalizm wiąże się ze wzmożoną kontrolą nad kobietami. Dotyczy to głównie sfery seksualnej i reprodukcyjnej – typowe są restrykcyjne zakazy aborcji, prawa zakazujące związków z cudzoziemcami lub przedstawicielami innej „rasy". Nacjonalizm wiąże się też z sankcjonowaną przez zbiorowość przemocą wobec kobiet – jej skrajny przejaw to masowe gwałty wojenne. Istotną rolę w ideologiach narodowych pełni homofobia wynikająca z traktowanej jako oczywistość wizji binarnego układu płci. Męskość to waleczność i władza, kobiecość to płodność i potrzeba opieki, zaś ramy dla tej opozycji tworzy restrykcyjnie egzekwowana heteronorma. Jako projekt polityczny nacjonalizm jest zatem wrogiem równości płci, a także swobody i tolerancji seksualnej. Splot naród–płeć–seksualność bada się obecnie z wielu uzupełniających się perspektyw (socjologia, historia, antropologia, literaturoznawstwo), przy czym w ostatnich latach mniej uwagi poświęca się roli kobiet w ideologiach narodowych, a więcej mechanizmom związanym z konstruowaniem męskości i kontrolą seksualności.

Istotny wątek to retoryczny wymiar owego splotu: bada się funkcjonowanie kategorii związanych z płcią w propagandzie nacjonalistycznej. Płeć służy w tej retoryce budowaniu granic i podkreślaniu różnic. Narracje o narodzie dzielą świat na „my" i „oni", przy czym „nam" przypisuje się prężny binaryzm płci, wrogom zostawiając odstępstwa od genderowej normy, a także seksualną agresję. Chwali się waleczność „naszych" mężczyzn, a także czystość, subtelność, płodność i skłonność do poświęceń „naszych" kobiet. Wrogów cechuje genderowy zamęt: nadmiar lub niedobór cech płciowych. Są zniewieściali, cierpią na impotencję albo przeciwnie – są brutalni, zezwierzęceni, skłonni do gwałtu. „Ich" kobiety to dziwki lub przeciwnie, żałosne babochłopy. Ta retoryka daje też narzędzia do dyscyplinowania niepokornych członków grupy: seksualni „odmieńcy" są w dyskursie nacjonalistycznym traktowani jak zdrajcy, co więcej, przeciwników ideologii narodowej piętnuje się często jako zboczeńców.

Fazę budowania podstaw teoretycznych feministyczna analiza nacjonalizmu ma już za sobą (Yuval-Davis 1997)[6]. Główny nurt badań to socjologiczne i historyczne „studia przypadków", analizy splotu płeć–naród w konkretnych zdarzeniach, kontekstach, epokach, często uwzględniające też podziały religijne i kwestie związane z rasizmem. Do najciekawszych należy praca Anne McClintock[7] (1997) o roli seksualnych obsesji dotyczących rzekomych wynaturzeń „dzikusów" w imperializmie brytyjskim. Wśród badań europejskich do najciekawszych należą te dotyczą-

---

[6] N. Yuval-Davis, *Gender and Nation*, Sage, Thousand Oaks, *London*, New Delhi 1997.

[7] A. McClintock, *Imperial Leather. Race, Gender and Sexuality in the Colonial Context*, Routledge, London-New York 1995.

ce Bałkanów, na przykład praca Julie Mostov[8], analizująca genderowy wymiar prowojennej retoryki, jaka dominowała w mediach Serbii i Chorwacji na przełomie lat 80. i 90. XX wieku. Autorka zwraca uwagę na silną ambiwalencję w obrazowaniu kobiet (idealizacji towarzyszy lęk i podejrzenia o zdradę).

Inny ciekawy i intensywnie dyskutowany przypadek, w którym na kwestie kulturowe dodatkowo nakładają się różnice religijne, to spór o nakrycia głowy mieszkających we Francji muzułmanek. Broniące zakazu noszenia chust w szkołach publicznych francuskie feministki skupiają zwykle uwagę na opresyjnym ich zdaniem sensie kobiecego stroju w społeczności muzułmańskiej. Amerykańska badaczka Joan Wallach Scott[9] (2007) pokazuje jednak drugą stronę tego sporu: jej zdaniem to forsowany przez francuskie władze zakaz noszenia chust ma wymiar nacjonalistycznej przemocy wobec kobiet, chociaż w tym przypadku nacjonalizm przemawia językiem oświeceniowego uniwersalizmu i modernizacji ("nasze kobiety" okazują się bardziej wyzwolone od "ich" kobiet). Strój kobiecy stał się tu "nośnikiem kultury", symbolem zbiorowej tożsamości w warunkach konfliktu kulturowego, kobiety zaś – zakładniczkami tego sporu.

Jak pokazują liczne prace polskich badaczek i badaczy tej tematyki (m.in. Maria Janion, Katarzyna Gawlicz, Agnieszka Graff[10], Adam Ostolski, Elżbieta Ostrowska[11]), w polskiej wy-

---

[8] T. Mayer (red.), *Gender Ironies of Nationalism. Sexing the Nation*, Routledge, London 2000.

[9] J.W. Scott, *The Politics of the Veil*, Princeton University Press, Princeton 2007.

[10] A. Graff, *Rykoszetem. Rzecz o płci, seksualności i narodzie*, W.A.B., Warszawa 2008.

[11] E. Ostrowska, *Matki Polki i ich synowie. Kilka uwag o genezie obrazów kobiecości i męskości w kulturze polskiej*, [w:] *Gender – konteksty*, M. Radkiewicz, Rabid, Kraków 2004.

obraźni narodowej istotną rolę odgrywa fantazmatyczna kobieta-matka, utożsamiana z jednej strony z Matką Boską, z drugiej – z Polonią, czyli Polską, z trzeciej wreszcie z Matką Polką. Według Janion[12] Polonię wyróżnia na tle innych europejskich alegorii ogrom cierpienia (bliskość śmierci, czasem wręcz śmierć). Zanurzony w mitologii romantycznej polski nacjonalizm jest nie tylko martyrologiczny, ale wręcz bliski nekrofilii. Dla synów wiecznie cierpiącej Polonii (mężczyzn-patriotów) nakaz poświęcenia się dla wyobrażonej matki (Polski) oznacza konieczność opuszczenia realnej kobiety – kochanki (Polki). Towarzyszy temu swoisty erotyzm śmierci. Na współczesny polski splot naród–płeć–seksualność istotny wpływ ma brak liczących się mniejszości narodowych. Efektem jest tym silniejsze skupienie emocji narodowych na sferze płci i seksualności (stąd upolitycznienie homofobii i wciąż powracające w retoryce rodzimych nacjonalistów utożsamienie geja z Żydem). Z wywyższeniem macierzyństwa, rozumianego jako poświęcenie raczej niż radosna więź kobiety z dzieckiem, wiąże się pogardliwy stosunek do kobiet bezdzietnych lub pragnących kontrolować własną płodność. Feministyczne teorie dotyczące płci i nacjonalizmu pozwalają zrozumieć napięcie, jakie towarzyszy polskim sporom o aborcję i *in vitro*, a także wciąż obecny w dyskursie publicznym wizerunek ruchów na rzecz kobiet i mniejszości seksualnych jako zjawiska „obcego" polskiej kulturze.

---

[12] Zob. M. Janion, *Niesamowita Słowiańszczyzna*, Wydawnictwo Literackie, Kraków 2006; M. Janion, Pożegnanie z Polską. *Jeszcze Polska nie umarła*, „Krytyka Polityczna", 2004, nr 6.

Agnieszka Ziętek

„BIERZ MNIE CO WTOREK".
REKLAMA A GENDER

„Od września dajemy za darmo", „50 gr dla swojaków", „...leżę idealnie...", „Zaliczysz za pierwszym razem", „Bierz mnie co wtorek". Wbrew pozorom to nie hasła reklamowe agencji towarzyskich, portali randkowych czy erotycznych. To hasła promujące sieć telefonii komórkowej, szkołę jazdy, a nawet... producenta podłóg i lokalny tygodnik. Tego typu przykłady sloganów reklamowych odwołujących się do sfery seksu i erotyki można mnożyć bez końca. Nie od dziś wiadomo bowiem, że *sex sells*. Odpowiednie włączenie do przekazu reklamowego elementów nacechowanych seksualnie, odwołujących się do cielesności oraz zmysłowości, skutecznie przyciąga uwagę (potencjalnego) nabywcy, co z kolei przekłada się na wzrost sprzedaży produktu lub usługi bądź chociażby na wzrost jego „rozpoznawalności" (zgodnie z zasadą: nie ważne co mówią, ważne, że mówią).

Należałoby zatem postawić pytanie, czy rzeczywiście? W jaki sposób do wzrostu sprzedaży gładzi gipsowej (słynna reklama „gładź, gładź, gładź" z wizerunkiem ciała kobiecego podzielonego na części niczym mięso w rzeźni) przyczyniają się kobiece usta, piersi i pośladki? Co wspólnego ma napój energetyczny, samochód, piwo, sieć komórkowa, kolekcja męskich garniturów, drukarnia bądź trumna z rozebranym kobiecym ciałem? I dlaczego (jak pokazują badania) zazwyczaj jest to właśnie ciało kobiece? Czy manipulując wizerunkiem kobiety oraz odwołując się do postrzeganych zazwyczaj stereotypowo odgrywanych przez nią ról społecznych naprawdę można sprzedać wszystko? I co z tego wynika dla społeczeństwa?

Zacznijmy od faktów. „Raport z monitoringu reklam emitowanych przez telewizję publiczną w pierwszym kwartale 2005 roku ze szczególnym uwzględnieniem tych, które zawierały stereotypy dyskryminujące kobiety" podaje:

„W wielu reklamach ich twórcy sięgają do utrwalonych schematów i chcąc uwiarygodnić przekaz oraz stworzyć «domową atmosferę», przedstawiają kobietę – przy lepieniu pierogów, z siatkami pełnymi zakupów, sprzątającą lub gotującą obiad. Niektóre z reklam w swych przesłaniach wręcz odwołują się do nieomylności i «wyższości» kobiet – «tylko mama zna tak swoje dzieci, że przewiduje, czego potrzebują najbardziej». Odnotowano szesnaście reklam, w których kobieta równo z mężczyzną dzielą się obowiązkami domowymi – wspólnie sprzątają, gotują, zajmują się dziećmi. Mamy też przykłady reklam, które uwzględniły w swym przekazie zmianę ról społecznych – to mężczyzna zajmuje się małym dzieckiem, gotuje obiad, czyta córce, wyjmuje ciasto z piekarnika"[1].

I dalej: „Zdumienie budzą zwłaszcza te reklamy, w których widok nagiego ciała nie wynika z cech reklamowanego produktu. Trudno uzasadnić konieczność pokazywania kobiecego ciała w produktach z branży spożywczej czy telekomunikacji"[2].

Badania wizerunku kobiet w reklamie[3] (zarówno telewizyjnej, prasowej, jak też kampanii billboardowych) wskazują, iż

---

[1] http://bit.ly/1dOczlB, s. 6.
[2] Tamże, s. 8.
[3] Zob. np. *Portrety kobiet i mężczyzn w środkach masowego przekazu i podręcznikach szkolnych*, red. R. Siemieńska, Scholar, Warszawa 1997; I. Desperak, *Stereotyp kobiet i ich ról społecznych i zawodowych w reklamie telewizyjnej*,

zasadniczo mamy do czynienia z dwoma głównymi „typami" kobiecych reprezentacji. Z jednej strony, są to „strażniczki domowego ogniska", czyli matki, żony, kobiety gotująco-sprzątające, dbające o każdy aspekt „prawidłowego" rozwoju rodziny. A zatem piorą, gotują, sprzątają, szorują łazienki, myją podłogi, robią zakupy, wycierają nosy i tak dalej... Z drugiej zaś, kobieta wamp, seksowny i zmysłowy obiekt pożądania (i posiadania) seksualnego. W tym wypadku jej głównym zadaniem jest uwodzenie i kuszenie realizowane za pomocą eksponowania idealnego ciała, nadymania ust, wypinania piersi i pośladków, odsłaniania nóg. Okazjonalnie pojawiają się w reklamach kobiety ekspertki – przebojowe i inteligentne, odnoszące sukcesy zawodowe, cieszące się poważaniem i uznaniem społecznym. Zazwyczaj jednak nadal pozostają ekspertkami od spraw domowych i opiekuńczych. Jak zauważa jeden z badaczy tego zjawiska, Dariusz Doliński:

„Kobieta z reklamy to zatem najczęściej kobieta głupia. Jest ona przy tym albo skoncentrowana na «typowo kobiecych» zajęciach, a wtedy przeważnie bywa osobą w średnim wieku, o dość (ale nieprzesadnie) miłej powierzchowności, albo też pełni funkcje wyłącznie dekoracyjne i jej obecność w reklamie z czysto logicznego punktu widzenia nie ma żadnego sensu. W tym ostatnim przypadku ma ona lat niewiele, za to centymetrów w biuście sporo"[4].

Dochodzą do tego tak zwane podwójne standardy. Reklamy z użyciem wizerunku kobiet są postrzegane i oceniane inaczej

---

[w:] *Kobiety w kulturze popularnej*, red. E. Zierkiewicz, I. Kowalczyk, Konsola, Wrocław 2002; J. Mizielińska, *Matki, żony, kochanki, czyli tak nas widzą*, [w:] *Od kobiety do mężczyzny i z powrotem: rozważania o płci w kulturze*, red. J. Brach-Czaina, Trans Humana, Białystok 1997.

[4] D. Doliński, *Psychologiczne mechanizmy reklamy*, Gdańskie Wydawnictwo Psychologiczne, Gdańsk 2003, s.147.

niż te odwołujące się do męskich konstruktów roli płciowej. To, co w przypadku tych pierwszych jest uznawane za „normalne" i dopuszczalne, czy nawet preferowane, w wariancie „męskim" już takie nie jest.

Jako przykład posłużyć może chociażby reklama męskiego dezodorantu, z czarnoskórym mężczyzną w roli głównej. Za użyte na początku sformułowanie (przypomnijmy: „Witam panie! Popatrz na swojego mężczyznę, a teraz na mnie, jeszcze raz na niego i na mnie. Szkoda, że nie jest mną") w 2012 roku reklama została zgłoszona do Komisji Etyki Reklamy jako dyskryminująca i poniżająca „normalnych" mężczyzn, którzy swoim wyglądem zewnętrznym i aparycją odbiegają od wzorców przedstawionych w reklamie. Co ciekawe, komisja skargę uznała i nakazała usunięcie dyskryminujących treści (w wyniku czego użyte na początku reklamy sformułowanie zostało celowo zagłuszone). W tym miejscu nasuwa się jednak przykład innej reklamy: „Od września dajemy za darmo..." jednego z dostawców usług internetowych, która w 2011 roku została zaskarżona (w tym wypadku adresatem skargi był sąd powszechny) jako seksistowska, dyskryminująca i naruszająca dobra osobiste. W tym wypadku sąd skargę odrzucił, stwierdzając, że... nie narusza ona niczyich dóbr osobistych.

Z podobną sytuacją mieliśmy także do czynienia przy okazji reklamy znanego proszku do prania. Choć w tym przypadku pomysł przełamania stereotypu i umieszczenia mężczyzny w roli zarezerwowanej dotychczas wyłącznie dla kobiet (to jest osoby zajmującej się „prowadzeniem domu" i opieką nad dziećmi) był rzeczywiście ciekawy i oryginalny, to koniec końców znów wracamy do opcji „klasycznej". Mężczyzna ze swoje działania zyskuje miano „bohatera". Jednocześnie trudno przypomnieć sobie reklamę, w której kobieta wykonująca te zadania zostałaby nazwana „bohaterką". Te same czynności, w zależność od płci osoby, która je wykonuje, traktowane są więc z jednej strony jako coś „naturalnego" i „oczywistego", z drugiej jako swojego rodzaju „bohaterstwo".

Istnieją zatem dwa zupełnie różne podejścia do wykorzystywania w przekazach reklamowych wizerunków kobiet i mężczyzn. Warto jednak w tym miejscu zaznaczyć, iż Kodeks Etyki Reklamy w omawianych kwestiach wypowiada się jednoznacznie: „Reklamy nie mogą zawierać treści dyskryminujących, w szczególności ze względu na rasę, przekonania religijne, płeć lub narodowość" (art 12.).

W stosunku do tego typu przekazów, traktujących kobiece ciało jak po(d)ręczny przedmiot pożądania, można zatem postawić tezę, iż z jednej strony są one odzwierciedleniem zdominowanej przez męskie sposoby postrzegania i „widzenia" seksistowskiej, deprecjonującej kultury współczesnej, z drugiej zaś – tę kulturę utrwalają i uprawomocniają. Trafnie opisuje to na przykład Bourdieu: „Oponentom (…) należałoby wskazać, jak bardzo owo «wyzwolone» używanie ciała jest podporządkowane męskiemu punktowi widzenia (…). Ciało kobiece zdaje się podlegać zarazem wystawieniu i negacji, objawiając symboliczną dostępność mężczyźnie"[5].

Nie sposób zatem nie zauważyć związku pomiędzy medialnymi konstruktami społeczno-kulturowych ról kobiecych a rzeczywistymi nierównościami, seksizmem, szowinizmem, mizoginią czy wreszcie przemocą wobec kobiet (zarówno fizyczną, jak i symboliczną/psychiczną), przykładów których znajdziemy w codziennych sytuacjach aż nadto. Tym bardziej więc masowe „upowszechnienie" tego typu przekazów, jak również traktowa-

---

[5] P. Bourdieu, *Męska dominacja*, Oficyna Wydawnicza, Warszawa 2004, s. 41.

nie prezentowanych przez nie wizerunków jako coś „oczywiste-go" i „normalnego" budzić może szczególne zaniepokojenie. Ich negatywny wpływ potwierdzają wyniki prowadzonych w tym zakresie badań.

Im częściej widzimy określone wizerunki kobiet (i męż-czyzn), tym bardziej skłonni jesteśmy uznawać je za coś oczy-wistego i „naturalnego"[6]. Im częściej zatem z billboardów reklamowych i reklam telewizyjnych uśmiechają się do nas zin-fantylizowane postacie kobiet kucharek, sprzątaczek, opiekunek do dzieci czy gibkich, gładkich rozerotyzowanych „obiektów" seksualnych, tym bardziej wierzymy, że tak właśnie wygląda rzeczywistość społeczna (w której potencjalny, szeroki katalog ról społecznych w przypadku kobiet redukowany jest do matki Polki i strażniczki domowego ogniska lub przedmiotu seksual-nej przyjemności). Jeśli zatem nie dostrzegamy (z powodu ich rzadkiego występowania) kobiet pełniących ważne, wysokie i odpowiedzialne stanowiska, realizujących się na gruncie za-wodowym i pozadomowym, jesteśmy w stanie uwierzyć, że rzeczywiście „w naturze" takie przypadki nie występują. „Jeśli stereotypy takie zostaną zinternalizowane przez kobiety, mogą mieć one negatywny wpływ na ich postrzeganie własnych moż-liwości życiowych"[7]. Oglądającym je kobietom wyraźnie obniża się poziom wiary we własne siły i możliwości, samoocena czy po-ziom własnej wartości. Spada także motywacja do wyznaczania i osiągania celów zawodowych czy do realizacji i działania poza sferą prywatno-domową. Wzrasta przy tym także poczucie niż-szości, braku pewności siebie czy wręcz poziom niezadowolenia z własnego wyglądu, osiągnięć i tak dalej. Jednocześnie przekazy

---

[6] E. Aronson, *Człowiek, istota społeczna*, PWN, Warszawa 2000, s. 303.
[7] Tamże, s. 304.

reklamowe ukazujące kobiety jako obiekty seksualne u oglądających je mężczyzn wpływają w sposób istotny na wzrost poziomu akceptacji dla stosowania przemocy wobec kobiet[8]. Przyswajając stereotypowe, fragmentaryczne i siłą rzeczy mające niewiele wspólnego z rzeczywistością wyobrażenia na temat społecznej roli (czy wyglądu) kobiet, pozbawiamy się zatem możliwości pełnego i wolnego od ograniczających schematów i kalek kulturowo-medialnych poznawania otaczającego świata.

Dlatego też mylą się ci, którzy uważają, że reklamy z widocznym podtekstem erotycznym, traktujące kobietę jak przedmiot i źródło seksualnej przyjemności czy też estetyczny dodatek do reklamowanego produktu, nie mają związku z istniejącymi i mającymi się całkiem dobrze seksizmem, dyskryminacją czy przemocą wobec kobiet. Przyzwyczajani do określonego sposobu prezentowania i jednocześnie postrzegania kobiety oraz jej ciała, od najmłodszych lat jesteśmy jednocześnie socjalizowani do uznawania tego typu reprezentacji za coś oczywistego i „normalnego". Za standardowe uznajemy więc te obrazy i wizerunki, które widzimy codziennie w prasie, na billboardach, a zatem z jednej strony obrazy kobiet „udomowionych", z drugiej zaś – kobiecych ciał będących źródłem męskiej przyjemności. Oczywiście ciał perfekcyjnie wystylizowanych, komputerowo odchudzonych, pozbawionych wszelkich oznak człowieczeństwa.

Zastosowanie do powyższych analiz perspektywy krytycznej pozwala także zwrócić uwagę na drugą stronę tego zjawiska. Otóż według tego podejścia, reprezentowanego między innymi przez przedstawicieli tak zwanej szkoły frankfurckiej, przekazy medialne, w tym również reklamowe, są odzwierciedleniem struktury społecznej i relacji w niej panujących, ponieważ to

[8] D. Doliński, dz. cyt., s. 147–150.

właśnie przedstawiciele grupy „dominującej" i zwolennicy tegoż dyskursu mają realny wpływ na treść komunikatów przekazywanych przez środki masowego przekazu. Dzięki temu możliwe jest zachowane *status quo*, czyli utrwalanie struktur panującej władzy (w tym wypadku opresyjnego i dyskryminującego systemu patriarchalnego). Media nie są zatem źródłem obiektywnych informacji, ale sposobem tworzenia fałszywej świadomości, gwarantem nienaruszalności systemu, sposobem utrwalania obowiązujących wzorów myślowych i schematów społeczno--kulturowych, wizerunków, ról i społecznych oczekiwań.

Powyższe rozważania prowadzą do pytania o możliwość zmiany zaprezentowanych praktyk. Nie będzie ona jednak polegała, jak mogłoby się pozornie wydawać, na równorzędnym wprowadzaniu do dyskursu reklamy treści deprecjonujących role męskie. Nie chodzi bowiem o równouprawnienie w jednoczesnym poddawaniu procesowi stereotypizacji różnych grup i kategorii osób, ale o wyeliminowanie tego typu praktyk ze sfery publicznej i medialnej. Pożądana zmiana nie będzie zatem polegała na wprowadzaniu swojego rodzaju „równości w nierówności" czy „równości w dyskryminacji". Będzie to raczej propagowanie rzeczywistego poszanowania godności każdej osoby niezależnie od cech takich jak płeć, wiek, narodowość, pochodzenie etniczne i tak dalej[9]. Dopóki bowiem płeć i stereotypowo przypisane do niej oczekiwania społeczne będą wykorzystywane jako swoisty wabik na konsumenta, dopóty nie powinna dziwić nas akceptacja różnych form dyskryminacji i przemocy wobec kobiet.

---

[9] Wątek ten porusza m.in. Jean Kilbourne, autorka serii filmów dokumentalnych *Delikatnie nas zabijają* (*Killing us softly*) badająca wizerunki kobiet i mężczyzn w reklamie amerykańskiej.

Marta Konarzewska

POSTACI GENDEROWO NIEPEWNE
W LEKTURACH SZKOLNYCH

„IDŹ, MARYSIU, IDŹ". CO TO ZNACZY GENDEROWO NIE-
PEWNE I DLACZEGO JEST TO INTERESUJĄCE?

Nie zapomnę pewnej lekcji. Druga klasa liceum: *Gloria Victis,* nuda i zero entuzjazmu, chyba każda nauczycielka zna to uczucie. Powstanie – znowu, mogiła – znowu i znowu śmierć jako ojczyzna. Ważne i wzniosłe? Owszem. W starym stylu: zachwycając, ni w ząb nie zachwyca. Wchodzę do klasy i zaczynam tradycyjnie: „Mogiła!" wygłaszam zza biurka, „Mogiła i Krew!". Co oczywiste na twarzach przede mną – ból. „Mogiła", ja dalej twardo, „Krew". Na to cisza, a potem: „Maryś", cichutko, gdzieś z kąta. „Maryś, dziewczyna", głośniej. „O co chodzi z tą Maryś, proszę pani? Z motywem androgynii? Czy to symbol? Czego? Co to nam mówi?". Mnie zatkało. Czytając tak zwaną nudną Orzeszkową zapomnieli się nudzić i natrafili na coś intrygującego. Znak zapytania zakopany w samym centrum narracji: jak w opowiadaniu o mogile zagrała płeć?

Chwila streszczenia: Nad mogiłą powstańczą lata wiatr. Drzewa i łąka opowiadają mu jej losy. Jest w tych opowieściach Romuald Traugutt i patos historii, ale jest też trójka młodych ludzi, właściwie jeszcze dzieciaków. Maryś Tarnowski to brat Anielki, ten trzeci to ukochany Anielki – Jagmin. Chłopcy jadą walczyć, ona czeka. Po wszystkim przychodzi na mogiłę, zostawia krzyżyk. Wiatr płacze nad jej losem.

Jak widać na tle polskiej mogiły narodowej widnieje trójkąt o trzech wierzchołkach: kobiecość (Anielka), męskość (Jagmin) i owo trzecie: jakby kobiecość wtłoczona w męskość, a może na odwrót. Maryś – dziewczyna, a jednak chłopiec.

> Wątły, drobny, na twarzy różowy i biały, a oczy miał jak u dziewczyny łagodne, nieśmiałe, czyste i tak błękitne, jak te niezapominajki, które tu czasem u stóp moich rosną. Przebrana dziewczyna czy ledwie dorosłe chłopię! Wcale też niedawno minęło mu lat dwadzieścia. Jednak może i dlatego jeszcze ulubieńcem moim rychło stał się, że we mnie ciekawość obudzał[1].

Tak mówi dąb. – „Ciekawość obudzał". Więc niedziwne, że w mojej klasie także obudził. Przebrana dziewczyna czy chłopię? Sama Orzeszkowa nie była pewna.

> Dziwne w wieku tak młodym przepastne zadumy osiadały mu niekiedy w oczach dziewiczych, łagodnych, a po twarzy różowej i białej przepływały takie łuny gorące, jakby tam w nim, we wnętrzu tej jego wątłej, chłopięcej postaci coś płonęło, gorzało.

Autorka opisuje postać tak, jak opisywało się dziewczę stłamszone, w którym wyrywa się do świata coś nieodgadnionego, coś Innego. A potem to dziewczę śle na bój. Czy nie narusza tym formy narodowej, homospołecznej, gdzie silni, męscy *panowie bracia*, urodzeni do tego po prostu, ruszają walczyć w Obronie Ojczyzny Zawsze Dziewicy? Polonii narażonej na gwałt? Nudna Orzeszkowa dokonała subwersywnego, wojak okazuje się dziewicą. Motyw wzmacnia chwyt sobowtórowy, Maryś i Aniela to zwierciadlane odbicie.

---

[1] Cytaty z *Glorii victis* za serwisem wolnelektury.pl: http://bit.ly/Obnmk5.

Przywiózł ze sobą dziewczynę, siostrę młodszą, w sposób bajeczny, prawie aż zabawny do niego podobną. Ta sama drobność wzrostów, wątłość kształtów, te same rysy cery i na rysach rozlane wyrazy [...] Aż zabawnie było patrzeć na tę parkę ludzi młodziuteńką, małą, jasnowłosą, różowotwarzą, wiecznie ze sobą sprzęgniętą.

Dopiero Jagmin jest inny: „Ten zewnętrznie wcale do nich podobny nie był; owszem, jakby innej rasy był, czerwieńszej krwi, spod zamaszystego, potężniejszego młota natury". Jak widać – Jagmin to w pełni męski Inny wobec odniesionej do rodzeństwa kobiecości. Różnica płciowa zaznaczona jest też erotycznie – ukochany to Inny, dlatego może być w ogóle ukochanym. Tymczasem „parka wiecznie ze sobą sprzęgnięta", Maryś i Aniela, to jak dwie strony tego samego. Jedno. Jedna. Może to jedna kobieta roz-przęgnięta przez walkę na dwie? Na Anielę – tę, która pozostaje w swej roli genderowej (czeka, lęka się, roni łzy, potem opłakuje puste miejsce po mężczyznach, którzy zginęli, oddaje się w opiekę Bogu, zawsze pamięta) i na Maryś – tę drugą, która przekracza granicę, przechodzi na inną stronę genderu – idzie walczyć i ginie, jak mężczyzna, bo czemu nie? Może Orzeszkowa przemyca tu fantazję o emancypacji kobiet do walki także (nie tylko do edukacji i pracy, jak pisała w innych miejscach). Może dlatego transponuje kobietę na bohatera męskiego? Gramatyka sprzyja. Maryś to imię raczej żeńskie, łatwo funkcjonuje syntaktycznie w genderze (rodzaju) żeńskim: „Przycisnęła się do piersi jego mocno, mocno i odrywając się od niej powtórzyła kilka razy: — Idź, Marysiu, idź!". Zauważmy, jak to jest napisane. „Idź, Marysiu" to wołacz dwupłciowy, a „odrywając się od niej" syntaktycznie odniesione do „klatki", semantycznie odnosi się zarazem do kobiety – Marysi.

Jedynie słuszna interpretacja? Pewnie nie. Czy jednak nie ciekawa?

„JAK PIERŚ?" – MICKIEWICZA PYTANIE O GENDER

Manewru z *Glorii...* trudno nie porównać z prostszą wersją Mickiewiczowską. Co najmniej w dwóch tekstach lekturowych wieszcz zapytał o gender. Pierwszy tekst to omawiana już w gimnazjum *Grażyna*. Jak wiemy, chodzi tu o Litwinkę, która w obronie kraju przywdziewa szaty Litawora (męża, księcia i potencjalnego zdrajcy, który rozważa przymierze z Krzyżakami), walczy i ginie na polu bitwy. Szaty należą do władcy, dlatego Grażyna walczy jako władca. Ale to nie pierwszy raz, gdy jest z Litaworem mylona. Mickiewicz także wykorzystuje genderową sobowtórność.

> Ona się jedna w dworze całym szczyci,
> Że bohaterską Litawora postać
> Wzrostem wysmukłej dorówna kibici.
> [...]
> Twarzą podobna i równa z postawy,
> Sercem też całym wydawała męża.
> Igłę, wrzeciono, niewieście zabawy
> Gardząc, twardego imała oręża;
> Często, myśliwa, na żmudzkim rumaku
> W szorstkim ze skóry niedźwiedziej kirysie
> Spiąwszy na czole białe szpony rysie,
> Pośród strzelczego hasała orszaku;
> Z pociechą męża nieraz w tym ubiorze
> Wracając z pola oczy myli gminne,
> Nieraz od służby zwiedzionej na dworze,
> Odbiera hołdy książęciu powinne[2].

---

[2] Cytaty z *Grażyny*: za serwisem wolnelektury.pl, http://bit.ly/1omI7eD.

Grażyna to kobieta niebezpieczna. Głównie dlatego, że w przeciwieństwie do Matki Polki czy udręczonej Polonii nie metaforyzuje narodu, lecz nim włada. Pozostaje wobec niego w męskiej – metonimicznej roli[3]. To już nie Marianna Eugène Delacroix z nagim biustem (który to biust, zauważa Maria Janion, w późniejszych wizerunkach zmieniono z wyzwolonego w macie-rzyński[4]). Grażyny nie można swobodnie modelować, jest wolnym kobiecym podmiotem z męskim genderem. Kobietą, która podejmuje decyzję i walczy. „Walczy i umiera jak wielu innych bohaterów Mickiewicza – pod cudzym imieniem"[5].

Założenie zbroi to zresztą niejedyny akt transgresywno--genderowy w tym poemacie. Jak pamiętamy, Litawor jako czarny rycerz pospieszył na pomoc wojskom Grażyny. Bitwę wygrano, lecz kobieta-wódz tam zginęła, a potem był pogrzeb. Grażyna – „niewiasta z wdzięków, a bohater z ducha", spłonęła na chwalebnym stosie. A Litawor?

> „Ja się zemściłem, lecz ona nie żyje!"
> Rzekł, bieży na stos, upada na zwłokach,
> Ginie w płomieniach i dymu obłokach.

Tak czyniły wszak żony bohaterów, czasem – kochanki. Zatem w puencie poematu pomieszał się gender.

Transgresywna Grażyna nie jest w kulturze wyjątkiem, to siostra innych furiatek na granicy genderu. Judyty, Joanny

---

[3] Por. A. Mickiewicza *Do matki Polki*, czy ryciny Artura Grottgera. O metonimicznej i metaforycznej relacji do narodu w kontekście genderowym pisze m.in. A. Graff. Tejże, *Rykoszetem. Rzecz o płci, seksualności i narodzie*, WAB, Warszawa 2008. Tam też obszerna bibliografia.

[4] Zob. M. Janion, *Kobiety i duch inności*, Sic!, Warszawa 1996.

[5] Tamże, s. 91.

d'Arc, Emilii Plater... mścicielek, rycerek, podmiotek maskarady. Kobiecych ciał w kostiumie męskiego genderu sprawczości, czyli w zbroi[6]. Nie jest też wyjątkiem u Mickiewicza. O Emilii Plater także wieszcz pisał (i to jak!), i także omawia się to w szkole. Chodzi oczywiście o wiersz *Śmierć Pułkownika*, który kończy się tak:

Lecz ten wódz, choć w żołnierskiej odzieży,
Jakie piękne dziewicze ma lica?
Jaką pierś? – Ach, to była dziewica,
To Litwinka, dziewica-bohater,
Wódz Powstańców – Emilija Plater![7]

Nie ma wątpliwości co do kategorii zachwytu organizującej tę wypowiedź poetycką. Ale jaki to rodzaj zachwytu? Jest bowiem coś erotycznego, coś voyeurystycznego w tej scenie. Podmiot liryczny pozostaje pod wrażeniem dziewczyny w męskim przebraniu. Patrzy na nią, sunie wzrokiem, przechodzi od kostiumu do ciała, od odzieży do lic, od lic do piersi, odsłania, podgląda (*jaka pierś?*), aż wyraża swój zachwyt (*ach!*). Patetyczne łączy się tu z erotycznym. Uczniowie to widzą, naprawdę! Niektóre uczennice czują ten wzrok na własnym ciele. Rozpisując ten fenomen, Janion zaznacza, że nie chodzi tu o Mickiewicza zachwyt dwupłciowością[8], ale to wcale nie jest pewne. Zachwyt dotyczy, owszem, kobiety, ale kobiety przebranej, dotyczy więc na pewno

---

[6] W genderowym kodzie kulturowym zbroja często zastępuje męskie ciało, podobnie jak później zastąpi je mundur: „za mundurem panny sznurem". W kontekście pokoju rolę zbroi pełni po prostu męskie ubranie. Wystarczy przejrzeć historię malarstwa, by zauważyć, że w przeciwieństwie do kobiet, mężczyźni przez wieki występują ubrani.

[7] http://wolnelektury.pl/katalog/lektura/smierc-pulkownika.html.

[8] Por. Maria Janion, *Kobiety...*, dz. cyt.

maskarady, niepewności (stąd może w innych miejscach motywy sobowtórowe).

Emilia Plater jest jeszcze bardziej niebezpieczna niż Grażyna. Jej genderowa niepewność nie tylko fascynuje erotycznie, ale dokonuje erotycznej subwersji. Jest bowiem (jeśli ją czytać wedle tego, co za Theodorą A. Jankowski pisze Izabela Kowalczyk) postacią queerową – „dziewicą jako queer", „transwestytką przebraną w męskie szaty". Czy odmowa seksu może oznaczać zagrażającą normie seksualność? Okazuje się, że tak:

> Jeśli wieczne dziewictwo odnosi się do relacji wola – cielesność, oznacza relację do seksualności, a więc w ten obszar rozważań może być włączone. Dlatego też Jankowski próbuje poszerzyć termin *queer*, włączając do niego właśnie wieczne dziewice, gdyż według niej trwałe dziewictwo reprezentuje to, co zagraża systemowi opartemu na rygorystycznym dualizmie płci – notuje Kowalczyk[9].

Tak więc zarówno Grażyna (Maryś) jak Emilia Plater (Joanna d'Arc) są emblematami równości płci, ale nie tylko. Są także queerowym *questioning*, pytaniem o gender.

„GWOLI JAKIEMU PRAWU TAK PRZEMAWIAM" – QUEEROWA REBELIA ANTYGONY

Postać Grażyny i jej nieposłuszeństwo wobec władzy odsyła nas natychmiast do patronki takiego nieposłuszeństwa – Antygony. Jak wiemy, *Antygona* to lektura gimnazjalna – dramat Sofoklesa o córce Edypa, która nieposłuszna Kreonowi, upiera się, by pogrzebać zwłoki brata Polinejkesa. W szkole często się mówi

---

[9] I. Kowalczyk, *Dziewica jako queer?*, http://bit.ly/1iU6IRS.

o kobiecej racji uczuć kontra męskiej racji prawa. Feministycznie rzecz ujmując, Antygona to buntowniczka wobec patriarchatu[10]. „I Grażyna, i Antygona dokonują przekroczenia. Antygona przekracza to, co przystoi kobiecie"[11]. Awersem tego „zbuntowanego" rewersu kobiecości jest oczywiście siostra Ismena. „Ismena to ostoja kobiecości, jej ustami mówiona jest kobiecość sama", przypomina Maria Janion i cytuje:

> Przecież kobietą jesteś Antygono,
> i z mężczyznami do walki niezdolną;
> nam słuchać trzeba, bo im powierzono
> władzę nad światem.[12]

Antygona jako kobieta robi to, czego kobiecie nie wolno – nie słucha. Jest nieposłuszna, co klasyfikuje ją od razu jako niebezpieczną, to jasne. Czy jednak nagięcie genderowej granicy służy tu tylko temu, co kobiece? Czy genderowa niepewność Antygony to tylko inność wobec męskości? Czy może inna jeszcze Inność? Dalej w swych interpretacjach poszła Judith Butler. Zauważyła, że mimo, iż czyn Antygony postrzegamy najczęściej w opozycji do polityki (jako czyn prywatny, emocjonalny – „kobiecy"), to tak naprawdę jej język (podobnie jak „męski" styl jej zachowania i jej żądań) przypomina „polityczny" język Kreona. To dlatego Antygonę możemy radykalnie przeciwstawić Ismenie. „Przecież kobietą jesteś, Antygono", napomina dyskurs kobiecości, a Antygona się mu uchyla. Mówi więc spoza kobiecego dyskursu, a czyniąc to, przemawia wcale nie w opozycji do Prawa,

---

[10] Kreon pełni rolę Patrii i Pater – Państwa i Ojca, ponieważ jest władcą i ponieważ Edyp jest wykastrowany.

[11] M. Janion, *Kobiety...*, dz. cyt., s. 88.

[12] Przekł. L.H. Morstina, tamże.

a właśnie Z POZYCJI Prawa. „Przejmuje głos prawa, występując przeciwko niemu". A to jest gest nie tylko na wskroś polityczny, ale i subwersywny.

Butler na potwierdzenie swej tezy przytacza słowa Antygony, które w polskim tłumaczeniu dla Zakładu Narodowego Ossolińskich zostały pominięte, jako te, które – jak cytuje podążająca tropem Butler Joanna Mizielińska – „psują [...] całość poetycką ustępu".

> Bo nigdy, gdybym matką dziatek była
> lub mąż mi zmarły leżał w poniewierce,
> tej służby bym się nie jęła przekornie [...][13]

O co chodzi w tym niewygodnym fragmencie? Jak się okazuje, chodzi o zachwianie w polu tego, co rodzinne. Antygona (rzekoma rzeczniczka domowego ogniska) jakby sama decydowała, co dla niej oznacza „rodzina" i kto z krewnych podlega jej szczerej miłości. Jak zauważa Mizielińska, „nie kocha równo", w relacji do tego, co rodzinne, jest selektywna. „Gwoli jakiemu prawu tak przemawiam?" – pyta sama siebie bohaterka. Oczywiście przemawia gwoli starego prawa pokrewieństwa[14], ale jednocześnie to prawo i ten porządek (w ich formach przyjętych przez Państwo) dekonstruuje. Wybiera brata, ale nie wybrałaby na przykład dziatek czy męża. A może zresztą „brat" to wcale nie zawsze Polinejkes? Pamiętajmy – rodzina Antygony jest mocno nienormatywna. Brat to ojciec, ojciec to brat. *Antygona* dekonstruuje

---

[13] Tłum. K. Morawski, cyt za: J. Mizielińska, *Płeć/ ciało/ seksualność. Od feminizmu do teorii queer*, Universitas, Kraków 2006, s. 179.

[14] O wyższości i pierwotności tego prawa wobec prawa polis pisze Butler, a za nią Mizielińska, powołując się m.in. na rozpoznania Hannah Arendt. Tamże, s. 183 i dalsze.

zatem (w łonie rodziny) samą rodzinę. Właśnie dlatego Butler może napisać, że „stanowi okazję do odczytania strukturalnie ograniczonego pojęcia pokrewieństwa w kategoriach jego społecznego powtórzenia, aberracyjnej tymczasowości normy"[15]. Antygona chwieje fundamentami Prawa i domaga się prawa innego i dla Innych. „Tym samym – dodaje Mizielińska – mogłaby uchodzić za symbol wszystkich wykluczonych, jej pragnienie antycypowałoby los tych, których pożądanie uznano w danej kulturze za bezprawne". A skoro „rodzina (nieuznana i niekontrolowana przez państwo) jest groźna", Antygona ze swym żądaniem także jest groźna i „musi umrzeć, gdyż wypowiada się w imię porządku zagrażającego i potencjalnie obalającego obowiązujące struktury władzy"[16].

Antygona jest więc o wiele bardziej niebezpieczna, niż się wydawało. Blisko jej nie tylko do feministycznego nieposłuszeństwa, ale też do queerowej rebelii.

„I CZARNA CHMURA BOLEŚCI OKRYŁA SERCE ACHILLA". RUDY PATROKLES I JEGO ZOŚKA – PANOWIE, LECZ NIE BRACIA

„Łamało się dzielne serce" – pisze Homer o słynnej emocji Achillesa po śmierci Patroklesa. O homoerotycznym wymiarze tej relacji (wzorcowej, dodajmy dla porządku, dla akcji *Grażyny*) pisano już tyle, że szkoda powtarzać. *Iliada* daje nam pole do dyskusji i to się chyba nie zmieni, trudno ją bowiem usunąć z lektur szkolnych (trzeba by wszak usunąć cały antyk: Platona, Sofoklesa, Safonę – trudno to sobie wyobrazić). Być może jednak prawicowi

---

[15] Tłum. Joanny Mizielińskiej.
[16] J. Mizielińska, tamże, s. 182. Por też: Judith Butler, *Żądanie Antygony*, przeł. M. Borowski, M. Sugier, Księgarnia Akademicka, Kraków 2010.

działacze opętani genderowym niepokojem powinni się o to postarać, gdyż ów Inny erotyczny model relacji podważa nie tyko heteronormę, ale i w ogóle podstawę normy genderowej, a co za tym idzie – polskiego nacjonalizmu. Podważa bowiem konstrukcję męskości, czyli istotę tego co nacjo-polsko-„chwalebne"[17]. Z Achillesem sprawa jest bowiem trudna. Jako bohater *Odysei*, być może pamiętamy, został ukryty przez matkę w dziewczęcym przebraniu. Fortel się nie udał, gdyż Odyseusz wpadł na lepszy. Naznoszono grupie panien (wśród nich herosowi) strojów i błyskotek, a w tym wszystkim – miecz. Achilles wybrał miecz, czym zdradził fakt, jakiej jest płci. To powinno uspokoić bojowników o przedszkola dla chłopców w spodniach-i tylko-w spodniach, jak bowiem widać, Achillesa w kieckę ubrano i nic się nie stało z jego męskością. A jednak sprawa jest nieprosta, gdyż nieprosta okazała się sama męskość – męskość antyczna, heroiczna, a zatem klasyczna, czyli wzorcowa. Okazuje się bowiem, że taka męskość mieści w sobie... homoerotyzm. Lęk z tym związany wybuchł całkiem niedawno, kiedy Elżbieta Janicka zinterpretowała w owym modelu klasycznie męskim relację Zośki i Rudego z *Kamieni na szaniec* – „Tego Achillesa ciało w ciało z Patroklesem[18]", jak pisała. Dość szybko zerwały się męskie głosy protestu, w panicznym lęku o zagrożoną męskość własną. Jakby Zośka – Achilles (z niemęską w polskim pojęciu męskością), ich samych miał od-mężnić, od-fallicznić, od-polszczyć[19]. Dlaczego tak jest? Ano dlatego, że jak pisałam na początku, polski model

---

[17] Mówię o Platonie i Homerze, nie o Safonie, która chwieje jedynie normą kobiecego pożądania, a w Polsce kobiety dosyć łatwo spacyfikować rolą matki.

[18] E. Janicka, *Festung Warschau*, Wydawnictwo Krytyki Politycznej, Warszawa 2011, s. 260.

[19] K. Varga, *Święci z Mokotowa*, http://bit.ly/1nTwhHx; M. Meller, *Za mundurem chłopy sznurem*, http://bit.ly/1dpiO5Y.

męskości (nacjonalistyczny) to model homospołeczny. *Panowie bracia*. W takim modelu mężczyźni są tak blisko, że musi istnieć zakaz związany z bliskością – zakaz homoerotyzmu, a co za tym idzie, homofobia. Póki jesteśmy wobec siebie homospołecznie i, dajmy na to, spanie pod wspólnym żołnierskim kocem ma wymiar *braterski*, póty jesteśmy mężczyznami. Za tą cienką granicą (różnica by być widoczna, musi być radykalna) jest już Kobieta. Kobiecość. Kastracja. Jak wskazuje Eve Kosovsky-Sedgwick, relacja homospołeczna i homoerotyczna są bardzo do siebie podobne (przyjaciele mogą wyglądać jak geje), dlatego trzeba je stale odróżniać. Stąd owe „męskie" teksty i rozpaczliwe łapanie się kontekstów. Krzysztof Varga zrobił nawet z harcerzy filomatów, którzy według niego kochali tylko Ojczyznę, a jeśli już, to tylko duchy, nie ciała. Patronem *Kamieni...* był raczej Słowacki, nie filomacki Mickiewicz, ale przeanalizujmy i ten rzucony jak koło ratunkowe kontekst.

> Kochany Janie,
> Przed wsiadaniem do bryczki spojrzałem około siebie; Jana nie było, raz tylko się z nim widziałem, nie pożegnałem go. – Łzy gorzkie rzuciły mi się z oczu. [...] Któż mnie tak kocha jak ty, Janie? Za cóż ty nie jesteś na miejscu Tomasza; nie winuję go, ale czuję, że chcąc mię kochać, trzeba mieć choć kilka gran mojego szaleństwa, albo być tobą, Janie [...][20]

To list młodego Adama do Jana Czeczota. Jeden z wielu. Nie ma co histeryzować, poetyka miłosna jest jedynie zakłóceniem dzisiejszej „męskości", a nie „gejowskim stylem życia", „zgejo-

---

[20] List do Jana Czeczota z 1822 roku z Kowna, [w:] A. Mickiewicz, *Listy*, Z. J. Nowak i in. (red.), Czytelnik, Warszawa 1998, s. 236.

wieniem", czy czymś podobnym. A może właśnie trzeba? Argument bowiem z mitu romantycznego w odniesieniu do „męskiej męskości", widać to jak na dłoni niestety, będzie zawsze chybiony, bo romantycy (*vide* Werter) od współczesnego rozumienia męskości homospołecznej są bardzo daleko. Zatem, ratunku: wyrzucić romantyzm?

„STACHU, WRÓĆ SIĘ" – RZECKI, WOKULSKI I LALKI

O to także pyta młodzież na lekcji: czy ten Rzecki to przypadkiem nie kocha się w Wokulskim? Ja sama się zastanawiałam i moi koleżanki i koledzy szkolni także. I owszem, o Rzeckim także można powiedzieć, że jest genderowo niepewny. Niby męski, a jednak bez żony, w Stacha tylko zapatrzony i o jego życie dba bardziej niż o swoje. Wieczny (German Ritz pisał nie raz, że to znak homoerotyczności tekstu) voyeurysta. Podgląda życie Wokulskiego, życie innych (emblematyczna jest scena, w której zachwyca się wyglądem okien w kamienicy, które układają się w znaki liter). Niby tradycjonalista, a tak naprawdę uwięziony w fantazji jedynie o tradycji, w snach, których w życie wprowadzić nie umie. Mieszka w małym pokoiku ze smutnym oknem, w pajęczynach i fantazjach, czas w tym pokoju nie mija, wszystko jest smutne i sam Rzecki też. Tak wprowadza nas w tę postać początek powieści. Aż tu nagle, gdy już zdążyliśmy poznać całą ponurość starego subiekta, on się rozchmurza. Dzieje się tak na przyjazd ukochanego Stacha. I to jest więcej niż rozchmurzenie po prostu. Jest to niepohamowana radość, podniecenie.

Nagle Rzecki ma „wiosenny humor" jak zakochani. „Wiosna się budzi w całej naturze... Kwitną prześliczne dwie róże" – nuci. Gdy czeka na Stacha, na jego twarz wstępują „silne rumieńce". Stach jednak wrócił, lecz pozostaje nadal nieobecny, zapatrzony jest bowiem w kogoś innego. W Łęcką. Ignacy przez całą grubą powieść będzie o Izabelę zazdrosny. Nie lubi jej, jest złośliwy, „zestarzeje się, choć ładna"– docina na przykład. Niczym zazdrosna żona. Chętnie zresztą stawia się na miejscu żony Stacha. Na przykład bardzo się cieszy, gdy Stach odtrąca w sklepie uwodzące go zalotnice, mówiąc „transakcją zajmie się pan Rzecki", i tak dalej. Rzeckiego to raduje i wyzwala dumę właściwą małżonce, która się puszy, bo wie, że nie ma się czego obawiać. Spokój matrony jednak nie trwa długo, gdyż afekt Wokulskiego do Izabeli zamienia się w nieposkromioną obsesję. Rzecki także wpada w obsesję. Jego ostrzeżenia przed niebezpieczną panną są przesadne. Kiedy mowa o Izabeli zawsze albo poci się, albo żyły mu nabrzmiewają. Robi awantury, w słowniku miłosnym Rolanda Barthes'a – „sceny"[21]. Zniechęca Wokulskiego do wszystkich kobiet: „kobieta jest najmniej pewna ze wszystkich kas oszczędności", „strzeż się", i tak dalej. Zdarzają się halucynacje, koszmarne sny. Na przykład śni mu się, że Wokulski patrzy na Izabelę. Ten sen odbiera jak najgorszy koszmar. „W polu miłości najdotkliwsze rany zadawane są bardziej przez to, co się widzi, niż przez to, co się wie – pisze Barthes. Ignacy wie, że Stach się w Izabeli kocha. Ale zobaczyć to, nawet we śnie... – „Obrazy, z których jestem wykluczony są dla mnie okrutne"[22]. Albo taki sen: Izabela stoi w oknie, a Wokulski chce do niej biec. Ignacy na próżno próbuje go zatrzymać „aż pot oblewa mu całe ciało. Wokulski wyrywa mu się i znika w bramie kamienicy. Znów koszmar. „«Stachu, wróć się»" – krzyczy Ignacy". A potem dom się zawala, Stach znika, zaprzepaszczony, utracony na zawsze, a Izabela niczym ptak, anioł (a może wiedźma) wylatuje z ruin[23].

---

[21] Por. R. Barthes, *Fragmenty dyskursu miłosnego*, przeł. M. Bieńczyk, KR, Warszawa 1999.

[22] Tamże, s. 193–194.

[23] B. Prus, *Lalka*, PIW, Warszawa 1954, s. 431.

Wreszcie, by położyć kres mękom, Ignacy próbuje wydać Stacha za kogoś, kogo sam wybierze i nad relacją z kim będzie miał władzę. Jest to, jak wiemy, Helena Stawska. To klasyczna sytuacja, w której – poszukajmy u największego teoretyka niewypowiadanego pożądania Germana Ritza – „podstawową figurą jest figura trójkąta [...] Kobieta między dwoma mężczyznami staje się medium ich erotycznego zbliżenia"[24]. Taka kobieta, wspólny i uwspólniający obiekt miłości jest, nie ma co szukać metafor daleko – lalką. W tym przypadku pozostaje oczywiście medium zbliżenia niedokonanego, afekt Rzeckiego jest bowiem nieodwzajemniony. Trójkąt Prusowski jest dramatyczny, bowiem każdy kocha tu kogoś innego. Scena chybionego pożądania nieraz rozegrana zostaje w teatrze. Na przykład Rzecki poproszony przez Wokulskiego wręcza kwiaty Rossiemu, w którym kocha się panna Łęcka. Albo: Izabela wpatrzona jest w artystę, Wokulski w Izabelę. Pożądanie zawsze rozgrywa się niesymetrycznie. Wróćmy jednak do Ignacego i Heleny Stawskiej. Niby więc stary subiekt chce wydać Helenę za Stacha, a jednak gdy Stach mówi definitywne NIE, przyznaje zaskakująco: „usłyszawszy to doznałem jeszcze dziwniejszego uczucia; było mi żal, że pani Stawska nie dostanie Stacha za męża, a jednocześnie jakby kto mi zdjął ciężar z piersi[25]".

Analizując wspominane kodujące homoerotyzm trójkąty, German Ritz pisze: „Erotyka ma przy tym zawsze charakter aktu voyeurystycznego"[26]. Jak wspomniałam, Ignacy zamiast żyć, wciąż patrzy na innych. Przyprowadza Stacha do Stawskiej i ob-

---

[24] G. Ritz, *Jarosław Iwaszkiewicz, Pogranicza nowoczesności*, przeł. A. Kopacki, Uniwersitas, Kraków 1999, s. 100. Por. też: K. Szczuka, *Nuda buduaru*, [w:] P. Czapliński, P. Śliwiński (red.), *Nuda w kulturze*, Dom Wydawniczy Rebis, Poznań 1999.

[25] B. Prus, *Lalka*, s. 216.

[26] G. Ritz, *Jarosław Iwaszkiewicz...*, s. 100.

serwuje. Narzeka potem, że Stach zachowuje się wciąż „nie tak"
i powinien lepiej. To jednak, jak widać, ma charakter maskarady.
Ignacy doskonale wie, że Stach Heleny nie chce i zawsze zachowa
się „nie tak", a jednak prowadzi go tam, chcąc oglądać owo „nie
tak" i czuć przy tym owo „jeszcze dziwniejsze uczucie", które być
może potrafi zrównoważyć straszliwe koszmary lękcie. Zatem
Rzecki gejem? – Nie! Nie o to chodzi. Rzecki zakochany? – Tak!
Poza formą hetero, a skoro mowa o formie...

GONZALO W WILKU, WILKO NA POLESIU. FORMA HOMO W ŁONIE POLSKOŚCI, I NIE MA PRZEBACZ

Zadziwiające, jak to się stało, ale w lekturach szkolnych znajduje się
wciąż Witold Gombrowicz (co prawda jego Trans-Seksualny *Trans-
-Atlantyk* jest lekturą z tak zwanego „rozszerzenia", ale jednak).
Giertychowska panika na tle homoseksualnego wymiaru dzieł
Gombrowicza i niesionego przezeń zagrożenia (znana i na pewno
pamiętana) pokazała bez pudła, jak „niebezpieczny" jest G..., czyli Gender, czyli Gonzalo, czyli Gombrowicz. Dotyka on w swych
tekstach tego wszystkiego, co pokazałam wcześniej: mitu narodu,
wspierającej ten mit konstrukcji sarmackiej męskości i heteronormy (panowie bracia), a także problemu swojskości i zagrażającej
jej wciąż fantazmatycznej obcości, która w dodatku – groza! – tkwi
w samym centrum owej swojskości. W baroku zatem, w formie ba-
rokowo ziemiańskiej. Najdotkliwsze bowiem w argentyńskim *puto*
Gonzalu jest to, że reprezentując cudzoziemskość i inność jest jednocześnie pisany tym samym stylem, co polskie bractwo. Formą
barokową – niby swojską, a niespójną, wewnętrznie zróżnicowaną, zainfekowaną i niejednorodną[27]. Krótko mówiąc, Gombrowicz

---

[27] Por. E. Płonowska-Ziarek, *Blizna cudzoziemca i barokowa fałda. Przynależność narodowa a homoseksualizm w* Trans-Atlantyku *Witolda Gombrowicza*, [w:]

w *Trans-Atlantyku* powiedział: Polskość wasza i nasza nie jest polskością spójną. Różnica tkwi wewnątrz. Różnica jest w nas – jest w was. – G...enialne! Nikt w historii literatury tak wyraźnie nie wykorzystał g...enderu, by pisać o Polsce i „Polskę" zdekonstruować. Nie tylko barok rzecz jasna tu zagrał, i nie tylko *puto*. Gombrowicz popisał się na przykład doskonałym parodystycznym przejęciem polsko-literackiego kodu homoerotycznego[28]. Jednym z mitów owego kodu jest obraz śpiącego nagiego młodzieńca. „Leży goły jak go matka porodziła, i oddycha[29]" – pisze narrator o Synu.

Gombrowiczowi udało się więc rozbroić formę narodową formą homoseksualną, „przezwyciężyć polskość. Rozluźnić [...] poddanie się Polsce![30]", a co gorsza, lektura jego tekstów jest o tyle wyzwalająca, że pozwala czytającym obronić się także. I nie ma przebacz. Nie ma jak przed tą obroną młodzieży obronić. Ani filomata nie pomoże, ani mityczne Soplicowo rzucone pod strzechy. Wszystko „g...".

Intertekstualny Gombrowicz nie jest jednak rebeliantem znikąd. Jak wiemy od Julii Kristevej, żaden tekst nie jest osobny, zawiera w sobie nieskończoność innych tekstów; tekst narodowy także. Zagrażający homoerotyzm, genderowe rozchwianie, transgresje i pogranicza zatem... już tam były.

Zatrzymajmy się na koniec – wracając do początku – przy Mogile. Przy śpiącym/umarłym młodzieńcu sprzed ironii, z (tak-

---

E. Płonowska–Ziarek (red.), *Grymasy Gombrowicza. W kręgu problemów modernizmu, społeczno-kulturowej roli płci i tożsamości narodowej*, przeł. J. Margański, Uniwersitas, Kraków 2001.

[28] Por. G. Ritz, *Nić w labiryncie pożądania*, przeł. B. Drąg, A. Kopacki, M. Łukasiewicz, Państwowe Wydawnictwo Wiedza Powszechna, Warszawa 2002.

[29] W. Gombrowicz, *Trans-Atlantyk*, Wydawnictwo Literackie, Wrocław 1986, s. 113.

[30] W. Gombrowicz, *Przedmowa do „Trans-Atlantyku"*, tamże, s. 5.

że szkolnych) *Panien z Wilka*. Obraz martwego żołnierza nawiedza wspomnienia Wiktora Rubena, aż wreszcie staje się uczestnikiem onanistycznej fantazji seksualnej, która nachodzi bohatera w półśnie.

> Przyjemne ciepło, rozlewające się podłuż skręconego ciała, przekształcało się niebawem w rzeczywisty dotyk i stawało się rozciągniętym tuż przy nim, innym, mocno przyciśniętym ciałem. [...] Nie umiał go nazwać i drzemka stawała się męką, pragnął wiedzieć coś o nim i było zawsze nieokreślone. Raz tylko oznaczył je jako ciało zabitego żołnierza, ale nie sprawiło mu to żadnej przykrości[31].

Jak to się ma do panów braci, pięknej kochanki wojenki, obowiązkowej wersji tanatyczności i toposu Mogiły? Iwaszkiewicz wpisuje w swój tekst i w tekst wojny nie tylko homoseksualne pragnienie, ale – znów – chwieje męskością. Męsko-męskie pożądanie w kontekście bitewnym przywodzi zaraz na myśl Patroklesa, ten zaś Rudego, a jego „delikatna cera, regularne rysy" i „uśmiech zupełnie dziewczęcy" – Marysia z *Glorii*. *Gloria* – Grażynę. I tak dalej, i nie ma przebacz. Gender bowiem (i jego literackie maskarady i transgresje) nie został wymyślony przez badaczki współczesne, lecz jest rozpisywany od zawsze – od Platona, przez kamp barokowy, o Szekspirze i Lady Makbet („z płci mej mię wyzujcie!") nie wspominając, ani o transgenderowej (*butch?*) podmiotowości Marii Rodziewiczówny (która popierając Dmowską prawicę(!), jakby nigdy nic prowadziła lesbijski żywot w Hruszczowie na Polesiu) oraz o wielu innych twórcach, co stanowi materiał na kolejny tekst. Nie ma przebacz.

---

[31] J. Iwaszkiewicz, *Panny z Wilka*, [w:] tegoż, *Opowiadania o miłości*, Prószyński i S-ka, Warszawa 1999.

Kazimiera Szczuka

GENDER I LITERATURA: RODZAJ ŻEŃSKI

„W końcu lat sześćdziesiątych zaczęto we Francji dużo pisać o prawach kobiet, wychowaniu seksualnym i tym podobnych. Matka przeglądała te publikacje, po czym na ogół wzruszała ramionami, mówiąc z pewną goryczą: «Myśmy to pisali blisko pół wieku temu». Jedna ze znajomych zaprowadziła ją na zebranie Ruchu Wyzwolenia Kobiet. Matka wróciła kręcąc głową: «Co za idiotki!»''.

Bohaterką tej anegdoty, zapisanej przez Agatę Tuszyńską, jest Irena Krzywicka, autorem jej syn Andrzej. Anegdota znamienna, wręcz emblematyczna. Kolejny dowód na to, że walka o postęp i prawa mniejszości ma raczej kształt błędnego koła niż strzałki skierowanej w przyszłość. W przedwojennych „Wiadomościach Literackich" Krzywicka prowadziła dodatek „Życie Świadome", poświęcony oświacie seksualnej. Dziś w Polsce „genderyści" wszelkiej maści, jako nowa „gejokomunomasoneria" ponawiają westchnienia o nadejście nowego Boya i nowej Krzywickiej. Tymczasem sama „gorszycielka" jeszcze za życia została „przegoniona przez zmianę obyczajów", jak pisze jej syn. Pozostaje jednak pytanie, dlaczego znana przed wojną pisarka, publicystka i skandalistka, potem emigrantka zza żelaznej kurtyny, postrzega francuskie feministki końca lat 60., zapewne młode i wojownicze, jako idiotki? Bo są bardzo lewicowe, a ona poznała stalinizm i lewicowość uznaje teraz za głupotę? Bo czuje się nieważna i niedoceniona? Dzieli je wzajemna niewiedza, emigranckie wyobcowanie Krzywickiej, przepaść doświadczeń. Górnolotne hasła o siostrzeństwie ponad podziałami nie mogą tego pokonać. Zabawna synowska anegdota w tle ma wojnę, Zagładę i depresję. Wszystko to razem, choć nie jest już do naprawienia, wzbudza chęć przeciwdziałania, opór wobec niepamiętania i nierozumienia. Z tego rodzaju odczuć, żalu nad pokoleniami „wygnanek z języka" rozwinęły się, już wkrótce po niefortunnym spotkaniu „gorszycielki" z „idiotkami", poważne prace filozofek, pisarek, antropolożek i psychoanalityczek. Druga fala walki o prawa kobiet, skupiona na kwestiach wolności seksualnej i prawach reprodukcyjnych, zaowocowała wielkim przełomem intelektualnym. Jego szczyt, zdaniem Krystyny Kłosińskiej, to rok 1974. Dzisiejsze instytucje wiedzy o historii kobiet i umacnianie przejrzystych praktyk o międzykulturowym zasięgu wyrosły, w dużej mierze, z feministycznej nostalgii; potrzeb wspólnotowych i poczucia odpowiedzialności za pamięć i ciągłość. Owocem tego kulturowego przełomu są tak samo prace Agaty Zawiszewskiej o Irenie Krzywickiej jak film *Papusza* Joanny Kos-Krauze i Krzysztofa Krauzego, projekt Archiwa Kobiet Moniki Rudaś-Grodzkiej prowadzony w Instytucie Badań Literackich PAN czy książka Weroniki Grzebalskiej *Płeć powstania warszawskiego*.

Genderowe badania nad literaturą nie są już dziś w Polsce ani nowością, ani rewolucją, ani modą. Istnieją od dwudziestu lat. Co najmniej, a zarazem zaledwie, bo feministyczna krytyka literacka jako ukonstytuowana dziedzina akademicka, „siostra teorii i historii literatury", jak ją kiedyś nazwano, na Zachodzie narodziła się nie dwadzieścia, a pięćdziesiąt lat temu. Zdążyła już stać się matką, bo z niej ewoluowały badania nad wzorami męskości i tożsamością mniejszości seksualnych. A nawet babcią, jeśli tą rodzinną metaforą obejmiemy wyrosłą z feminizmu *freak theory*, postulat rozumienia zapisów doświadczeń osób niepełnosprawnych, odmiennych, starych czy chorych. Teoria *freak* (czyli „dziwolągów") jak na razie pozostała rozproszonym projektem. Dobrze jednak pokazuje, że feministyczny przełom w humanistyce, zapowiedziany przez *Drugą płeć* Simone de Beauvoire już w roku 1949, ma stałą tendencję do poszerzania, „wkluczania" innych wykluczonych i weryfikowania własnych teoretycznych założeń. Od dążenia Simone de Beauvoire do definiowanej po męsku pełni egzystencji, myśl feministyczna przeszła do etyki różnicy, ku marginesom. Dziś powszechne jest, w miejsce wcześniejszego absolutyzowania feminizmu, łączenie kategorii gender z kategoriami klas społecznych, rasy czy orientacji seksualnej. Szacowna macierz wykluczonych czy zrewoltowana wariatka, *Feministyczna krytyka literacka* doczekała się u nas unikalnej, liczącej siedemset stron monografii pióra Krystyny Kłosińskiej. A także tysięcy rozpraw, artykułów, książek. Stos ułożony z dorobku polskich genderystów-literaturoznawców płonąłby długo! Wiedza o tym, że literatura ma płeć trafiła również pod polonistyczne strzechy. Nie wolna od ortograficznych wpadek i rozczulającego chaosu, ale ogólnie słuszna licealna rozprawka, wymieniająca jednym tchem Narcyzę Żmichowską, Wirginię Woolf, Izabelę Filipiak, Marię Pawlikowską-Jasnorzewską i Kingę Dunin, wisi sobie na ściąga.pl, osiągając wśród ściągaczy opinię 60 procent użyteczności.

Walka, jaka towarzyszyła przebijaniu się genderowej wrażliwości i wiedzy w polskim środowisku literackim dziś może budzić niemal sentymentalne wspomnienia. Jak sądzi Przemysław Czapliński, był to bodaj najwyrazistszy przełom estetyczny i światopoglądowy po 1989 roku. Nosił jeszcze cechy dawnego inteligenckiego przełomu, bo globalny, komercyjny rynek czytelniczy dopiero raczkował. Wyrazistym debiutom autorek – Olgi Tokarczuk, Manueli Gretkowskiej, Izabeli Filipiak – towarzyszyły artykuły drukowane w pismach takich jak „ExLibris", „Res Publica Nowa", „Kresy", „Pogranicze", gdzie dyskutowano o tym, co to jest męski podmiot uniwersalny, doświadczenie kobiece, ideologia czy – wreszcie – „literatura menstruacyjna", bo takie pojęcie było wówczas w obiegu. W roku 1993 ukazał się podwójny, poświęcony feminizmowi numer „Tekstów Drugich", dwumiesięcznika Instytutu Badań Literackich PAN. Zawierał między innymi słynny *Śmiech Meduzy*, manifest „kobiecego pisania" francuskiej filozofki Helene Cixous z roku 1974 (!), śmiało żonglujący metaforą Freuda o podobieństwie kobiecej waginy do głowy Meduzy, budzącej w mężczyznach śmiertelną trwogę. Numer był rozchwytywany, co nie aż tak często zdarza się *stricte* akademickim czasopismom. W roku 1997 ukazało się pierwsze polskie wydanie *Własnego pokoju* Wirginii Woolf, w przekładzie Agnieszki Graff. Prekursorski esej z roku 1929 objawia – w ironicznej formie relacji z przygód niesubordynowanego kobiecego umysłu – kilka oczywistości wartych przypominania. Kanon literacki Europy składa się niemal wyłącznie z tekstów męskich dlatego, że kobiety nie miały przez stulecia dostępu do edukacji. Nie zostawały pisarkami, bo rzadko uczono je pisać. Nie mogły poświęcać się twórczości, bo było to traktowane jako naruszenie obyczajowej normy. Genderowej normy, powiedzielibyśmy dzisiaj. „Kobiety żyją jak nietoperze albo jak sowy, harują jak bydło, umierają jak robactwo"– cytuje Woolf księżną Margaret of Newcastle, autorkę z przełomu XVII i XVIII wieku, która, jak inne, podobne sobie „sawantki czerniące papier" wyszydzana była przez mężczyzn, „roztrwoniła talent" i „zeszła na manowce". Zadaniem badań nad pisarstwem kobiet powinno być, twierdzi

Woolf, odkrywanie śladów i pozostałości po autorkach. To po pierwsze. Po drugie należy szukać odpowiedzi na pytanie, czy doświadczenie kobiet, wychowywanych w najlepszym razie na „anioły domowego ogniska", nie powinno znaleźć ich własnego, pełnoprawnego zapisu literackiego jako doświadczenie równie ludzkie, równie uniwersalne, jak doświadczenie wojennej, klasowej czy erotycznej udręki i ekstazy mężczyzn. Po trzecie wreszcie – zastanawiać się należy, czy oprócz genderowej, uwarunkowanej społecznie różnicy, nie istnieje również seksualno-duchowa odmienność tego, co kobiece, owocująca, być może, regułami odmienności stylu literackiego. Nad tymi zagadnieniami z pasją pracowały badaczki drugiej połowy XX wieku, przechodząc, jak pokazuje Krystyna Kłosińska, przez najróżniejsze spory polityczne i metodologiczne. Wreszcie (też już dwadzieścia lat temu!) nastała faza ścisłej teorii gender, odchodzącej od absolutyzowania opozycji męskie/żeńskie i podkreślającej istnienie równie silnie porządkującego język i kulturę prymatu normy heteroseksualnej dla obojga płci. Badania nad tekstami literackimi kobiet zdystansowane zostały teraz przez namysł nad „tekstem społecznym". Poetyka i interpretacja, korzystająca obficie z psychoanalizy, ustąpiły pola socjologii , antropologii i filozofii. Warto sobie jasno uświadomić, że filozoficzna teoria gender, sygnowana nazwiskiem amerykańskiej filozofki Judith Butler, wbrew biciu na alarm jej tępicieli, też bynajmniej nie jest dziś ani nowością, ani rewolucją, ani modą. Książka Butler *Uwikłani w płeć*, wydana w roku 1990, ukazała się po polsku w roku 2008, w przekładzie Karoliny Krasuskiej. Młyny kościelne wolno mielą wiedzę, to fakt. Gdyby działały nieco sprawniej, orędownicy religijnego patriarchatu mogliby przeżyć chwile autentycznej, opisanej już przez Freuda, zgrozy nad lekturą najnowszej książki Naomi Wolf *Wagina. Nowa biografia*, wydanej właśnie w serii biblioteki Kongresu

Kobiet w przekładzie Elżbiety Smoleńskiej. Cytując obficie neurologów, biochemików mózgu, seksuologów, nauczycieli tantrycznych praktyk medytacyjnych, a także Szekspira, George Eliot, Anaïs Nin oraz *Pieśń nad pieśniami* i *Summę teologiczną* świętego Tomasza z Akwinu ("kobieta jest istotą poślednią, błędem natury"), autorka postuluje przywrócenie kobiecej seksualności nie tylko zapoznanej wiedzy, nie tylko szacunku i integralności, lecz także czci, adoracji i symbolicznej boskości. Zupełnie nowe, wobec konstruktywizmu kulturowego w duchu gender, otwarcie! Autorka amerykańskiego bestselleru relacjonuje biochemię kobiecego orgazmu i boginiczny feminizm. Wątpię jednak, czy tego rodzaju nowa antropologia seksualności zyskałaby uznanie episkopatu.

Wróćmy jednak do "śladów przełomu", do złotych lat 90. Błędem byłoby sądzić, że pytanie o płeć literatury, kanon arcydzieł czy wręcz płeć samych tekstów literackich jest importem z Zachodu. Nic bardziej mylnego. Zgodnie z rozpoznaniem braku pamięci, wspólnotowej amnezji kobiet w kulturze, dorobek polskich emancypantek, wybitnych pisarek i publicystek począwszy już od Klementyny z Tańskich Hoffmanowej, przez Narcyzę Żmichowską, Elizę Orzeszkową, Marię Konopnicką, Gabrielę Zapolską, Irenę Krzywicką rzecz jasna, Zofię Nałkowską, odkopywany był przez współczesne pokolenie dociekliwych akademickich autorek. Jeśli nie z zapomnienia, to na pewno spod warstwy stereotypów, niedoczytania, wybiórczych i płytkich interpretacji. Dzięki zakładanym, na fali demokratyzacji i odrabiania zaległości, akademickim ośrodkom genderowym, wysiłek ten, po raz pierwszy w dziejach, nie pójdzie na marne. Nie da się go już na nowo zapomnieć, usunąć z przypisów czy zlikwidować jako nienaukową ideologię. Więc, wreszcie – czy ta batalia o mówienie "pełnym głosem", należne kobietom "całe życie" i "własny pokój", nie jest już, przynajmniej w dziedzinie literatury, wygrana na całej linii? Dziś to kobiety stanowią strategiczny target literackiego rynku, bardzo już odległego od modernistycznego podziału na dzieła wybitne i dzieła popularne. Kamieniem filozoficznym współczesnej literatury jest spojenie tych dwóch jakości – poczytności i kunsztu – co w znacznym stopniu udało się osiągnąć pisarkom XX wieku, noblistkom takim jak Doris Lessing i Alice Munroe. Pisarki polskie, od Olgi Tokarczuk po Dorotę Masłowską, osiągnęły rangę, renomę i wpływ na życie literackie. Autorki z pogranicza literatury faktu, eseistki i reportażystki takie jak Beata Chomątowska, Elżbieta Janicka czy Małgorzata Rejmer, zdobywają nagrody, stypendia, a nawet wzniecają polityczne burze. Ostatni głośny kobiecy debiut, czyli *Nocne zwierzęta* Patrycji Pustkowiak w dziedzinie łamania obyczajowych tabu pozostawia wstrząsającą niegdyś *Absolutną amnezję* Izabeli Filipiak w tyle. Filipiak przy Pustkowiak okazuje się, bez urazy, grzeczną panienką. To wszystko prawda. Na pewno jednak nie pora zamykać „dżendery". Projektem na dziś, pilnym, jak można sądzić, jest praca nad tożsamością mężczyzn, nad jej jednostkowymi, literackimi zapisami. Nie idzie mi o literaturę gejowską czy punktowanie męskiego szowinizmu, bo sporo takich prac już powstało. Chodzi o pracę nad wciąż dość słabo rozpoznanym, jak pokazał Marcin Filipowicz, kulturowym stereotypem męskości. Autor hasła *Men'studies/ masculinity studies* w *Encyklopedii Gender* (opracowanej przez Gender Center IBL PAN) relacjonuje teorie zderzające tak zwaną męskość hegemoniczną z różnymi alternatywnymi wzorami męskich ról społecznych. Zjawisko współczesnego kryzysu męskości jest pochodną oddziaływania tych dwóch biegunów. Co ciekawe, autor hasła, stwierdzając, iż studia nad męskością stanowią margines współczesnych polskich *gender studies*, upatruje przyczyn tego zjawiska w „silniejszym zapleczu społecznym zarówno badań feministycznych, jak też *queer studies*". Chodzi tu o zaplecze „dostrzegające potencjał realnej zmiany, mającej na celu eliminację dyskryminacji". Innymi słowy, mężczyźni jako tacy nie mają zaplecza społecznego do walki o własną, emancypacyjnie pojmowaną tożsamość. Wciąż utożsamiają się albo z przejrzystą rolą człowieka w ogóle, albo też niewygodę własnego istnienia skłonni są uzasadniać w całkiem prywatnych kategoriach. Niekiedy też obwiniają o nią feministki. Organizacje męskie, jeśli powstają, mają albo charakter odwetowy wobec kobiecych, albo jakieś pozapolityczne cele, które mogą utwierdzać hegemoniczną męskość (jak koła łowieckie), ale nie są w stanie jej ureflesyjnić. Zdaje się to rodzajem kwadratury koła. Ciasną i ciążącą zbroję niełatwo odrzucić, choć bywa – dosłownie – przyczyną śmierci. Beneficjentami mitu męskości są bardzo nieliczni uprzywilejowani, a mimo to naruszenie go stanowi potężne tabu. Prawdopodobnie droga do emancypacyjnej samoświadomości prowadzić może, jak w wypadku kobiet, przez literaturę i sztukę. Książka Tomasza Tomasika *Wojna–męskość–literatura* jest wyrazistym dowodem na to, że genderowe badania nad literaturą mają przed sobą kolejne, nowe otwarcie. A zatem do dzieła, panowie!

Z Terre(m) Thaemlitz(em) rozmawia
Wojtek Zrałek-Kossakowski

ŻEBYŚMY WSZYSCY CZULI SIĘ NIEWYGODNIE

Wojtek Zrałek-Kossakowski: Jak powinienem się do ciebie zwracać – w rodzaju żeńskim czy męskim? Takie pytanie ma inny wymiar w języku polskim niż w angielskim – mój język, w przeciwieństwie do twojego, natychmiast ujawnia „płeć" (*gender*) rozmówców.

Terre Thaemlitz: Kiedyś w szkole uczyłem się trochę francuskiego i niemieckiego – i chociaż nie jestem biegła w żadnym z tych języków, to mogę sobie wyobrazić opisany przez ciebie problem. Wielokrotnie zastanawiałem się jak trudne i dziwne – lub po prostu nieznośne i nieprzyjemne – jest przypisywanie wszystkiemu płci (*gender*). Natomiast jako osoba anglojęzyczna, posługująca się na co dzień językiem japońskim, zdaję sobie sprawę, że te dwa języki też są „zgenderyzowane" (*gendered*) – nawet jeśli przypisywanie płci wygląda w nich inaczej. Wybór słów, gramatyka, intonacja i tak dalej... Więc z drugiej strony ta bardzo wyraźna obecność płci (*gender*) w językach takich jak polski może być czasem korzystna – bo utrudnia udawanie, że problem płci w języku nie istnieje.

Wyobrażam sobie, że wiele osób lekceważy gender w języku mówiąc, że „to nie ma tak naprawdę większego znaczenia". A jednak nikt nie może zanegować samego istnienia płciowych kodyfikacji. Takie otwarcie języka na dyskusję o gender ma swoje zalety. W angielskim da się pozorować, udawać neutralność języka. Właśnie poprzez stwierdzenie, że – w przeciwieństwie na przykład do polskiego – język angielski nie przypisuje płci (*gender*). To bardzo utrudnia wskazanie związków języka angielskiego z patriarchatem. Natomiast fakt, że w japońskim w zdaniach nie występuje podmiot, tworzy pozory, że jest to język jeszcze bardziej otwarty. Rzadko kiedy słyszy się w japońskim słowa „on" lub „ona". Płeć (*gender*) może wynikać tu z kontekstu, słuchacz może się jej domyślić. Ale pomimo tej językowej otwartości, patriarchalizm w Japonii jest absolutnie nieznośny. Brak oznaczania płci (*gender*) w języku, nie jest wcale czynnikiem wyzwalającym, a raczej pokazuje, że patriarchalne kodyfikacje wokół płci (*gender*) są uwewnętrznione tak głęboko, że po prostu stają się niewypowiadalne. Więc to druga strona medalu – neutralność językowa niekoniecznie musi automatycznie pociągać za sobą bardziej feministyczną „neutralność kulturową". Przeciwnie: może wskazywać na całkowitą dominację jednej – męskiej – płci (*gender*), wykluczającej płcie inne.

Tu dochodzimy do kwestii mojej własnej identyfikacji genderowej... Może właśnie dlatego, że moim językiem ojczystym jest angielski, postanowiłam odrzucać standardowe transgenderowe formułki mające wskazywać nietradycyjne tożsamości płciowe (*gender*) poprzez koniunkcje lub tworzenie nowych słów takich jak *s/he*, *himmer* i tak dalej. Tego rodzaju mainstreaming w języku tworzy bowiem pozory językowej otwartości dominującej kultury neoliberalnej – a to nieprawda, na poziomie praktyki społecznej tej otwartości nie ma. Poza tym w wymiarze osobistym nie identyfikuję się z byciem ani kobietą, ani mężczyzną. Dlatego też, jeśli ktoś – jak ty – z grzeczności pyta, która forma będzie dla mnie „wygodniejsza", odpowiadam: wygodna nie jest i nie będzie żadna. Nie chcę dawać nikomu żadnej językowej protezy, która pozwoliłaby nam pozorowaną wygodą przykryć przemoc. Wolę żebyśmy wszyscy czuli się tu niewygodnie i nie-komfortowo. Przeskakuję więc płynnie z formy i rodzaju żeńskie-go na męski i z powrotem – dlatego właśnie, że jest to kłopotli-we i dezorientujące. Na przykład „Terre wsiadła do samochodu i włączył silnik". Chciałbym, żebyśmy trzymali się tego przez cały wywiad. Podejrzewam, że zmusi to czytelniczki i czytelników do skonfrontowania się z ich przesądami dotyczącymi neutralności i „nieszkodliwości" kwestii płci w języku. W całkowicie inny spo-sób niż przez zwyczajowe używanie rodzaju nijakiego lub tylko żeńskiego, lub „trzeciej płci" i tak dalej...

Muzyczka, teoretyczka, aktywistka... Tylko jedno z tych słów – aktywistka – ma w polskim „akceptowalną" formę żeńską. Muzycy i myśliciele występują niemal wyłącznie w rodzaju męskim. Tak jak i prezydent, premier, profesor, reżyser, sę-dzia, kierowca i tak dalej... Nie tak dawno temu rozpoczęła się w Polsce debata, czy w ogóle ma sens używanie żeńskich form tych zawodów (zazwyczaj związanych z władzą, twór-czością, wiedzą).
Język zmienia się z czasem. Ja na przykład nie mówię już w ang-losaskim ani staroangielskim. Nawet ci, którzy całe życie po-święcają Szekspirowi, nie mówią tak jak Szekspir – tego języka już nie ma. Nie widzę więc żadnego wewnętrznego konfliktu pomiędzy zmianami zachodzącymi w języku a tradycjonali-zmem. Nie widzę więc też powodów, dla których konserwatyści mieliby wpadać w panikę w związku z ideą zmiany zwyczajów językowych. No chyba, że nadal mówią po staropolsku... I to właśnie powiedziałabym konserwatystom: spokojnie, odpręż-cie się.

Ale wróćmy do tego, o czym mówiłem wcześniej. Neutral-ność języka nie musi wcale pociągać za sobą większej równości płci (*gender*). Z drugiej strony nie wierzę też w nieszkodliwość przypisywania płci w języku. Sądzę, że możliwe jest powiązanie zmiany kulturowej ze zmianą językową, co jest dobrym procesem. Ponieważ cały świat jest zdominowany przez patriarchat, konieczne są radykalne działania w celu rozbicia wszelkiej pozornej neutralności językowej. Jak mówiłam, nie posługuję się językiem tak mocno „upłciowionym" jak polski, więc nie mogę wypowiadać się tu z całkowitą pewnością, ale podejrzewam, że gdybym został wychowana w takiej kulturze, zapewne próbowałbym eksperymentować i w piśmie pomijałabym płeć i rodzaje. Nawet jeśli język miałby tego nie wytrzymać. Choć podejrzewam, że jednak by wytrzymał. Prawdopodobnie z początku czytałoby się to dziwnie, trochę jak jakąś szaloną poezję. Jednak tylko do momentu, w którym ludzie zdążyliby się przyzwyczaić. Zresztą przypuszczam, że polskie pisarki i polscy pisarze już eksperymentują z podobną feministyczną, queerową i transseksualną formą...

Historia muzyki – aż do naszych czasów – jest historią mężczyzn. Niezależnie od tego, czy mówimy o tak zwanej „muzyce klasycznej" (poza nielicznymi wyjątkami, takimi jak Hildegarda z Bingen), o jazzie (z wyjątkiem jazzowych wokalistek) czy o rocku... Niestety jest tak również w przypadku szeroko rozumianej muzyki klubowej i tanecznej – większość DJ-ów i producentów to mężczyźni.

Tak, na przykład Haco z powstałej w latach 8o. japońskiej grupy After Dinner była zwykle postrzegana jako frontmenka zespołu złożonego z mężczyzn. Choć była gruntownie wykształconą reżyserką dźwięku, w ogromnym stopniu odpowiedzialną za brzmienie grupy – także od strony technicznej... Mało osób było w stanie to sobie w ogóle wyobrazić.

Paradoksalnie, gatunkiem najbardziej przyjaznym kobietom jest muzyka popularna. Ale nawet tam kobiety muszą przede wszystkim „odpowiednio" wyglądać – kobieta bardziej niż podmiotem ma być przedmiotem męskich fantazji seksualnych. Nawet artystki uchodzące za „nie aż tak piękne" swój „niestandardowy" wygląd muszą jakoś ograć.

W Japonii te restrykcje są nawet twardsze. Tutejsze media neurotycznie skupiają się na „ocalonej kobiecości" wszystkich kobiet, które stały się osobami publicznymi. Niedawno na przykład widziałem reportaż o chemiczce, która dokonała jakiegoś znaczącego odkrycia w skali globalnej. Większość czasu poświęcono jednak na podkreślanie tego, jak atrakcyjną jest ona kobietą, a kamera pokazując jej laboratorium skupiała się na każdej „dziewczyńskiej" w nim rzeczy (małe figurki na biurku i tak dalej). Istnieje bardzo silna presja, by kobiety, wkraczając w zdominowane przez mężczyzn sfery społeczeństwa, nie porzucały żeńskich konstruktów genderowych – mimo że owe konstrukty powstały jako kulturowe narzędzia służące wykluczaniu kobiet ze sfer zdominowanych przez mężczyzn. To uwypuklanie i szukanie „kobiecości" w kobietach będących osobami publicznymi jest moim zdaniem przejawem paniki patriarchatu... Trochę przypomina mi to scenę z miejsca jakiegoś poważnego wypadku, gdzie przerażony policjant stara się udawać, że nie stało się nic nadzwyczajnego, że to normalny wypadek: „tak, kobiety weszły na rynek pracy, ale nic się nie zmieniło. Nie ma co się gapić. Proszę spokojnie przejść dalej!".

Idąc dalej tropem muzycznym, problem nie ogranicza się tylko do gatunków muzyki. Także niektóre z instrumentów uchodzą za odpowiedniejsze dla dziewczynek albo dla chłopców. Oczywiście zgodzimy się, że słynny argument „pewne instrumenty wymagają po prostu większej siły" jest po prostu głupi...

Tak, to bardzo podejrzany sposób rozumowania… Te „biologiczne" powody mają służyć uzasadnianiu sytuacji, w której całym grupom społeczeństwa odmawia się dostępu do niektórych technologii. Tworzy to błędne koło wykluczenia – nieobecność w danym polu pewnych ludzi „naturalizowana" jest tłumaczeniem, że przecież nie było ich tu nigdy. Jest to rodzaj ideologicznego procesu, który służy zarówno wytwarzaniu, jak i podtrzymywaniu pewnego zniewolenia.

Dlaczego więc muzyka jest aż tak zamkniętym dla nie-mężczyzn aspektem kultury?
Cóż, w każdym patriarchacie muzyka jest symbolem kultury, a kultury dominujące służą tym, którzy sprawują władzę z nadania patriarchatu. Bezmyślnie uwewnętrzniamy i utrwalamy taki stan rzeczy. Gdybyśmy mogli poddać kultury psychoanalizie, moglibyśmy dojść do wniosku, że wszystkie cywilizacje patriarchalne cechuje kompleks „zazdrości o macicę" (w odróżnieniu od kompleksu zazdrości o penisa), polegający na tym, że mężczyźni neurotycznie chcą pokazać własną zdolność do „rodzenia". Mężczyzna jako protoplasta samego siebie. W tradycji judeochrześcijańskiej męski Bóg poczyna męskiego Adama, który następnie rodzi żeńską Ewę. Kobieta nie rodzi mężczyzny. W tym męskim uporze w „rodzeniu" swego własnego świata i trwającym jednocześnie od wieków wykluczaniu kobiet z produkcji kultury jest coś z matkobójstwa. Z zabijania figury matki i zastępowania jej archetypem samoistnego męskiego porodu. W rezultacie dostęp do produkcji kulturowej kobiet – tak jak i nie-mężczyzn w ogóle – ich „widzialność" w kulturze popularnej są ściśle ograniczone i kontrolowane, nie sądzisz? Podobnym mechanizmom kontroli poddana jest także rasa, etniczność, klasa… – to nie jest tylko problem płci. Fakt, że władza patriarchatu polega w dużej mie-

rze na generowaniu znaków i symboli mających uprawomocniać mit „męskocentrycznej twórczości", wywarł ogromny wpływ na rozwój tego pola.

Jak myślisz, czy w tym kontekście muzyka ma jakiś istotny potencjał emancypacyjny?
Mówiąc krótko: „Tak. Pod warunkiem, że...". Mówiąc dłużej: „Nie. Ale...".

Przyznam ci, że to właśnie z powodu kulturowej regresywności pola produkcji muzycznej, zajmuję się tym, czym się zajmuję. Większość ludzi do dziś kojarzy „muzykę" z pojęciami takimi jak „talent", „twórczość", „dusza" i całą resztą tego bagażu, który sztuki piękne zdążyły porzucić już wiek temu. Choć z drugiej strony doskonale zdajemy sobie przecież sprawę z tego, że to porzucenie okazało się być puste i krótkotrwałe. Mimo że chyba wszyscy pracujący dziś w sztuce wiedzą, że – i dlaczego – *art is dead*, nie przeszkadza im to zachowywać się jak gdyby nigdy nic. Powiem więcej: tak naprawdę dziś wiedzie im się nawet lepiej niż wcześniej, bo produkcję sztuki mogą traktować jak rynek akcji. Strasznie to słabe. To właśnie przez tę całkowicie świadomą hipokryzję nie znoszę sztuki.

Ale nie znoszę też muzyki. Z tego powodu, że twardo upiera się przy tej radosnej naiwności, by ludzie znów uwierzyli w „twórczość" i całe to bla bla bla. Jeśli chodzi więc o potencjał krytyczny, muzyka – w sensie kulturowym i ideologicznym – jest bardziej „regresywna" niż sztuki piękne. Ale różnica polega też na tym, że większość galerii i kuratorów jest po prostu i otwarcie jawnymi hipokrytami, którzy odmawiają zmierzenia się z doskonale sobie znanym i dobrze rozumianym problemem, natomiast producenci i konsumenci muzyki kurczowo i z religijną niemal obsesyjnością trzymają się pojęć takich jak „autorstwo", „twórczość", „talent"...

A więc odpowiadając na twoje pytanie: tak, uważam, że muzyka ma istotny potencjał edukacyjny. Ale musi się on brać z krytycznego odrzucenia samej muzyki, zrezygnowania ze „współgrania" z nią. To tak jak z patriarchatem i gender – patriarchat może nam wiele ważnego o gender powiedzieć, ale pod warunkiem, że wyciągniemy dokładnie odwrotne lekcje od tych, których ten pierwszy chce nas nauczyć. I w ten właśnie sposób powinniśmy słuchać, zwłaszcza jeśli chcemy wykorzystać muzykę jako formę kulturowego ruchu oporu. Więc nie „muzyka polityczna" w stylu Boba Dylana, ale w stylu Ultra-Red – kolektywu wykorzystującego dźwięk jako narzędzie organizowania społeczeństwa.

Jest coś zastanawiającego w tym, że pozornie „oswojone" kwestie tożsamości seksualnej i gender studies znów stają się centralnym, zapalnym punktem społecznego i politycznego konfliktu. I nie jest to jakiś jednorazowy konflikt. To raczej część szerszego zjawiska polegającego na odradzaniu się postaw konserwatywnych, prawicowych, nacjonalistycznych, a nawet ksenofobicznych i homofobicznych w wielu miejscach na świecie. Czy sądzisz, że to swego rodzaju pokłosie po niedawnym kryzysie (nie tylko) ekonomicznym i ogólnym poczuciu niepewności, jakie on wywołał?
Cóż, to „oswojenie" zawsze polegało na zaprzeczaniu albo tłumieniu. Często towarzyszyło temu błędne rozumowanie, że „jeśli patriarchat byłby naprawdę taki zły, kobiety już dawno by się zbuntowały!". Ale tak właśnie działa płeć, prawda? Zapisuje wszystkich do jakiejś frakcji: żeńskiej lub męskiej. Przy czym w tej narzuconej przez patriarchat dwubiegunowej segregacji płciowej, „kobieta" – jako kategoria – jest zawsze podejrzana. Przyjrzyjmy się Japonii. Przypisywane płciom role, same tożsa-

mości męskie lub żeńskie, są tu bardzo głęboko uwewnętrznione i tak mocno rozdzielone, że mężczyzna i kobieta stanowią niemal odrębne gatunki. Przypomina mi to dowcip pewnego amerykańskiego komika – nie pamiętam w tej chwili, jak się nazywał, ale na pewno był to heteroseksualny facet, który uzasadniał swoje zerwanie z partnerką słowami: „to nie mogło wypalić – ja jestem mężczyzną, ona kobietą... za bardzo się różnimy". Zachodzący w Japonii wyraźny spadek liczby związków między kobietami i mężczyznami jest jakby „ucieleśnieniem" tego żartu. Około 32 procent Japonek w wieku trochę powyżej 30 lat planuje spędzić życie samotnie i deklaruje brak chęci wchodzenia w związki z mężczyznami. Żadna z płci nie widzi korzyści w nakładaniu na siebie brzemienia „rodziny" w czasach industrialnego kapitalizmu (i słusznie), a społeczeństwo nie oferuje wielu innych obszarów interakcji między płciami (*gender*). W konsekwencji wywołuje to rodzaj genderofobii, nieróżniącej się za bardzo od ksenofobii. Na tym polega ironia tożsamości płciowych – tak naprawdę prowadzą one nas z powrotem w pułapkę rywalizujących ze sobą separatystycznych klanów. Pułapkę, z której projekty demokratyczne pozornie chciały nas wydostać.

Wspomniałeś niedawny kryzys ekonomiczny, ale ja – jako osoba pochodząca z USA – szukałbym śladów dalej, w zaangażowaniu militarnym na Środkowym Wschodzie, które rozpoczęło się inwazją na Kuwejt. Chcąc usprawiedliwić system, w ramach którego tysiące mężczyzn jest wysyłanych na śmierć (własną lub zadawaną innemu), wytworzono mechanizm polegający na powracaniu do konwencjonalnych wzorów „męskości" i „żeńskości".

Jak widzisz przyszłość konfliktu wokół gender? Niektórzy komentatorzy w Polsce zdają się sugerować, że to wyłącz-

nie pewna kwestia cywilizacyjna, że Polska jest po prostu troszeczkę mniej „rozwinięta" niż reszta Zachodu i to tylko kwestia czasu, w końcu dorośniemy do gender. Problem tylko w tym, że to nie jest tylko polskie zjawisko. Ten cywilizowany Zachód staje się równie „sceptyczny", jeśli chodzi o gender.

Ten rodzaj niedorzecznych przekonań, że kultura jest na jakiejś teleologicznej ścieżce ewolucyjnego rozwoju, jest wyraźnym przejawem zachodniej krótkowzroczności. Pojęcia takie jak „moralność" i „postęp" nie mają nic wspólnego z darwinowską ewolucją i „przetrwaniem najsilniejszych". Te pojęcia nie mają tu żadnego zastosowania. Owi „najsilniejsi" odnosili się przecież tylko do „najlepiej przystosowanych w danym kontekście". Nie chodziło o jakichś „najlepszych z najlepszych" – a taką interpretację, na poziomie popkulturowym, przyjmuje dziś większość ludzi. Więc idea, że czas sam z siebie cokolwiek „poprawi", jest jednym z głównych przejawów nowoczesnej ideologii. Natomiast za zachodnim przywilejem deklarowania, które kultury są „najbardziej zaawansowane", kryje się dużo pychy. Chińczycy powiedzieliby, że oni. Saudyjczycy, że oni. Korea Północna, że ona. Amerykanie, że oni. Rzeczywistość to współwystępujące dynamiki wszystkich kultur zajmujących ten czas i tę przestrzeń, poza jakąkolwiek teleologią.

Jak powiedziałeś, Zachód staje się coraz bardziej konserwatywny, nacjonalistyczny i klanowy. W czasach zimnej wojny istniało takie domniemanie, że demokracja i kapitalizm stanowią nierozłączny pakiet przeciwko komunizmowi. Rzecz jasna nie była to nigdy prawdziwa demokracja – ponieważ cała zachodnia nowoczesność opierała się na nieustającej eksploatacji i niewolniczej pracy. Tak jest i do dziś, tyle tylko, że niewolnictwo przenieśliśmy gdzieś daleko, do jakichś odległych fabryk... Ale podczas zimnej wojny Zachód naprawdę sam siebie skutecznie przekonał, że jest ucieleśnieniem uczciwych i szczerych idei wolności, natomiast hipokryzja stalinowskiej Rosji miała być dowodem na ułomność komunizmu. Działania USA naprawdę wynikały ze szczerej wiary w rozprzestrzenianie kapitalizmu jako metody na demokratyzację świata. W związku z tym upadek Związku Radzieckiego Zachód zinterpretował jako ostateczny triumf demokracji i całkowicie już odrzucił marksowskie analizy jako rzekomo skompromitowane (mimo że Związek Radziecki nigdy nie był komunistyczny w sensie marksowskim). Ale demokracja nie odniosła żadnego triumfu. Triumf odniósł kapitalizm. I był to triumf przeciwko państwu. Demokracja i kapitalizm to dwie różne rzeczy. Dziś – także w niedemokratycznych przecież kulturach – triumfy święcą antydemokratyczna prywatyzacja i kapitalistyczna industrializacja.

Jednym z powodów rozkwitu kapitalizmu na całym świecie jest to, że kapitalizm działa lepiej właśnie bez demokracji i bez równości społecznej! Bardziej mu po drodze z niewolnictwem. Na pewnym podstawowym poziomie on polega na niewolnictwie. Pod pojęciem „niewolnictwa" nie rozumiem tu „tylko" wymuszonej pracy bez wynagrodzenia (a to zjawisko nadal w świecie obecne), ale także podstawową egzystencję za minimalną płacę, która blokuje ruchliwość społeczną. Równocześnie zachodnia demokracja na nowo zdefiniowała swoich wrogów – z wrogich państw (ZSRR, Chiny i tak dalej) zamienili się oni we wrogie klany (Al-Kaida, Hamas, imigranci...). I choć dominująca w zachodniej kulturze retoryka nadal krąży wokół demokratycznych ideałów, tak naprawdę mamy do czynienia z powrotem do form opartych na antypaństwowości, prywatyzacji, własności rodowej, klanowości. Czyli tych dokładnie form, które demokratyczne projekty sprzed 300 lat chciały odrzucić. Dotyczy to również odrzucenia struktur rodowych i rodzinnych, ponieważ każda poważna próba zaprowadzenia społecznej równości automatycznie musi sprzeciwiać się feudalnej hierarchiczności patriarchalnej rodziny, prawda? Zauważmy też, że historia demokratycznych rewolucji na Zachodzie wyraźnie była historią metaforycznych ojcobójstw – zrywaniem z opartymi na krwi pretensjami do władzy. Na swój sposób były to podejmowane przez synów próby wyrwania się spod tyranii ojców. Takie odrzucenie rodziny i wiara w zdolność stawania na własnych nogach jest sednem indywidualizmu. W ten sposób przeszliśmy od rodzin wielopokoleniowych do rodzin nuklearnych. To wszystko (w połączeniu z hipokryzją dotyczącą niewolnictwa i śmierci) stanowi ten element kultury Zachodu, który tradycyjnym kulturom klanowym (zwłaszcza tym ze Środkowego Wschodu) każe oskarżać Zachód o rodzaj patologicznego antyrodzinnego szaleństwa. I nie sposób temu konserwatywnemu odrzuceniu demokracji odmówić pewnej logiki. Ale właśnie te „szaleństwa" demokracji (włącznie z tego „szaleństwa" radykalniejszymi wariantami – socjalizmem i komunizmem) stanowią dla mnie – osoby krytycznej względem rodziny, klanowości i nacjonalizmu – o atrakcyjności tej wymierzonej przeciw takim konserwatyzmom propozycji. Głęboko wierzę, że obecny związany z konserwatyzmem kryzys zachodnich kultur koncertuje się wokół zmagań z nieodłącznym od prawdziwej demokracji, inherentnym dla niej „szaleństwem". Ten kryzys polega na tym, że część społeczeństwa chce się po prostu poddać i wrócić do domu ojców z przeszłości.

Jeśli miałabym spróbować wyobrazić sobie przyszłość, to obawiam się, że będzie ona dość nihilistyczna. Na poziomie dominującej kultury trwa odwrót od projektów demokratycznych (dotyczy to również takich wariacji na temat demokracji jak socjalizm i komunizm). Myślę, że przez prywatyzację Zachód już wraca do feudalnych, rodzinnych i klanowych modeli organizacji.

Nawet jeśli ekonomiczna siła Zachodu w końcu osłabnie i zastąpi ją inna siła, nie powstrzyma to dalszego przerażającego rozkwitu kapitalizmu na całym świecie. Oczywiście opór przeciw rodzinie, przeciw klanom i nacjonalizmowi będzie istniał zawsze, ale nieprzerwana trwałość oporu nie jest równoważna z jego zdolnością do odniesienia triumfu. Sądzę, że opór przeciw patriarchatowi zawsze startował z przegranych pozycji. W przeciwieństwie do kultury dominującej – zawsze kojarzył się z szaleństwem i „chorobą". Nie zdziwiłabym się, gdyby za kilkaset lat kultury wówczas dominujące patrzyły na czas panowania różnych wariantów demokracji jak na 300-letni okres „nieudanej" antyrodzinnej psychozy. I w pewnym sensie miałyby rację. Taka wizja przyszłości wydaje mi się realniejsza niż świetlany postęp, jaki wyobraża sobie część polskiego mainstreamu.

To że zachodnie kultury dominujące nie potrafiły dostrzec w demokracji czegoś, co w sposób nieunikniony zostanie odczytane przez większość dzisiejszego klanowego świata jako szaleństwo, jest przejawem esencjonalistcznego samooszukiwania się. Z drugiej strony zdanie sobie sprawy z tego, że jest się przez większość postrzeganym jako szaleniec i mimo to wytrwanie w swojej krytyczności i staraniach na rzecz ograniczenia mechanizmów przemocy – staje się aktywnym działaniem na rzecz zmiany organizacji społecznej. To nie przypadek, że podobne oskarżenia o szaleństwo odgrywają dużą rolę w życiu osób transpłciowych (*transgendered*) – włączając w to często konieczność przedkładania oficjalnej diagnozy potwierdzającej zaburzenia osobowości w celu uzyskania dostępu do opieki medycznej. Już teraz gender jest jedną z tych kwestii, którymi ludzie zajmują się w kontekście szerokich zjawisk kulturowych. I faktem jest, że gender uderza w na tyle czuły kulturowy punkt, że wyrażenia takie jak „feminizm" i „gender" pozostają tabu. Tabu na poziomie biurokratycznym. Przykładem niech będzie rosyjskie prawo anty-LGBT. Przykładem niech będzie likwidowanie w Japonii inicjatyw wprowadzających tematykę gender do edukacji – czemu towarzyszy usuwanie z publicznych bibliotek kluczowych japońskich tekstów feministycznych. Przykładem niech będą nieustanne ataki na kliniki aborcyjne w USA. Nie wspominając już o tym, jak owo tabu przekłada się na przemoc w życiu codziennym, włącznie z zabójstwami osób transpłciowych (*transgendered*) lub zabójstwami kobiet – często „w ramach" przemocy domowej, czyli w ramach kulturowych struktur, które miały nas chronić. To jest, kurwa, jakiś żart!

Dlaczego wyjechałeś z USA i zdecydowałaś się zamieszkać w Japonii? Czy miało to jakiś związek z kwestiami genderowymi?
Tak, w zasadzie można powiedzieć, że miało to związek z kwestią gender. Moja decyzja pozostania tu na czas nieokreślony ma związek z moim bezpieczeństwem i tym, jak mój transgenderyzm jest postrzegany przez otaczających mnie ludzi. Pochodzę z USA, gdzie ludzie, jeśli kogoś nie lubią, dają o tym znać natychmiast – werbalnie lub przez prześladowanie fizyczne. Tu, w Japonii, osoba, której się nie lubi, jest raczej całkowicie ignorowana. Więc dla mnie, po moich doświadczeniach, „milczenie jest złotem". Ale pod żadnym pozorem nie chcę romantyzować tego „milczenia" ani mylić go z jakimś „wyzwoleniem". Dla moich urodzonych i wychowanych tu przyjaciółek i przyjaciół to milczenie może być równie brutalne i wyobcowujące, jak dla mnie agresja w USA. Niektórzy z moich japońskich przyjaciół powiedzieli mi nawet, że woleliby już, żeby ktoś na nich naprawdę wrzeszczał, a nawet otwarcie prześladował – bo w ten sposób przynajmniej przyznałby, że w ogóle istnieją. Więc jak wszystko – i to zależy od kontekstu.

Przełożył Wojtek Zrałek-Kossakowski

Klaudia Rachubińska

GENDER W MUZYCE:
MASKI I MASKARADY

Do ostatniej chwili wydawało się, że Annie Lennox nie stawi się na ceremonii rozdania nagród Grammy za rok 1983. Wprawdzie statuetka w kategorii Best New Artist, do której grupa Eurythmics została nominowana, trafić miała w ręce (też zresztą nieobecnego) zespołu Culture Club, jednak mimo to tajemnicza absencja wokalistki wzbudziła głęboki niepokój organizatorów – brytyjski duet miał w końcu wystąpić podczas gali na żywo przed sześcioma tysiącami widzów zebranych w Shrine Auditorium oraz ponad czterdziestoma milionami telewidzów na całym świecie. „[Kierownik planu] wychodził z siebie, bo nigdzie nie mógł mnie znaleźć, a powinnam już być dawno na miejscu, czekaliśmy tylko na podniesienie kurtyny" – wspomina Lennox po ponad trzydziestu latach – „naprawdę świrował, a ja po prostu stałam cicho [obok niego]"[1]. Gdy wreszcie kurtyna zgodnie z planem podniosła się, a z głośników rozległy się pierwsze dźwięki *Sweet Dreams (Are Made of This)*, na scenie u boku Dave'a Stewarta zamiast charakterystycznej wokalistki stanął ciemnowłosy mężczyzna o smukłej twarzy i efektownych bokobrodach. Głos „Earla" był nieznacznie niższy i trochę bardziej gardłowy niż w oryginalnym wykonaniu; choć synthpopowy rytm utworu

---

[1] *Annie Lennox looks back at drag Grammy moment*, CTV News, 2.02.2009, [za:] http://bit.ly/1dxPpGM.

488

i dopasowany garnitur nieco utrudniały mu swobodne poruszanie się, pewność siebie zawarta w jego ruchach przywodziła na myśl – zwłaszcza na początku występu – Bruce'a Springsteena. Tym, co ostatecznie ujawniało przygotowaną przez zespół mistyfikację, było trudne do ukrycia rozbawienie na twarzy ukrywającej się przez cały wieczór w męskim przebraniu Lennox[2].

Występy[3] muzyki rozrywkowej oferują większe możliwości zmian wizerunku niż jakiekolwiek inne medium – może poza aktorstwem. Jednak podczas gdy występujący w roli filmowej czy teatralnej aktor pozostaje podmiotem odrębnym od swojej kreacji, artyści estrady znacznie silniej i bardziej trwale powiązani są ze swoimi wizerunkami. Choć nieraz może zdarzyć się, że aktor – dotyczy to zwłaszcza ról serialowych – pomylony zostanie z graną postacią, w wypadku artystów-muzyków utożsamienie dostępnego fanom medialnego wizerunku z realną osobą jest znacznie powszechniejsze i odbywa się na bardziej podstawowym poziomie[4]. Wyobrażeniowa identyfikacja muzyków/wokalistów z prezentowanymi wizerunkami – nie tylko w wykonaniu fanów, ale często i samych artystów – staje się fundamentem muzycznego performansu, miernikiem szczerości i wiarygodno-

---

[2] 15 lat później na podobny gest zdecydowała się Lady Gaga. Jej występ jako Jo Calderone podczas MTV Video Music Awards 2011, choć bardziej konsekwentny, spotkał się z mniej entuzjastycznym przyjęciem.

[3] Przyjmuję tu, za Simonem Frithem, szerokie rozumienie kategorii występu, obejmujące nie tylko koncerty, ale też wywiady, nagrania i wszelkie inne media, poprzez które artysta może nawiązywać kontakt z publicznością. Por. Simon Frith, *Sceniczne rytuały. O wartości muzyki popularnej*, Wydawnictwo Uniwersytetu Jagiellońskiego, Kraków 2011, s. 277 i nast.

[4] Znaczące jest już samo rozróżnienie między „pomyleniem" a „utożsamieniem": pierwszy przypadek zakłada możliwość łatwego wyjaśnienia czy sprostowania pomyłki, w drugim relacja między tym, co rzeczywiste, a tym, co rozpoznane jako rzeczywiste, jest znacznie bardziej problematyczna.

ści twórców, a nawet podstawą oceny ich artystycznej działalności[5]. To silne utożsamienie twórcy z wizerunkiem, szczególnie zaś z jego, stosunkowo najłatwiejszą do kontrolowania, warstwą wizualną, czyni z ciała gwiazdy muzyki rozrywkowej nie tylko przestrzeń eksploracji różnorodnych estetyk, ale i obszar szczególnie podatny na grę różnorakich ról i świadomie konstruowanych tożsamości. Artysta może więc rozmyślnie grać image'em, przeistaczając się z każdym kolejnym wydawnictwem w coraz to nowe postaci: dziewczyny z sąsiedztwa, kowbojki, Marilyn Monroe, seksualnego wampa (jak Madonna); może skonstruować sobie nową tożsamość – sztuczną, ale spójną – z nowym nazwiskiem i odrębną biografią (jak Bob Dylan); może się ze swoim wykreowanym wizerunkiem całkiem utożsamić lub wręcz na jakiś czas w nim zagubić (jak David Bowie/Ziggy Stardust). Tworzenie pseudonimów, rozpuszczanie kontrolowanych pogłosek, eksploracja nowych osobowości i wcielanie archetypów stanowią tylko część szerokiego pola wizerunkowej gry – jego szczególnie ciekawym zakątkiem jest zabawa z obrazami płci: maski męskości i kobiecości są przecież takimi samymi kostiumami jak wszystkie inne sceniczne przebrania.

WHO'S THAT GIRL?

Niespodziewany *cross-dressingowy* show, jaki Annie Lennox dała na rozdaniu Grammy, jest oczywiście wyrazisty, ale nie był on ani pierwszym, ani ostatnim występem wokalistki w męskim przebraniu; nie był też występem najbardziej wiarygodnym. Za taki niewątpliwie należy uznać kultowy teledysk towarzyszący utworowi *Who's That Girl?* z czerwca 1983 roku, w którym

---

[5] Por. Simon Frith, *Sceniczne rytuały. O wartości muzyki popularnej*, Wydawnictwo Uniwersytetu Jagiellońskiego, Kraków 2011, s. 287 i nast.

Lennox nie tylko występuje w roli skarżącej się na niewierność ukochanego blond szansonistki, ale pojawia się też pod koniec jako jej atrakcyjny nowy kochanek. Naturalność i autentyczność męskiego wcielenia piosenkarki – jak również fakt, że w wyniku podwojenia jej obecności w teledysku wielu widzów w ogóle nie zorientowało się w przebierance (szczególnie myląca była końcowa scena „pocałunku" bohaterów) – sprawiły, że świat obiegły plotki na temat rzekomego ukrywania „rzeczywistej" płci Lennox[6]. Pogłoski, jakoby wokalistka Eurythmics była tak naprawdę mężczyzną, pojawiały się już wcześniej – naczelną wskazówką był oczywiście jej nietypowo niski głos; upodobanie do męskich strojów i pewność siebie bijąca z tekstów piosenek były również nie bez znaczenia. Już w teledysku do *Sweet Dreams (Are Made of This)* płciowa tożsamość Lennox jest niejasna. „Krótki, ostry szok nieorganicznie pomarańczowych włosów, zjadliwie czerwona szminka, dynamiczna (*streamlined*) postura o ostrych brzegach, szerokie w ramionach męskie garnitury"[7] – przyjęty przez wokalistkę wizerunek miesza stereotypowe kody męskości i kobiecości, wytwarzając obraz ciała zarazem niepokojąco androginicznego i... rażąco sztucznego. Łącząca atrybuty dwóch płci figura dominy ze *Sweet Dreams* budzi tyleż fascynację, co opór, a uderzająca niespójność wizerunku – wzmocniona przez inne kontrastowe obrazy pojawiające się w tym surrealistycznym teledysku, w którym krowy i komputery spotykają się w jednym kadrze – rodzi pytania o skonstruowaną naturę samej tożsamości, w tym tożsamości płciowej.

Dla Lennox męski styl był przebraniem i kryjówką. „Kiedy

---

[6] *Annie Lennox looks back at drag Grammy moment*, CTV News, 2.02.2009 [za:] http://bit.ly/1dxPpGM.

[7] Simon Reynolds, Joy Press, *Sex Revolts: Gender, Rebellion & Rock'n'roll*, Harvard University Press, Cambridge 1996, s. 294.

zaczęłam nosić męskie ubrania na scenie, miało to odciągnąć [uwagę] od tego, czego publiczność nauczyła się oczekiwać od piosenkarek, czego kulminacją była Debbie Harry, którą uwielbiałam" – wspomina. „Ale czułam, że [sama] nie mogłabym być symbolem seksu. To nie ja. Więc spróbowałam sposobu, by przekroczyć ten nacisk na seksualność. Paradoksalnie wyłonił się z tego inny rodzaj seksualności. Nie byłam szczególnie zainteresowana naginaniem płci kulturowych (*bending genders*), chciałam po prostu uciec od noszenia śliczniutkich minispódniczek i szmirowatych przykrótkich push-upów"[8]. Wokalistka Eurythmics chciała zaprezentować silną, aktywną, wyrazistą tożsamość – zaczerpnęła więc z od dawna łączonego z władzą i prestiżem imaginarium męskości. „Wiem, czego chcę i czego nie chcę" – deklarowała w roku 1984, podobnie jak Lennox, amerykańska piosenkarka Cyndi Lauper – „a nie chcę być przedstawiana jako kolejny symbol seksu"[9]. Ona także szukała w efektownych kostiumach ucieczki przed genderowym stereotypem i nieprzyjazną dla kobiet atmosferą panującą w latach 80. w przemyśle muzycznym. „[Jej] popisy osobliwych zestawień kolorów włosów i ubrań, zamiłowanie do jarmarcznej sztucznej biżuterii, stosowanie pasiastego i cekinowego makijażu przedrzeźniają społecznie akceptowane formy kobiecego stroju i zachowania"[10]. Choć w wizerunkach Lauper i Lennox dominują odmienne wizualne kody, obie artystki używają ogranych atrybutów płci jako maski

[8] Cyt. za: Gillian Rodger, *Drag, camp and gender subversion in the music and videos of Annie Lennox*, „Popular Music"2004, nr 23/1, s. 20.

[9] Cyt. za: Michael Shore *The Rolling Stone Book of Rock Video*, Rolling Stone Press, New York 1984, s. 167.

[10] Lisa A. Lewis, *Being Discovered: The Emergence of Female Address on MTV*, [w:] *Sound and Vision. The Music Video Reader*, Simon Frith, Andrew Goodwin, Lawrence Grossberg (ed.), Routledge, London & New York 1993, s. 123.

czy kostiumu – samo przebranie zaś, zwłaszcza w twórczości wokalistki Eurythmics, wywodzi się ze sztuk wykonawczych.

Wizualne inspiracje działaniami okołoteatralnymi widoczne są zwłaszcza w teledyskach – dotyczy to również działalności pod szyldem Eurythmics, ale przede wszystkim solowych dokonań Lennox. Od teatru – ale też musicalu, cyrku, kabaretu, pantomimy czy baletu – artystka uczy się nie tylko przebierać za mężczyznę, ale przymierzać różnego rodzaju maski i zabawiać się całym spektrum genderowych klisz. Jednak w przeciwieństwie do oszczędnych obrazów męskości (występ na gali Grammy) i ambiwalentnej androgynii (*Sweet Dreams*), jej przedstawienia kobiecości są ironicznie przerysowane w swej dosłowności. Długowłosa anielska wokalistka z *There Must Be An Angel* epatuje kiczem i patosem na równi z odzianą w czerwony welur arystokratką z *Walking on Broken Glass*, a obsesyjnie sprzątająca, sfrustrowana „kura domowa" z *Beethoven (I love to listen to)* jest tak samo groteskowa i karykaturalna jak uszminkowana, blond *call girl* z *Love Is A Stranger*. W kostiumach Lennox od początku – podobnie jak w przerysowanym wizerunku Cyndi Lauper – wyraźnie widoczny jest element pastiszu. Okazuje się, że kiedy kobieta przebiera się za kobietę, destabilizuje schemat płciowy bardziej, niż gdyby próbowała przebrać się za mężczyznę.

Piętrowy charakter tego ironicznego *dragu*[11] ujawniony zostaje w *I Need A Man*, którego przewrotny tytuł – Lennox odgrywa w nim rolę bezwzględnej uwodzicielki, która sprowadza

---

[11] *Drag*, przy całej kulturowej złożoności pojęcia, można najprościej zdefiniować jako przebranie wykorzystujące stroje, akcesoria i atrybuty kulturowo przypisywane określonej (najczęściej przeciwnej) płci, zwykle w celu wytworzenia przejaskrawionego, silnie nasyconego stereotypami wizerunku. Wbrew potocznym przekonaniom, wiążącym drag z transwestytyzmem, może on być praktykowany przez osoby o różnych orientacjach i tożsamościach genderowych.

mężczyzn do roli seksualnych zabawek – podkreśla dwuznaczny tekst i ilustrujący piosenkę teledysk, świetnie przeanalizowany przez Gillian Rodger:

> Bohaterka Lennox twierdzi, że szuka mężczyzny, który nie nosi sukienki, nie goli nóg, nie zaczesuje włosów. [...] Jeśli Lennox śpiewa jako heteroseksualna kobieta pożądająca heteroseksualnego mężczyzny, żądania te wydają się nadmierne – mężczyźni zwykle nie noszą sukienek i nie golą nóg – po co więc wspominać o tych cechach? Ten nadmiar otwiera możliwość, że Lennox w tym teledysku wizualnie przedstawia mężczyznę w kobiecym przebraniu (*in drag*), śpiewającego jako *drag queen*, poszukująca idealnego męskiego partnera. Ewentualnie jest kobiecą (*femme*) kobietą, za którą się podaje, ale tym, kogo poszukuje, jest raczej macho (*butch*) lesbijka niż biologicznie męski partner. Teledysk ani album nie udzielają żadnych wskazówek co do «właściwego» odczytania piosenki, której końcowy efekt jest naprawdę cudownie niepokojący[12].

Oczywiście Lennox nie jest pierwszą, a na pewno niejedyną artystką, która konstruując swój wizerunek, czerpała inspirację z bogatych tradycji *cross-dressingu* – inną gwiazda pop, która w swej twórczości szczególnie często odwoływała się do widowisk *drag*, jest Madonna. Najbardziej wyrazistym przykładem nawiązania przez artystkę do praktyk wywodzących się ze środowisk LGBTQ jest teledysk do *Vogue*, swoisty hołd złożony przez Madonnę nowojorskiej kulturze balów *drag*, podczas których homoseksualni mężczyźni z niższych klas, przebrani w bazujące na wizualnych stereo-

---

¹² Gillian Rodger, *Drag, camp and gender subversion in the music and videos of Annie Lennox*, „Popular Music" 2004, nr 23/1, s. 24.

typach płciowych kostiumy, rywalizują w różnych kategoriach (na przykład *female figure performance*, *butch queen*, *Ivy League student*, *executive* i tym podobne) o miano najlepszego, najbardziej nacechowanego „realnością" (*realness*), wcielenia danej kliszy. Przed Madonną kulturą balów *drag* zainteresowała się Jennie Livingstone, „biała żydowska lesbijka z Yale"[13], która w filmie *Paris is Burning* udokumentowała koniec „złotej ery" nowojorskich balów. Dokument ten okazał się szczególnie interesujący dla teoretyków gender; Judith Butler poświęciła mu w całości czwarty rozdział książki *Bodies That Matter*. Butler widzi wywrotowy potencjał ukazanych w filmie Livingstone balów *drag* nie w „realności" przedstawienia czy możliwości uchodzenia (*passing*)[14] za osobę należącą do innej płci, rasy czy klasy społecznej, ale w samym geście przebierania się. „Twierdzenie, że wszystko, co płciowe, jest jak *drag* albo jest *drag*, prowadzi do wniosku, że «imitacja» stanowi jądro projektu heteroseksualnego i binarności płci. *Drag* zatem nie jest wtórną imitacją, która zakłada wcześniejsze istnienie oryginalnej płci kulturowej, lecz to hegemoniczna heteroseksualność sama w sobie polega na stałym i powtarzalnym wysiłku naśladowania własnych idealizacji"[15]. Możliwość imitowania/performowania płci kulturowej oraz przechwytywania jej atrybutów rozbija domniemaną „naturalność" dualizmu płci, podważa dyskurs wrodzoności i niezmienności.

---

[13] Określenie używane przez Judith Butler, która szczegółowo analizuje dwuznaczną pozycję, jaką Livingstone zajmuje wobec bohaterów swojego dokumentu. Por. Judith Butler, *Gender is burning: dylematy przywłaszczenia i subwersji*, tłum. Iwona Kurz, „PANOPTICUM" 2004, nr 3(10).

[14] Por. Adrian Piper, *Passing for White, Passing for Black*, [w:] *The Visual Culture Reader*, red. Nicholas Mirzoeff, London and New York, 1998.

[15] Judith Butler, *Gender is burning: dylematy przywłaszczenia i subwersji*, tłum. Iwona Kurz, „PANOPTICUM" 2004, nr 3(10).

Nieprzypadkowo to, co interesuje Butler, okazuje się inspirujące również dla Madonny, Cyndi Lauper, Annie Lennox – czy dla Lady Gagi: podobnie jak Madonna obracającej się przez pewien czas w środowisku *drag queens*, podobnie jak Lauper operującej estetyką pastiszu i ekscesu, podobnie jak Lennox podejrzewanej o ukrywanie penisa. Wyeksponowane medialnie kobiety estrady prawdopodobnie najpełniej zdają sobie sprawę z nieprzezroczystości i skonstruowanego charakteru tożsamości płciowych – i ich konsekwencji.

> Występować przed publicznością jako kobieta znaczy coś innego niż występować przed publicznością jako mężczyzna – innego zarówno w kategoriach społecznych konotacji tego, co dla kobiety oznacza publiczne pokazywanie swojego ciała, pozowanie, jak i w kategoriach gry pożądania seksualnego. [...] Kobieta występująca na scenie jest bez wątpienia znacznie bardziej samoświadoma niż mężczyzna, jeśli bowiem chce panować nad sytuacją, musi zdefiniować zarówno przestrzeń, w której występuje, jak i realizowaną poprzez występ narrację[16].

Możliwość przebierania w wizerunkach i tożsamościach jak w garderobie pełnej kostiumów i masek otwiera przed artystkami muzyki przestrzenie autonomicznej kontroli i intencjonalnej autokreacji. Stanowcze i świadome przywdzianie kobiecości – jak karnawałowej maski czy scenicznego kostiumu – daje kobietom władzę zrzucenia jej z siebie, gdy tylko przestanie im odpowiadać.

---

[16] Simon Frith, *Sceniczne rytuały. O wartości muzyki popularnej*, Wydawnictwo Uniwersytetu Jagiellońskiego, Kraków 2011, s. 290.

BOYS KEEP SWINGING

Mogłoby się wydawać, że gra w przebieranki jest „naturalną" domeną kobiet – tymczasem mężczyźni bynajmniej nie są wyłączeni z genderowej zabawy maskami i kostiumami. Męskość bierze udział w tej grze częściej i chętniej, niż jest gotowa przyznać, choć rzadko daje po sobie poznać, jak bardzo się w nią zaangażowała – wszak chłopcom nie wypada identyfikować się z niestałością, próżnością i powierzchownością, jakie niewątpliwie wiążą się z zajmowaniem się własnym wizerunkiem. Stereotypy kobiecości i męskości znajdują w obrębie dyskursu muzyki rozrywkowej odzwierciedlenie w podziale gatunkowym: pozytywne wartości „męskiego" rocka – gatunku ambitnego, poważnego i autentycznego – przeciwstawiane są powierzchowności, frywolności i sztuczności „kobiecego" popu; Mary Hannon przedstawia to jako dychotomię „geniuszy i herosów" oraz „niestałości i brokatu"[17]. W tej perspektywie szczególnie problematyczne jest metonimiczne utożsamienie męskości (rocka) z autentycznością, a kobiecości (popu) ze sztucznością[18]. Dychotomia ta przekłada się na wyobrażone tożsamości muzyków, narracje o relacji między twórcą a dziełem, ocenę wartości artystycznej utworów. Tymczasem, tak jak artystki pop performują, imitują i parodiują kobiecość, podobnie muzycy rockowi przedstawiają w swoich występach różne obrazy męskości[19]. Aura autentyczności ota-

---

[17] Por. Mary Hannon, *McRock: Pop as Commodity*, [w:] *Facing the Music*, Simon Frith (ed.), Pantheon Books, New York 1988.

[18] Por. Norma Coates, *Revolution Now*, [w:] *Sexing The Groove – Popular Music and Gender*, Sheila Whitely (ed.), Routledge, London 1997.

[19] Jedną z najlepszych krytycznych analiz teatralności powołującego się na etos autentyczności męskiego wizerunku w muzyce przeprowadza Gabriel Solis na przykładzie twórczości Toma Waitsa. Por. Gabriel Solis, „*Workin' Hard, Hardly Workin'/Hey Man You Know Me": Tom Waits, Sound, and the Theatrics of Masculinity*, „Journal of Popular Music Studies" 2007, t. 19, nr 1.

czająca „geniuszy i herosów" jest nakładana warstwami – sprane dżinsy, znudzone spojrzenie, butelka piwa, znoszony T-shirt – co najmniej równie starannie jak sceniczny makijaż Lady Gagi. Choć więc Jim Morrison, Bruce Springsteen czy Mick Jagger mogą sprawiać wrażenie bardziej szczerych, spontanicznych czy naturalnych, są oni takimi samymi uczestnikami muzyczno-genderowego spektaklu jak Madonna, Annie Lennox czy Cyndi Lauper – noszą w nim po prostu inne przebrania.

Odwrotnie niż w wypadku kobiet, mężczyźni odgrywający mężczyzn wydają się mniej interesujący niż mężczyźni odgrywający kobiety: silne i ambiwalentne emocje, jakie wciąż budzi „facet w spódnicy" trudno porównywać z mdłym zniesmaczeniem nielicznych tradycjonalistów na widok kobiety w spodniach. Asymetria ta wskazuje na bardzo ważny kontekst przywłaszczania atrybutów odmiennej płci, jakim jest społeczna hierarchia i kulturowo uwarunkowana dystrybucja władzy. Kobieta przechwytująca atrybuty męskości odczytywana jest jako aspirująca do „wyższej" klasy, „lepszej" grupy społecznej, wiążącej się z większą władzą i prestiżem – może więc budzić w obserwatorach gniew, jeśli poczują się oni przez jej dążenia zagrożeni, lub podziw, jeśli uważają jej ambicje za godne pochwały; może ich śmieszyć, jeśli przywłaszczenie jest nietrafne lub powierzchowne, albo pozostawiać obojętnymi, jeśli gest jest nieskuteczny. Mężczyzna przyjmujący atrybuty kobiecości jest figurą znacznie trudniejszą do odczytania. Argument śmieszności, najczęściej przywoływany w dyskusjach dotyczących równouprawnienia, świadczy o silnym wpisaniu w tego rodzaju genderowe przechwycenie wizji profanacji i degradacji wynikającej z hierarchii płci. Negatywne wartościowanie tego, co kobiece, w odniesieniu do tego, co męskie, znajduje odzwierciedlenie w lęku przed „zniewieścieniem" społeczeństwa; powraca ikoniczna dla sporu o „Równościowe przedszkole" figura chłopca trwale skrzywdzonego i upokorzonego przebraniem w sukienkę. Zarazem mężczyzna w sukience jest „odważny" i „ma do siebie dystans" – może mieć pewność, że jego pozycja nie zostanie podkopana przez przyjęcie atrybutów „niższej", „gorszej" grupy: może sobie na to pozwolić. By całkiem odeprzeć zagrożenie deklasacją wystarczy nieco wzmocnić kody męskości: kojarzące się z kobiecością elementy wizerunków takich zespołów jak The Rolling Stones czy Led Zeppelin przezwyciężone zostają przez „maczyzm" tekstów, rock'n'rollowy bunt i arogancję.

Jednocześnie przechwytywanie przez mężczyznę atrybutów kobiecości ma ukryty potencjał podważania norm kulturowych, którego niemal pozbawiony jest analogiczny gest w wykonaniu kobiety: „kobiecy *cross-dressing* nie sprawia wrażenia rozrabiania czy transgresji. Chłopcy używający eye-linera dostarczają dreszczyku [emocji], ale dziewczęcy bojkot kredki do oczu jest zaledwie [wyrazem] zaniedbania"[20]. Klasycznym przykładem muzyków budujących swój bunt w oparciu o wywrotowy potencjał „zniewieścienia" i zachowujących zarazem nienaruszoną identyfikację z prerogatywami męskości jest zespół The Rolling Stones. „W latach 60. androgynia była tylko jeszcze jednym orężem w ich zbrojowni [pełnej] zagrożeń dla norm społecznych" – pisze o Stonesach para krytyków muzycznych Simon Reynolds i Joy Press w książce *Sex Revolts: Gender, Rebellion & Rock'n'roll*. „To, co w prawdziwych kobietach było konwencjonalne, przejęte przez mężczyzn stawało się subwersywne. [...] Stonesi przywłaszczali sobie kobiece «przywileje» samoupiększania i narcyzmu, zarazem pogardzając prawdziwymi

---

[20] Simon Reynolds, Joy Press, *Sex Revolts: Gender, Rebellion & Rock'n'roll*, Harvard University Press, Cambridge 1996, s. 18.

kobietami za tę samą frywolność"[21]. Szczególnie uprzywilejowana pozycja mężczyzn w przemyśle muzycznym sprawiała, że mogli „pozwolić sobie" na flirt ze zniewieścieniem bez obaw o dewaluację czy degradację; największym „zagrożeniem" było bycie wziętym za homoseksualistę, czemu miały zapobiec – i zwykle robiły to dość skutecznie – szowinistyczne, uprzedmiotawiające kobiety teksty piosenek oraz liczne legendy o seksualnych ekscesach za kulisami koncertów. Oczywiście wielu artystów bardziej lub mniej świadomie rezygnowało z tego typu asekuracji, narażając się na spekulacje publiczności – tym silniejsze, im bardziej genderowo niejednoznaczny (ale nie po prostu – im bardziej „kobiecy") był konstruowany wizerunek (jak w przypadku Davida Bowiego) i wzmagające się wraz z oddalaniem się twórcy od etosu rocka i przybliżaniem do estetyki popu (jak w wypadku Prince'a). Maczyzm i parodia, tak silnie wpisane w ów rock'n'rollowy *cross-dressing*, stwarzały jednocześnie szczególną przestrzeń ekspresji dla muzyków o orientacji homoseksualnej, czego najlepszym przykładem jest – ironiczny, ale i do pewnego stopnia szczery – *drag* Freddiego Mercury'ego w teledysku do *I Want To Break Free*.

Nietrudno dostrzec w tych męskich przebierankach nutę mizoginii. Mimo że przywdziewanie przez mężczyzn kobiecego stroju nie zawsze ma na celu przedrzeźnianie i ośmieszanie kobiet – choć często zdarza się i tak, czego szczególnie uderzającym przykładem są *cross-dressingowa* sesja zdjęciowa The Rolling Stones towarzysząca piosence *Have You Seen Your Mother, Baby, Standing in the Shadow*[22] czy obraźliwie stereotypowe „boha-

---

[21] Simon Reynolds, Joy Press, dz. cyt., s. 16.

[22] Por. Simon Reynolds, Joy Press, *Sex Revolts: Gender, Rebellion & Rock'n'roll*, Harvard University Press, Cambridge 1996, s. 20–21.

terki", w które zespół wciela się na okładce albumu *Some Girls*
– niemal zawsze wiąże się z wyzyskiwaniem i podkreślaniem
swojego wyższego statusu społecznego. W pułapkę tę wpadł
David Bowie, kiedy w teledysku do *Boys Keep Swinging* próbo-
wał wyszydzić wyobrażenia składające się na uprzywilejowaną
pozycję tytułowych „chłopców" i ich podszyte homoerotycz-
nymi uczuciami „męskie więzi". „Niebiosa cię kochają / chmury
rozstępują się dla ciebie / nic nie stoi na twojej drodze / kiedy
jesteś chłopcem" – głosi pełen sarkazmu tekst utworu. By podkreślić element skrytego homoerotyzmu i tym silniej podkopać
pozornie triumfalny ton piosenki, Bowie pojawił się w teledysku
w trzech otwarcie *cross-dressingowych* kobiecych personach.
Pod koniec utworu dwie z nich zdzierają zamaszystym gestem
peruki i ścierają szminkę z ust, ujawniając skonstruowany i fan-
tazmatyczny charakter stereotypowych obrazów kobiecej atrakcyjności – są one wytwarzane przez mężczyzn, dla mężczyzn.
Ironiczny żart Bowiego ma jednak drugie dno: zabawa subwer-
sywnym potencjałem kobiecego stroju jest takim samym męskim przywilejem jak wyśmiewane w piosence „pierwszeństwo
na linii [telefonicznej]", „możliwość zakupu własnego domu" czy
„noszenie uniformu".

   Bowie w interesujący sposób powraca do zabawy w *drag*
w znacznie późniejszym teledysku do *The Stars (Are Out Tonight)*.
Choć tematem przewodnim utworu są meandry sławy i niezdrowa fascynacja życiem celebrytów cechująca zachodnią kulturę,
na obrzeżach ilustrującego utwór filmu ma miejsce intrygująca
gra płynnych genderowych tożsamości. Pojawiające się w teledysku postaci celebrytów grane są przez androginicznych modeli
i modelki: w roli kobiety występuje Andrej Pejić, w mężczyznę
zaś wciela się Saskia de Brauw; oprócz nich w wideo pojawia
się odgrywająca młodego Davida Bowie Iselin Steiro oraz Tilda

Swinton i sam Bowie jako bogate małżeństwo z przedmieścia. W *The Stars* nie mamy do czynienia z prostą binarną przebieranką – kobiety za mężczyznę, mężczyzny za kobietę – ale z całkowitym rozbiciem jakiegokolwiek jednoznacznego związku między płcią aktora a genderem odgrywanej postaci. W efekcie ideologiczne „zagrożenia" *cross-dressingu*, takie jak ryzyko śmieszności czy wyzyskiwanie przywileju, zostają zniesione bez naruszenia subwersywnego charakteru samego przebrania. W teledysku androginiczne, niejednoznaczne genderowo gwiazdy-celebryci nawiedzają niczym duchy przeszłości lub wyrzuty sumienia konwencjonalną, podporządkowaną binarnej heteroseksualnej matrycy parę – i całkowicie destabilizują jej poukładany świat. „W tym sensie zatem *drag*" – wskazuje Judith Butler – „jest wywrotowe na tyle, na ile podejmuje refleksję na temat naśladowczej struktury, która wytwarza hegemoniczną płeć kulturową, oraz kwestionuje pretensje heteroseksualności do naturalności i oryginalności"[23].

BORN THIS WAY?

Co jednak wynika z tego bardziej lub mniej samoświadomego dragu praktykowanego przez gwiazdy estrady? Genderowe przebieranki i zabawy atrybutami odmiennej płci ujawniają wskazywany przez Butler performatywny charakter tożsamości płciowych, który następnie można wykorzystać strategicznie. Teresa de Lauretis – teoretyczka feministyczna włoskiego pochodzenia i autorka określenia queer theory – proponuje dwie perspektywy na relację między podmiotem a jego płciową tożsamością: gender może być według niej traktowany jako maska lub jako

---

[23] Judith Butler, *Gender is burning: dylematy przywłaszczenia i subwersji*, tłum. Iwona Kurz, „PANOPTICUM" 2004, nr 3(10).

maskarada[24]. W pierwszym wypadku mamy do czynienia z płcią jako rodzajem brzemienia, czegoś wymuszonego, narzuconego, uniemożliwiającego autentyczną ekspresję. Społeczne oczekiwania i presja kulturowa związane z rozumieniem genderu jako maski – krępują i ograniczają, przymuszają jednostki do ról niezgodnych z ich potrzebami, predyspozycjami czy preferencjami. Drugie podejście sugeruje traktowanie genderu jako rodzaju tymczasowego przebrania, kostiumu, zakładanego z premedytacją, z zamiarem paradowania w nim z dumą i pewnością siebie. Płeć kulturowa rozumiana jako maskarada jest – zgodnie z metaforą przywołaną przez samą de Lauretis – jak nowa, elegancka sukienka: obowiązkowy, formalny charakter tego stroju nie umniejsza przyjemności, jaką może on dawać noszącej go osobie. Genderowa maskarada – w przeciwieństwie do opresyjnej maski – może nawet przekształcić się w wyzwalającą empowermentową zabawę, grę z konwencjami, feerię świadomie przywoływanych stereotypów.

Kluczem do pozytywnego, konstruktywnego rozumienia płci kulturowej jest jej płynny, niestabilny charakter; tożsamość płciowa budowana w oparciu o koncepcję maskarady jest wieloraka i zmienna, często nawet wewnętrznie sprzeczna, pozostaje w nieustannym ruchu. Płeć przestaje być sztywnym zbiorem określonych trwałych własności, przypisywanych „naturalnym" – biologicznym, genetycznym, hormonalnym, ewolucyjnym i tym podobnym – „predyspozycjom" jednostki, by stać się obszerną garderobą pełną tymczasowo przymierzanych przebrań, masek i kostiumów, umożliwiających nieskrępowaną eksplorację różnego rodzaju ról. Swobodne wykorzystanie stereotypów

---

[24] Por. Teresa de Lauretis (ed.), *Feminist Studies/Critical Studies*, Indiana University Press, Bloomington 1986.

i archetypów, naprzemienne inwestowanie i wycofywanie się z określonych wcieleń, jest strategią utrudniającą zredukowanie płciowej tożsamości jednostki do ograniczającej ją maski, a nieraz wręcz obracającą ironicznie przywoływane klisze przeciwko społeczeństwu, które je wytwarza i reprodukuje.

GENDER W ŻYCIU CODZIENNYM

Anna Miedźwiedziew

JUŻ JESTEM FEMINISTKĄ[1]

Mniej więcej do 22. roku życia nie cierpiałam feministek. Może wychowywałam się w tak zwanych „cieplarnianych" warunkach. Uważałam, że robią z igły widły i że doszukują się wszędzie spisku. Felietony Kingi Dunin w „Wysokich Obcasach" czytałam wyłącznie dla żartu, bo śmieszyło mnie, że o wszystko zawsze obwiniała facetów. Nadal nie sądzę, że aborcja jest perfekcyjnym rozwiązaniem, nie zagłosuję w ciemno na kobietę tylko ze względu na płeć, nie pójdę na marsz kobiet i nie wszystko, co mówi Magdalena Środa, mnie przekonuje. Mam 24 lata i coś się ostatnio zmieniło.

Zawsze lubiłam podróżować. Kilka lat temu dotarło do mnie jednak coś bardzo przykrego – nie mogę podróżować tak, jak moi koledzy. Nie mogę przeżywać takich samych przygód i być tak samo beztroska, bo jestem dziewczyną. Znam paru niepokornych podróżników, którzy siadają w podrzędnym barze na dworcu w Kutnie i znad piwka i papierosa oglądają rzeczywistość, śpią na plaży w Tajlandii, kąpią się w rzece w Indiach, jeżdżą samotnie w dalekie podróże i spontanicznie przyjmują zaproszenia od nieznajomych. Ja też to robiłam i – o dziwo – nic mi się nie stało, ale teraz już wielu rzeczy nie robię, choć bym chciała. Dlaczego?

---

[1] Tekst ukazał się pierwotnie na stronie Codziennik Feministyczny: http://bit.ly/1rFwFIU dostęp: 21.03.2014.

Po pierwsze zrezygnowałam z ukochanych podejrzanych barów. Też lubiłam tam sobie z piwkiem i papieroskiem usiąść i kontemplować. Szybko jednak zauważyłam, że staję się atrakcją, wielu panów czuje się w obowiązku do mnie nie tylko zagadać, ale też wypytywać, dotrzymywać towarzystwa, zalecać się. W końcu piłam herbatę, bo czułam, że dziewczyna + piwo w jakiś sposób „prowokuje". „Ta to na pewno jest wolna i samotna", myśleli sobie panowie, czy raczej ja myślę, że tak myśleli, sądząc po tym, co wyprawiali. W końcu zaczęłam zakładać okulary i wiązać włosy w supeł, gdy siadałam w barze, a także zasłaniać się książką. Ale dlaczego muszę wyglądać brzydko i udawać, że czytam książkę, żeby napić się piwa? Nieważne, i tak nawet książka nie przeszkadzała w zalotach, więc już tam sama nie chodzę.

Innym razem, kiedy miałam dziewiętnaście lat i jechałam ostatnim tego dnia pociągiem do chłopaka za miasto, miałam na sobie krótką sukienkę, bo było lato, odkorkowałam wino, które ze sobą wiozłam, i przeglądałam zabawne pismo erotyczne „Twój Weekend", które było jednym z paru, które kupiłam tego dnia na dworcu w przecenie. Usiadłam w pustym przedziale z niezamykanymi drzwiami, „konduktorskim", moim ulubionym w pociągach Kolei Mazowieckich. Na pewnej stacji wsiadł facet z rowerem, wyglądał w porządku, w typie normalnych młodych ludzi. Cały wagon był pusty, ale nie zwracałam na to uwagi i nadal czytałam „Twój Weekend". Odwróciłam się na chwilę w jego stronę i zobaczyłam, że wyjął fiuta. Powiedział do mnie coś w stylu: „podoba ci się mój wacek?".Zapamiętałam właśnie słowo „wacek". Na szczęście byliśmy jeszcze w mieście i stacje były dosłownie co minutę, zebrałam się w sobie i kazałam mu wypierdalać, powiedziałam, że rozpierdolę mu butelkę na głowie, jeśli się zbliży, a potem drzwi się otworzyły na stacji Warszawa Powiśle i wysiadł, mamrocząc coś o tym, że jestem chora psychicznie. Z zasady nie przeklinam. Było to okropne, bo wiem, że poderżnęłabym mu kluczami gardło, gdyby się zbliżył, a zwykle jestem bardzo zrównoważoną osobą, która nie akceptuje przemocy.

Zaznaczę od razu, że wiem, że był to błąd młodości – nie powinno się o 23:00 w mini jechać samej w wagonie, pić wina i przeglądać pornografii. Wiem. Tego mnie to nauczyło. Jestem ostrożna. Problem jest tylko taki, że widziałam dziesiątki razy kolesi bez koszulek, którzy wracali latem z budowy lub znad jeziora i pili piwo sami w wagonie. I kolesi, którzy czytali „Playboya" i mieli krótkie spodnie, siedząc sami w przedziale. I co? I nic. Jeśli żeby robić to, co chcę, muszę jechać pociągiem z przyzwoitką w postaci rosłego mężczyzny, który zadba o to, żeby mnie nie zgwałcono, to czym to się różni od sytuacji w krajach arabskich? Nigdy bym nie wyjęła czegokolwiek ani nie zaczęła nagabywać kogokolwiek, choćby siedział w pociągu nago. Może byłam wtedy młoda i za ładna, ale kto oceni, kiedy jest się za ładnym/ą, a kiedy nie? Szczególnie, jak ma się dziewiętnaście lat, i czuje się z zasady niepewnie. Pomyślmy też o tych dziewczynach, które by zatkało i nie wiedziałyby, co w tej sytuacji zrobić, a kreatywny rowerzysta by to wykorzystał. Bardzo im współczuję, bo jestem pewna, że są ich na świecie miliony.

Potem raz rozmawiałam o tym z koleżankami. Jak opowiedziałam – przełamując zażenowanie – tę historię, to pośmiałyśmy się, a następnie każda z pięciu zaczęła opowiadać o facecie, który zaczął się przy niej masturbować w autobusie, dopadł ją na klatce schodowej, był wulgarny i napastliwy na przystanku. Każda z pięciu dziewczyn miała taką historię i jak z rękawa sypały się przykłady koleżanek, które jechały tramwajem i stojący za nimi mężczyzna się o nie ocierał lub zasnęły na imprezie i ktoś się do nich dobierał. Wtedy pomyślałam, że to nie są żarty.

Potem pojechałam sama do Indii. Przez dwa miesiące wyglądałam specjalnie brzydko, bo wiedziałam, że makijaż czy ładne ubranie zadziała na moją niekorzyść. Przez kilka tygodni towarzyszył mi kolega i wtedy mogłam chodzić w normalnych ubraniach, malować oczy i być beztroska, bo wiedziałam, że nic mi się nie stanie. Gdy byłam sama, portierzy wchodzili do mojego pokoju i pytali o nazwisko męża, a ja musiałam kłamać, że go mam, żeby się odczepili. W pociągach nauczyłam się nie patrzeć w oczy mężczyznom, żeby nie „prowokować" zaczepek. Gdy było upiornie gorąco, nie mogłam się wykąpać w tej samej rzece, w której kąpał się mój kolega, bo nie mogłam przecież pokazać się w kostiumie. Nie mówię oczywiście o Goa, gdzie wszyscy się kąpią w bikini, więc tak wypada, choć tam oczywiście nie chodziłam na plażę po zmroku. Na niewyobrażalnie gorącym północnym wschodzie Indii kąpałam się tylko w jeziorze w klasztorze buddyjskim i musiałam wcześniej prosić o pozwolenie, bo bałam się, że komuś zrobię moim widokiem przykrość. No dobrze, to są ekstremalne przykłady, ale w życiu codziennym? Przecież mamy raj! Przez 99 procent roku nikt nikogo nie napastuje i nie trzeba się starać, żeby wyglądać specjalnie brzydko!

Jakieś dwa lata temu zostałam z koleżanką zaproszona do domu taty mojego chłopaka i po paru chwilach gospodarz powiedział, że „mężczyźni idą porozmawiać". Wziął whiskey, a nas wyprosił z winem i swoją żoną na taras. Bo kobiety na pewno chcą pić wino i na pewno się jakoś dogadamy, bo jesteśmy kobietami. Mój chłopak nie zrobił nic, bo nie chciał drażnić taty, bo „on taki już jest". Wtedy się śmiałam, bo było to dla mnie aż tak abstrakcyjne. Nikt wcześniej nie dobierał mi trunku i towarzystwa tylko pod względem płci. Potem zauważyłam, że gdy siedzimy na imprezie – ja i paru kolegów – to współlokator mojego chłopaka nie to, że mnie nie usłyszał, tylko po prostu ignoruje mój głos w rozmowie. Chyba że krzyknę i zwrócę na siebie uwagę, ale to nie leży w mojej naturze, więc kończy się na tym, że przysłuchuję się, jak „chłopcy rozmawiają". Doszło do tego, że mam go za tępego buca, mimo że jest dobrą duszą – po prostu nie umie się zachować w tej jednej sytuacji. Aha, zaprasza też czasem jakąś koleżankę, żeby posprzątała. I na początku patrzył przy tym na mnie wyczekująco, jakbym miała oburzyć się i powiedzieć: „Nie! Ja posprzątam!", bo przecież ja też jestem dziewczyną. Tak strasznie mi żal tych koleżanek, które po pracy, szkole i sprzątaniu w swoich domach, idą z własnej woli sprzątać do bezrobotnego kolegi, który cały dzień siedzi w mieszkaniu i wykorzystuje ich… nie wiem. Głupotę?

No i golenie nóg. I oczywiście nie tylko nóg. Jasne, jak siedzę w domu, to nie golę niczego, czasem całymi tygodniami. Nie chcę jednak zrobić sobie wstydu i jakieś tam zabiegi wykonuję, a że jestem jednak trochę roztrzepaną osobą, to przeraża mnie, że mogę wyjść na miasto w złym stroju lub bez makijażu i to będzie okej, ale gdyby ktoś zobaczył, że ogoliłam 90 procent nóg, ale 10 procent przegapiłam w pośpiechu i mam na łydce czarne włosy, to byłby to koniec świata. Nie mówiąc o sytuacjach, w których trzeba pokazać się w bikini – bądź sobie wyzwolona, piękna i mądra, ale pokaż się z choćby odrastającymi włosami w okolicach bikini i jest to twój koniec. A wąsik? Zbrodnia. A wyrywanie włosów naprawdę boli. A to trzeba ciągle i ciągle powtarzać, chyba że stać cię na laserowe usuwanie włosów, które kosztuje łącznie z dziesięć tysięcy. To są tortury! I ciekawe, czemu dziewczyny są biedniejsze, skoro wydają pieniądze na takie głupoty…

A chłopcy? Nie muszą robić nic.

Nawiasem mówiąc, zawsze mnie irytowało, że są setki świetnych filmów o chłopcach leserach. *Big Lebowski*, *Barton*

Fink, Jessie z *Breaking Bad*. A gdy pokazywana jest dziewczyna leserka, to najczęściej taki z niej niby wolny duch, ale ma perfekcyjną figurę, świetny makijaż, ogolone nogi i idealną fryzurę. Patrz: *Death Proof*, *Sunshine Cleaning*, *Young Adult* (to o tej młodej Szwedce wytatuowanej), listę mogę ciągnąć bez końca. Owszem, jedz sobie, leserko, fast foody, wstawaj w południe, olewaj społeczeństwo, ale pilnuj jednak figury i miej zawsze ogolone pachy, a przede wszystkim się nie starzej. O zgrozo, chyba tylko Bridget Jones była w miarę prawdziwym człowiekiem.

Chodzę na fitness, jogę i tym podobne, ale przeraża mnie, jak bardzo takie miejsca są wypełnione samymi dziewczynami. Jasne, każdy może chcieć być fit i niektórzy faceci też chcą, ale czy naprawdę, gdybym nie musiała się martwić, że zacznę grubo wypadać na zdjęciach i że nie będę się nikomu podobać, zainteresowałoby to mnie na tyle, by tam chodzić? Nie sądzę, bo nawet tego za bardzo nie lubię. Bywam czasem na siłowni i jest mi smutno, gdy widzę dwadzieścia dziewczyn, które biegną w rządku w miejscu, upokorzone i kalkulujące w głowie kalorie i przyszłe podboje. Zawsze przychodzi mi wtedy do głowy, że biegną tak do jakiegoś chłopaka (bo tak często jest) i jak bardzo jest to smutne i nie fair, bo chłopak w tym czasie je pizzę i cieszy się życiem. Moje koleżanki są w stanie wpaść w depresję z powodu figury. Z powodu figury! Ilu znacie chłopców, którzy są grubawi i dalej beztrosko zajadają się hamburgerami, a waga nie ma wpływu na ich życie? Ja mnóstwo. A dziewczyn, które robią sobie krzywdę dietami, mają o sobie bardzo złe zdanie z powodu kompleksów, wstają o godzinę wcześniej, bo MUSZĄ iść na basen? Ja znam mnóstwo. Czytałam jakiś czas temu w kolorowym pisemku wywiad z jakąś amerykańską aktorką, która powiedziała, że po rozwodzie była załamana i nic ze stresu nie jadła, a wszyscy wtedy pytali, jak to robi, że jest taką szczęśliwą kobietą sukcesu, co wnosili po tym, że „wreszcie" osiągnęła rozmiar 32. Nawet Rihanna się poddała.

Może to tylko chwilowa moda, a może nie, ale przeraża mnie, że obecnie uhonorowane aktorki czy piosenkarki siedzą na okładkach pism w samych majtkach, szpilkach i z czarująco rozwianymi włosami. W środku pisma tarzają się po pościeli, jedzą truskawki i robią zabawne minki. Wyobraźmy sobie, co by powiedział Borys Szyc, jakby próbować go namówić, by siedział na okładce w majtkach z roztrzepaną minką. Myślę, że coś nieprzyjemnego. Spójrzcie w ogóle na zdjęcia celebrytów i celebrytek w gazetach: on patrzy prosto w kamerę, drapie się po głowie na czarno-białej, minimalistycznej fotografii, siedzi na krawężniku z miną, jakby mówił „wszystko to mam w dupie". Ona – czasem ledwo można ją poznać, tak bardzo jest wyretuszowana. Do tego makijaż, ciało wybalsamowane i wciśnięte przez stylistę w idiotyczne ciuchy (żeby potem nie gadali, że „trudna we współpracy") i zagubiona lub roześmiana z niewiadomego powodu mina. Oczywiście na nogach ani jednego włoska, ale to jej obowiązek. Popatrzmy też na kampanie typu „Wolę być naga niż nosić futro". Kiedyś wydawało mi się, że na tym mniej więcej polega feminizm – może być naga w reklamie, jeśli chce, jej prawo. Ale wyobraźmy sobie, że moja babcia, no może nie ona, bo nie jest sławna, ale Anna Komorowska lub Maryla Rodowicz chciałyby wystąpić w takiej kampanii. Mogą sobie chcieć, grubego babska nikt nie będzie oglądał. Chyba że się wyretuszuje.

Wkurza mnie, że gdy mowa o dziewczynie, która odniosła sukces, pisze się, że jest „młodziutka" (jeśli ma poniżej 27 lat) i że „w tak drobnej/kruchej osobie mieści się zadziwiająco dużo siły/determinacji/talentu". Nie słyszałam, żeby o 25-letnim kompozytorze lub aktorze, który ma 160 centymetrów wzrostu pisano, że jest młodziutki, drobny, filigranowy czy coś podobnego.

Poza tym zobaczcie, w jak przekichanej sytuacji są lesbijki. Geje? Proszę bardzo – wypowiadają się w telewizji, każdy serial ma swojego dyżurnego homoseksualistę i najczęściej w kontekście osób homoseksualnych słyszymy o „prawach gejów". Mają dziesiątki swoich klubów. Lesbijki? Mają przekichane.

Ostatnio miałam koszmary i obudziłam się z krzykiem po tym, jak byłam około 22:00 na basenie na Kabatach i jakieś dziewczyny rozmawiały w przebieralni o tym, gdzie dokładnie zaatakował gwałciciel z Kabat i czy ta dziewczyna biegła odpowiednią czy nieodpowiednią trasą i porą.

A wiecie, co jest najgorsze? Że wiem to wszystko i nadal piszę ten felieton pod pseudonimem, bo nie chcę wyjść na wariatkę i tłumaczyć każdemu z Facebooka, co tak naprawdę uważam, a czego nie uważam. Straszne, nie? I dlatego właśnie jestem feministką.

Justyna Kowalska

TERROR NASZ CODZIENNY[1]

Przechodząc z rana obok pracujących robotników, patrzę wprost
przed siebie. Przerywają pracę, oglądają się – tym razem cisza,
uff. Na jogging wybieram główną ulicę, choć obok jest piękny
las. Po południu w autobusie trzymam kolana razem; jest gorąco,
mam na sobie lekką sukienkę, co rusz jakiś mężczyzna osten-
tacyjnie omiata wzrokiem moje uda. Na spotkaniu z koleżanką
obserwuję, jak przyrządzany jest mój drink – czy aby na pewno
ktoś tam czegoś nie dosypał. Gdy wieczorem wracam do domu,
nerwowo oglądam się za siebie. Po głowie chodzi mi też zapisanie
się na kurs samoobrony. Czasem, gdy wiem, że będę musiała
wracać nocą sama – w ogóle rezygnuję z wyjścia z domu.

Te i inne anegdoty słyszę regularnie z ust koleżanek, część
to moje własne doświadczenia. Od kiedy pamiętam, ojciec wszędzie mnie odprowadzał, a mama cierpliwie odbierała. Dorastałam
z wbijanymi w głowę groźbami doświadczenia krzywdy ze strony
mężczyzn – początkowo nieokreślonej i odległej, z czasem bardziej konkretnej: byłam w ciągłym niebezpieczeństwie. Uczono
mnie: nie wracaj znikąd sama, nie rozmawiaj z nieznajomymi, miej
zawsze przy sobie telefon, pamiętaj, że chłopcy myślą tylko o jednym. Gdy podrosłam i narodziła się moja świadomość hetero-
normatywnej kultury, zdolnej dyscyplinować kobiety poprzez

---

[1] Tekst ukazał się pierwotnie na stronie Codziennik Feministyczny: http://
bit.ly/1jz3lm4 dostęp: 19.03.2014.

molestowanie, gwałt i przemoc – przykazy rodziców stały się moimi własnymi. Zinternalizowałam je, zaczęły dyktować moje kroki, a nawet cały rozkład dnia. Jeśli wiedziałam, że będę musiała wrócić do domu w środku nocy – a większość lat spędziłam mieszkając w położonej daleko od centrum, podwarszawskiej dzielnicy – prosiłam o towarzystwo kogoś znajomego, a czasem w ogóle rezygnowałam z wyjścia. Na wszelki wypadek. Tak oto potencjalna krzywda, która mogła mi się stać – choć nigdy nie stała – zaczęła kontrolować moje życie. Mniemam, że nie tylko moje. Potencjalny gwałt, zaczepki, groźba przemocy, a nawet morderstwa na tle seksualnym – to wszystko od lat dyscyplinuje kobiety. Sprawia, że wiele z nich boi się samotnie wyjść po zmroku. Boi się, że nawet mimowolny uśmiech zostanie przez kogoś zinterpretowany jako „zachęta". Boi się ubrać zbyt „prowokacyjnie" – choć badania pokazały, że decyzja sprawcy o popełnieniu gwałtu nie zależy od wyglądu kobiety. Boi się pigułek gwałtu w drinkach, boi się nieznajomego po drugiej stronie ulicy, boi się własnego cienia. Cały ten terror ma na celu codzienne przypominanie nam, kto tu rządzi (mężczyźni, oczywiście!), wymuszenie naszej pasywności, zamknięcie nas w domach, pokazywanie nam, że jesteśmy obiektami seksualnymi, że można na nas sugestywnie patrzeć, a nawet dotknąć czy skrzywdzić. A czasem nie trzeba nawet tego zrobić – wystarczy sama świadomość możliwości stania się ofiarą i doświadczenia innych kobiet.

W swoim artykule pod tytułem *Living Life By A Rape Schedule*[2] Emmy Fisher przypomina, że już od lat istnieje termin opisujący sposób, w jaki kobiety modyfikują swoje zachowanie i przyzwyczajenia w celu ograniczenia ryzyka przemocy seksual-

---

[2] E. Fisher, *Living Life By A Rape Schedule*, http://bit.ly/1fnQawU, dostęp: 19.03.2014.

nej – to „harmonogram gwałtu". Określenie ukuła Jessica Valenti w swojej książce *Full Frontal Feminist*[3], ale sam koncept jest dużo starszy. Już w 1971 roku Susan Griffin pisała, że gwałt i lęk przed gwałtem kształtują świadomość każdej kobiety[4].

W internecie można znaleźć milion poradników zatytułowanych „Jak uchronić się przed gwałtem". Jeden z nich[5] otwiera starożytna mądrość: „Ludzie rozsądni dostrzegają nadciągające kłopoty i unikają ich, osoba bezmyślna wpada w nie, a potem tego żałuje". Dowiadujemy się zatem już na wstępie, że jeżeli nie podejmiemy odpowiednich środków bezpieczeństwa, same będziemy sobie winne. Poniżej lista porad, jak uniknąć gwałtu: nie przebywaj sam na sam z mężczyzną, którego nie znasz, dla niejednego mężczyzny wystarczającym bodźcem do gwałtu jest sposób ubierania się kobiety lub jej gotowość do spędzenia z nim czasu na osobności – więc naucz się rozpoznawać potencjalnego gwałciciela, na pierwszą randkę chodź w zatłoczone miejsca, bądź ostrożna z piciem alkoholu. W innym poradniku możemy wyczytać kolejne złote zasady: noś ze sobą gwizdek, zrób kurs samoobrony, gdy biegasz – unikaj odludnych miejsc, w autobusie siadaj nieopodal kierowcy i tak dalej.

Zdrowy rozsądek przyda się oczywiście każdemu – ale próba wmówienia kobiecie, że jest sama sobie winna, jeśli nie zanotuje każdego podpunktu i nie ułoży sobie zawczasu dnia pod harmonogram uniknięcia gwałtu – jest naganną próbą przeniesienia odpowiedzialności za gwałt ze sprawcy na ofiarę. W dodatku tego typu poradniki nie uwzględniają zwykle faktu, że ponad

---

[3] J. Valenti, *Full Frontal Feminism: A Young Woman's Guide to Why Feminism Matters*, Seal Press, Emeryville 2007.

[4] S. Griffin, *Rape: The All-American Crime*, „Ramparts Magazine" 1971, nr 10, s. 26-35.

[5] Zob. http://bit.ly/1eV6rwP, dostęp: 19.03.2014.

80 procent gwałtów jest dokonywane przez osobę, którą ofiara zna – współmałżonka, kolegę z uczelni, listonosza.

W swoim artykule Emmy Fisher twierdzi, że wysyp programów samoobrony dla kobiet w ostatnich latach pokazuje, jak głęboko zakorzeniony jest w umysłach kobiecych lęk przed molestowaniem, wykorzystaniem i gwałtem. Praktykowanie ciosów i czytanie podręczników sprawiło, że wiele kobiet poczuło się bardziej pewnie, ale czy to znaczy, że przestały rozglądać się za gwałcicielami? Niekoniecznie. Prawdopodobnie zaczęły jeszcze intensywniej myśleć o scenariuszach potencjalnej sytuacji zagrożenia, planując, jak się zachowają, gdzie uderzą, co będą krzyczeć. Potwierdza to Emmy Fisher, przytaczając badania dowodzące, że bez względu na fizyczne czy psychiczne przygotowanie do sytuacji potencjalnego zagrożenia, kobiecy lęk przed gwałtem nie maleje. Oznacza to, że niezależnie od tego, ile poradników wkujemy i jak zmienimy swoją codzienną rutynę, aby wyeliminować sytuacje gwałtogenne – nasz strach pozostaje, a my jesteśmy coraz bardziej ograniczane w swojej wolności.

Są oczywiście kobiety, które aktywnie sprzeciwiają się przymusowi życia w strachu i pasywności i nie godzą się zostawać w domach tylko po to, żeby nie doznać opresyjnego męskiego spojrzenia, słowa i pięści. Biorą w rękę gaz i idą w miasto, tworzą bojówki do walki z plagą molestowania, gwałtów i przemocy seksualnej, organizują marsze protestacyjne. W Indiach pod koniec 2011 roku powstała Czerwona Brygada – licząca ponad 100 członkiń grupa kobiet w czerwonych szatach, patrolujących rodzime miasto Lucknow w celu zasygnalizowania mężczyznom, że nie mogą bezkarnie dyskredytować i krzywdzić kobiet. Liderka Czerwonej Brygady, 35-letnia nauczycielka Usha Vishwakarma, postanowiła zebrać zespół sojuszniczek i przeciwstawić się tradycji harmonogramu gwałtu, narzucanego dziewczętom i kobietom przez społeczeństwo i ich rodziny.

> Rodzice wmawiali dziewczynkom, żeby zostawały w domach, bo tylko tak mogły uniknąć niebezpieczeństwa – opowiada Usha – Mówili: Jeśli pójdziesz do szkoły, staniesz się ofiarą przemocy seksualnej, lepiej zostań w domu. Nie zgadzamy się na taki stan rzeczy. Zebrałyśmy grupę kobiet, które będą się wzajemnie bronić. Dość narzekania. Podejmiemy inicjatywę i będziemy walczyć o swoje bezpieczeństwo[6].

W kanadyjskim Vancouver w 2001 roku ponad 100 kobiet uformowało grupę protestacyjną, mającą wypłoszyć z okolicy mężczyznę, który zgwałcił już trzy kobiety.

> Opanujmy ulice, pokażmy jemu i innym gwałcicielom, że nie będziemy się ukrywać – mówiła Tamara Gorin z centrum wsparcia dla ofiar gwałtów w Vancouver – Zdemaskujemy go, nie ujdzie mu to na sucho. Inna entuzjastka inicjatywy, Sheila Jarvis, dodała: Możemy się wzajemnie ochronić. Jesteśmy już zmęczone wiecznym oglądaniem się za siebie na ulicy[7].

W 2011 w Toronto ruszył pierwszy na świecie Marsz Szmat, mający na celu wyrażenie protestu przeciwko przerzucaniu winy za gwałt na ofiary. W Polsce podobne marsze odbyły się już w Gdańsku i Warszawie.

---

[6] G. Chamberlain, *Women hit back at India's rape culture*, http://bit.ly/1jz3zd9 dostęp: 19.03.2014.

[7] J. Hertzog, *Fighting Back Against Rape*, http://bit.ly/1mwLZXu, dostęp: 19.03.2014.

Marszem chcemy zaprotestować przeciwko temu, że ofiary seksualnej przemocy są w Polsce stygmatyzowane, a sprawców próbuje się usprawiedliwiać strojem lub zachowaniem osób, na które napadnięto – wyjaśniali organizatorzy – Tymczasem wszelkie badania pokazują, że takie tłumaczenie przyczyn gwałtów i innych form przemocy na tle seksualnym jest błędne. To zrzucanie winy, a w pewnym sensie usprawiedliwianie przemocy i dawanie na nią przyzwolenia[8].

Jak pokazuje jednak ostatni Marsz Szmat, nie wszyscy dostrzegają ten problem. Pojawiły się głosy pokazujące fundamentalne niezrozumienie dla pastiszowego charakteru protestu, sugerujące, że kobiety nazywające się szmatami ewidentnie na taką łatkę zasługują. Problem, który dotyka ponad połowy społeczeństwa jest więc nadal bagatelizowany i marginalizowany.

I bez względu na to, ile zostanie napisanych i przeczytanych przewodników prewencyjnych, ile kursów samoobrony przerobimy i ile marszów zorganizujemy – sytuacja nie ulegnie satysfakcjonującej zmianie, dopóki najlepszą metodą zwalczania gwałtów nie będzie „Nie daj się zgwałcić", tylko „Nie gwałć": musimy rozmontować heteronormatywny system opresji, gloryfikujący bezwzględną seksualizację kobiecego ciała, perspektywę „męskiego spojrzenia" i wzorzec męskości oparty na agresji i przemocy – wtłaczany w kulturę w miejsce szacunku, równouprawnienia i partnerstwa płci w każdej codziennej sytuacji. A na razie strach przed molestowaniem i brutalnym uprzedmiotowieniem – a nawet utratą zdrowia czy życia – będzie nadal dyktować harmonogram dnia wielu kobiet. Bo o ile lęk przed atakami ter-

---

[8] *„Załóżmy kuse ciuszki i sprowokujmy... do myślenia!"* – apelują organizatorzy warszawskiego *Marszu Szmat*, http://bit.ly/1jz3GFF, dostęp: 19.03.2014.

rorystycznymi, tornadami, postrzeleniem podczas porachunków gangów, oblaniem kwasem czy obrzezaniem nie jest tak samo uniwersalny dla obywateli/ek wszystkich krajów – to głęboko zakorzeniona obawa przed molestowaniem, gwałtem i przemocą na tle seksualnym to problem każdej kobiety na kuli ziemskiej.

Michał Gauza

ZAZDROŚĆ I WSTYD. Z DOŚWIADCZEŃ FACETA CHODZĄCEGO W SUKIENCE

Poniedziałek. Wstaję o szóstej rano. Bawię się z kotem, karmię go i głaszczę. Jem śniadanie, piję kawę. Biorę szybki prysznic, dokładnie się golę. Zakładam rajstopy, spódnicę, bluzkę. Na twarz nanoszę podkład, potem puder, cień do powiek, maluję górne i dolne rzęsy, na policzkach zostawiam kreski z różu. Mam trzydzieści lat, sto osiemdziesiąt pięć centymetrów wzrostu, jestem facetem i właśnie wychodzę do pracy.

To jest mój tryb życia od maja 2013 roku. To wówczas miałem *coming out* – i to dosłowny, bo wyszedłem z szafy w ciuchach z szafy. W końcu dojrzałem do decyzji, by żyć tak, jak chciałem od ponad dwudziestu lat. Jeśli miałbym nazwać dwa najważniejsze uczucia towarzyszące mi przez ten czas, to jednym jest zazdrość, a drugim wstyd. Zazdrościłem dziewczynom swobody w ubiorze i wstydziłem się tej zazdrości. Cieszyłem się z każdego „damskiego" ubioru, który w czterech ścianach mogłem przymierzyć, i wzbudzałem w sobie wyrzuty sumienia, że dokonałem takiego zakupu. W domu pozwalałem sobie na noszenie sukienek, w tajemnicy przed rodzicami, na ulicy stosowałem się do wzorców męskości. Flirtując z subkulturą punk, nosiłem się na czarno, miałem ramoneskę i kilkunastocentymetrowe gwoździe na skórzanym pasku, znalezionym na Przystanku Woodstock. Na zewnątrz afiszowałem się z muzyką punk i industrial, a w domu pozwalałem sobie na słuchanie Britney Spears. Chcąc nie chcąc, ćwiczyłem się w rozdwajaniu jaźni. Jak w skrócie mógłbym się podsumować? *Crossdresser*? *Trans-gender*? *No-gender*? Nie wiem, mam problem z etykietami. Może po prostu gender?

Tak mnie nazwała starsza pani z klubu „Gazety Polskiej". Klub ten doświadczył w Łodzi dziwowiska – zorganizował spotkanie z ekonomistą Witoldem Kieżunem, a ja na to spotkanie przyszedłem w sukience. Ktoś mógłby pomyśleć, że to prowokacja, bo nie wie, że w sukienkach chodzę na co dzień, ale liczna publiczność zachowała się wzorowo – nie płonęły stosy, nikt nie ostrzył wideł – a wykład przebiegł w kulturalnej atmosferze. Wcześniej przed faktem dokonanym postawiłem kolegów i koleżanki z mojego miejsca pracy. Bez zapowiedzi przyszedłem do firmy w spódnicy i makijażu. Wtedy od miesiąca stopniowo wychodziłem z szafy – można mnie było spotkać w „damskich" ciuchach na ulicy czy na imprezie. Obawiałem się, że może to wpłynąć na życie zawodowe. Plotkami i domysłami można każdego utrącić. Wolałem tego uniknąć. Nie pracuję w organizacji pozarządowej ani w modzie, gdzie takim jak ja jest łatwiej, ale w przemyśle IT. Stereotyp programisty to niechlujny facet w obciachowym swetrze. Zwykle seksista i pożeracz pizzy. Okularnik. W praktyce jednak bywa różnie. Udało mi się radykalnie złamać tę kliszę. Ubierając się jak „dziewczyna", nastawiłem się na ciężki bój, na dziesiątki rozmów, „dywanik" u szefa – i nic. Żadnej agresji i fobii, szalejącej kołtunerii; sztucznych, ale rozdmuchanych obaw o wizerunek firmy. Spotkało mnie za to zainteresowanie i kilka ludzkich rozmów z kolegami. To samo w warzywniaku, księgarni, cukierni czy w sklepie elektronicznym. Nagle całe moje wyobrażenie o wyjściu z szafy legło w gruzach, bo przecież świat miał mnie pożreć, nakrzyczeć na mnie, wypchnąć poza nawias. A tu w pracy traktują mnie jakby się nic nie zmieniło, a w sklepach jestem po prostu klientem. Choć na ulicy bywa różnie, bo zdarza mi się usłyszeć, że jestem „pedałem". A jak ktoś woła „pedał", to chce obrazić. Niektórzy reagują śmiechem. Wiem, że dla ludzi facet w kiecce to UFO i muszą ten widok przetrawić, przepracować szok (czy wstręt) i staram się o to nie gniewać. Jeśli ktoś raz zawyje i nie jest nachalny – nie kruszę kopii o głupstwo.

Te perypetie uświadomiły mi, że ludzie niewiele wiedzą o osobach homoseksualnych, które przecież są wśród nich. A temat gender jest kompletnie poza ich zasięgiem. „Prawdziwy gej" to w powszechnym mniemaniu – na tyle na ile mogę uogólnić moje uliczne doświadczenie – mężczyzna ubierający się jak kobieta. Jeśli miałbym odtworzyć proces myślowy, prowadzący do takiego wniosku, wyglądałby mniej więcej tak: sądzi się, że w gejowskim związku podział ról jest taki jak wśród „normalnych" ludzi, a więc mamy odpowiednik mężczyzny i kobiety i tę kobietę (czyli tutaj faceta) kręcą kiecki. Pi razy oko razy drzwi.

Spódnica jest też symbolem sporu o gender. Ale w gender-awanturze, wbrew spiętrzonym pozorom, nie strzela się do kobiet. Kobieta pełni tu, jak często w naszej kulturze, rolę marginalną. Cały ten zgiełk wygląda na histeryczną obronę wzorca męskości, który zaciera się na naszych oczach. Jest zawziętym sporem w patriarchacie o patriarchacie. Sedno bełkotu księdza Oko wypełnia strach, że wkrótce modelowym mężczyzną – kanonem męskości – stanie się „pizda w rurkach" lub – co gorsza – „mięczak w sukience". A on z pewnością nie obroni nas przed Putinem. Nie wniesie lodówki na dziewiąte piętro. Naczelnym mitem, który pcha lud na barykady, jest przecież dęta historia o przebieraniu chłopców przedszkolaków w sukienki. Gender, w rozumieniu przypadkowych osób, to poniżanie chłopców przez zmuszanie ich do zakładania damskich atrybutów. Ale gdy pytam znajomych, czy równie poniżające jest noszenie spodni przez dziewczynki, nagle milkną.

Spódnica na męskich biodrach prowokuje podobne dyskusje. Prowokuje też namysł nad prowokacją. Przyjmuje się często w naszej kulturze, że ofiara gwałtu jest winowajcą. Jeśli kobieta nosi się nieodpowiednio, jak „dziwka", to zaprasza przestępcę. A jeśli mężczyzna ma na sobie makijaż, to prosi się, by obito mu łeb. W końcu „mógł się ubrać jak człowiek". Kiedy brałem udział „Żywej bibliotece", projekcie, w którym można wypożyczyć do rozmowy osoby wyróżniające się ze społeczeństwa – zwykle traktowane stereotypowo (lesbijka, gej, osoba czarnoskóra, niesłyszący, była narkomanka i tym podobni) – to właśnie przemoc względem mojej osoby, obok orientacji seksualnej, najbardziej frapowała pytających. Przypuszczam, że wiem co ludzie powiedzą, gdy stanie mi się krzywda.

Żyjąc w zgodzie ze sobą, łamię gender-schematy i chcąc nie chcąc, inni muszą się z tym konfrontować. To moja skromna robota polityczna. Noszę to, co nie jest „męskie". Zachowuję się „niemęsko", jeśli tego potrzebuję. Nie piję na umór dla samego picia i nie kręcą mnie samochody. Nie wstydzę się płakać i zwierzać z problemów, nawet w męskim gronie, w którym regułą jest maskowanie słabości. Bliskość między facetami jest podszyta homofobią – lepiej pielęgnować powierzchowność, by nie wzbudzać domysłów. W tych rzadkich momentach, gdy odrobinę bardziej szczerze rozmawiam ze współpracownikami – a są to faceci programiści, bo kobiet jest w tym zawodzie mało – i słyszę, że sporo z nas żyło lub żyje na antydepresantach, to taka rozmowa jest już w sobie sporym przekroczeniem norm. Nie trzeba zakładać spódnicy, by zderzyć się ze ścianą klaustrofobicznej klatki – pojemnika na „męskość" lub „kobiecość".

Żeby tego było mało, ponad tym podstawowym gender-schematem znajduje się szereg stereotypów o osobach łamiących schematy, które powielane są nieumyślnie nawet wśród ludzi otwartych i świadomych, aktywistów i aktywistek ruchu LGBTQ. Dlatego często muszę tłumaczyć, że mój wygląd nie oznacza, że z zawodu jestem fryzjerem – nie interesuję się modą, nie jestem artystą, nie chcę usunąć siusiaka, nie kręcą mnie faceci, nie działam w ruchu LGBTQ, a zamiast debat na polu kulturowym, wolę działanie społeczne. Poza etatową pracą programisty spędzam długie godziny, studiując ludową historię Polski, fascynuje mnie temat polskiego socjalizmu i rewolucji 1905 roku. Lubię pracę nad analizą fundamentów etosu i ideologii, lubię atmosferę demonstracji ulicznych, ale lubię też mieć dobry makijaż.

Poddanie pewnej części „męskości" nie oznacza całkowitego się jej wyzbycia: bawiłem się żołnierzykami i miałem zdarte kolana od gry w piłkę, ale chciałem też mieć lalkę Barbie. Niestety chłopczyk nie ma do niej prawa i nie znajdzie jej pod choinką. Zazdrościłem tego przywileju koleżankom. Bałem się reakcji otoczenia i wyrzucałem sobie, że mi – facetowi – podoba się zakazane. Nie nurtowało mnie wówczas pytanie, dlaczego wybór zabawki zależy od przypadku – od tego, czy rodzisz się z siusiakiem. Nie zastanawiałem się, dlaczego „niemęskie" oznacza gorsze, a nie po prostu – inne. Przyjmowałem, że tak musi być.

Dziś na szczęście żyję w zgodzie ze sobą, ale ta pozorna stabilizacja tylko namnożyła pytań. Synowi mojej koleżanki, sympatycznemu dziecku z wczesnej podstawówki, podobają się dziewczęce ubrania i chciałby mieć pomalowane paznokcie, ale co z tym fantem zrobić? Oboje z koleżanką pragniemy uczyć dzieci tolerancji i otwartości oraz wpoić im ducha wspólnoty. Chcemy, by w pełni realizowały swoje potrzeby. Sami jednak pamiętamy „dzicz szkolną", która wyklinała za byle odstępstwo – albo byliśmy jej ofiarami, albo sprawcami. Niełatwo takiej sytuacji uniknąć. Chłopczyk z Barbie zamiast żołnierzyków to idealny kandydat na szkolnego kozła ofiarnego. Czy powinniśmy pozwolić chłopcu na bycie sobą (i konfrontację z rówieśnikami), czy może szczerze powiedzieć, że świat jest zły, a w szkole można dostać w łeb, więc lepiej, żeby przebierał się w domu? Jak oszacować, które z tych rozwiązań wyrządzi dziecku większą krzywdę?

Moje przystosowanie do świata polegało na duszeniu się w czterech ścianach. Za kieszonkowe kupowałem ciuchy (odważyłem się na to dopiero w liceum), a czasem je kradłem (niestety – za co przepraszam koleżanki). Chowałem je przed rodzicami w pudełku pod ławą. Gdy miałem „powroty do normalności" (to wtedy wydawało mi się, że już **tylko** i **zawsze** podobać mi się będą męskie rzeczy) wywalałem zawartość tego pudła do osiedlowego kosza. Mijał miesiąc, dwa i znów chciałem być „inny", i ta huśtawka trwała kilkanaście lat. Od roku żyję w pełni i jest mi z tym dobrze (choć sporo ryzykuję) i mam oparcie w ludziach (to oni zafundowali mi Barbie na moje 30. urodziny). Wiem też, że wokół jest mnóstwo osób, których potrzeby nie zgadzają się z pozornie nieprzekraczalną normą. Ich życie jest sumą niepokoju, strachu i zaprzeczania. Nie zawsze pochodzą z lepszych rodzin, gdzie o zrozumienie jest łatwiej. Nie zawsze mają wyrozumiałych znajomych i często nie są na tyle silni, by zacisnąć zęby i być sobą nie tylko w domu. Zanim wpadniemy na pomysł, jak zmienić ten stan rzeczy – w tym naszym polskim „przedmurzu" – osoby takie jak ja muszą liczyć na cholerny fart, by nie oszaleć... i muszą mieć sporo forsy na kosmetyki.

Iwona Grzesik

MIESZKANEK WSI PODOPOLSKIEJ OBRAZ WŁASNY — STUDIUM PRZYPADKU

WIEŚ OPOLSKA, CZYLI JAKA?

Społeczeństwo, w którym przyszło nam żyć, faworyzuje mężczyzn, właśnie dlatego nazywamy je patriarchalnym. Sytuacja kobiet rysuje się dużo gorzej niż sytuacja mężczyzn, dlatego to one stanowić będą obiekt tych rozważań. Choć patriarchat dotyka w mniejszym bądź większym stopniu ogółu, jednak problemy poszczególnych osób są zdeterminowane przez warunki, w których żyją. Kobiety na wsi zmagają się z innymi trudnościami niż mieszkanki miast. Ważne zatem jest zarysowanie kontekstu. Te rozważania nie traktują o kwestii kobiecej na wsi w ogóle, lecz o kobiecie na wsi opolskiej, która jest wsią specyficzną.

Opolszczyzna jest regionem dość małym, a odległość między miastem wojewódzkim a najdalej położonymi miasteczkami i wsiami nie jest znacząca. Ponadto są to tereny dawniej przynależące do państwa niemieckiego, co ma tu niebywałe znaczenie. Znaczny odsetek ludności ma podwójne obywatelstwo, co pozwalało im i nadal pozwala na legalne zatrudnienie w Niemczech. Ma to odzwierciedlenie w sytuacji ekonomicznej rodzin: te, w których przynajmniej jedna z osób pracuje za granicą, osiągają wyższe dochody, co wyraźnie widać w elewacji domów i ich obejściu. (Warto zaznaczyć, że znakomita większość mieszkańców posiada domki jednorodzinne). Praca w Niemczech ma nie tylko konsekwencje ekonomiczne, ale również społeczne. Przede wszystkim skutkuje to czasowym rozbiciem rodzin. Zazwyczaj to mężczyźni wyjeżdżają, więc odpowiedzialność za dom i rodzinę spada na kobiety. Poza tym warto zauważyć, że dzisiejsza wieś opolska jest raczej sypialnią Opola niż wsią, jaką znamy z klasycznej literatury. Gospodarstwa rolne, dawniej podstawowe źródło dochodu, dziś należą do rzadkości, a te istniejące są duże i dobrze zmechanizowane.

PRACOWITY MĄŻ I WIERNA ŻONA

Małżeństwo, wbrew powszechnemu przekonaniu, nie jest motywowane tylko uczuciem miłości romantycznej. Czasami owo uczucie nie wystarczy. Wiedzą o tym nie tylko starsze kobiety, ale i młode mężatki. Kobiety, wbrew niektórym badaniom[1], najbardziej cenią w swych mężach pracowitość. Jest to cecha wymieniana najczęściej, bez względu na wiek, wykształcenie czy miejsce pochodzenia[2]. Jedna z kobiet stwierdziła wprost, że w mężu ceni najbardziej to, iż chodzi do pracy. Wśród najczęstszych odpowiedzi pojawiały się również odpowiedzialność i zaradność. Taka lista odpowiedzi dowodzi istnienia głęboko zakorzenionych w mentalności podziałów między kobietami a mężczyznami. To mężczyzna musi być silny, odpowiedzialny,

---

[1] I. Przybył, „Od zaręczyn do wesela". Okres przedmałżeński w środowisku wiejskim w świetle aktualnych badań, [w:] Miłość wierność i uczciwość na rozstajach współczesności. Kształty rodziny współczesnej, (red.) W. Muszyński, E. Sikora, Wydawnictwo Marszałek, Toruń 2008, s. 331.

[2] Badania i późniejsze cytaty pochodzą z mojej pracy licencjackiej Społeczne role kobiet – ciągłość i zmiana na przykładzie mieszkanek wsi zurbanizowanej napisanej pod kierunkiem dr Danuty Berlińskiej i obronionej w Instytucie Socjologii Uniwersytetu Opolskiego.

a przede wszystkim musi zarabiać na utrzymanie rodziny, a więc tradycyjny model małżeństwa jest w oczywisty sposób realizowany. Cechy wymienione przez kobiety obalają mit małżeństwa opartego na miłości romantycznej, a przywodzą na myśl teorię wymiany, w której małżeństwo jest transakcją. Kobiety oczekują, że mężczyzna będzie żywicielem rodziny, jej głową. Tak duża liczba odpowiedzi „pracowity" na pytanie o cenione cechy partnera nie jest przypadkowa. Mężczyzna funkcjonuje w świadomości kobiet jako ten, który ma obowiązek zapewnić byt rodzinie. One z kolei mają być wyrozumiałe, dyspozycyjne i szczere. Jest to czysta wymiana: kobieta w zamian za zabezpieczenie finansowe wspiera swego męża. Kobiety uważają także, że mężczyźni cenią w nich stałość uczuć i umiejętność scalania ogniska domowego. W cechach wymienianych przez kobiety kryje się również stereotyp ciepłej, kochającej żony, strażniczki ogniska domowego. W wyobrażeniu kobiet podział na role płciowe jest jasny, zgodny z modelem tradycyjnym. Mąż jest odpowiedzialny za ekonomiczny byt rodziny, a kobieta ma być empatyczna, powinna go wspierać i być zawsze do jego dyspozycji. Ma być tą, na której zawsze może polegać. Dopiero pytanie o cenione cechy odkrywa prawdziwe poglądy kobiet, ponieważ idea miłości romantycznej i pamięć o postulatach równouprawnienia przyczynia się do formułowania wypowiedzi zgodnie z obowiązującym dyskursem.

W kulturze europejskiej wciąż dominujący jest wzór małżeństwa opartego na miłości romantycznej. Małżeństwo musi być zawarte między dwójką szczerze kochających się ludzi i oparte na wzajemnym szacunku i odpowiedzialności za siebie. Podstawą więzi jest czysta relacja[3], dzięki której powstaje mał-

---

[3] A. Giddens, *Przemiany intymności. Seksualność, miłość i erotyzm we współczesnych społeczeństwach*, Wydawnictwo Naukowe PWN, Warszawa 2006.

żeństwo partnerskie. Stąd też ludzie niechętnie przyznają się do nierównego podziału władzy w rodzinie: niedopuszczalne jest, by z założenia w równym związku któraś ze stron była dominująca. A zazwyczaj to mężczyzna ma decydujący głos. Kobiety z upodobaniem znajdują usprawiedliwienia dla dominacji męża w związku, aby nie przyznać się do nierównej redystrybucji władzy w rodzinie, co oznaczałoby upadek mitu o demokratycznym małżeństwie. Kobiety godzą się na bycie metaforyczną szyją, oszukując się, że mimo wszystko one rządzą. Może faktycznie w sposób ukryty rządzą w niektórych rodzinach, ale przykre jest, że często muszą uciekać się do podstępów, aby w ogóle brano pod uwagę ich zdanie. Kobiety w procesie socjalizacji i edukacji nabierają wyobrażenia o sposobie pełnienia swojej roli i przyswajają zazwyczaj model tradycyjny. Jednak zdecydowana większość kobiet twierdzi, że wszelkie decyzje podejmuje razem z małżonkiem, są to ich wspólne wybory. Tylko jedna przyznała otwarcie, że to raczej mąż ma decydujące zdanie w większości spraw.

Chociaż większość par deklaruje wspólne podejmowanie decyzji, to jednak z uwzględnieniem płci. Mężczyźni decydują w sprawach kupna samochodu, remontu domu, prac przypisanych kulturowo mężczyznom, które wymagają większych nakładów finansowych. Natomiast kobiety decydują o zakupie sprzętów domowych, takich jak lodówka czy pralka. Biorąc po uwagę, że przestrzeń kuchenna jest przestrzenią kobiecą[4], nie dziwi fakt, iż mężczyźni nie wtrącają się w takie decyzje, uważając je za nieadekwatne do ich pozycji w domu. Kobiety bywają inicjatorkami różnych przedsięwzięć, ale to mężczyźni są kierownikami. Często gotowe są podporządkować się zdaniu swoich mężów lub

<hr>

[4] D. Duch-Krzystoszek, *Kto rządzi w rodzinie? Socjologiczna analiza relacji w małżeństwie*, Wydawnictwo IFiS PAN, Warszawa 2007, s. 74.

partnerów życiowych, co oznacza, że marzenia o egalitarnym małżeństwie pozostają mrzonką.

OD MATKI POLKI DO SUPERKOBIETY

Zderzenie tradycji z nowoczesnością przynosi różnorakie skutki dla mieszkańców wsi, szczególnie dla kobiet, gdyż są one nieco rozbite między tradycyjnym modelem Matki Polki[5] a wzorem „superkobiety", który tak usilnie kreują mass media. Motyw Matki Polki jest żywy i wykorzystywany do dziś, a szczególnie bliski jest tradycyjnemu modelowi rodziny, ponieważ zrzuca na barki kobiet odpowiedzialność za prowadzenie domu, za dzieci i męża, zaś na męża nakłada obowiązek zapewnienia bytu ekonomicznego rodzinie. Główną rolą kobiety jest wciąż rola matki. Kobiety doskonale zdają sobie sprawę z oczekiwań społeczeństwa (a właściwie mężczyzn) wobec nich. Są zobligowane do bycia matką i tej roli się poddają. Wiedzą, że to one mają za zadanie „scalanie ogniska domowego". To wciąż kobiety rezygnują z pracy zawodowej na rzecz wychowywania dzieci i prowadzenia domu. Praca na pełny etat jest rzadkością. Pozwolić sobie na nią mogą zazwyczaj kobiety, które wspomaga matka lub teściowa w kwestii opieki nad dziećmi, bowiem państwo nie gwarantuje miejsca w przedszkolu, a żłobki na wsi to wręcz luksus.

Matki Polki deklarują, iż nie zostają same z opieką nad dziećmi. Wprawdzie to one poświęcają swoją karierę dla dobra rodziny, ale twierdzą, że mężowie pomagają im w opiece nad

---

[5] Koncept Matki Polki często jest obecny w dyskursie publicznym i ma swą historię. Szczególnie gloryfikowana była ikona Matki Polki w romantyzmie, o czym świadczy twórczość wieszczów narodowych J. Słowackiego i A. Mickiewicza. A. Mickiewicz napisał wiersz pod znamiennym tytułem *Do matki Polki*, zaś listy J. Słowackiego słane do matki w latach 1830–1849, wydane zostały w 1987 roku nakładem wydawnictwa Ossolineum.

dziećmi. Niestety owa pomoc, wbrew deklaracjom, nie jest wcale taka wielka. Kobiety mają tendencję do uogólniania i usprawiedliwiania partnerów. Twierdzą, że ich mężowie robią w domu wszystko, jeżeli tylko mają czas. Jednak „wszystko" faktycznie oznacza nic, ponieważ mężczyźni nie mają czasu na wykonywanie czynności domowych, a nawet na zajmowanie się własnymi dziećmi. Posiadanie firmy czy też 8-godzinny dzień pracy skutecznie utrudnia im kontakt z dziećmi. Nieco więcej czasu spędzają z rodziną w weekend. To jest szansa na gry i zabawy oraz rozmowę z bliskimi. W ciągu tygodnia mężczyźni raczej nie zajmują się dziećmi. Ewentualnie wieczorem kładą pociechy do łóżek, bo tylko wtedy mają nieco czasu wolnego. Ojciec to wciąż wielki nieobecny w domu. Choroba dziecka jest równoznaczna z wzięciem wolnego w pracy przez matkę. Oczywiście dla kobiet niepracujących, poświęcających się rodzinie, zrozumiałe jest, iż to one pozostaną przy chorym dziecku. Kobiety pracujące są zmuszone do wzięcia urlopu i nie widzą żadnego problemu w tym, że to one biorą dni wolne. Próby negocjacji są tu zbędne, ponieważ podział ról jest, w tym przypadku, bezdyskusyjny. Kobiety zachowują się zgodnie z oczekiwaniami. Fakt pozostania z dzieckiem w czasie jego choroby jest dla nich oczywisty.

Superkobieta to bardziej wymagający wzór współczesnej kobiety oparty na ikonie Matki Polki. To idealna żona, wyrozumiała matka i wzorowa pracownica. Do osiągnięcia szczęścia konieczne jest spełnienie trzech warunków: małżeństwa, macierzyństwa i kariery. Wówczas kobieta może się czuć usatysfakcjonowana. Motto życiowe wielu kobiet brzmi: „Dzieci, mąż, praca, jest wszystko to, co ma być". Do tego dochodzi presja bycia doskonałą w każdym calu: od wyglądu po wykonywanie wszelkich obowiązków domowych. Oprócz pełnienia swoich tradycyjnych ról, kobieta jest zobligowana do robienia kariery zawodowej. Musi również świetnie wyglądać: idealny makijaż, cera bez skazy, wypielęgnowane dłonie i paznokcie oraz buty na wysokim obcasie. Obraz może trochę przerysowany, ale jak najbardziej pożądany zarówno przez mężczyzn, jak i przez kobiety. Kobiety zdają sobie sprawę ze znaczenia pracy zawodowej i chcą pracować. Niepracujące matki, poświęcające się opiece nad dziećmi, odczuwają wyraźny brak. Kobiety pochodzące z miasta, a mieszkające na wsi legitymują się zazwyczaj wykształceniem wyższym i niechętnie rezygnują z pracy zawodowej. Poświęcają się rzekomo dla dobra rodziny, jednak dla nich samych konsekwencje są przykre i dotkliwe. Kobiety niepracujące czują się niespełnione. Jedna z nich tak opisuje swoje doświadczenia: „Zostałam w domu i już straciłam kontakt z pracą. Nie wiedziałam, co nowego, zostałam z tyłu. Jeżeli chodzi o pracę zawodową, to czuję taką dziurę, odstawiona zostałam na boczny tor". Utrata pozycji była dla niej szczególnie dotkliwa, ponieważ miała wykształcenie wyższe techniczne i przed przeprowadzką na wieś i urodzeniem dzieci pracowała dwa lata. Kobiety silnie odczuwają brak pracy, między innymi dlatego, że tracą wówczas kontakt z ludźmi. Ich grono znajomych gwałtownie się kurczy, a i tematów do rozmowy jest coraz mniej. Mają poczucie zamknięcia w czterech ścianach i zdają sobie sprawę, że zostając w domu, nie mają szans na rozwój swoich zdolności i zainteresowań. W natłoku problemów życia codziennego nie myślą o podwyższaniu swoich kwalifikacji. Jako młode 30-letnie kobiety rezygnują z pracy dla dobra rodziny i rzadko później do niej wracają. Twierdzą, że dobro dziecka jest najważniejsze, a skoro mąż pracuje, to nie można „dzieci tak na samopas zostawić", [bo wtedy] „praca byłaby bezsensowna, bezcelowa". Kobiety poświęcają swoje ambicje na rzecz tradycyjnej rodziny, chcą, by dzieci miały zapewnioną opiekę i nieważne, że robią to ze szkodą dla siebie. Ponadto na podstawie przeprowadzonych badań można stwierdzić, że im bardziej kobieta jest religijna i praktykująca, tym skłonniejsza jest do poświęcenia swej kariery zawodowej dla męża i dzieci. Nie ma tu znaczenia pochodzenie (miasto czy wieś) ani wykształcenie, chociaż wyższe wykształcenie i możliwość zdobycia ciekawej pracy powodują większe poczucie wykluczenia i potęgują wrażenie braku samospełnienia u kobiet, które poświęciły swoją karierę dla rodziny.

KOBIETA PRACUJĄCA

Kobiety, bez względu na wiek i wykształcenie, pragną pracować, jednak często ich aspiracje i poziom wykształcenia nie jest zgodny z wykonywanym zawodem. Starają się nie skarżyć na warunki pracy, ale po dłuższej rozmowie wyczuwa się nutkę rozczarowania. Nie są to zajęcia na miarę ich ambicji i możliwości. Kobiety młodsze traktują swą pracę jako tymczasową, tak zwaną „na początek". Najczęściej posiadają wykształcenie wyższe i poszukują pracy zgodnej ze zdobytym zawodem. Są kreatywne i otwarte. Snują marzenia o założeniu pewnego dnia własnej działalności gospodarczej. Kobiety w średnim wieku lubią swoją pracę, ale irytuje je, iż jest to praca odtwórcza, która nie wymaga wyobraźni i umiejętności samodzielnego rozwiązywania problemów. Praca kobiet, które obecnie są na emeryturze, również nie była szczytem ich marzeń i możliwości, lecz miała swoje zalety. Kobiety nie musiały rezygnować z pracy zawodowej, aby zajmować się dziećmi. Panowało powszechne przyzwolenie na wcześniejsze zwolnienie się kobiet z pracy z powodu posiadania małego dziecka, a wzięcie dnia wolnego w wypadku nieoczekiwanej choroby potomka było normalną praktyką. Takie liberalne podejście do pracy kobiet i pozorne zrozumienie ich sytuacji wcale nie przekładało się na ich relacje w małżeństwie i rodzinie. Wbrew pozorom nie był to model małżeństwa partnerskiego, ale tradycyjnego. Kobiety wychowane w sposób tradycyjny powielały ten model w swoim małżeństwie, chociaż wydawałoby się, iż będą pragnęły egalitarnego związku, skoro posiadają wykształcenie wyższe.

Kobiety, bez względu na wiek i wykształcenie, cenią sobie w pracy kontakt z ludźmi, co potwierdza stereotypową tezę o ich większej empatii i gotowości do współpracy. Ich zarobki nie są wysokie i stanowią część wspólnego budżetu domowego, lecz kobiet to nie przeraża. Pracują, bo tego chcą i przynosi im to satysfakcję, aczkolwiek trudno nie zauważyć ich dużo gorszej pozycji na rynku pracy zarówno jeżeli chodzi o zarobki, które są zazwyczaj niższe od wynagrodzenia mężczyzn, jak i możliwości zdobycia ciekawej i rozwijającej pracy.

DRUGI ETAT

Współczesna kobieta mieszkająca na wsi nie ma dużo łatwiejszego życia niż jej matka czy babka. Chociaż posiada dom wyposażony w sprzęt, który pozwala oszczędzić jej energię i czas, to i tak wykonywanie większości prac domowych spoczywa na niej. I chociaż pralka wypierze, to ktoś musi pranie włożyć do automatu, ustawić program, a następnie wyciągnąć i rozwiesić, nie wspominając o poskładaniu, wyprasowaniu, schowaniu we właściwe miejsce. Jak dowodzą wyniki badań[6], to wciąż kobiety zajmują się domem. Mało tego, często usprawiedliwiają brak pomocy ze strony mężczyzn: „Mąż cały dzień pracuje, więc ciężko byłoby", [aby jeszcze angażował się w prowadzenie gospodarstwa domowego]. Mężczyzna pracuje, zarabia na utrzymanie rodziny, kobieta zaś pozostaje w domu i wykonuje prace nieod-

---

[6] Zob. D. Duch-Krzystoszek, *Kto rządzi w rodzinie? Socjologiczna analiza relacji w małżeństwie*, Wydawnictwo IFiS PAN, Warszawa 2007.

płatne. Mężczyzna cieszy się większym szacunkiem społecznym i zarabia pieniądze, które podnoszą jego status i uprawomocniają władzę. Kobiety niepracujące i będące na emeryturze same zajmują się domem: gotują, piorą, prasują, sprzątają. Natomiast młode, pracujące kobiety i panny, które mieszkają jeszcze z rodzicami, przyznają, że domem zajmują się głównie ich matki, co dowodzi ponad wszelką wątpliwość, że odpowiedzialność za prowadzenie domu spoczywa na kobietach, nigdy nie na mężczyznach. Kobiety zaznaczają, że ich mężowie zajmują się obejściem, ale już nie precyzują, co dokładnie wykonują. Stwierdzają tylko, że takie „męskie roboty". Jedna z młodszych respondentek tak opisuje pomoc i zaangażowanie ojca w prowadzenie domu: „Jeśli chodzi o przybicie, przykręcenie, coś takiego, to tak. Jeśli chodzi o zmywanie, zrobienie obiadu, to nie". Podział na prace stereotypowo męskie i kobiece jest nadal widoczny i głęboko zakorzeniony. Wiedząc, że bardziej pożądanym modelem małżeństwa jest małżeństwo partnerskie, w którym mocno podkreśla się równość stron oraz równy podział obowiązków domowych, kobiety nagminnie usprawiedliwiają mężów, którzy nie angażują się w prowadzenie domu. Tendencję taką mają szczególnie młode mężatki, które wychowane w świecie mass mediów znają popularyzowane wzory małżeństwa i nie chcą przyznać, że powielają stare wzorce, których zapewne same nie akceptowały, wyobrażając sobie swoje przyszłe życie. Dlatego tłumaczą mężów ich pracą zawodową: „Ja nawet nie chcę, żeby mąż mi pomagał. Bo on ma tyle swoich zajęć, że ja naprawdę nie chcę. (…) Wiadomo, facet musi zrobić męskie prace. (…) jak wyniesie śmieci, to starczy". Nie baczą na to, że same często chodzą do pracy i w rzeczywistości mają podwójny etat: w domu i w miejscu pracy zawodowej. Inna respondentka na pytanie o sposoby radzenia sobie w sytuacjach, kiedy mąż nie chce pomagać jej w domu odpowiada wprost: „Nie radzę sobie", ale zaraz dodaje, że „Mąż cały dzień pracuje(...)". Kobiety, które nie pracują, czują się zobowiązane do wykonania wszystkich prac w domu. Uważają to za naturalne. Muszą mieć poczucie, iż naprawdę mają istotny wkład w funkcjonowanie domu i rodziny, że nie są Baumanowskimi ludźmi zbędnymi. Na podstawie obserwacji prowadzonej podczas wywiadu można wywnioskować, że praca w domu, w opinii badanych kobiet, nie ma tej samej wartości, co praca zawodowa. Dlatego czują się w obowiązku perfekcyjnie wykonywać prace domowe i nie proszą mężów o pomoc. Dom jest ich przestrzenią, w której mają władzę, dlatego nie mogą się przyznać, że z czymś sobie nie radzą, nie mogą ryzykować utraty swojej pozycji. Najstarsza respondentka stwierdziła nawet, że „mężczyźni są od tych spraw wyższch" i otwarcie przyznała, że ona w swoim małżeństwie „ten podział tradycyjny kultywuje". Uzasadnione jest podejrzenie, że pozostałe kobiety, bez względu na wiek i wykształcenie, postępują podobnie, ale nie przyznają się do tego.

Fakt ten potwierdzają odpowiedzi na pytania dotyczące poproszenia męża o pomoc w pracach domowych. Kobiety z reguły deklarują, że nie ma z tym problemu, że mężowie chętnie pomagają. Rzeczywistość jednak najtrafniej obrazują słowa jednej z respondentek: „(...) Poproszę, to nawet sam chętnie zrobi". Okazuje się bowiem, iż mężczyźni pomagają, lecz po usilnych prośbach. Rzadkością jest, by mąż zrobił coś z własnej inicjatywy. Jedna jedyna kobieta przyznała, że raczej nie zajmowała się gospodarstwem domowym. Jej nieżyjący już mąż bardzo mocno angażował się w pracę w domu, toteż nie była ona zobligowana do samodzielnego prowadzenia domu, robili to wspólnie. Kobiety przyznają, że ich partnerzy pomagają im, gdy zaistnieje taka konieczność. Mąż pewnej 36-letniej kobiety jest z wykształcenia kucharzem i to on gotuje podczas większych uroczystości rodzinnych. Jednak na co dzień obowiązek ten jest przerzucany na barki kobiety. Gotowanie dla rodziny ma mniejszą renomę niż gotowanie dla gości. Przygotowywanie posiłków przez męża z okazji uroczystości podkreśla jego prestiż i wyjątkowość, a nie jest wyręczeniem żony. On wie, że zrobi to lepiej. Ponadto jest to doskonała okazja do zaprezentowania swoich umiejętności i zebrania wielu pochwał, nie tylko za kunszt kucharski, ale również za ofiarność i pomoc żonie. Dla mężczyzny jest to ważne, dlatego wzrasta ranga tej czynności, ale tylko w tym jednym, konkretnym momencie. Nazajutrz po uroczystości wszystko wróci do normy i przygotowanie posiłków znów zostanie zdewaluowane do zwykłej czynności domowej.

Największy optymizm w kwestii podziału prac domowych wykazują najmłodsze kobiety. Te, które jeszcze nie wstąpiły w związek małżeński, wierzą w partnerstwo w swym małżeństwie i właśnie taki model pragną realizować. Kobiety niezamężne deklarują, iż od swych przyszłych mężów będą oczekiwały równego podziału obowiązków domowych, nie chcą sytuacji, w której „(…) jeden pierze, gotuje, sprząta, a drugi przychodzi z pracy i kładzie nogi na stół. Także raczej wolałabym, żeby był podział, chociaż wiem, że to wymaga ciężkiej pracy". Widząc niesprawiedliwą redystrybucję prac domowych między małżonkami w swych domach rodzinnych, kobiety opowiadają się za bardziej egalitarnym podziałem obowiązków. Oczywiste dla nich jest, iż będą pracować zawodowo i siłą rzeczy nie będą w stanie samodzielnie zająć się domem. Nie chcą, aby dbałość o dom była tylko ich domeną. Skoro oboje z mężem będą pracować, to i równo dzielić się będą pracami domowymi. Widać zatem wyraźnie egalitarystyczne tendencje wśród młodych mieszkanek wsi. Warto podkreślić, że coraz większa liczba kobiet mieszkających na wsi legitymuje się wykształceniem wyższym, co może skutkować większym stopniem ich uświadomienia i wrażliwością na niesprawiedliwość społeczną.

PORAŻKI I SUKCESY SUPERKOBIETY

Na pierwszy rzut oka kobietom na podopolskiej wsi niczego nie brakuje: ładny domek z wypielęgnowanym ogrodem, śliczne dzieci i zadowolony mąż, a jednak... Zasadniczo kobietom żyje się dobrze pod względem ekonomicznym, lecz bardzo szybko wychodzi na jaw ich fatalizm i pasywność. Ogólny poziom zadowolenia kobiet z własnego życia można było wywnioskować z odpowiedzi dotyczących poczucia szczęścia w życiu, satysfakcji i planów na przyszłość. Najstarsze kobiety już niewiele oczekują od życia. Pragną jedynie spokoju przy boku męża i od czasu do czasu spotkań przy kawie z koleżankami, przy okazji zebrań Caritasu. Nieco młodsze kobiety żałują niektórych swych decyzji życiowych. Listę nietrafnych wyborów otwiera mąż. Jedna z respondentek na pytanie, co zmieniłaby w swym życiu, wprawdzie ze śmiechem na ustach, ale bez wahania, odpowiedziała, że męża. Na nietrafnym doborze małżonka jednak się nie kończy. Kobiety żałują, że nie zdecydowały się kontynuować edukacji. Obecnie dostrzegają swe braki w wykształceniu, jednak będąc już grubo po 40. roku życia, nie mogą się zdobyć na decyzję o kontynuowaniu nauki. Młodsze kobiety (przed 30. rokiem życia) mają jeszcze nadzieję na rozpoczęcie studiów, a następnie znalezienie satysfakcjonującej je pracy. Kobiety w średnim wieku, niepracujące, których dzieci są już właściwie samodzielne, najbardziej odczuwają brak pracy. Mają poczucie bezsensu i niespełnienia, ponieważ spędzają większość czasu w domu, często same, gdyż mąż przebywa za granicą lub w pracy, a dzieci w szkole. Starają się nie narzekać wprost, ale nastroje nie są zbyt optymistyczne. Kolejnym powodem do niezadowolenia jest praca, a właściwie jej brak. Brak stałego zatrudnienia zasadniczo wpływa na poziom zadowolenia z życia wśród respondentek. Chociażby wszystkie inne aspekty życia były satysfakcjonujące, to brak pracy pogarsza samopoczucie kobietom, mimo iż starały się heroicznie zapewnić szczęście swej rodzinie kosztem swych własnych potrzeb. Szczególnie widoczne jest to na przykładzie obecnie już 51-letniej kobiety, która poświęciła swą karierę dla rodziny i teraz na pytanie o poziom zadowolenia z życia odpowiada: „Trudno powiedzieć. Bo z racji ilości dzieci zostałam w domu i skazana zostałam na zdewaluowanie mojego zawodu, wykształcenia". Kobieta ta odznaczała się bardzo dużym zaangażowaniem w praktyki religijne i z pewnością fakt ten nie był bez znaczenia dla kształtowania się jej postawy.

Na większy zakres władzy w rodzinie i swobodę w decydowaniu o sobie wpływa praca zarobkowa. Kobiety niepracujące właściwie nie mają pieniędzy do swojej dyspozycji i są uzależnione od mężów pod każdym względem. Jednocześnie niechętnie przyznają się do braku własnych funduszy. Wolą mówić oględnie, iż mają z mężem wspólny budżet, chociaż w rzeczywistości wszystkie wydatki są konsultowane i niewyobrażalne jest spontaniczne wydanie pieniędzy. Kobiety pracujące również twierdzą, iż w ich domu budżet jest wspólny i wszelkie wydatki są uzgadniane miedzy małżonkami. W małżeństwach posiadających dzieci na utrzymaniu większość wydatków to wydatki na dzieci. Małżonkowie nie myślą o swoich potrzebach, ale bardziej skupiają się na dzieciach. Jest to zjawisko zgodne z obecnymi trendami. Rodzice za konieczne uważają zapewnienie dziecku kapitału społecznego, kulturowego i ekonomicznego. Liczy się jakość dzieci, a nie ich ilość. Kobiety raczej nie są rozrzutne, biorą pod uwagę sytuację materialną rodziny i liczą się z każdą złotówką. Spośród wszystkich respondentek tylko jedna kobieta przyznała, że jej pensja była jej kieszonkowym i mogła z nią zrobić, co chciała i tak zostało do dzisiaj. Reszta kobiet nie miała takiej swobody w dysponowaniu pieniędzmi, nie wspominając już o kobietach niepracujących.

Kobiety niechętne są zmianom. Wiedzą, że sytuacja zawsze może ulec pogorszeniu, dlatego „(...) trzeba się cieszyć z tego, jak jest". Wprawdzie może być i lepiej, ale wolą nie ryzykować, bo jeśli się nie uda, to stracą nawet to, co już posiadają. Nie chcą żadnych drastycznych zmian. Ich marzenia to po prostu wyjazd na wakacje, najlepiej za granicę. Nie mają one wygórowanych oczekiwań wobec życia. Jedna z bardziej pesymistycznie nastawionych do życia kobiet stwierdziła po prostu, że „(...) szczęście to jest chwila. Bywam szczęśliwa". I chyba większość kobiet myśli podobnie. Prawdziwym szczęściem w życiu kobiet są dzieci. Ani jedna kobieta nie narzekała na swe pociechy. Macierzyństwo przynosi kobietom ogromną satysfakcję. Bycie matką jest dla nich główną rolą społeczną i być może dlatego tak powszechnie zgadzają się na realizowanie tradycyjnego modelu rodziny, mimo iż same na tym tracą. Sam fakt bycia matką wnosi tyle pozytywnych doznań w ich życiu, że potrafią zapomnieć o karierze i poświęcić się macierzyństwu. Bycie matką musi być dla nich naprawdę niesamowitym przeżyciem, skoro wiedzą, iż status gospodyni domowej nie cieszy się prestiżem społecznym, a mimo to decydują się na tradycyjny sposób realizacji swojej roli.

FEMINIZM TO NIE JEST PALENIE STANIKÓW.
TO NIE JEST NIENAWIŚĆ DO MĘŻCZYZN
ANI PRÓBA UPODOBNIENIA SIĘ DO NICH.

FEMINIZM TO WOLNOŚĆ WYBORU
TEGO, KIM CHCĘ BYĆ I CO ZROBIĆ ZE SWOIM ŻYCIEM.
TO NIE WSTYD DOMAGAĆ SIĘ SZACUNKU.

KICIPUTEK.BLOGSPOT.COM

NA PEWNO SĄ JESCZE NA ŚWIECIE LUDZIE, KTÓRZY UNIKAJĄ BEZSENSOWNYCH KONFLIKTÓW, NIE WDAJĄ SIĘ W IDEOLOGICZNE DYSKUSJE, POTRAFIĄ PO PROSTU ZAMKNĄĆ SIĘ I ROBIĆ SWOJE...

... ALE KICIPUTEK NIE JEST JEDNYM Z NICH.

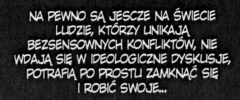

OBCZAJ FAKT, ŻE FEMINISTKI TO BANDA SFRUSTROWANYCH LASEK, KTÓRYCH ŻADEN FACET NIE CHCE ZALICZYĆ I TYLE. JAK IM TAK ŹLE TO DO KOPALNI WĘGIEL PRZERZUCAĆ, HEHE, CHCIAŁBYM TO ZOBACZYĆ.

...

PRZEPRASZAM, ŻE PRZESZKADZAM, ALE BYĆ MOŻE BĘDĄ PANOWIE ZAINTERESOWANI TYMI MATERIAŁAMI NA TEMAT PRACY KOBIET W KOPALNIACH NA TERENIE POLSKI W OKRESIE OD PIERWSZEJ POŁOWY DZIEWIĘTNASTEGO WIEKU PO LATA OBECNE.

KICIPUTEK.BLOGSPOT.COM

ANKIETA: MOJE ŻYCIE
Z GENDER

Wybranym postaciom życia publicznego zadaliśmy pytanie o ich doświadczenie z gender: kiedy i w jaki sposób zdali sobie sprawę z nierównego traktowania płci oraz jak to wpłynęło na ich życie. Poniżej prezentujemy odpowiedzi.

MAREK BALICKI, LEKARZ

Grupą nieustannie doświadczającą nierówności są pielęgniarki. Związane jest to z tradycyjną, służebną rolą kobiet w życiu społecznym. Dyskryminacja ich jest zjawiskiem ciągłym i w tym zawodzie trwa do dziś. Począwszy od samej jego historii, aż po obecny, lekceważący stosunek do ich pracy. Nie da się nie zauważyć traktowania kobiet na tym stanowisku przez pryzmat pomocy, a nie profesjonalizmu. Zawód lekarza/lekarki, w którym zawsze było więcej mężczyzn niż kobiet jest traktowany zgoła odmiennie od zawodu pielęgniarza/pielęgniarki, wśród których przeważającą liczbę stanowią kobiety. Ci zaś mężczyźni, którzy zdecydują się zostać pielęgniarzami, przez wykonywanie „kobiecego" zawodu są traktowani gorzej, aniżeli w sytuacji, gdyby wykonywali inną pracę. Po prostu: są traktowani tak jak kobiety.

SEWERYN BLUMSZTAJN, PUBLICYSTA

Fakt, że kobiety są traktowane inaczej niż mężczyźni, wydaje mi się tak oczywisty, że nie jestem w stanie sobie przypomnieć, kiedy do takiego wniosku mogłem dojść. Kobiety przez płeć kulturową są pokrzywdzone w najróżniejszych sytuacjach. Tak było od zawsze. Cały system ról społecznych jest tak urządzony, że kobiety uznawane są za głupsze, traktowane jak obiekty seksualne, a nie partnerki społeczne. Byłem w harcerstwie u Jacka Kuronia i tam po raz pierwszy miałem do czynienia z działaniami zacierającymi tę nierówność. Przykładano dużą wagę do tego, by nie tworzyć podgrup, rozmów „między nami chłopakami". Nie dopuszczano możliwości działań, które akcentowałyby seksualność. Mimo to, wedle panującego tam Prawa Najmniejszego, pierwszeństwo miały małe dziewczynki, potem mali chłopcy, większe dziewczynki i więksi chłopcy. Kobiety były traktowane jak słabsze, ale nie wiązało się to z żadną dyskryminacją.

IZABELA CYWIŃSKA, REŻYSERKA

Mało było kobiet reżyserów w czasie, kiedy pierwszy raz zdawałam egzamin do szkoły teatralnej. To było bardzo dawno, był rok 1960, do egzaminu przystępowałam sama jedna i czternastu panów. Za pierwszym razem nie zdałam. Dopiero za trzecim. Tymczasem chodziłam na zajęcia jako wolny słuchacz. Przede mną skończyła szkołę Olga Lipińska, po mnie Helena Kaut. Byłyśmy trzy osamotnione w tym zmaskulinizowanym świecie. Jak to: baba reżyser? Ciągle pytano mnie, jak sobie daję radę, jak się czuję w tej roli? Problemy były nie tylko w szkole. Kiedy już dostałam absolutorium, poznałam, co to jest bezrobocie. Nie mogłam znaleźć teatru, który chciałby, żeby w jego zespole robiła dyplom baba! Baba? Nie! Pomógł mi Romek Kłosowski. Kolega z roku. Jakoś z kumplem to załatwił i pojechałam reżyserować do Białegostoku. Potem już było łatwiej. Baba, swoim wdziękiem, jeśli go ma, może załatwić dużo, bo o wszystkim dookoła decydują przecież panowie. Ale to już nie reżysera-profesjonalisty zasługa, tylko kobiety.

LUCYNA DARGIEWICZ, PRZEWODNICZĄCA ZARZĄDU KRAJOWEGO OZZPIP

Przez całe życie byłam wychowywana w duchu równości. W dzieciństwie prace domowe wykonywałyśmy z siostrą razem z braćmi, nie dzieląc ich na „damskie" i „męskie". W życiu dorosłym wszystkie obowiązki dzieliliśmy z mężem zgodnie, domem opiekowaliśmy się wspólnie, obydwoje zajmowaliśmy się także dziećmi. Zabawną była reakcja na to mojego ojca. Kiedy zobaczył, że mąż przewija pieluchę był ogromnie zaskoczony. Facet? Do pieluch? Coś nie tak. Zdziwienie nie miało końca. Ojciec tylko raz w życiu musiał zmierzyć się z niemowlęcą kupą i tetrą. Myślę, że ten problem dotyczy już tylko poprzednich pokoleń. W swoim domu nigdy go nie doświadczyłam.

ANNA GRODZKA, POSŁANKA

Dla osoby takiej jak ja, która już jako dziecko źle czuła się z płcią przydzieloną przez otoczenie i prawo, świadomość płci – często dramatycznie bolesna świadomość – jest czymś, co formatuje całe moje życie.

Płeć ma w moim najgłębszym przekonaniu podłoże biologiczne i wrodzone. Nie należy tego rozumieć tak prymitywnie, jak czynią to niektórzy „ideologowie gender", robiący polityczny hałas w ślad za listem noworocznym polskich biskupów, którzy nie odróżniają płci od rodzaju genitaliów albo chromosomalnego planu. Płeć człowieka, jak wszystko czym jest człowiek – jego psychika, ma swoje źródło w biologii, w ciele – wszak nie wierzę w żadne duchy ani gusła. Ale ma też swój aspekt psychiczny i aspekt społeczny. Moje doświadczenie i doświadczenia każdej osoby, której płeć psychiczna – tożsamość psychiczna – jest niespójna z drugorzędowymi znamionami płci cielesnej, jest niezmiernie bolesna. Spójność i harmonia, tak jak logika rozumowania, to cecha każdego żywego organizmu, a w szczególności człowieka, bez której nie da się funkcjonować normalnie. Większość ludzi nie czuje tego problemu, bo go nie może dostrzec. Czują się po prostu sobą. Ale ci, których los dotknął taką niespójnością, żyją w wielkim dyskomforcie do czasu, kiedy nie uda im się przywrócić przyrodzonej i naturalnej dla każdego człowieka harmonii. Nauka nie jest w stanie, bez wielkiej szkody dla zdrowia psychicznego człowieka, zmienić jego psychicznej i płciowej tożsamości. Nie zmieni osobowości. Myślę, że nigdy nie będzie w stanie bez szkody dla człowieka tego zrobić. Jedyna szansa na powrót osoby transpłciowej do „normalnego" stanu harmonii, to korekta społecznego wizerunku płciowego danej osoby, w tym także płci prawnej. Aby dokonać społecznej transformacji wizerunku płciowego, potrzebna bywa czasem także korekta znamion płci cielesnej. Wszak w tym zakresie określa nas nie tylko dokument osobisty, wizerunek płciowy, ale i płciowe cechy cielesne.

I to właśnie mi się przydarzyło.

Całe swoje życie czułam się psychicznie związana z kobiecością. Utożsamiałam się z kobietami. Tymi, które znałam. Filmowymi i książkowymi bohaterkami. Zawsze czułam się z nimi. Nie rozumiałam męskiej buty. Współczułam empatycznie z kobietami, może nawet przesadnie. Dostrzegałam, że kobiety nie są traktowane w naszym społeczeństwie na równi z mężczyznami. Czułam tę niesprawiedliwość, czasem złość, że tak jest. A jednocześnie przez większość mojego życia grałam rolę mężczyzny. Nawet przyznam, czasem korzystałam z uprzywilejowanej pozycji. No cóż! *Nobody is perfect*. W ten sposób poznałam męski świat. Ich sposób myślenia. Męskie stereotypy. Ale znałam też, bardziej chyba niż przeciętny mężczyzna, świat kobiet. Kobiece motywacje, sposób myślenia, kobiece emocje. Przenikałam przez te światy.

Dziś czuję się szczęśliwa. Jestem wreszcie sobą. I może właśnie dlatego, że jako „kobiecy szpieg" przeniknęłam świat mężczyzn, przeniknęłam może w niektórych aspektach bardziej niż niejedna kobieta, jestem po stronie kobiet.

JOLANTA FEDAK, POLITYCZKA

Za niesprawiedliwe uważam ocenianie kobiet w polityce nie tylko na podstawie ich kompetencji, ale przede wszystkim na podstawie urody. Gdy kobieta jest ładna, często traktowana jest lekceważąco, gdy brzydka wręcz z pogardą. Dobrej sytuacji tu nie ma.

Osobiście nie doświadczyłam szczególnej dyskryminacji na własnej skórze, ale pamiętam, że kiedy jedna z gazet mnie krytykowała, zawsze zamieszczała, przy okazji, moje wyjątkowo niekorzystne zdjęcie. Miałam wrażenie, że wzmacnia tym sposobem niechęć do mnie. Mężczyźni zwykle nie mają takich problemów. Nikt ich raczej za urodę lub jej brak nie krytykuje.

KRYSTYNA KOFTA, PISARKA

Pisanie jest czynnością intymną. Prawie jak seks. Nie wszyscy lubią uprawiać go przy świadkach. Nie możesz pozwalać na to, by ktokolwiek stał za tobą i podpatrywał, co piszesz. Chodzi po prostu o własne miejsce, swój kawałek podłogi z biurkiem do pisania albo do siedzenia z laptopem na kolanach. Nie miałam nic z tego przez kilkanaście lat. Pisałam, jak się dało, nie narzekałam, dopóki wszystkim było ciężko. Wreszcie, gdy warunki się poprawiły, postanowiłam rozpocząć walkę o pokój. Rodzina nie chciała przyjąć, że w dużym pokoju można zrobić sypialnię, dzięki czemu ja zyskałabym własny pokój do pracy. Znajome kobiety nie dawały mi wsparcia. Uważały, że to okropny pomysł. Nie możesz pracować w salonie? Salonem nazywały wspólny pokój. Przecież napisałaś tu już książkę – mówiły. Po dwóch latach powiedziałam: dość. Albo – albo. Jeśli nie szanujecie mojej pracy, odejdę. I stało się – zyskałam własny pokój, cztery białe ściany, biały sufit i drewniana podłoga.

Esej Virginii Woolf pod tytułem *Własny pokój* po raz pierwszy ukazał się w 1929 roku w Anglii, po tym jak parlament angielski przyznał kobietom prawa wyborcze. Do mnie dotarł dość późno, bo dopiero w 2002 roku, lecz wcale nie okazał się ramotą, jest wciąż bardzo ważny. Woolf kierowała go do kobiet z „warstw oświeconych". Od czasów Virginii kobiety zyskały wiele praw, wydawać by się mogło, że bardzo wiele, a jednak ciągle większość z nas pozostaje w zamkniętym kręgu okrągłego pokoju ze szklanym sufitem. To jest pokój, w jakim przebywają „oświecone kobiety", nawet te, które wybiły się na niepodległość. Jeśli uzależnione są od władzy mężczyzn, a są, widzą przez szkło sufitu bardzo dobrze czujących się ze sobą polityków, szefów koncernów, firm, biur, którym nie podoba się parytet, którzy wmawiają nam, że parytet kobiety upokarza, celuje w naszą godność, słyszę, że udało im się to wmówić niektórym z nas, te kobiety – satelitki mężczyzn – chodzą po mediach i głoszą swoją mantrę: ja nigdy nie spotkałam się z dyskryminacją... ja zawsze sobie radziłam... I co z tego, pytam, że ty sobie radziłaś, egoistko? Dlaczego chcesz, żeby inne miały gorzej niż ty? A faceci mówią: macie własny pokój i siedźcie sobie w nim, najlepiej z dzieciakami i nie pchajcie się do nas, wyżej. Masz przecież swój uroczy, bardzo kobiecy pokoik, różowy buduarek dla Barbie, królestwo laleczki czekającej na Kena. Mówię im, cytując ich, posługując się takim językiem, jakim oni się komunikują, jaki rozumieją: Pieprzcie się k... z waszym widzeniem naszej kobiecości, tej która ma złagodzić politykę, pieprzcie się z waszymi uległymi polityczkami, satelitkami, rzeczniczkami, które mają za zadanie mało się odzywać, niewiele robić w polityce, mają zamykać nam usta.

HENRYKA KRZYWONOS, DZIAŁACZKA OPOZYCJI

To, że nie jesteśmy tak samo traktowani przez społeczeństwo, odczułam, kiedy byłam motorniczką. Wykonując tę samą pracę co mężczyźni, zarabiałam mniej. Tylko dlatego, że jestem kobietą. Kiedyś nie rozmawiało się z szefostwem na temat nierównej wysokości wynagrodzenia mężczyzn i kobiet. Nie było dyskusji. Dostawałam polecenie, by wsiąść do tramwaju i jechać dalej. I na tym kończyła się sprawa. Jakiekolwiek kwestionowanie zastanego stanu rzeczy kończyło się zwolnieniem z pracy. Żyliśmy w innych warunkach niż teraz. Żaden z pracujących mężczyzn nie widział w tym problemu. Gdyby trafiło na mnie i mężczyzna na tym samym stanowisku byłby gorzej traktowany, stanęłabym za nim. Niestety ja ze strony mężczyzn takiego wsparcia nie otrzymałam.

ŁUKASZ NOWICKI, AKTOR

Jestem ogromnym przeciwnikiem zmuszania kogokolwiek do czegokolwiek. Jeśli ktoś ma ochotę żyć według starych patriarchalnych zasad i nikomu przy tym nie przeszkadza, to nie widzę powodów, aby mu tego zabraniać. Wobec powyższego kompletnym absurdem wydaje mi się obecna sytuacja na oddziałach położniczych. Kiedyś, gdy kobieta zachodziła w ciążę, parę zmuszano do ślubu. Teraz nie ma już takiego obowiązku. Jeśli jednak mężczyzna nie chce asystować przy porodzie, bo boi się krwi, bo nie lubi, bo to kulturowo jemu lub żonie nie odpowiada, to zostaje napiętnowany środowiskowo. To typowe na całym świecie. Zmiany na tak zwane „lepsze" w pewnym momencie stają się kanonem, a funkcjonowanie według starych zasad staje się powodem napiętnowania.

WIKTOR OSIATYŃSKI, PISARZ I WYKŁADOWCA AKADEMICKI

Kiedy moja córka miała 10 lat, zrobiła mi potworną awanturę o to, że używam epitetów, z których wszystkie są rodzaju żeńskiego na przykład dupa, cipa, cholera. Pytała mnie: Jak możesz?! Jak śmiesz?! Byłem zszokowany, bo zdałem sobie sprawę z tego, że ogromna ilość słów, którymi chce się kogoś urazić, ma rodzaj żeński. Nie mówiłem: chuj czy dupek. Przeważającą liczbą wulgaryzmów w moich wypowiedziach były te rodzaju żeńskiego. I używałem ich przez całe życie. Nigdy o tym nie myślałem, bo było to dla mnie naturalne. W rzeczywistości spowodowane jednak tym, co odziedziczyłem i tym, czym przez całe życie nasiąknąłem, czyli właśnie gender.

JÓZEF PINIOR, POLITYK

Z sytuacji kobiet w Polsce w całej brutalności zdałem sobie sprawę po legalizacji związku zawodowego Solidarność w 1989 roku. W tamtym czasie zaczęła działać w związku Komisja Kobiet Solidarności. Ten rewelacyjny pomysł wyłonił się w gronie działaczek podziemnych Solidarności. Kobiet, z którymi blisko współpracowałem. W stanie wojennym płaciły one ogromną cenę za działalność związkową: szły do więzienia, były internowane, wyrzucane z pracy, szykanowane. Ponadto spoczywał na nich ciężar zajmowania się dziećmi i opieki nad domem. To były wyjątkowo ofiarne przywódczynie Solidarności. Nie tylko łączniczki czy asystentki, nie dziewczyny do lubienia czy kochania, ale liderki. W ich gronie pojawił się pomysł powstania komisji. Takiej, która zajmowałaby się problemami kobiet: w zakładach pracy, w życiu społecznym i obywatelskim. Miały bardzo duże kontakty za granicą, z organizacjami, które pomagały nam, gdy prowadzona była podziemna działalność. Szokiem było dla mnie to, jak ta komisja została zniszczona w demokratycznej Polsce. Poprzez działania biurokratyczne była skutecznie marginalizowana w związku zawodowym Solidarność. Wtedy po raz pierwszy do mnie dotarło to, co się stało. W podziemiu kobiety były na pierwszej linii walki, często płacąc za swój opór i działalność związkową najwyższą cenę. W wolnej Polsce zostały za to ukarane. Robiono wszystko, aby działalność kobiet ograniczyć i podporządkować, a tę komisję zdegradować i zniszczyć.

JERZY SOSNOWSKI, DZIENNIKARZ I PISARZ

Nie chodziłem do przedszkola, bo z moimi rodzicami mieszkała mama mojej mamy i to ona się mną opiekowała pod ich nieobecność. Jednym z jej ulubionych zajęć było robienie na drutach. Zawsze się temu bardzo uważnie przyglądałem. Niesamowite wrażenie robił na mnie fakt, że jak się macha tymi pałeczkami, to takie fajne rzeczy wychodzą. Babcia zauważyła moją ciekawość i zaczęła mi pokazywać, jak się to robi. Niestety pewnego dnia rodzice wrócili wcześniej z pracy; moja mama, zobaczywszy czym się zajmuję, powiedziała babci czule (bo się bardzo kochały), ale stanowczo, że sobie tego nie życzy. Podobnie zareagowała, kiedy babcia zaczęła uczyć mnie podstaw gotowania – bo „mężczyzna nie jest od tego". I w ten sposób gotować zacząłem dopiero po czterdziestce (zresztą bardzo to lubię). Natomiast sztuki robienia na drutach nie opanowałem.

MACIEJ STUHR, AKTOR

Powiem to wprost: jedną z moich ulubionych zabawek w dzieciństwie była… lalka. I nie była ona autorstwa Bolesława Prusa. Ani nawet Aleksandra Głowackiego. To była lalka autorstwa bliżej nieznanego, o brązowej cerze, złotych lokach, niebieskich oczach, które zamykały się w pozycji poziomej, i spastycznych kończynach. Dziś ta wiadomość nie zrobi na nikim żadnego wrażenia, ale lalkę tę można było rozbierać i ubierać. A ponieważ lalka była raczej płci żeńskiej, była to pierwsza kobieta, którą rozbierałem. Z zapamiętaniem. A nie było to oczywiste, ponieważ lalka miała tylko jedno ubranko. Nie to, co lalka Barbie. Nie. To była nasza, polska, ludowa Lalka-O-Jednym-Ubranku. I tu na arenę mojej opowieści wkracza moja Babcia, która metodą typu „szydełko" wyposażyła moją faworytę w cały arsenał *haute couture*. Spódniczki, sukieneczki, żakieciki, berecik, sweterek, a nawet skarpetki, rajtki i płaszczyk. Co tydzień nowy ciuszek. Chyba jedynie dzięki niezwykłej urodzie tej lalki w pięknych ubrankach zostałem zatwardziałym i zdeklarowanym heteroseksualistą.

Sięgając do wspomnień trochę bardziej serio, muszę przytoczyć tu myśl małego Maciusia, który cieszył się, że jest mężczyzną. Dziś zastanawiam się, z czego wynikało to zadowolenie. Czy tylko z akceptacji tego, kim jestem? A może było to coś więcej? Tak, myślę, że było to coś więcej. Myślę, że jako małe dziecko sprytnie zauważyłem, że w tym społeczeństwie, w tej kulturze chyba trochę wygodniej mieć siusiaka. Trzeba jednak zaznaczyć, że była to inna epoka. Dziś na szczęście, mam wrażenie, sprawy mają się trochę inaczej i trochę lepiej.

Pamiętam też, że we wczesnym dzieciństwie postanowiłem sobie, że mojej kobiecie nigdy nie pozwolę się poczuć przysłowiową kurą domową. Nie wiedziałem jeszcze, że nadejdzie nowa epoka, w której role płci się zaczną zmieniać, ale czułem jednak, nawet jako kilku-, kilkunastoletni chłopak, że musi do tego dojść. Byłem więc kimś w rodzaju Nostradamusa Gender, że tak powiem.

Ale co będzie dalej, już nie umiem tak łatwo przewidzieć. Mam wrażenie, że jesteśmy dopiero na początku tej rewolucji. I jeszcze nie wiemy, dokąd zmierzamy. Ale jestem dziwnie spokojny. Bo zawsze zmiany będą podszyte chęcią podobania się wszystkim, bądź chociażby jednej obcej płci. A to gwarantuje nam, że mimo wszelakich rewolucji, niewiele się zmieni w sprawach generalnych.

KRZYSZTOF TOMASIK, PISARZ

Mam całkiem niezłą pamięć, ale nie jestem w stanie sobie przypomnieć, kiedy i w jakich okolicznościach po raz pierwszy zetknąłem się z terminem „gender". Podobnie jest z feminizmem, mam wrażenie, że od zawsze byłem feministą i popierałem postulaty ruchu. Pewnie w większym stopniu była to kwestia odruchów i empatii niż poglądów, na przykład bardzo szybko, właściwie intuicyjnie, poczułem, że aborcja jest też moim tematem. Świetnie zdawałem sobie sprawę, na czym polegają tradycyjne wymagania związane z daną płcią, bo jednym z koszmarów mojego dzieciństwa były oczekiwania, co powinienem robić i jak zachowywać się jako chłopiec. Problem z tym, że wszystkie zajęcia i zainteresowania uznawane za odpowiednie dla mnie były koszmarnie nudne. Poza tym miałem siostrę, a to też był świetny barometr pokazujący różnicę w podejściu do wychowania w zależności od płci.

W połowie lat 90. byłem nastolatkiem, oglądałem mnóstwo filmów, sporo czytałem, ale nie miałem dostępu do niczego związanego z feminizmem. W Krakowie wychodziło pismo „Pełnym Głosem", ale o tym nie wiedziałem, pewnie byłoby zresztą dla mnie zbyt hermetyczne. W efekcie jedynym miejscem uwzględniającym perspektywę feministyczną były dla mnie felietony Małgorzaty Domagalik publikowane we „Wprost", które namiętnie czytywałem. Pamiętam swoje wyrzuty sumienia, że zamiast uczyć się do matury, poświęciłem cały dzień na lekturę książki *Harpie, piranie, anioły*, wywiadu rzeki Domagalik i Krystyny Kofty, która właśnie wtedy ukazała się na rynku. Potem, gdy dowiadywałem się coraz więcej o teorii i historii myśli feministycznej, wychodziły różne zabawne rzeczy, na przykład byłem w kompletnym szoku, gdy okazało się, że *Fatalne zauroczenie* (1987), jeden z moich ukochanych filmów, jest uznawany za sztandarowy przykład amerykańskiego konserwatyzmu i mizoginii epoki Reagana. Zobaczyłem go kilka lat po realizacji, strasznie mi się podobał, a główną bohaterką była dla mnie fascynująca Alex (Glenn Close), nie Dan (Michael Douglas), to z nią się utożsamiałem i jej kibicowałem. Może zresztą po latach ten film zasługuje na odzyskanie i odczytanie w nowym duchu, bardziej optymistycznym? Alex jako symbol zmian obyczajowych, a Dan to przykład, jak reaguje na nie konserwatywna większość. Najpierw jest fascynacja, potem niechęć, a gdy okazuje się, że wszystko ma swoje konsekwencje, następuje zwalczanie. Ogromnym wysiłkiem woli jeszcze tym razem zmiany można zatrzymać, ale nawet po śmierci nie ma już powrotu do tego, co było, tradycyjny model rodziny po prostu się skończył.

MICHAŁ ZADARA, REŻYSER TEATRALNY

W prowadzonym przez Jacka Żakowskiego programie Kultura głupcze, emitowanym drugiego marca 2014 roku, TVP zaprosiło pięciu gości, samych mężczyzn. Tematem była kultura narodowa, w szczególności nowy film *Kamienie na szaniec* i powstanie warszawskie. Kiedy awanturowałem się, że jestem oburzony faktem nieobecności kobiet w telewizji publicznej, reżyserka programu powiedziała, że żadne kobiety nie wystąpiły w programie, bo żadne nie miały czasu; podobno ona zawsze szuka kobiet, ale jednak nigdy ich nie znajduje. Trudno mi uwierzyć, że żadna kobieta, która by miała coś do powiedzenia na temat powstania warszawskiego, nie miała czasu przyjść do telewizji.

Co gorsze, reżyserka programu uznała, że fakt poszukiwania zupełnie usprawiedliwia brak kobiet na wizji – a przecież kiedy widz ogląda ten program, w którym niby występują najciekawsi możliwi komentatorzy, to nie wie, że żadna kobieta nie miała czasu, tylko widzi, że cokolwiek do powiedzenia na ten temat mają tylko mężczyźni. I w ten sposób się reprodukuje wykluczenie kobiet z publicznego dyskursu. Wojna, powstanie warszawskie i kwestie reprezentacji tych wydarzeń są ściśle związane z działalnością kobiet. Odegrały one szczególną rolę w ich trakcie i należy im się głos przy poruszaniu takiej tematyki w mediach. Oczywiście w trakcie trwania programu nikt się do jego składu płciowego krytycznie nie odniósł. Ja oczywiście też nie.

ZUZANNA ZIOMECKA, DZIENNIKARKA

Bardzo często byłam uczestniczką bądź świadkiem rozmów w procesie rekrutacyjnym prowadzonym przez wydawnictwa. Zaskakującym, a powtarzającym się zjawiskiem, które widziałam w jednym z nich, były decyzje o wysokości wynagrodzenia dla kandydatek uwzględniające ich potrzeby rodzinne. Niżej wyceniane były działania kobiet, których mężowie mieli wysokopłatne stanowiska, a wyższe wynagrodzenie wydawało się wydawnictwom konieczne tylko w przypadku, kiedy kobieta jawiła się jako głęboko potrzebująca społecznie: będąca jedyną żywicielką rodziny, bądź mająca duże zobowiązania. Nie były oceniane merytorycznie na podstawie tego, ile powinna zarabiać osoba na danym stanowisku z określonymi kwalifikacjami. Najchętniej brało się do pracy kandydatki, które miały bezpieczną sytuację finansową w domu, gdyż można im było mniej zapłacić. Za oczywiste przyjmowane było, że żywicielem rodziny jest w ich domach mężczyzna. I to jemu należy płacić dużo. Pensja kobiety była w domyśle uzupełniająca, więc mogła być znacznie niższa.

JACEK ŻAKOWSKI, DZIENNIKARZ

Nierówne traktowanie? W czasie rozwodu od razu dowiedziałem się, że nie mam szans na opiekę nad dziećmi, a sąd i tak stanie po stronie matki. Od razu zrozumiałem, że mam nie podskakiwać i nawet nie próbować jakichkolwiek działań, które by ten stan rzeczy kwestionowały. Oczywiście zdaję sobie sprawę z tego, że różnicowanie wynika także z biologicznych predyspozycji do pełnienia tej czy innej roli. Wykluczanie ojca na starcie to jednak efekt przesądów, które w powszechnej opinii są mocno ugruntowane. W tym przypadku tego, że matka lepiej wychowa dziecko po rozwodzie. Oczywiście można by to statystycznie badać i dowodzić swoich racji, ale nie da się stosować statystyki w procesie sądowym. Płeć kulturowa upośledza obydwie strony. Jesteśmy na etapie zmiany kulturowej, która jest bolesna dla wszystkich.

AUTORZY/AUTORKI

KATARZYNA BABIS – lubelska ilustratorka i rysowniczka komiksów. Autorka bloga z krótkimi komiksami satyrycznymi, publikowanymi m.in. na wielu zagranicznych portalach („Upworthy", „Huffington Post", „v-day"). W styczniu ukazał się jej debiutancki album komiksowy *Tequila* (scenariusz: Łukasz Śmigiel).

JUDITH BUTLER – amerykańska filozofka feministyczna, autorka m.in. książki *Uwikłani w płeć*.

MARIOLA CHOMCZYŃSKA-RUBACHA – profesor nauk humanistycznych, kierowniczka Katedry Pedagogiki Szkolnej w Uniwersytecie Mikołaja Kopernika w Toruniu. Badaczka gender studies w edukacji.

IZA DESPERAK – socjolożka, adiunkt w Katedrze Socjologii Polityki i Moralności Uniwersytetu Łódzkiego, przez kilkanaście lat pracowała jako nauczycielka.

KINGA DUNIN – socjolożka, publicystka, pisarka, krytyczka literacka. Felietonistka „Dziennika Opinii".

ANNA DZIERZGOWSKA – nauczycielka historii w Wielokulturowym Liceum Humanistycznym im. Jacka Kuronia w Warszawie. Współprowadzi Społeczny Monitor Edukacji.

MAŁGORZATA FUSZARA – socjolożka, dyrektorka ISNS UW, współtwórczyni Gender Studies przy Instytucie Stosowanych Nauk Społecznych Uniwersytetu Warszawskiego. Ekspertka Rady Europy do spraw wprowadzania równości płci do głównego nurtu działań politycznych i społecznych.

MACIEJ GDULA – socjolog i publicysta, m.in. redaktor książki *Style życia i porządek klasowy w Polsce.*

EWA GRACZYK – dyrektor Instytutu Filologii Polskiej Uniwersytetu Gdańskiego, autorka m.in. książki *Od Żmichowskiej do Masłowskiej. O pisarstwie w nadwiślańskim kraju.*

AGNIESZKA GRAFF – pisarka, tłumaczka i publicystka, wkrótce nakładem Wydawnictwa Krytyki Politycznej ukaże się jej książka *Matka feministka.*

IWONA GRZESIK – absolwentka socjologii na Uniwersytecie Opolskim i Gender Studies w IBL PAN. Pracę licencjacką poświęciła kobietom na wsi, magisterską obrazie homoseksualistów w opolskiej prasie.

EWA ŁĘTOWSKA – profesor nauk prawnych, pierwszy Rzecznik Praw Obywatelskich, później sędzia Naczelnego Sądu Administracyjnego i Trybunału Konstytucyjnego.

KAJA MALANOWSKA – pisarka, autorka m.in. *Patrz na mnie, Klaro!,* w roku 2012 nominowana do Paszportu POLITYKI.

ANNA MIEDŹWIEDZIEW – pod pseudonimem kryje się autorka artykułów, opowiadań (publikowanych w magazynie „Lampa"), jednej wydanej i kilku niewydanych książek dla dzieci, której głupio jest podać nazwisko, bo boi się że wszyscy będą z niej szydzić i zawracać jej głowę. Ale liczy na liczne apanaże idące za publikacją tego artykułu.

AGNIESZKA MROZIK – doktor nauk humanistycznych. Członkini redakcji kwartalnika polityczno-kulturalnego „Bez Dogmatu". Autorka książki *Akuszerki transformacji. Kobiety, literatura i władza w Polsce po 1989 roku.*

ALEKSANDRA KANCLERZ – filozofka, współzałożycielka Nieformalnej Grupy Łódź Gender.

JAŚ KAPELA – pisarz i publicysta, redaktor w Wydawnictwie Krytyki Politycznej.

MICHAEL KIMMEL – amerykański socjolog specjalizujący się w gender studies, a szczególnie men's studies.

MARTA KONARZEWSKA – polonistka, była nauczycielka, autorka głośnego artykułu *Jestem nauczycielką i jestem lesbijką*, a także razem z Piotrem Pacewiczem książki *Zakazane miłości.*

LUCYNA KOPCIEWICZ – doktor habilitowany, profesor nadzwyczajny Zakładu Filozofii Wychowania i Studiów Kulturowych UG. Ostatnio wydała książkę *Równa szkoła. Matematyka, władza i pole wytwarzania kultury.*

ELŻBIETA KOROLCZUK – socjolożka, badaczka na Södertörns University w Sztokholmie, współredaktorka (z Renatą E. Hryciuk) książki *Pożegnanie z Matką Polką? Dyskursy, praktyki i reprezen-*

tacje macierzyństwa we współczesnej Polsce, członkini Porozumienia Kobiet 8 Marca.

AGNIESZKA KOŚCIAŃSKA – pracuje w Instytucie Etnologii i Antropologii Kulturowej UW. Niebawem nakładem Wydawnictw Uniwersytetu Warszawskiego ukaże się historia polskiej seksuologii jej autorstwa (*Płeć, przyjemność i przemoc. Kształtowanie wiedzy eksperckiej o seksualności w Polsce*).

MAŁGORZATA KOT – związana z Grupą Edukatorów Seksualnych Ponton, obecnie jej koordynatorka. Inicjatorka projektu „Bezpieczny Fotel? Kampania na rzecz dobrej opieki ginekologicznej". Zajmuje się działaniami w obszarze praw i zdrowia seksualnego i reprodukcyjnego oraz socjologią queer.

JUSTYNA KOWALSKA – tłumaczka, redaktorka portalu Codziennik Feministyczny.

KAROLINA KRASUSKA – kulturoznawczyni, adiunkt w Ośrodku Studiów Amerykańskich UW, współpracuje z Zespołem „Literatura i Gender" IBL PAN. Autorka książki *Płeć i naród: Trans/lokacje. Piotr Odmieniec Włast, Else Lasker-Schüler, Mina Loy*. Przełożyła *Uwikłanych w płeć* Judith Butler.

ZOFIA ŁAPNIEWSKA – doktorka nauk ekonomicznych, badaczka i aktywistka, koordynowała m.in. pierwsze w Polsce badania nad budżetowaniem pod kątem płci (*gender budgeting*).

IZABELA MORSKA – (wcześniej Izabela Filipiak) pisarka, wykładowca, osoba należąca do wielu mniejszości. Autorka m.in. *Obszary odmienności. Rzecz o Marii Komornickiej*.

MARIA PAWŁOWSKA – biolożka, absolwentka Uniwersytetów w Cambridge i Genewie, współautorka raportu dla rządu brytyjskiego na temat zdrowia kobiet w krajach rozwijających się. Zajmuje się gender, zdrowiem seksualnym i seksualnością.

JOANNA PIOTROWSKA – założycielka Feminoteki, trenerka samoobrony i asertywności dla kobiet i dziewcząt WenDo oraz ekspertka antydyskryminacyjna.

KLAUDIA RACHUBIŃSKA – doktorantka w Zakładzie Filmu i Kultury Wizualnej UW, prowadzi seminarium Muzyka i wizualność w czasach popkultury w ramach Uniwersytetu Krytycznego.

MAGDALENA RADKOWSKA-WALKOWICZ – antropolożka kultury, dr socjologii, adiunktka w Instytucie Etnologii i Antropologii Kulturowej UW. Ostatnio ukazała się jej książka *Doświadczenie in vitro. Niepłodność i nowe technologie reprodukcyjne w perspektywie antropologicznej.*

ZUZANNA RADZIK – teolożka, publicystka „Tygodnika Powszechnego". Zajmuje się stosunkiem chrześcijaństwa do Żydów. Katolicki feminizm interesuje ją siłą rzeczy.

MARTA RAWŁUSZKO – socjolożka, trenerka antydyskryminacyjna, wykładowczyni studiów podyplomowych Gender mainstreaming (2011-2013) oraz Gender studies (2014) prowadzonych przez IBL PAN, członkini-założycielka Towarzystwa Edukacji Antydyskryminacyjnej (TEA), w latach 2009-2013 jego prezeska. Obecnie, wspólnie z Natalią Saratą, koordynuje Koalicję na rzecz Edukacji Antydyskryminacyjnej.

EWA RUTKOWSKA – filozofka, trenerka antydyskryminacyjna.

PAWEŁ WIKTOR RYŚ – doktorant na Wydziale Polonistyki UJ. Zajmuje się podmiotowością zmultiplikowaną oraz szeroko rozumianą komunikacją. Ostatnio publikował m.in. we „Frazie", „Krytyce Politycznej" i w wydawnictwach zwartych.

ŁUKASZ SKOCZYLAS – doktorant w Zakładzie Socjologii Kultury i Cywilizacji Współczesnej Instytutu Socjologii UAM w Poznaniu.

ANNA STUDNICKA-CIEPLAK – prowadzi projekty animacyjne i edukacyjne dla dzieci oraz młodzieży w Świetlicy Krytyki Politycznej w Cieszynie.

DOROTA SZELEWA – politolożka, ekspertka w dziedzinie polityki rodzinnej, współzałożycielka i prezeska Międzynarodowego Centrum Badań i Analiz (ICRA).

KAZIMIERA SZCZUKA – historyczka literatury i krytyczka literacka, wykładowczyni Gender studies w Instytucie Badań Literackich PAN.

TERRE THAEMLITZ – artysta konceptualny, producent multimedialny, pisarka, wykładowca, aktywistka, DJ, remikserka oraz właściciel wytwórni płytowej. Jako osoba transseksualna, ucieka od jednoznacznego przypisania do płci męskiej lub żeńskiej.

AGNIESZKA ZIĘTEK – socjolożka, wykładowczyni akademicka. Współorganizatorka festiwalu Transeuropa oraz członkini Lubelskiego Klubu Krytyki Politycznej.

KRYTYKA POLITYCZNA

Krytyka Polityczna powstała w 2002 roku z ambicją ożywienia tradycji polskiej inteligencji zaangażowanej. Naszą działalność rozwijamy w trzech głównych sferach: nauki, kultury i polityki, starając się jednocześnie eliminować między nimi sztuczne podziały. Wierzymy, że naukę, sztukę i politykę dzieli jedynie środki wyrazu, łączy zaś wpływ na kształt życia społecznego. Naszym podstawowym celem jest wprowadzenie i umocnienie w sferze publicznej lewicowego projektu walki z ekonomicznym i kulturowym wykluczeniem. Wychodzimy z przekonania, że nie będzie szans dla lewicowej polityki bez stworzenia wcześniej w sferze publicznej miejsca na lewicowy dyskurs i projekt społeczny. Dlatego obok pracy czysto akademickiej (tłumaczenie, wydawanie książek i opracowań, dyskusje, seminaria i warsztaty) angażujemy się w debatę publiczną, a także aktywnie działamy na polu literatury, teatru i sztuk wizualnych, pojawiamy się w mediach głównego nurtu, publikujemy w dziennikach i tygodnikach opinii, gdzie tworzymy jedyny dobrze słyszalny lewicowy głos w Polsce. Budujemy kolejne instytucje, współpracujemy z najpoważniejszymi ośrodkami kulturalnymi i badawczymi w Polsce i zagranicą. Środowisko Krytyki Politycznej tworzą dziś młodzi naukowcy, działacze społeczni, publicyści, ale także pisarze, krytycy literatury i sztuki, dramaturgowie, filmoznawcy i artyści. Do udziału w debatach zapraszamy całą paletę działaczy społecznych, animatorów kultury, publicystów i polityków. Otwieramy artystów na myślenie w kategoriach politycznych, a uczestników życia politycznego skłaniamy do traktowania kultury jako równoprawnego języka decydującego o kształcie społeczeństwa.

W 2005 roku środowisko związane z pismem „Krytyka Polityczna" powołało **Stowarzyszenie im. Stanisława Brzozowskiego**. Organizacja stała się formalną strukturą jednoczącą wszystkie później powstające instytucje Krytyki Politycznej.

We wrześniu 2007 roku założyliśmy **Wydawnictwo Krytyki Politycznej**. Celem jego działalności jest wprowadzanie w polski obieg idei najważniejszych prac z filozofii i socjologii politycznej, teorii kultury i sztuki. Publikujemy przekłady, prace polskich autorów i ważne wznowienia. Do końca 2012 roku ukazało się blisko 200 tytułów w 10 seriach wydawniczych (Przewodniki Krytyki Politycznej, Seria Idee, Seria Kanon, Seria z Różą, Seria Publicystyczna, Seria Literacka, Pisma Jacka Kuronia, Seria Historyczna, Seria Ekonomicz-

na, Przewodniki nieturystyczne) oraz poza seriami.

W latach 2006–2009 w centrum Warszawy prowadziliśmy otwartą **REDakcję** – ośrodek wymiany myśli, prezentacji prac artystycznych czy projektów społecznych. Przez trzy lata odbyło się w nim około 300 spotkań otwartych, dyskusji, warsztatów, pokazów filmowych i wystaw. Gościliśmy ważnych aktorów sceny społecznej, politycznej, literackiej i artystycznej, wśród nich wielu gości zagranicznych. Miejsce stało się także punktem codziennych spotkań środowiskowych i bazą dla organizowanych na zewnątrz akcji społecznych. REDakcja na trwałe wpisała się w mapę kulturalną stolicy. W styczniu 2008 roku otrzymała nagrodę kulturalną „Wdechy 2007" w kategorii Miejsce Roku przyznawaną przez warszawski dodatek „Gazety Wyborczej". W 2009 roku Stowarzyszenie im. Stanisława Brzozowskiego wygrało otwarty konkurs na zagospodarowanie lokalu przy ul. Nowy Świat 63. **Centrum Kultury Nowy Wspaniały Świat** działało od 1 października 2009 do 15 lipca 2012. W okresie tych trzech lat Centrum stało się największym ośrodkiem kultury niezależnej w stolicy. Zarówno dla władz samorządowych, jak i Stowarzyszenia im. Stanisława Brzozowskiego było to przedsięwzięcie eksperymentalne. Centrum było pierwszym w Warszawie tak dużym ośrodkiem prowadzonym przez organizację pozarządową, a nie firmę prywatną lub instytucję publiczną. Stowarzyszenie jest organizacją non-for-profit. Wizytówką Centrum stały się wykłady i seminaria w ramach **Uniwersytetu Krytycznego**, koncerty czołówki muzyków w cyklu Wolne Niedziele oraz wykłady wybitnych zagranicznych filozofów, socjologów, historyków goszczących w Warszawie na zaproszenie Stowarzyszenia.

Nowy Wspaniały Świat był miejscem: żywej debaty na najważniejsze tematy życia publicznego, spotkań artystów z publicznością, przyjaznym mniejszościom oraz grupom z głównego nurtu życia społecznego, współpracy instytucji działających na rzecz imigrantów, kobiet, niepełnosprawnych, wykluczonych.

Podczas trzech lat działalności w Centrum Kultury Nowy Wspaniały Świat zorganizowaliśmy ponad 1100 wydarzeń kulturalnych, pokazaliśmy 260 filmów i zaprosiliśmy na 120 koncertów. Centrum współpracowało z ponad 50 organizacjami pozarządowymi i instytucjami. Nowy Wspaniały Świat dawał tysiącom warszawiaków możliwość bezpłatnego udziału w kulturze. We wszystkich wydarzeniach kulturalnych wzięło udział ponad pół miliona osób. Jesienią 2012 roku otworzyliśmy **Instytut Studiów Zaawansowanych**. Instytut został powołany przez Stowarzyszenie im. Stanisława Brzozowskiego do prowadzenia badań naukowych i dydaktyki w obszarze najbardziej fundamentalnych problemów współczesnej kultury. Główną motywacją jest chęć stworzenia przyjaznego otoczenia dla poszukiwania odpowiedzi na współczesny kryzys demokracji liberalnej, wynikający z kryzysu więzi społecznej i wyobraźni społecznej.

Instytut Studiów Zaawansowanych nie jest politycznym think-tankiem. Ma nawiązywać do wieloletniej tradycji podobnych placówek badawczych (Institute for Advanced Study) – niepowiązanych z żadnymi organizacjami partyjnymi; korzystających ze wsparcia finansowego wyłącznie pod warunkiem zachowania autonomii w zakresie kierunków badań; nastawionych na długofalowe cele poznawcze przekraczające granice ustalonych dyscyplin; wchodzących we współpracę z innymi placówkami naukowymi oraz organizacjami na zasadach partnerskich.

Struktura Instytutu obejmuje Radę Instytutu, stałych pracowników, koordynatorów i zapraszanych do czasowej współpracy badaczy. Rada Instytutu składa się z osób o ustalonej pozycji w świecie akademickim lub kulturalnym, z którymi Stowarzyszenie Brzozowskiego współpracuje od lat. Stali pracownicy (permanent fellows) razem z grupą koordynatorów planują działania badawcze i dbają o rozwój instytucji. Zapraszani do rocznej współpracy badacze (visiting fellows) realizują swoje projekty badawcze, na które składają się samodzielne badania, seminaria i wykłady, debaty z udziałem zaproszonych gości, publikacje cząstkowych wyników prac, a finalnie – książkowe opracowania. Instytut organizuje również stypendia naukowe, zapraszając do Polski zagranicznych badaczy lub wysyłając Polaków za granicę.

W 2012 roku uruchomiliśmy **Dziennik Opinii** czyli internetową gazetę codzienną. Dziennik dostarcza opinii o bieżących wydarzeniach politycznych w Polsce i na świecie; publikuje też teksty i wywiady na tematy kulturalne, ekonomiczne i lokalne; tłumaczenia, recenzje i fragmenty książek, a także analizy filmów.

Nie ograniczamy się tylko do Warszawy, dzięki działaniom naszych sympatyków i współpracowników w ponad 20 miastach Polski powstały

Kluby Krytyki Politycznej. Kluby KP tworzą działacze społeczni, studenci, licealiści, młodzi naukowcy – aktywiści, którym bliski jest etos lewicowego zaangażowania w sprawy publiczne. Działają poprzez organizowanie otwartych dyskusji, warsztatów, seminariów, wystaw i festiwali, a także współpracę z innymi organizacjami społeczno-kulturalnymi. Najaktywniejsze Kluby podejmują działania na rzecz uzyskania stałych siedzib, które będą mogły stać się ważnymi punktami wydarzeń artystycznych i społecznych. Jesienią 2009 roku otworzyliśmy pierwsze lokalne centra – **Świetlice KP** w Trójmieście i Cieszynie. W 2011 powstała świetlica w Łodzi. Od 2010 roku działamy również na Ukrainie, w Rosji i Niemczech. Wszystko to robimy po to, by stworzyć fundament dla uczciwej i nowoczesnej lewicy, która odwołując się do najnowszych osiągnięć filozofii politycznej i świetnych tradycji polskiej myśli politycznej, znajdzie adekwatną odpowiedź na współczesne wyzwania. O naszych działaniach i wydarzeniach informujemy na bieżąco na stronie: www.krytykapolityczna.pl.

Zespół Krytyki Politycznej: Agata Araszkiewicz, Michał Bilewicz, Katarzyna Błahuta, Magdalena Błędowska, Michał Borucki, Jakub Bożek, Marcin Chałupka, Vendula Czabak, Anna Delick (Sztokholm), Paweł Demirski, Agata Diduszko--Zyglewska, Karol Domański, Martyna Dominiak, Kinga Dunin, Jakub Dymek, Joanna Erbel, Katarzyna Fidos, Bartosz Frąckowiak, Maciej Gdula, Hanna Gill-Piątek, Dorota Głażewska, Sylwia Goławska, Katarzyna Górna, Marta Górnicka, Agnieszka Graff, Agnieszka Grzybek, Izabela Jasińska, Jaś Kapela, Tomasz Kitliński, Maria Klaman, Karolina Krasuska, Małgorzata Kowalska, Maciej Kropiwnicki, Pat Kulka, Julian Kutyła, Łukasz Kuźma, Adam Leszczyński, Jarosław Lipszyc, Małgorzata Łukomska, Magda Majewska, Jakub Majmurek,

PRZEWODNIKI KRYTYKI POLITYCZNEJ

Reader (przewodnik) to popularna formuła używana na całym świecie w odniesieniu do ważnych obszarów humanistyki. Prezentuje wybrane zagadnienie lub dorobek twórcy, wyznaczając całościową i oryginalną perspektywę rozumienia danej tematyki. Przewodniki poświęcamy filozofom, artystom oraz złożonym problemom społecznym i politycznym. Książki zawierają wybór najistotniejszych tekstów polskich i zagranicznych poświęconych interesującym nas tematom i osobom, a także wywiady, przegląd prac autorskich, słowniki ważnych pojęć. Celem każdego Przewodnika jest nie tylko przekrojowe przedstawienie danego problemu, ale też umieszczenie go w nowym kontekście, wolnym od zniekształceń instytucji rynku, akademii i mediów masowych.

W serii ukazały się:
Krytyki Politycznej przewodnik lewicy
Sasnal. Przewodnik Krytyki Politycznej
Slavoj Žižek, *Lacan. Przewodnik Krytyki Politycznej*
Chantal Mouffe, *Polityczność. Przewodnik Krytyki Politycznej*
Piotr Kletowski, Piotr Marecki, *Żuławski. Przewodnik Krytyki Politycznej*
Maciej Pisuk, *Paktofonika. Przewodnik Krytyki Politycznej*
Polityka narkotykowa. Przewodnik Krytyki Politycznej
Kryzys. Przewodnik Krytyki Politycznej
Žižek. Przewodnik Krytyki Politycznej
Sławomir Masłoń, *Coetzee. Przewodnik Krytyki Politycznej*

Piotr Marecki, *Barański. Przewodnik Krytyki Politycznej*
Alain Badiou, *Etyka. Przewodnik Krytyki Politycznej*
Agnieszka Berlińska, Tomasz Plata, *Komuna Otwock. Przewodnik Krytyki Politycznej*
Jarosław Hrycak, Iza Chruślińska, *Ukraina. Przewodnik Krytyki Politycznej*
Ekologia. Przewodnik Krytyki Politycznej
Rajkowska. Przewodnik Krytyki Politycznej
Agamben. Przewodnik Krytyki Politycznej
Uniwersytet zaangażowany. Przewodnik Krytyki Politycznej
Herzog. Przewodnik Krytyki Politycznej
Skolimowski. Przewodnik Krytyki Politycznej
Szwecja. Przewodnik nieturystyczny
Islandia. Przewodnik nieturystyczny
Ekonomia kultury. Przewodnik Krytyki Politycznej
Slavoj Žižek, *Lacan. Przewodnik Krytyki Politycznej*, wydanie drugie rozszerzone
Trójmiasto. Przewodnik Krytyki Politycznej
Seriale. Przewodnik Krytyki Politycznej
Podatki. Przewodnik Krytyki Politycznej
Żmijewski. Przewodnik Krytyki Politycznej
Brzozowski. Przewodnik Krytyki Politycznej
Miłosz. Przewodnik Krytyki Politycznej
Partycypacja. Przewodnik Krytyki Politycznej
Holland. Przewodnik Krytyki Politycznej
Zdrowie. Przewodnik Krytyki Politycznej
Edukacja. Przewodnik Krytyki Politycznej
Wajda. Przewodnik Krytyki Politycznej
Schulz. Przewodnik Krytyki Politycznej
Bracia polscy. Przewodnik Krytyki Politycznej
Rewolucja 1905. Przewodnik Krytyki Politycznej
Zanussi. Przewodnik Krytyki Politycznej

Gender. Przewodnik Krytyki Politycznej
Warszawa 2014

© Copyright by Wydawnictwo Krytyki Politycznej, 2014

Wydanie I

Printed in Poland

ISBN 978-83-63855-99-4

Seria Przewodniki Krytyki Politycznej, tom XXXVIII

Projekt graficzny: xdr / rzeczyobrazkowe.pl
Skład: RZECZYOBRAZKOWE.PL
Projekt okładki: Katarzyna Błahuta na podstawie ilustracji
                 grupy Plawgo&Pyrka
Redakcja: zespół KP
Współpraca dziennikarska: Paulina Kropielnicka
Redaktor prowadzący: Jaś Kapela
Korekta: Urszula Roman

Druk i oprawa: OSDW Azymut Sp. z o.o.

OPEN SOCIETY FOUNDATIONS   Supported by a grant from
the Open Society Foundations.
Książka ukazuje się przy wsparciu
Open Society Foundations.

Wydawnictwo Krytyki Politycznej
ul. Foksal 16, II p.
00–372 Warszawa
redakcja@krytykapolityczna.pl
www.krytykapolityczna.pl